Wachholtz Kulturführer Dänemark
SEELAND

Jens Fleischer

SEELAND

21 kulturhistorische Tagesreisen

Deutsche Übersetzung von Paul Nawrocki

Wachholtz Verlag

Umschlag: Das Hauptmotiv der Vorderseite ist die Frauenkirche in Kalundborg. Oben rechts davon: J. S. Wahls Porträt Christians VI.; darunter folgt ein Detail der Zehntscheune in Svallerup. Die untere Bildreihe zeigt links ein Fabeltier aus der Kirche in Skamstrup, rechts einige der schönen Konsolen an der Fassade des Hauses Strandgade 27 in Helsingør. J. S. Wahls Porträt ist mit Genehmigung des Nationalhistorischen Museums in Frederiksborg wiedergegeben. Die übrigen Motive der Vorderseite und das Bild von Ledreborg auf der Rückseite sind vom Verfasser.

ISBN 3 529 06188 3

Deutsche Ausgabe Karl Wachholtz Verlag, Neumünster, 1986

Vorwort

Die dänischen Landschaften weisen eine Dichte an Kulturdenkmälern auf, die im Norden einmalig ist. In wenigen Stunden kann man, wenn man nur durch ein paar Gemeinden reist, einen Querschnitt der Landesgeschichte erleben.

Bronzezeitliche Grabhügel gehören fast zum festen Inventar des Landschaftsbildes, und selbst wenn sie eine unwirkliche Vergangenheit repräsentieren, so haben sie doch spätere Generationen gefesselt. Die Kalkmalereien der Kirchen sind vielleicht die lebendigste Quelle der mittelalterlichen Geschichte. Sie sind voll von Kommentaren zum Alltag unserer Vorfahren. Und sucht man die alten Häuser der Städte auf, so kann man weitere Entdeckungen über Lebensweise und Bausitten der neueren Zeit machen.

Die Herrenhöfe sind eher eine verschlossene Welt. Aber ihre Gärten sind meistens öffentlich zugänglich, und man kann von den großartigen Plänen träumen, die die Mächtigen des Landes sich einst ausgedacht haben.

Die Lust, von all dem zu erzählen, stammt von meiner Zeit als Student am Nationalmuseum. Zusammen mit einer Reihe von Kommilitonen aus verschiedenen Abteilungen habe ich zur Ergänzung einer Vortragsserie über dänische Kultur einige Exkursionen arrangiert. Sie führten oft in die entlegensten Winkel von Seeland und Schonen, weil wir gerade ein bestimmtes, weniger bekanntes Gebäude oder archäologisches Denkmal vorführen wollten.

Mit besonderer Freude denke ich an die Ausflüge, bei denen die Launen der Wettergötter und die Jagd nach der Vergangenheit in einer höheren Einheit aufgingen. Es war ein herrliches Erlebnis, einen Kirchhof bei Regen und Sturm zu durchwandern und sich danach über einem gotischen Kirchengewölbe im Schein mitgebrachter Projektoren zu versammeln.

Unter meinen damaligen Weggefährten war auch Stig Hornshøj-Møller. Er hatte die Idee, daß ich ein Buch schreiben sollte, das unsere kulturhistorischen Erlebnisse weitergab. Für eine inspirierende Zusammenarbeit bei seiner Realisierung in „Politikens Kulturfører“ bin ich ihm sehr dankbar.

Das vorliegende Buch war als erster Teil eines dreibändigen Werkes gedacht, das wesentliche Teile Dänemarks abdecken soll. Leider hat der Buchumfang die Zahl der besprochenen Monumente begrenzt. Ebenso war es nicht möglich, Kopenhagen und seine nähere Umgebung zu behandeln, ohne daß das Werk aus der Balance geraten wäre. Dafür habe ich gelegentlich versucht, die Verbindung zwischen dem einzelnen Baudenkmal und den großen Vorbildern im Ausland herzustellen und gleichzeitig das typisch Dänische zu unterstreichen.

Unsere eigene Zeit ist hart mit den alten Bauwerken in Stadt und Land umgegangen, und viele Landschaften haben ihre Eigenart verloren. Aber zugleich hat die moderne Technologie neues Wissen zutage gefördert, zum Beispiel auf dem Gebiete der Archäologie, wo die Luftfotografie und die C-14-Methode phantastische Perspektiven eröffnet haben.

Schließlich will ich gerne mag. art. Ulla Haastrup für Kritik und gute Ratschläge bei der Deutung einiger seeländischer Kalkmalereien danken. Ebenso danke ich cand. jur. Henrik Thorsager, der das Manuskript durchgelesen und viele Verbesserungen eingebracht hat. Nicht zuletzt schulde ich aber meiner Frau lic. phil. Marja Vasala Dank, die mich kritisch und inspirierend durch einige der großen Probleme der mittelalterlichen Geschichte geführt hat.

Jens Fleischer

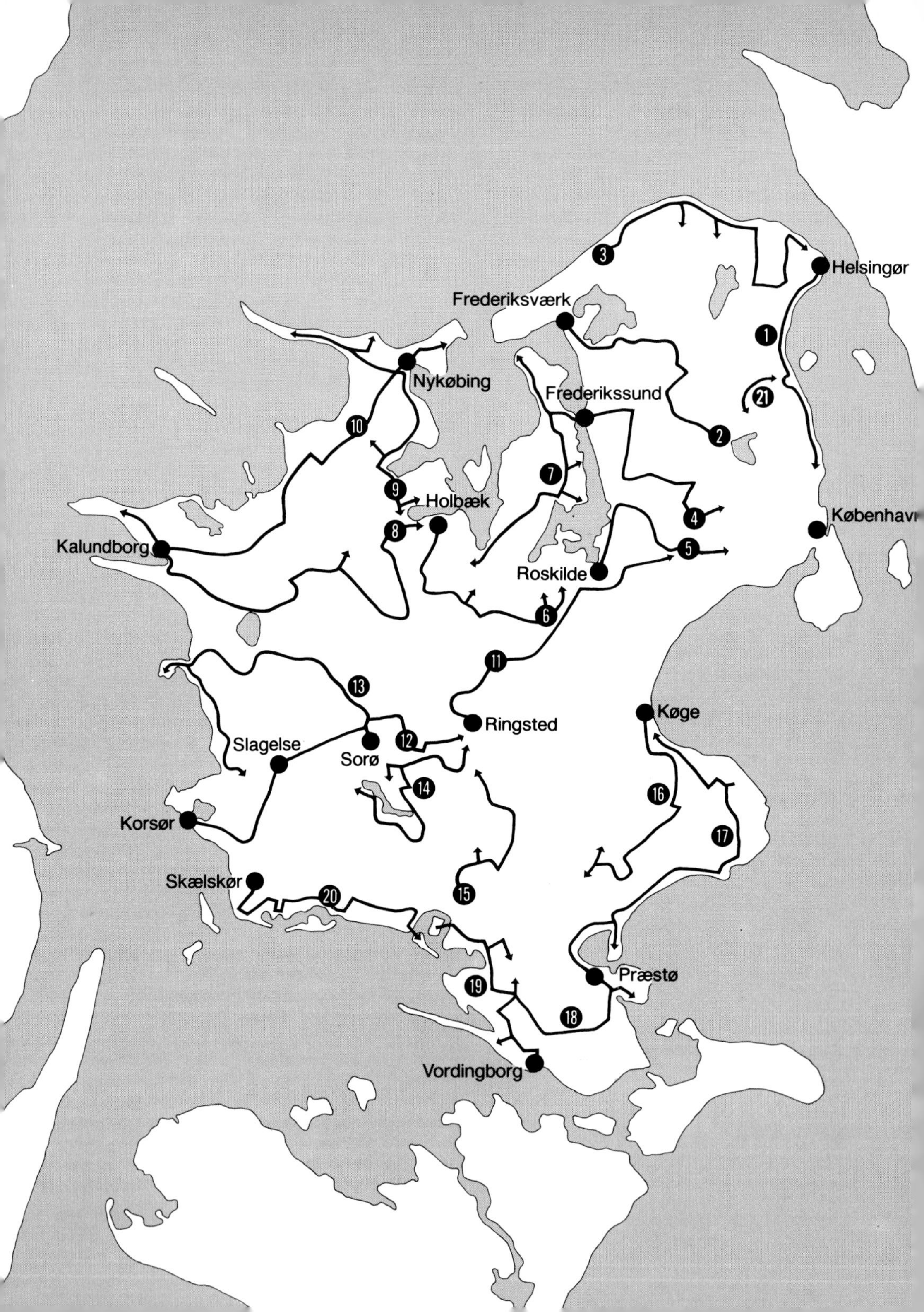

Helsingør
Frederiksværk
Nykøbing
Frederikssund
København
Holbæk
Kalundborg
Roskilde
Ringsted
Køge
Slagelse
Sorø
Korsør
Skælskør
Præstø
Vordingborg
1
2
3
4
5
6
7
8
9
10
11
12
13
14
15
16
17
18
19
20
21

Inhaltsverzeichnis

1974 Forum

Auf dem Strandweg nach Helsingør

Der **Strandweg** war seit alters eine wichtige Reiseroute. Wie der Name sagt, folgte sie der gekrümmten Küstenlinie bis hinaus zum „Hals“ des Sundes. Hier endete der Weg, wo das *Svingeltor* Mensch und Tier in das alte Helsingør hineinschleuste. Er war der Lebensnerv zwischen zwei von Seelands bedeutendsten Städten. Die Route hatte schon um 1650 so großes Ansehen, daß sie fünf Gasthäuser zählte, nämlich Rosbæk Gård, Hvidøre, Vedbæk, Rungsted und Nivå. Im 18. Jahrhundert schrieb ein Reisender begeistert über den Weg längs der Øresundküste, er sei nach allgemeiner Meinung „das angenehmste Ufer, das man finden kann; denn Natur und Kunst haben ihre Kräfte vereinigt, um den ganzen Weg entlang etwas Schönes hervorzubringen.“

Im Laufe desselben Jahrhunderts wurden *Dyrehaven* (Tiergarten) und sein Gauklertreiben bei *Kirsten Piils Quelle* immer größere Attraktionen. Das übervölkerte Kopenhagen bekam dort ein Atemloch. Die Bürger der Stadt strebten in den Sommermonaten hinaus ins Grüne, und das ergab einen großen Verkehr auf dem Strandweg.

In den 1820er Jahren erreichte der Sommerverkehr einen fast kritischen Punkt. Der Amtsmann des Kopenhagener Amtes schrieb 1825 an die Rentenkammer: „Ich übertreibe kaum, wenn ich sage, daß man an einem solchen Tag die Wagen nicht nach Hunderten, sondern nach Tausenden zählen kann.“ Der Beamte war etwas besorgt und meinte, der Weg habe nicht soviel Verkehr bewältigen können, „denn 3, 4 bis 5 Reihen Wagen verstopften den Weg“. An den heißen Sommertagen, an denen die Wagenspuren knochentrocken waren, wurde der feine Staub von den vielen Fahrzeugen zu großen Wolken aufgewirbelt. Die ganze Küste bis hinauf nach Klampenborg lag unter einem merkwürdigen Schleier.

Die Verhältnisse wurden so unerträglich, daß die Behörden von den vierziger Jahren an die Fahrbahnen bewässerten, um den Staub zu binden. Außerdem wurden große Wasserbehälter an der Strecke zwischen Kopenhagen und Klampenborg aufgestellt, so daß die Wasserwagen schnell gefüllt werden konnten.

Strandmøllen (die Strandmühle) ist eine Pause wert, bevor man weiter nordwärts hastet. Das seltsame Sammelsurium neuer und alter Gebäude hat eine Geschichte, die ebenso lang wie bunt ist. Die schriftlichen Zeugnisse darüber beginnen am Ende des 16. Jahrhunderts, als dort eine Papiermühle in Betrieb war. 1599 genehmigte Christian IV. zwei Kopenhagener Schuhmachern, Gert von Dry und Diderik von Nus, die Einrichtung eines „besonderen Mühlenwerks“ „ved Papirmøllen in Københavns Len“, also an der Mündung des Mühlenbaches. Es handelte sich um eine Lohmühle, die die Werkstätten der Umgebung mit Rinde zum Gerben von Leder versehen sollte.

Die Errichtung der Strandmühle war im übrigen nur ein einzelnes Glied in einer umfassenden Ausnützung der Wasserkraft des Mühlenbaches, die im frühen Mittelalter begann. Eine *Brændemølle* wird schon 1282 erwähnt, und um 1370 werden *Brede Mølle* („molendinum Brydae“) und *Ørvad Mølle* („molendinum Ørewaz“) genannt.

1618 befahl Christian IV. die Errichtung eines Walkwerks auf dem Boden der Strandmühle. Dieser Betrieb wurde schon 1633 an Johan Ettersen verpachtet, der sich dazu verpflichtete, eine besondere Art von Tuchen zu walken, nämlich solche, die von den Gefangenen des Kopenhagener Zuchthauses stammten. Johan Ettersen war auf merkantilem Gebiet ein richtiger Tausendkünstler. Neben der Walkmühle hatte er in Kopenhagen eine Färberei, er betrieb Walfang sowie etwas Postverkehr; auch Schießpulver konnte er liefern.

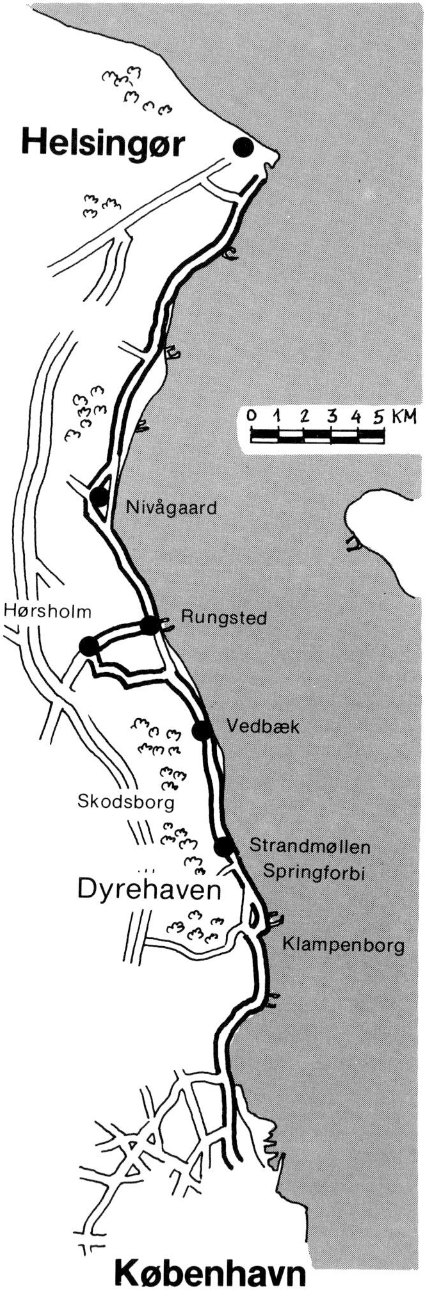

Im späten 17. Jahrhundert lief die Strandmühle nicht mehr so gut. Erst als Johan Drewsen sie 1693 übernahm, kam wieder Schwung in die Räder. Er stammte aus Hannover und war ein ausgebildeter Papiermüller. Drewsen und seine Nachkommen besaßen die Strandmühle in den beiden nächsten Jahrhunderten und gaben ihr einen einzigartigen Ruf in der Frühgeschichte der dänischen Industrie. Ein besonderes Kapitel war die Herstellung von Papiergeld am Ende der 1730er Jahre. Das Papier dazu wurde von der neuerrichteten „Kurantbank“ abgenommen. 1758 konnte die Familie Drewsen damit prahlen, daß die Strandmühle drei Wasserräder für die Papierherstellung und genauso viele zum Getreidemahlen hatte. Das Papier von der Strandmühle wurde so gut, daß es sich allmählich mit ausländischen Produkten messen konnte. Der Erfolg war überzeugend, und am Ende des Jahrhunderts waren etwa 50 Arbeitskräfte bei der Fabrik angestellt.

Familie Drewsen selbst wohnte in dem nahe liegenden Springforbi (eine Zeitlang Søelund genannt), einem herrschaftlichen Wohnsitz aus der Mitte des 18. Jahrhunderts, der leider wieder abgerissen wurde. Ihre Zeit kulminierte um 1800, als die geistigen Strömungen der Zeit das Familienleben prägten. In dem Hause begegnete man Kamma und Knud Lyne Rahbek, und auch Oehlenschläger war ein gerngesehener Gast. Der blutjunge Dichter schrieb 1798 zur Hochzeit von Joh. Chr. Drewsen ein langes Lied, das von der herrlichen Kunst der Papierherstellung handelte.

Als Papierfabrik wurde die Strandmühle 1898 niedergelegt. Sie wurde danach noch einige Jahre als Maschinenfabrik und Schiffswerft weitergeführt. Doch schon beim Ausbruch des Ersten Weltkriegs 1914 war die Anlage so verfallen, daß von der alten Maschinerie nichts gerettet werden konnte. 1918 ließ man die meisten Gebäude abreißen. Das Mühlenhaus steht aber noch und erinnert an vergangene Größe. In dem charakteristischen Gebäude mit dem hohen Ziegeldach ist jetzt eine Turbine eingerichtet, und die Fabrik befaßt sich heute mit der Herstellung von Sauerstoff für die Industrie.

Das Gebäude nördlich davon, ebenso mit ziegelgedeckten Dachflächen, trägt den Namen der Mühle in schmiedeeisernen Buchstaben. In der Zeit von 1807 war in dieselbe Mauerfläche ein Stein mit den Buchstaben „C. A." und einer Krone darüber eingesetzt. Die Initialen standen für Charlotte Amalie, die Frau Christians V. Sie besaß die Wassermühle in den 1690er Jahren, bevor sie in private Hände kam. Der Stein wurde 1807 beseitigt, als englische Truppen in der Nähe an Land gingen. Die Leute fürchteten, daß die königliche Krone die Engländer zur Beschlagnahme des Anwesens veranlassen könnte. Es blieb aber bei der Befürchtung, denn die Soldaten marschierten ruhig vorbei.

Die Strandmühle nach einem Foto aus den 1890er Jahren.

Bøgebakken (der „Buchenhügel") in Vedbæk gehört zu den Meilensteinen der dänischen Archäologie. Schon 1924 grub hier Gudmund Hatt und stieß auf einen Wohnplatz. Seine Untersuchungen wurden durch den Gärtner und Amateurarchäologen Avnholt am Ende der dreißiger Jahre fortgesetzt. Die Grabungen Hatts und Avnholts zeigten, daß Vedbæk altes Fördengebiet mit steinzeitlichen Wohnplätzen war.

Der Krieg unterbrach die Arbeiten. Erst 1974 begann eine Reihe wissenschaftlicher Institutionen ein großzügiges Projekt, durch das große Teile der Wohnplatzkultur kartiert werden sollten. Das Vedbækprojekt bekam jedoch einen ganz ungewöhnlichen Start: Als kommunale Arbeiter ein Gebiet bei der neuen Schule planierten, stießen sie im Februar 1975 auf einige Gräber aus mesolithischer Zeit (aus der mittleren Steinzeit). Ihr Inhalt war so spannend, daß die Planierung sofort gestoppt wurden, damit ein „archäologisches Expeditionskorps" anrücken konnte.

In den folgenden Wochen wurde ameisenfleißig gearbeitet, und das Resultat waren im Sommer 17 freigelegte Gräber. Die meisten enthielten ein einzelnes Skelett; nur in zwei Fällen handelte es sich um eine Doppel- bzw. Dreifachbestattung. Die Mehrzahl der Gräber wies außerdem deutliche Spuren von Ockerfarbstoff auf, und unter anderem dadurch war es möglich, sie auf etwa 5000 v. Chr. zu datieren. Als die Archäologen ein Grab mit einem neugeborenen Kind auf einem Schwanenflügel freilegten, erschien sein Bild sofort in den Zeitungen. Es war, als ob die älteste Kultur Dänemarks eine neue Dimension bekam.

Die Grabungen der folgenden Sommer brachten neues Wissen, nicht zuletzt über die Lebensbedingungen. Die Vedbæk-Kultur gehörte zu einer ausgeprägten Jägergesellschaft. In den wildreichen Wäldern längs der vielen Arme der Förde wurden Kronhirsche, Rehe und Wildschweine sowie Füchse und Biber gejagt, die Förde mit ihren seichten Einbuchtungen enthielt Dorsche, Makrelen und Hornfische, der Øresund Robben und kleine Tümmler.

Vedbæk bietet aber auch Geschichte ganz anderer Art. Hier gingen nämlich 1807 englische Truppen an Land. Am Morgen des 16. August waren es 31 000 kampfbereite Soldaten, die schnell das Hinterland besetzten. Die britische Militärmaschine arbeitete effektiv, und schon am selben Abend war die Invasion weit vorgeschritten. Der englische General, Lord Cathcart, konnte nach Jægersborg reiten und die folgenden Operationen planen.

Der alte **Schloßgarten in Hirschholm** (dem jetzigen Hørsholm) wird von einem rechteckigen See mit zwei künstlichen Inseln beherrscht, die durch Dämme mit dem Festland und zugleich untereinander verbunden sind. Diese interessante Gartenanlage wurde im 18. Jahrhundert als festlicher Rahmen für das inzwischen schon lange abgerissene *Schloß Hirschholm* geschaffen.

Für die Schloßbewohner und vornehme Gäste war die Einfahrt durch eine stattliche Allee markiert, die über den nördlichen Damm zum Schloß führte. Dort liegt jetzt die schöne *Kirche von Hørsholm*, die in den Jahren 1820–1823 nach Entwürfen des Architekten C. F. Hansen gebaut wurde. Dieser war in der dänischen Architektur des vorigen Jahrhunderts der große Meister des Klassizismus. Die Kirche von Hørsholm sollte die kleine Schloßkapelle ablösen, für die Thurah in den 1730er Jahren die Entwürfe geliefert hatte. Sie war beim Abriß des Schlosses 1810–1812 verschont worden.

Als C. F. Hansen die Aufgabe übertragen wurde, stand er auf der Höhe seines Ruhmes. Er war 64 Jahre alt und prägte noch als Professor an der Kunstakademie die heranwachsende Architektengeneration. Bevor C. F. Hansen die endgültigen Entwürfe für die jetzige Kirche lieferte, geschah jedoch einiges auf seinem Zeichentisch. Eine seiner Vorschlagsskizzen zielte auf einen halbkreisförmigen Kirchenraum ab, einem griechischen Theater ähnlich. Die kühnen Ideen des Professors konnten nicht von den Kirchenmännern akzeptiert werden. Kennt man aber C. F. Hansens Hintergrund, so kann ein solches Projekt nicht erstaunen. 1783–84 hatte er in Rom studiert, und natürlich war das Pantheon unter den Monumenten, die ein junger Architekt betrachten mußte. Dieser berühmte Rundbau aus der Antike hatte seit seiner Errichtung unzählige Architektengenerationen begeistert, besonders in der Renaissance und im Klassizismus. So waren Hansens Ideen leicht erklärbar.

Nun, selbst wenn Hansen das Projekt eines lutherischen Theaters in Hørsholm aufgab, so kann man doch etwas von dem Motiv in einem anderen seiner Meisterwerke erleben, nämlich im Kopenhagener Dom, dessen Chorpartie halbkreisförmig und rotundenartig ist. Auch das Innere der Hørsholmer Kirche erinnert an die Kopenhagener Frauenkirche. Beide Kirchen haben nämlich ein Tonnengewölbe, und das ist eine Inspiration aus der Antike. Die Galerien werden von schweren, marmorierten Säulen getragen. Zu echtem Marmor hatte man so kurz nach dem Staatsbankrott von 1813 nicht die Mittel.

Hinter dem Altar sieht man ein Relief von Thorvaldsen aus dem Jahre 1820. Es zeigt die Einsetzung des Abendmahls. Die einzige Erinnerung an de Thurahs alte Schloßkapelle ist das Taufbecken. Es wurde in Holz geschnitzt und der Kapelle 1751 vergoldet geliefert. Das Taufbecken ist nur eines unter vielen Zeugnissen des prächtigen Schlosses – Bruchstücke, die uns etwas von einer verschwundenen Welt wiedergeben können. Die Phantasie kann außerdem geweckt werden, wenn man über die südliche Insel – genannt „Firkant“ (Viereck) – weitergeht und beim „Hirschen“ südlich davon anhält. Der „Hirsch“ ist ein länglicher, offener Platz, von geschnittenen Hecken umgeben und mit einem Springbrunnen in der Mitte. An jeder Langseite der Anlage sieht man drei merkwürdige Säulen mit eingemauerten Sandsteinfragmenten des abgerissenen Schlosses.

Es ist wohl die sonderbarste Collage historischer Art, die es jemals in Dänemark gab. Die Fragmente wurden gefunden, als man die Teiche reinigte, und die Anordnung mit den Säulen war 1914 fertig. Aber sehen Sie sie sich gut an: Hier gibt es Kronen, Gesimsteile, Zerrmasken und Stücke von königlichen Monogrammen. Diese Rumpelkammer der Architekturgeschichte kann sich leicht mit einer entsprechenden „Ausstellung“ in den kleinen, vergitterten Gärten um die Kopenhagener Marmorkirche messen. – Doch lassen Sie uns den Besuch beim „Hirschen“ mit einem kurzen Bericht über die Geschichte und das traurige Schicksal des Schlosses beenden.

1730 hatte Christian VI. seiner Königin ein kleines Lustschloß in Hirschholm geschenkt, das aber unbequem und altmodisch war. In den folgenden Jahren wurde Laurits de Thurah beauftragt, eine prachtvolle Sommerresidenz in Form einer vierflügeligen Anlage zu schaffen, deren Fassaden von quadergemauerten Pilastern, reich profilierten Gesimsen und kräftigen Dreieckgiebeln geprägt waren. 1744 war das Schloß fertig und bildete in den folgenden Jahrzehnten den Rahmen einer Reihe von

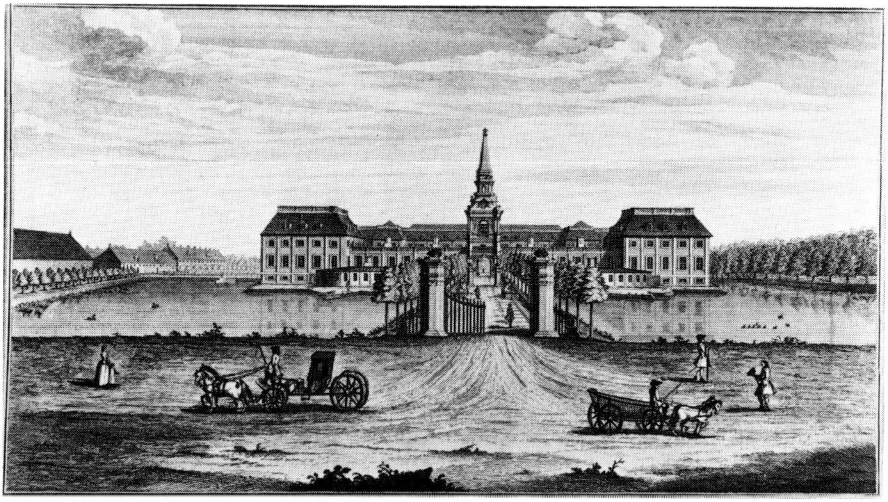

Schloß Hirschholm von der Hauptzufahrt aus, wiedergegeben nach „Den danske Vitruvius", dem großen Bildatlas über die dänische Baukunst, der 1746–1749 herauskam. Mit seiner sorgfältigen Zeichnung verewigte J. J. Bruun die Schloßanlage, deren große Wassergräben und tiefe Perspektive an die Prachtgärten des französischen und deutschen Barock erinnern sollten.

strahlenden Sommeraufenthalten der königlichen Familie.

Ein Aufenthalt wurde aber nicht wie die anderen. Im Sommer 1771 wurde Hirschholm Zeuge von Struensees amouröser Verbindung mit Königin Caroline Mathilde. Aber wer nahm das so genau! Großartige Feste wurden gehalten. Ein junger italienischer Musiker, Giuseppe Sarti, kam aus seiner Heimat mit einer Gesellschaft von Sängern. Sie sangen unübertroffen. Alles schien in einer höheren Einheit aufzugehen. Wie der ungeheure Hofstaat von 372 Personen in diesem Sommer die Festlichkeiten erlebte, ist eine andere Frage. Es fehlte jedenfalls Platz für viele, und man arrangierte Einquartierungen in dem kleinen Dorf Hirschholm.

Doch die ganze Herrlichkeit zerbrach mit Struensees Fall im Januar 1772. Der folgende Prozeß warf lange Schatten und endete damit, daß Struensee enthauptet und Caroline Mathilde ausgewiesen wurde; in Celle starb sie schon 1775, nur 23 Jahre alt. Allzu stark war Hirschholm mit dem Skandal verknüpft, als daß das Königshaus es noch weiterhin als sommerliches Residenzschloß zu benutzen wünschte. Das Schloß wurde nie mehr ein großartiger, zauberhafter Mittelpunkt, ein «maison de plaisance», sondern verfiel sehr schnell.

Ein Reisender schreibt 1798: „Das schöne Königsschloß steht auf einer Insel in ei nem kleinen See, der einmal ein Sumpf war und nun wieder ein Sumpf werden wird. Das große, schöne Gebäude, das vor kaum 50 Jahren fertig wurde, steht jetzt öde und verlassen. Schafe grasen im Schloßhof, die lange Fensterreihe steht verstaubt, die Rahmen sind verrottet. In den vielen Zimmern hört man keinen Laut außer dem Brausen des Windes und dem Klappern der Fenster. Das große Opernhaus im Garten zerfällt, die Decke ist heruntergefallen, alle Springbrunnen schweigen, nur die Frösche erheben manchmal ihr Triumphgeschrei."

Der **Folehavevej** verläuft das östliche Seeufer des Schloßgartens entlang, und dort liegt eine Reihe gelb gekalkter Gebäude, die einmal zum Schloß Hirschholm gehört haben. Die *Kavaliershäuser* sind die südlichsten in der Reihe. Sie wurden 1733/34 nach Entwürfen von Laurits de Thurah gebaut und schon 1744 um eine Mezzaninetage (Halbgeschoß) erhöht. Im Keller waren Bäckerei und Konditorei eingerichtet, während die übrigen Etagen als Wohnungen für die Dienerschaft dienten.

Es folgt der *Materialstaldgård*, wo der herrschaftliche Stall eingerichtet war. Beachten Sie hier die dekorativen Giebelgaupen nach dem Folehavevej hin. J. C. Krieger, der in den 1720er Jahren die Verantwortung für die Bauarbeiten hatten, ließ sie mit leicht gebogenen Dachflächen versehen.

Das *Magazingebäude* ist wohl das imponierendste von allen. Es erhebt sich mit großen, ziegelgedeckten Dachflächen und trägt ein Monogramm mit Krone an dem großen Giebel zum Platz mit dem Denkmal hin. Der Bau entstand 1713 unter Friedrich IV. und enthält heute das *Jagd- und Forstmuseum.*

Der **kleine Obelisk** mitten auf dem Platz wurde 1766 von Sophie Magdalene, der Witwe Christians VI., errichtet. Das Denkmal sollte für alle Zeit den Freund und guten Ratgeber der Königinwitwe, den deutschstämmigen Grafen Stolberg, ehren. Er hatte ihre Reformen zugunsten der Bauern von Schloß Hirschholm durchgeführt, durch die am 10. Juli 1761 die Fronarbeit auf dem Gut aufgehoben wurde.

Auf der einen Seite des Obelisken sieht man zuoberst ein zerbrochenes Joch, natürlich ein Symbol dafür, daß die Bauern nicht mehr mit Füßen getreten wurden. Darunter folgt ein Lobspruch auf den bauernfreundlichen Grafen.

Rungstedlund ist längst in die Literaturgeschichte eingegangen. Aber wer konnte ahnen, daß die alten Kruggebäude einmal zu so großer Würde kommen sollten?

Zur Zeit Christians II. war dort schon eine Gastwirtschaft mit Aussicht auf ein schläfriges Fischerdorf am Strand etabliert. Sie entwickelte sich in den folgenden Jahrhunderten beständig und ruhig, getragen von den vielen Reisenden zwischen der Hauptstadt und Helsingør.

Um 1680 wurde vermutlich ein vierflügeliger Hof gebaut. Diese Anlage wurde 1702 von einem Franzosen erwähnt, der sich in Rungsted aufhielt. Er beschreibt den Hof als „schönsten in der ganzen Gegend".

Rungstedlund, gesehen vom Strandweg aus. Seit 1963 Sitz der Dänischen Akademie.

Der Dichter Johannes Ewald quartierte sich 1773–1775 in dem Krug ein, der damals von Ole Jacobsen gepachtet war. Ewald war nicht nur von der Wirtin und ihrer Tochter eingenommen, nein, der ganze Ort regte seine Sinne an. Hier schrieb er „Rungsteds Glückseligkeiten" und „Baldurs Tod".

Unter einem späteren Eigentümer – Leutnant Christian Sørensen – wurde der Krug 1803 zur privaten Nutzung umgebaut. Aus seiner Zeit stammt die Vermauerung der Hofflügel. Die Gebäude bekamen gleichzeitig den Namen Rungstedlund.

Der Hof wurde 1879 von Karen Blixens Vater gekauft, vielleicht in der Hoffnung, daß eine künftige Eisenbahn den Grundpreis in die Höhe treiben werde. Aus dieser Hoffnung wurde erst etwas, als die Küstenbahn 1897 nach Rungsted kam. Der Hof erlitt im übrigen 1898 einen ernsthaften Verlust, als ein Brand den Flügel am Strandweg völlig ruinierte.

Rungstedlund besteht heute aus zwei massiven Flügeln mit ziegelgedeckten Dächern. Hier zog Karen Blixen ein, als sie 1931 aus Afrika heimkehrte. Kurz darauf begann sie – noch unbekannt – ihre berühmten "Seven gothic tales" zu schreiben, die 1934 in Amerika herauskamen. Karen Blixen starb 1962 in ihrem Elternhaus, das im Jahre darauf Sitz der Dänischen Akademie wurde.

Nivaagaard wurde 1862 von dem tüchtigen Kaufmann und Konsul Alfred Hage erworben. Bei der Übernahme bestand das Gut aus zwei Höfen, einer Mühle und einer Ziegelei. Der Sohn Johannes Hage war ein außergewöhnlicher Kunstsammler. Schon der Vater hatte gute dänische Kunst gekauft, aber Johannes ging viel weiter. Auf seinen vielen Reisen in Europa kaufte er Werke der großen Meister der Renaissance und des Barock.

Die hervorragende Gemäldesammlung – seit 1908 eine sich selbst tragende Einrichtung – ist in einem kleinen Museumsbau ausgestellt. Er wurde 1903 nach Entwürfen von Johan Schrøder errichtet und mit einer klassischen Tempelfront versehen.

Unter den Hauptnummern der Sammlung sei die „Flucht nach Ägypten" erwähnt, von Claude Lorraine wunderbar geschildert. Die biblische Szene ist in eine römische Landschaft mit romantischen Burgruinen und idyllischen Schäferszenen versetzt. – Dazu kommt das „Porträt einer Dame", das Rembrandt 1632 geschaffen hat. Auch Rubens ist repräsentiert. Kurz und gut: eine Sammlung von internationalem Niveau in einem idyllischen Winkel von Seeland.

Helsingør

Sicher war die Stadt schon in vormittelalterlicher Zeit Fährstelle. Will man sich aber an Jahreszahlen halten, so erscheint sie erst 1231 im Licht der Geschichte. In diesem Jahr wird Helsingør in dem berühmten *Erdbuch* Waldemars des Siegers erwähnt. Der Name kommt vermutlich von den Wörtern *hals* (Verengung) und *ør* (etwa Kiesstrand).

Die Geschichte der dänischen Städte ist von den vielen Stadtbränden und Zerstörungen durch fremde Soldaten geprägt. So bekam Helsingør einen großen Schlag, als der norwegische König Erik Magnusson 1289 den Hafen anlief und die Stadt brandschatzte. Eine neue Plünderung fand 1312 statt, als eine Flotte aus der Hansestadt Rostock im Hafen anlegte.

Aber es geschah auch, daß kriegerische Händel für eine Stadt einen glücklichen Ausgang hatten und die Bürger erleichtert aufatmeten. Als die Flotte der Lübecker ihre Kanonen 1510 gen Helsingør donnern ließ, war das offenbar eine harmlose Affäre. Die Bürger erklärten spottend, ihr einziger Verlust sei eine Katze gewesen, der ein Bein abgeschossen worden sei.

Der Hintergrund von Helsingørs reicher Baukultur ist der Øresundszoll. Er wurde von Erik von Pommern 1429 eingeführt und erst 1857 wieder abgeschafft. Dazu kam die Anlage der Festung „Krogen", die später zu dem berühmten Renaissanceschloß Kronborg umgebaut wurde. Auch das wirkte sich auf die Architektur der Stadt und die Lebensweise dort aus.

Strandgade 27 ist die erste Station auf unserem Rundgang. Das geweißte Eckhaus ist ein zweistöckiger Fachwerkbau. Die obere Etage kragt über. Beachten Sie die Balkenköpfe über dem unteren Stockwerk an der Fassade zur Strandgade! Sie werden von volutenförmigen Knaggen gestützt, die mit geschnitzten Akanthusblättern verziert sind. Das überkragende Stockwerk und die volutenförmigen Knaggen sind typisch für die Architektur des 16. Jahrhunderts. Das wird von einem Balken bei der Haustür bestätigt,

Strandgade 27: Ausschnitt der Türpartie

der die Jahreszahl 1577 trägt. Das Haus ist das älteste datierte Fachwerkhaus in Helsingør.

Überschauen wir die Liste der Hauseigentümer, so erscheint da in den Jahren von 1847 bis 1867 ein Fährmann namens Peder Christian Wilhelmsen. Er war nicht der einzige Fährmann, der in der Strandgade wohnte. Weiter unten, nämlich in der Nr. 9, war der Hausbesitzer in der Zeit von 1761 bis 1771 ein Fährmann namens Jens Svendsen. So könnte man fortfahren, die Listen der Hausbesitzer in der südlichen Strandgade zu studieren. Sie zeigen deutlich, daß hier im 18. und 19. Jahrhundert das Viertel der Fährleute war.

Deren Aufgabe war es auch, den gröberen Teil der Zollerhebung zu regeln. In ihren offenen Booten liefen sie, oft bei gefährlichem Wetter, aus in den Sund, um z. B. einen Seemann zu holen, der bei der Zollkammer seinen Zoll erlegen sollte. Sie konnten auch den vielen ausländischen Schiffen Proviant bringen. Die Gilde der Fährleute zählte zu ihrer Blütezeit etwa 50 bis 70 Mitglieder.

Ein Gang die Strandgade hinunter in nördlicher Richtung zeigt einen deutlichen Wechsel im Charakter der Häuser. Die kleinen, unansehnlichen Häuser der Fährmänner werden allmählich von stattlicheren Gebäuden abgelöst. In dem Hause *Strandgade 53*, das seine Baugeschichte auf 1637 zurückführen kann, findet man im vorigen Jahrhundert unter den Eigentümern einen Generalkonsul, einen Kapitän und einen Margarinefabrikanten.

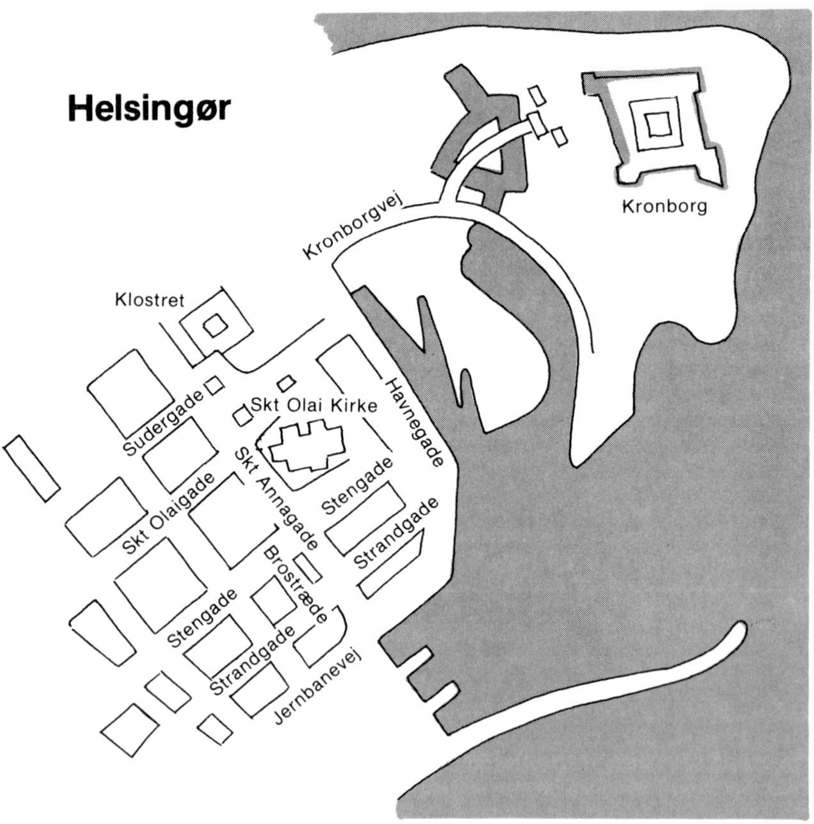

Strandgade 55 wird oft der Hof des Barbiers *Jacob Willumsen* genannt. Das massive Haus wurde vermutlich 1591 gebaut, wie die Maueranker an der Fassade verraten. Nun soll man sich nie blind auf Maueranker verlassen. Sie können sich auch auf spätere Umbauten beziehen. Aber in diesem Falle darf man ihnen trauen. Es ist nämlich bekannt, daß Jacob Willumsen das Grundstück 1590 kaufte und daß das Haus bei seinem Tode 1598 fertig war.

Hier handelt es sich um ein richtiges Renaissancehaus. Sehen Sie nur die vielen Pilaster in unterschiedlicher Ausformung, die die Fassade zur Straße hin aufteilen. Die unteren nennt man *Halspilaster*, die oberen tragen Figuren und werden *Hermenpilaster* genannt. Eine so prächtige Fassade stammt nicht von irgendeinem kleinen Maurermeister. Es ist weitaus wahrscheinlicher, daß der tüchtige Meister unter den ausländischen Handwerkern gesucht werden muß, die zur selben Zeit auf Kronborg tätig waren.

Strandgade 75 repräsentiert das andere Ende von Helsingørs sozialer Rangskala. Das gediegene Bauwerk wurde in den 1750er Jahren für den Ratsherrn Niels Dahl errichtet. Ein Teil davon wurde jedoch später verändert, nicht zuletzt das Dach, das ursprünglich ein gewöhnliches Satteldach mit Walmgiebeln war. Das Mansarddach wurde erst um 1920 aufgesetzt. Dagegen haben die vier Pilaster der Hauptfassade den Wandel der Zeiten überlebt.

Strandgade 77–79 ist wohl mehr unter dem Namen „Alte Apotheke“ bekannt. Das nördliche Vorderhaus bildet vermutlich den ältesten Teil des Anwesens, und vom Staffelgiebel her zu urteilen, muß das Gebäude im frühen 16. Jahrhundert gebaut worden sein. Eine Reihe späterer Umbauten hat jedoch die übrigen spätgotischen Züge des Hauses verwischt. Das südliche Eckgebäude trägt die Jahreszahl 1642 in Eisenziffern und wurde wohl auch zu diesem Zeitpunkt für den Ratsherrn Johan Kruse und seine Frau errichtet. Dazu kam 1802, finanziert von dem Apotheker Steenberg und dem Textilwarenhändler Simmelkjær, ein Flügel nach der *Brostræde* hin.

Der gelb gekalkte Gebäudekomplex beherbergte seit dem 16. Jahrhundert die ehrwürdige Apotheke der Stadt. Vor einigen Jahren wurde sie jedoch zugunsten einer Bank aufgegeben. Schade, daß eine so alte Tradition aufhören sollte! Leider ist es anderen Apotheken rundum im Lande ebenso ergangen. Die alten Häuser entsprachen nicht den Anforderungen der neuen Zeit.

Die Vorderhäuser des alten Apothekerhofs haben aber ihre alte, gemütliche Verzierung bewahrt. Sehen Sie nur, wie auf dem Giebeldreieck über dem nördlichen Haupteingang ein Schwan mit seinem weißen Körper vorragt! Der geschwungene Hals trägt eine vergoldete Krone, und auf der Brust sieht man einen Schild mit Initialen. Aber auch der Mittelpfosten des Türgefachs wurde mit einer Verzierung bedacht. Einer der Hausbesitzer hat eine phantasievolle Maske auf die Knagge setzen lassen. Das südliche Vorderhaus hat an seiner Ecke ein halbrundes Relief mit einem sich auf Wellen wiegenden Schwan.

Gammel Færgestræde (Alte Fährgasse) zeigt ihren dunklen Gang hinter dem rot gemalten Holztor. Hier ist es so eng, daß Wagen niemals passieren konnten. Selbst die Besucher gehen am besten im Gänsemarsch. Die ursprüngliche Breite der Gasse ist erhalten, seitdem sich im 15. Jahrhundert das erste Steinhaus erhob und die schmale Passage zwischen Stengade und Strandgade bildete. Im späten Mittelalter herrschte dort Hochbetrieb, denn bei der Mündung der Gasse in die Strandgade lag eine Landungsbrücke.

Diese Schiffsbrücke gab der nächsten, ebenso schmalen *Brostræde* (Brückengasse) den Namen, die parallel zur Gammel Færgestræde verläuft. Der früheste Name der Landungsbrücke war *Færgevasen*, wobei das Wort *vase* einen alten dänischen Ausdruck für Brücke darstellt. Schiffe, die Waren nach Helsingør bringen wollten, mußten Færgevasen anlaufen und Zoll entrichten.

Beachten Sie auch den „Bodenbelag“ des Straßenraumes! Er besteht aus holperigen Pflastersteinen mit einer Reihe flacher Steine in der Mitte für die Fußgänger. Nur an wenigen Stellen in Dänemark kann man entsprechende Gassen erleben; man denke etwa an die *Slipper* im alten Ripen.

Eine ganz drollige Geschichte ist mit der späteren Geschichte der Gammel Færgestræde verbunden. Sie hatte seit undenklichen Zeiten als öffentliche Straße gedient. Aber 1746 pfiff ein Hausbesitzer auf alle althergebrachten Regeln. Er sperrte die Gasse und richtete einen Hühnerhof, eine Latrine und einen Schweinestall ein.

Oxernes Gård liegt mit seinem massiven Haus an der Ecke Gammel Færgestræde/Stengade 65. Der gelb gekalkte Giebel zur Gasse hin hat ein gestaffeltes Dreieck mit senkrechten Blenden, also eine echt gotische Form. Das Mauerwerk unter dem Giebeldreieck besteht aus mittelalterlichen Backsteinen, die Fassade zur Stengade ist dagegen von späteren Umbauten und von der modernen Einrichtung eines Geschäftes geprägt. Ein Haus mit gespaltener Seele!

Auf der Grundlage des Stils der Giebelpartie und der schriftlichen Quellen ist es glaubhaft, daß das Haus 1459 gebaut wurde. Bauherr war Johan Oxe, der zu dieser Zeit Lehnsmann auf *Krogen*, dem alten Kronborg, war.

Am Ende desselben Jahrhunderts wurde in Oxernes Gård Christiern Pedersen geboren. Er wurde später, in den unruhigen Jahrzehnten, als die Gedanken der Reformation über das Land trieben, eine der Hauptfiguren des Humanismus. 1510 begann er mit dem ersten dänisch-lateinischen Wörterbuch, und vier Jahre später gab er in Paris eines der nationalen Kleinodien heraus: *Saxos Gesta Danorum*. Später wurde Pedersen beauftragt, die Bibel ins Dänische zu übersetzen; es entstand die sogenannte Bibel Christians III. Der Schlußstein in seinem fleißigen Leben war eine Umarbeitung des französischen Heldenliedes *Chevalerie Olgier*, das aus dem 12. Jahrhundert stammt und die Taten des Holger Danske besingt.

Wir könnten so fortfahren, die Bürgerhäuser von Helsingør Geschichte erzählen zu lassen. Aber der Platz erlaubt nur noch ein paar Beispiele.

Sankt Annægade 6 liegt nur wenige Schritte von Oxernes Gård entfernt. Teile dieses Baus können aufs Mittelalter zurückgeführt werden, als das Haus zu einer Reihe von Steinbuden nahe der *St.-Olai-Kirche* gehörte. Seit 1645 ist es in Gemeindebesitz; damals hieß es „Residenz des Orgelmeisters".

Die Gemeinde hatte in den Jahren von 1642 bis 1671 Hans Jensen als Organisten angestellt. Er bekam 1637 den Sohn Didrik – den später so berühmten Komponisten Dietrich Buxtehude. Als der Sohn ausgelernt hatte, begann er, in der benachbarten *Marienkirche* zu spielen, deren Gemeinde deutsch war. Hier wirkte er bis 1668, als er in die Hansestadt Lübeck umzog. Dort folgte er dem berühmten Franz Tunder im Organistenamt an der *Marienkirche*. Buxtehudes eigener Ruf war schnell geschaffen, und er bekam nicht nur Besuch von Georg Friedrich Händel, sondern wurde auch Lehrer des jungen Johann Sebastian Bach.

Die **St.-Olai-Kirche** war ursprünglich ein einschiffiger Backsteinbau aus der ersten Hälfte des 13. Jahrhunderts. Sie wurde in der Zeit zwischen 1400 und 1521, in die aber mehrere Bauunterbrechungen fielen, erweitert und zu einer dreischiffigen Basilika umgestaltet. Man kann noch Reste der ersten Kirche sehen, die in der Nordmauer des jetzigen Gebäudes erhalten sind, nämlich in dem Abschnitt zwischen *Johan Oxes Kapelle* und dem Turm.

Johan Oxes Kapelle wurde in den Jahren vor 1472 gebaut, und der Stifter war der reiche Lehnsmann auf Krogen. Geht man weiter um die Kirche herum, so erblickt man an der Chorostseite, gleich über dem Erdboden, ein sehr ungewöhnliches Fenster. Es ist das Fenster zur Grabkrypta des Ratsherrn Jørgen Buhr. Ein schmiedeeisernes Gitter trägt die Jahreszahl 1679, und die Lichtöffnung ist von Sandsteindekorationen in üppigem Barock eingerahmt. Sehen Sie nur das reich profilierte Gesims, das Vasen mit Henkeln trägt. Ein lorbeergekränzter Totenkopf auf gekreuzten Knochen soll an das Lebensende erinnern.

Jørgen Buhrs Grabkrypta ist nur eine von vielen, die früher unter der Kirche eingerichtet waren. Die Krypten wurden für jeweils 20 Jahre an wohlhabende Familien vermietet. Doch ein Kirchengesetz von 1806 verbot künftige Beisetzungen in den

Die Westfassade der Kirche des alten Karmeliterklosters ist mit ihren schönen Blenden eines der besten Beispiele spätgotischer Architektur in Dänemark. Rechts der Hospitalsbau.

Kirchen, und damit begannen die alten Grüfte zu verfallen. Sie wurden bald danach aufgefüllt.

Das Inventar der Kirche ist überaus reich. Zu den wichtigsten Stücken gehört die Altartafel des Bildhauers Lorentz Jørgensen von etwa 1664. Das prachtvolle Schnitzwerk in Knorpelbarock zeigt insgesamt 19 Reliefs mit Szenen aus dem Leben Jesu. Die jetzige Bemalung ist von 1755. Auch das Chorgitter ist eine Arbeit in Knorpelbarock. Sie stammt von dem Hamburger Claus Brameyer und einem örtlichen Meister namens Jens Mortensen und wurde 1652/53 geschaffen.

Das **Karmeliterkloster** liegt ein Stück weiter in der Sankt Annægade. Der große Komplex gotischer Backsteingebäude kann seine Geschichte auf 1430 zurückführen, als auf dem Grundstück für die Karmelitermönche eine Kirche gebaut wurde. Einer der Initiatoren war König Erik VII. von Pommern, der im Jahr davor den Sundzoll eingeführt hatte und zugleich eifrig mit der Vollendung von Krogen beschäftigt war. Die Klosterkirche hatte leider nur eine kurze Lebenszeit, denn sie brannte schon 1450 ab. Für den neuen Bau behielt man aber die Mauern des ersten bis etwa zur unteren Fensterkante bei. Zugleich begann man mit der großartigen Klosteranlage, die zusammen mit der Kirche einen vierflügeligen Komplex bilden sollte. Die Arbeiten waren um 1500 abgeschlossen.

Doch wer waren eigentlich die Karmeliter? Der Orden entstand im Heiligen Land während der vielen Kreuzzüge und bekam seinen Namen vom *Berg Karmel.* Er verbreitete sich in Westeuropa und kam zu Beginn des 15. Jahrunderts nach Dänemark. Die Karmeliter wurden oft die „weißen Brüder“ oder „weißen Mönche“ genannt. Ihre Ordenstracht war aber nicht weiß, sondern schwarzweiß gestreift. Die Mönche in Helsingør müssen tatsächlich das ohnehin schon bunte Straßenbild geprägt haben.

Als die Reformation bevorstand, hatte das Karmeliterkloster – genannt Vor Frue Kloster (Liebfrauenkloster) – in Dänemark großen Landbesitz erworben. Es war das Hauptkloster für alle Karmelitermönche, die sich im Lande aufhielten, und zugleich ein Sitz der Gelehrsamkeit. Einer seiner letzten Prioren war der gelehrte Dr. Anders Christensen, der ein Hospital für kranke Seeleute errichtete. Das Hospitalsgebäude liegt noch heute an der Ecke Sankt Annægade/Hestemøllestræde. Möglicherweise hat Anders Christensens Hospital das Kloster vor dem Abriß bewahrt, als Luthers Lehre nach Helsingør kam. Denn 1541 wurde der ganze Klosterkomplex zum Hospital umgebildet. Am Ende des vorigen Jahrhunderts waren die Gebäude jedoch so verfallen, daß eine umfassende Restaurierung erforderlich war.

Professor H. B. Storck leitete die Instandsetzungen, und wenn er auch hart zu Werke ging, um die Bauten historisch korrekter zu gestalten, so kam doch eine akzeptable Ganzheit heraus. Auffälligster Zug sind wohl die prachtvollen Blendengiebel, die den Kirchenflügel im Süden markieren. Beim Ostgiebel ist Storck hier äußerst behutsam vorgegangen, und er bildet heute eines der besterhaltenen und vornehmsten Beispiele spätgotischer Architektur in Dänemark. Man erlebt diese himmelstrebenden Giebelpartien am besten, wenn das Sonnenlicht schräg einfällt und von den verschiedenartigen Blenden gefangen wird.

Der Ostflügel war zum Schlafsaal der Mönche eingerichtet und enthielt auch die

Kronborg im Schutz seiner schweren Bastionen. Das jetzige Schloß stammt aus der Renaissance.

Sakristei und den Kapitelsaal, oft *Laxmand-Saal* genannt zur Erinnerung an Poul Laxmand, der dem Kloster im 15. Jahrhundert reiche Schenkungen machte. Von ungewöhnlicher Atmosphäre und Größe sind außerdem die Bogengänge des Kreuzgangs *(Fratergården)*, wo man spätmittelalterliches Klosterleben empfinden kann.

Kronborg wird mit Recht als schönstes Renaissanceschloß des Nordens betrachtet. Sein Vorgänger war die berühmte Burg Krogen oder *Ørekrog*, die, wie schon erwähnt, in den 1420er Jahren angelegt wurde. Erik VII. von Pommern stand hinter ihrer Errichtung, und er sorgte dafür, daß die Burg solide befestigt wurde. Rund um ihre inneren Teile wurde eine schwere, quadratische Mauer gelegt mit einer Seitenlänge von etwa 80 Metern. Die Fundamente dieser Ringmauer waren aus großen Feldsteinen.

Im Schutz der Ringmauer ließ der König die älteren Teile der Burg errichten, nämlich drei Steinhäuser, die teilweise in den Innenmauern der jetzigen Flügel erhalten sind. Um 1427 muß der Bau weit fortgeschritten gewesen sein, denn eine Quelle aus diesem Jahr erwähnt einen Beschuß der Burg durch einige preußische Schiffe.

Die schnelle Entwicklung der Feuerwaffen ließ die Burg bald veralten, und 1558 wurde der Baumeister Hans von Dieskau aus Sachsen herbeigerufen und mit der Anlage eines Systems von Bastionen um die alte Burg herum beauftragt. Sie sollten nach den modernsten Prinzipien gestaltet werden.

Einige Jahrzehnte später, nämlich 1574, schloß Friedrich II. einen Vertrag mit Hans van Paeschen zum Umbau der veralteten Festung. Er betraf die Gebäude und die Bastionen. Kronborg sollte danach eine dreiflügelige Anlage im niederländischen Renaissancestil bilden.

Aber aus irgendeinem Grund war Friedrich II. mit den Leistungen van Paeschens nicht zufrieden, und er wurde 1578 auf die *Festung Båhus* verwiesen. Darauf bekam der flämische Baumeister Antonius van Opbergen die Aufgabe, die Bauarbeiten zu vollenden. Er regulierte die Anlage so, daß sie schließlich aus vier Flügeln bestand; die Fassaden wurden 1580 auf Wunsch des Königs mit schonischem Sandstein verkleidet. Bei seiner Vollendung war das Schloß eines von Nordeuropas vorzüglichsten Bauwerken des 16. Jahrhunderts.

Die große Pracht und Herrlichkeit erfuhr jedoch ein jähes Ende, als Kronborg 1629 von einem gewaltigen Brand verheert wurde. Christian IV. ließ es unverzüglich wieder aufbauen, und bei dieser Gelegenheit wurde das Innere stark erneuert. In den folgenden Jahrhunderten war das Schloß Kaserne und litt sehr unter Verschleiß und Versäumnissen, bis Architekten und Museumsleute begannen, das berühmte Renaissanceschloß zu restaurieren.

Kronværksporten (das Kronwerkstor) sorgt für den pompösen Empfang, wenn man das Schloß besucht. Auf Sandsteinfliesen steht dort zwischen den Gesimsen in Ziffern und Buchstaben: Anno 1690. Das

Abb. rechts oben: Schloß Marienlyst am Øresund. Der ursprüngliche Pavillon aus dem 16. Jahrhundert verbirgt sich in dem Mittelrisalit, den Jardin durch mächtige Pilaster betont hat. Das Dach bildet eine Aussichtsterrasse.

Abb. rechts unten: Kanzel der St.-Olai-Kirche in Helsingør. Das Renaissancewerk des Kronborger Schloßtischlers Jaspar Matiessen von 1567 wurde im 17. Jahrhundert durch den Schalldeckel und die Eckhermen barock umgestaltet.

Werk stammt von Lambert van Haven, dem Generalbaumeister Christians V. von 1671 bis 1695, als das Barock die dänische Baukunst prägte. Das Kronwerkstor stellt viele Barockkriterien zur Schau: die von Pilastern unterteilte Ziegelmauer, die kräftigen Voluten auf den Ecken des Sandsteinportals und das geknickte Gesims über der Toröffnung. Über dem Bogen ist eine Tafel eingesetzt mit einem berühmten Vers von Thomas Kingo, dessen erste Zeilen übersetzt lauten: „Tritt ein, wenn du es wert bist! Ich öffne meinen Bogen und gebe Platz, das gekrönte Schloß zu schauen. Drei Könige (hat es bekämpft) aus Wasser, aus Feuer und Beschuß . . ."

Machtvolle Worte, die auf mancherlei Weise im Schloß selbst unterstrichen werden, in erster Linie in dem großen Rittersaal. Auch ohne Meublement hat der Raum Größe. Und er bekommt noch mehr Pracht, wenn man sich in der Phantasie seine Rolle am Ende der Tage Friedrichs II. ausmalt: Zu Beginn der 1580er Jahre fertiggestellt, war er damals mit seinen 62 × 11 Metern Nordeuropas größter Festsaal. Bei festlichen Gelegenheiten wurden seine Wände mit den „Königstapeten" bezogen, den berühmten Wandteppichen.

Am Nordrand der Stadt liegt, umgeben von einem alten Park, das **Schloß Marienlyst,** von wo aus man einen herrlichen Blick über den Øresund hat. Friedrich II. ließ es 1587 als kleinen, nur dreiachsigen Aussichtspavillon errichten. Seinen jetzigen Namen hat das Schloß von Juliane Marie, der Witwe Friedrichs V. Für sie wurde der Bau um 1760 von N. H. Jardin im klassizistischen Sinn umgebaut und erweitert. Seit 1940 dient das Schloß als *Stadtgeschichtliches Museum.*

König Friedrich II. Kupferstich von Melchior Lorck.

Abb. links: Die Westfassade der Marienkirche von Helsingør, der Kirche des früheren Karmeliterklosters.

Farum und Æbelholt

Farum war vor 200 Jahren nur eine Ansammlung von Höfen und Häusern um eine lange Dorfstraße, die jetzige Farum Hovedgade (Hauptstraße). Die Gemarkung wurde 1799 nach dem Sternenprinzip parzelliert, wegen des nahen Sees allerdings nur fächerförmig; die Hauptlinien können noch am Verlauf einiger Straßen abgelesen werden: Zum Beispiel gehen die drei westlichen Wege, Kaalundsvej, Hestetangsvej und Lillevangsvej, von der Dorfmitte aus. Von modernen Zeiten merkte Farum erst etwas, als die Eisenbahn 1906 das Dorf erreichte.

Der *Rundgang* beginnt in der *Hovedgade* bei Nr. 75. Der zweiflügelige Hof kann seine Baugeschichte möglicherweise auf die Zeit Christians IV. zurückführen. 1645 werden zwei Flügel unter dem Namen „Smiddegaarden" genannt. Hier wurden später einige Kleinbauernwohnungen eingerichtet.

Wir gehen weiter zum *Kaalundsvej*, der nach dem Dichter H. V. Kaalund benannt ist. Er verbrachte die Sommer von 1838 bis 1841 in Farum (Kaalundsvej 6) und erreichte seinen literarischen Durchbruch in dieser Zeit u. a. mit einem Gedicht zu Thorvaldsens Heimkehr nach Dänemark.

Das Haus *Kaalundsvej 21* ist die frühere „Rytterskole" von 1725, eine der Schulen, die Friedrich IV. für die königlichen Güter gegründet hatte. Die Errichtung wird auf einer Sandsteintafel über dem östlichen Eingang an der Nordfassade erwähnt. Die Backsteine des Hauptgesimses liegen bogenförmig und auf ihrer Schmalseite (Rollschicht). Dieser Gesimstyp ist charakteristisch für die vielen „Rytterskoler" des Landes. Die Gemeinde hielt übrigens bis 1924 Schule in dem Gebäude.

Vor der Errichtung dieser Schule mußte man Gelehrsamkeit im Schulhaus, Kaalundsvej 31, suchen. Hier lag ursprünglich eine Scheune zur Aufbewahrung des Kirchenzehnten. Die Zehntscheune wurde 1696 auf Initiative von Professor Paul Winding zum Schulhaus. Er war kurz zuvor Eigentümer des nahen *Farumgaard* geworden und wollte der Bildungsnot in der Gemeinde etwas abhelfen. Das Haus wurde im Laufe der Zeit stark umgebaut; so wurde das meiste Fachwerk durch massive Mauern ersetzt.

Wechselnde Eigentümer sind dafür schonender mit dem nahe gelegenen *Pastorenhof* umgegangen. Hier zeigt sich trotz des unterschiedlichen Alters der einzelnen Gebäude eine Anlage aus einem Guß. Die Naturschutzbehörden wollten dies Stück dänischer Pastorenkultur sichern, indem sie jede Form der Bebauung im Garten, in der Einfahrt und auf dem Hofplatz verboten. Am ältesten ist der freiliegende Fachwerkbau, der der Kirche am nächsten liegt. Er hat 17 Achsen und dürfte 1724 gebaut worden sein. Das Gebäude ist eines der schönsten von Farum, reich an Details. Sehen Sie etwa den Feldsteinsockel oder die Felder, die an mehreren Stellen noch lehmbeschlagen sind.!

Der Kirchhof liegt hoch und offen in der Landschaft. Hier befindet sich der Grabstein des Komponisten Poul Edv. Rasmussen (1776–1860). Er war ursprünglich als Justizbeamter bei der Kriegsmarine angestellt, zog sich aber 1809 zurück, um in der Gegend von Farum zu leben. In der schönen Naturumgebung komponierte er einige Jahre später die Melodie zu „Danmark dejligst vang og vænge".

Die **Kirche von Farum** stammt aus dem 12. Jahrhundert und gehört somit in die große Bauperiode des dänischen Mittelalters. Für Schiff, Chor und Apsis verwendete man gespaltene Feldsteine, doch wo es die feineren Details erforderten (an Ecken und Fenstern), benutzte man den weichen Kalktuff. Betrachten Sie das runde, wiederhergestellte Fenster in der Apsis! Es besteht auch aus Kalktuff.

Die Vorhalle auf der Nordseite wurde in der zweiten Hälfte des 13. Jahrhunderts angefügt und ist eine schöne Probe frühgotischer Maurerkunst. Der Eingang wird von zwei Ziernischen mit dreipaßförmigen Blenden gebildet, auf deren Boden man die Backsteine im Fischgrätenmuster sieht. Die obere Giebelpartie ist jünger. Das Kirchenschiff wurde später erweitert, und drei Kreuzgewölbe wurden eingezogen, während der niedrige Turm im 15. Jahrhundert angefügt wurde.

Das prächtigste Inventarstück der Kirche ist eine Altartafel von 1599, eine sogenannte Katechismustafel. Sie zeigt nur Felder mit biblischen Zitaten und ist ein glänzendes Beispiel für die strenge lutherische Auffassung, die die nachreformatorischen Altäre in Dänemark prägte. Die Lutheraner waren zu Beginn stark bilderkritisch, einige geradezu bilderfeindlich, und man wollte das gesprochene und gedruckte Wort auf Kosten der Bilder fördern. Aber es dauerte nicht viele Jahrzehnte, bis Bilder und geschnitzte Figuren zum Vergnügen des Auges wieder die dänischen Altäre eroberten.

Aus romanischer Zeit stammt das Taufbecken mit dem schönen Palmettenmotiv. Es war eine recht dankbare Aufgabe für den Steinmetzen, dies Ornament auszuführen, da das Material schonischer Sandstein ist. Dieser war im Gegensatz zum Granit weich und konnte leicht über den Øresund gebracht werden.

Der **Farum-See** war früher wegen seiner lekkeren Wildgänse geschätzt und erlaubte den dänischen Königen viele gute Jagden. Auf den beiden kleinen Inseln, *Svaneholm* und *Klaus Nars Holm*, wurden die Gänse ausgebrütet. Die Volksüberlieferung erzählt, König Waldemar Atterdag habe einmal seinem Hofnarrn Klaus eine von Dänemarks Inseln versprochen und ihn dann mit der Insel im *Farum-See* abgespeist.

Farumgaard wurde in seiner jetzigen Gestalt kurz nach 1700 für den Kopenhagener Ratsherrn Jens Rostgaard gebaut. Dieser beschäftigte als Architekten François Dieussart, der zur selben Zeit mit dem Bau des ersten Schlosses Sorgenfri befaßt war.

Das Hauptgebäude ist eine dreiflügelige Anlage, die auf einem Abhang am See liegt. Die Stuckdecken stammen aus Dieussarts

Die Altartafel der Kirche von Farum stammt aus der Zeit Christians IV. und ist ein schönes Beispiel für die strenge reformatorische Bildauffassung.

Zeit und sind recht gut erhalten. Die Interieurs haben außerdem eine Reihe interessanter Rokokodekorationen.

Aber die Geschichte des Anwesens reicht viel weiter zurück, denn die schriftlichen Quellen berichten, schon in den 1370er Jahren habe in Farum ein Fronhof gelegen. Er gehörte damals dem Bischof von Roskilde, einem von Seelands größten Grundbesitzern. Die Liste der Eigentümer in den folgenden Jahrhunderten ist lang und bunt.

Greifen wir einmal einige Besitzer aus der großen Personengalerie heraus: Der königliche Herold Claus Fontein saß in den 1550er Jahren auf dem Gut. Eine kurze Zeit war der königliche Kutscher Jens Severinsen da, und darauf übernahm Hans Hund, Hofapotheker Friedrichs II., den Hof. Er fühlte sich so vornehm, daß er seinen Namen zu Johannes de Canis latinisierte. Eine der größten Persönlichkeiten war wohl Hans Svane, der den Hof nur von 1666 bis 1668 besaß. Er hatte ihn von Friedrich III. empfangen, welchem er in seiner Eigenschaft als Bischof von Seeland bei der Einführung des Absolutismus geholfen hatte. Zu dieser Belohnung bekam Hans Svane noch die fürstliche Summe von 60 000 Reichstalern und die ehrenvolle Erhebung zum Erzbischof von

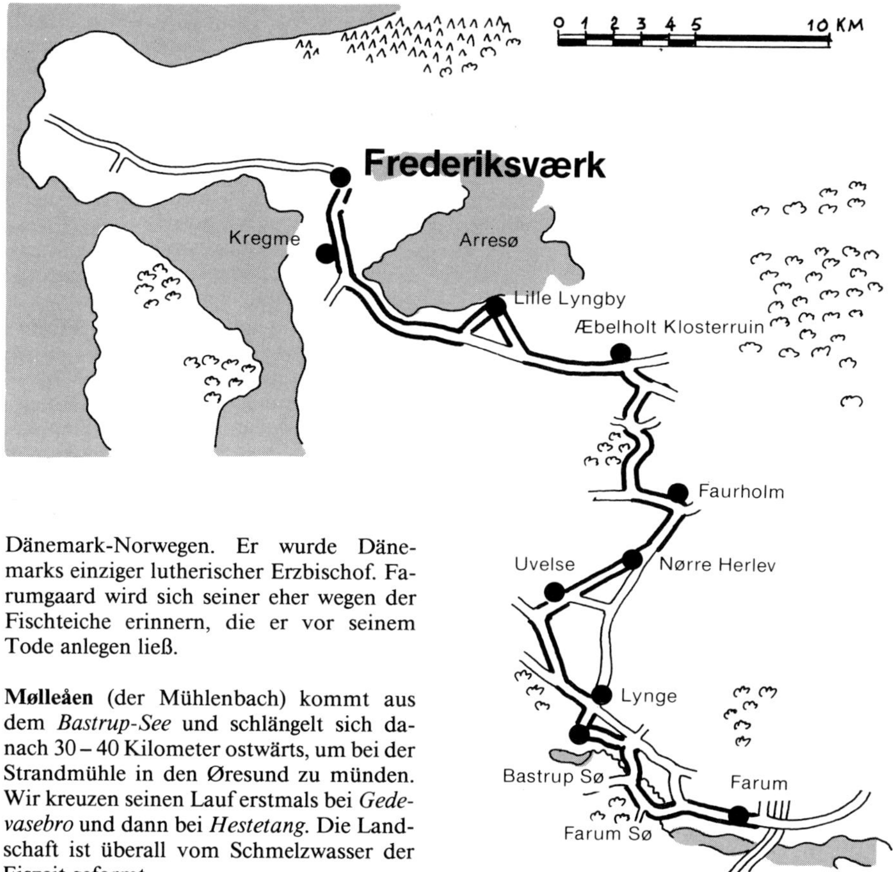

Dänemark-Norwegen. Er wurde Dänemarks einziger lutherischer Erzbischof. Farumgaard wird sich seiner eher wegen der Fischteiche erinnern, die er vor seinem Tode anlegen ließ.

Mølleåen (der Mühlenbach) kommt aus dem *Bastrup-See* und schlängelt sich danach 30 – 40 Kilometer ostwärts, um bei der Strandmühle in den Øresund zu münden. Wir kreuzen seinen Lauf erstmals bei *Gedevasebro* und dann bei *Hestetang*. Die Landschaft ist überall vom Schmelzwasser der Eiszeit geformt.

Dieser Wasserlauf gehörte bis in neuere Zeit zu den wichtigsten in Dänemark, nicht als Verkehrsader, sondern als Antrieb für eine Reihe von Mühlen. Man weiß, daß schon im Mittelalter fünf Wassermühlen dort arbeiteten. Die ältesten Mühlen mahlten Getreide. Dies galt auch für die *Hestetang-Mühle* und die *Terkels-Mühle* an der Strecke zwischen dem *Bastrup-* und dem *Farum-See*. Im Mittelalter gehörten sie fast alle den mächtigen Bischöfen in Roskilde, aber nach dem Fall der katholischen Kirche gingen sie in die Hände der Krone über und erfuhren unter Christian IV. einen starken Aufschwung. Die Entwicklung kulminierte im 18. Jahrhundert, als neun größere Betriebe den Bachlauf entlang mit Wasserkraft versehen wurden.

Der Mühlenbach diktierte zugleich die Lage einer Reihe von Furten, und bei einigen findet man alte Wallanlagen. Wer die Übergangsstelle befestigt hatte, kontrollierte auch den Verkehr. Das gilt etwa für die *Burg Hjortholm* am Südende des Fure-Sees, die im Mittelalter den Roskilder Bischöfen gehörte.

Bastrup Stenhus (Das Bastruper Steinhaus) wurde vielleicht auch zur Beherrschung eines Verkehrsgebietes gebaut, wo der Bach den *Bastrup-See* verläßt. Es ist jedenfalls ein rätselhaftes Turmgebäude, in der dänischen Baukultur ganz ohne Parallelen.

Als die Archäologen in den 1890er Jahren die Ruine ausgruben, fanden sie Silbermünzen aus der Zeit von Sven Grathe und Waldemar dem Großen. So kann der Bau jedenfalls in die Mitte des 12. Jahrhunderts datiert werden, falls er nicht noch älter ist. Nur die Kelleretage des Turms ist erhalten, und die besteht aus einer sechs Meter dikken, runden Kastenmauer, deren Innen- und Außenseite mit quaderförmig zugehauenem Kalktuff verkleidet ist, während der Zwischenraum mit Feldsteinen angefüllt ist.

Die ansehnlichen Dimensionen der Ruine lassen vermuten, daß ein ungewöhnlicher Machtfaktor hinter der Errichtung des Gebäudes stand. Aber bis wir zu neuen Erkenntnissen kommen, gehört Bastrup Stenhus zu den großen Rätseln der mittelalterlichen Geschichte Dänemarks.

Gott führt Adam und Eva ins Paradies. Kalkmalerei aus der Kirche von Lynge. Nach gotischem Brauch ist das Bild übervoll von Ornamentik.

Die Kalkmalereien der **Kirche von Lynge** wurden 1903 entdeckt und werden der Werkstatt des „Isefjordmeisters“ zugeschrieben. Diese Werkstatt war in der zweiten Hälfte des 15. Jahrhunderts in einer Reihe nordseeländischer Gemeinden sehr aktiv, und ihre Werke sind von Gleichartigkeit geprägt, einer Gleichartigkeit, die aber bei näherer Untersuchung doch das Wirken mehrerer Maler erkennen läßt.

Die Kalkmalereien in Lynge stammen aus der Mitte des 15. Jahrhunderts und befinden sich im Chorgewölbe. An der Ostkappe ist die alttestamentliche Schöpfungsgeschichte ausgemalt. Auf einem Thron sitzt Gottvater mit dem Erdball auf dem Schoß. Er wird von Sonne und Mond flankiert. Ein Gewimmel von Fischen und Vögeln ist darunter gemalt, doch hat der Maler außerdem – Ausdruck des mittelalterlichen Weltbildes – eine Meerjungfrau hinzugefügt. Das Beispiel steht nicht allein. In *Tågerup* auf Lolland sieht man sowohl eine Meerfrau als auch einen Meermann.

An der Südkappe erkennt man eine Darstellung der Erschaffung von Adam und Eva. Ganz oben wird das erste Menschenpaar ins Paradies geführt und ermahnt, den Baum der Erkenntnis nicht zu berühren. Gottvater tritt hier in der Rolle eines autoritären Schulmeisters auf.

Die Westkappe schildert den Sündenfall und wie Eva und Adam danach schamvoll ihre Blöße mit Laub bedecken. Die Erzählung setzt sich im oberen Feld der Nordkappe fort mit der Vertreibung aus dem Paradies. Es folgt die Szene mit dem Brudermord, und schließlich fand der Maler noch Platz für Noah, der seine Arche baut. Nach spätgotischem Brauch sind die vielen Flächen des Chorgewölbes gründlich ausgemalt. Das gilt auch für die Zwickel, wo eine Reihe von Heiligen zur Schau gestellt ist. Darunter sei Barbara mit ihrem Turmattribut besonders erwähnt.

Die **Kirche von Uvelse** gehört zu den besterhaltenen Backsteinkirchen aus dem Beginn des 13. Jahrhunderts. Ihr Außenmauerwerk enthält viele schöne Details, in erster Linie die Rundbogenfriese an Apsis, Chor und Schiff. An der Apsis setzen sich einige Bögen in Lisenen fort, während die Friese des Schiffs untraditioneller behandelt sind, weil hier die Bögen zu einer Art Blenden verwandelt sind, die wechselweise von einzelnen und doppelten Zwergsäulen getrennt sind. Die schönen Bogenfriese sind keine einsame Schwalbe unter den seeländischen Backsteinkirchen, denn das Motiv ist auch von der Kirche in Tibirke, von Søborg und von den Stadtkirchen in Nykøbing und Helsingør her bekannt.

Die Kirche von Uvelse gehört mit zu den besten seeländischen Backsteinkirchen des 13. Jahrhunderts.

Wie unglaublich es auch klingt, so ruht der Kirchturm in Uvelse mit mehr als der Hälfte seiner Konstruktion auf inneren Säulen aus Backsteinen, die auf trapezförmigen Säulenfüßen stehen.

Die **Kirche von Nørre Herlev** hat wie Lynge eine Serie von Kalkmalereien aus der Werkstatt des „Isefjordmeisters". Sie werden in die zweite Hälfte des 15. Jahrhunderts datiert. In einem Joch des Schiffes ist eine Szene aus dem Leben des heiligen Nikolaus. Um diesen altchristlichen Heiligen wurde im Mittelalter ein reicher Legendenstoff gewebt. Strenggenommen weiß man aber nur, daß er Bischof in Myra im südwestlichen Kleinasien war und im 4. Jahrhundert lebte.

An der Nordkappe ist seine Geburt dargestellt, die in einem vornehmen Haus stattfindet. Kostbare Teppiche hängen an den Wänden, und im Hintergrund sieht man ein Gebäude mit wehender Fahne. Seine Mutter sitzt im Kindbett, während Nikolaus in seiner Wiege liegt, aber nicht wie ein gewöhnliches Neugeborenes, sondern mit einer Glorie um den Kopf. Die Erwartungen an seine Heiligkeit und seine wunderbaren Fähigkeiten wurden auch nicht enttäuscht, denn er fastete schon von Geburt an und verschmähte sogar die Muttermilch.

Das Bildfeld endet mit seiner Bischofsweihe. Die Handlung setzt sich an der Ostkappe fort, wo Nikolaus dabei ist, eine gute Tat zu tun. Er steht im Bischofsornat und streckt die Hand aus über ein Bett mit einer gemusterten Decke. Sicher hat jemand im Bett gelegen, aber dies Detail ist verlorengegangen. Man könnte an die drei Mädchen denken, die in Gefahr waren, von ihrem bösen Vater zur Prostitution verkauft zu werden. Stimmt dies, so bedeutet Nikolaus' Handbewegung, daß er dem Vater einen Beutel mit Geld zuwirft, um die Mädchen loszukaufen. In der orthodoxen Kirche ist die Legende noch mehr ausgeschmückt, denn da wirft er zur Nachtzeit drei Beutel mit Gold durch das Fenster der armen Mädchen.

Die Szene an der Südkappe ist in schlechtem Zustand, und man erkennt mit Schwierigkeiten drei liegende Männer. Hier wollte der Maler die drei jungen Männer darstellen, die von einem bösen Gastwirt ermordet, durch ein Wunder aber von Nikolaus wiedererweckt wurden.

Der künstlerische Höhepunkt befindet sich an der Westkappe, wo Nikolaus ein Schiff aus Seenot rettet. Es spricht ein herrlicher Realismus aus der Schilderung des Seekranken, der mit Kopf und Armen über der Reling hängt. Ein anderer Seemann lacht ihn unverblümt aus; so sind die Menschenkinder. Dem Schiff geht es auch nicht so gut, denn der Aussichtskorb ist abgebrochen.

Faurholm ist eines der staatlichen Versuchsgüter. Es wurde während des Ersten Weltkrieges errichtet. Auf dem zugehörigen Gelände machte man 1974 einen sehr spannenden Fund, nämlich Topfscherben, die einmal hohen Temperaturen ausgesetzt und dabei deformiert worden waren.

Es war klar, daß man auf den Abfall einer mittelalterlichen Töpferwerkstatt gestoßen war. Zwei Öfen wurden ausgegraben, doch der eine war durch Überpflügen ziemlich zerstört. Die Untersuchungen des Nationalmuseums haben gezeigt, daß der Töpferofen in Faurholm einige Jahrzehnte vor und nach 1300 in Betrieb war. Brennversuche haben außerdem ergeben, daß die glasierte

Tonware bei Temperaturen bis zu 1000 °C gebrannt worden waren.

Wer hat die Produkte der Werkstatt abgenommen? Offenbar die Bewohner auf dem nahe gelegenen Herrenhof Faurholm, von dem heute nur eine Wallanlage übrig ist. Aber die Mönche vom Kloster Æbelholt waren sicher auch gute Kunden. Grabungen auf dem alten Klostergrundstück haben nämlich Scherben zutage gebracht, von denen einige von Faurholm stammen müssen. Es gab außerdem beim Kloster einen wichtigen Markt, der zur Erinnerung an seinen berühmten Gründer, den Abt Vilhelm, jedes Jahr im Juni stattfand. Wir wollen anschließend Æbelholt besuchen und sehen, wie die Mönche gelebt haben.

Die **Klosterruine Æbelholt** liegt im Kirchspiel *Tjæreby*. Die Leute am Ort kannten bis ins 18. Jahrhundert ihre genaue Lage, weil hie und da noch einiges Mauerwerk zutage trat. Später wurden die Fundamente mit Erde bedeckt, aber beim Pflügen kamen die Backsteine wieder zum Vorschein. Die Ausgrabungen begannen 1935 und wurden später durch systematische Untersuchungen ergänzt. Allmählich trat der alte Grundriß des Klosters klarer hervor.

Die Anlage war – mit vier Flügeln um einen quadratischen Hof – traditioneller Art. Eine dreischiffige Kreuzkirche bildete den Nordflügel, der Kapitelsaal lag im Osten, und der Südflügel war als Refektorium (Speisesaal) eingerichtet. Nur letzterer gibt einen bescheidenen Eindruck von der einstigen Herrlichkeit, denn drei Säulen sind teilweise aufgemauert. Im übrigen sind die Mauerzüge mit kleinen Wällen markiert. Man fand in der Kreuzkirche ein Brunnenloch, und zwar unter der Vierung. Dies war sicher die Heilquelle des Abtes Vilhelm.

Südlich vom Refektorium liegen die Reste einer einzelnen Kirche. Sie war einschiffig, und ihr Altar war dem heiligen Thomas geweiht. Der unansehnliche Bau wurde vor dem eigentlichen Kloster errichtet, um die Kontinuität im religiösen Leben der Mönche zu erhalten. Hier wurde der Klostergründer, Abt Vilhelm, beigesetzt, bis man ihm eine würdigere Ruhestätte in der neuen Klosterkirche geben konnte. Wer aber war dieser Abt Vilhelm?

Er war einer der größten Heiligen Dänemarks und außerdem ein Geistlicher mit internationalem Hintergrund. Bischof Absalon ließ ihn um 1170 nach Dänemark kommen. Zu dieser Zeit wirkte er als Kanoniker in dem gelehrten Paris und gehörte dem Augustinerorden an. Vilhelm sollte die Klosterzucht eines Augustinerklosters auf der Insel Eskilsø im Roskilde-Fjord erneuern. (s. Seite 81).

Dies wurde jedoch kein Erfolg. Gut fünf Jahre später zogen die Mönche nach Æbelholt um, und nun ging es schnell voran mit dem Bau und mit der Gewinnung einträglicher Güter, etwa in Nejede, Gundsømagle und Jyllinge. Abt Vilhelm war ein ameisenfleißiger Mann. Von seiner Hand ist eine Sammlung von über hundert Briefen erhalten, die eine unschätzbare Quelle zur Geschichte der katholischen Kirche in der Waldemarszeit darstellt. Der Abt schrieb einige Jahrzehnte nach der Gründung von Æbelholt in einem Brief an Peder Sunesøn in Paris (Seelands späteren Bischof), das Kloster könne nun täglich einhundert Personen verköstigen.

Er hatte auch ein Ehedrama auf dem Gewissen. Vilhelm mit seinem französischen Hintergrund hatte nämlich den dänischen König Knut IV. dazu überredet, seine Schwester Ingeborg mit Philipp August von Frankreich zu verheiraten. Der gelehrte Abt glaubte fest, dies sei die richtige Verbindung. Doch ach! Der französische König bereute bald die Heirat und steckte die dänische Prinzessin in ein einfaches Kloster.

Müde und gealtert starb Vilhelm an einer Thrombose zu Ostern 1203. Er ruhte in einem härenen Gewand auf einem Lager von

Rekonstruktion des Klosters Æbelholt.

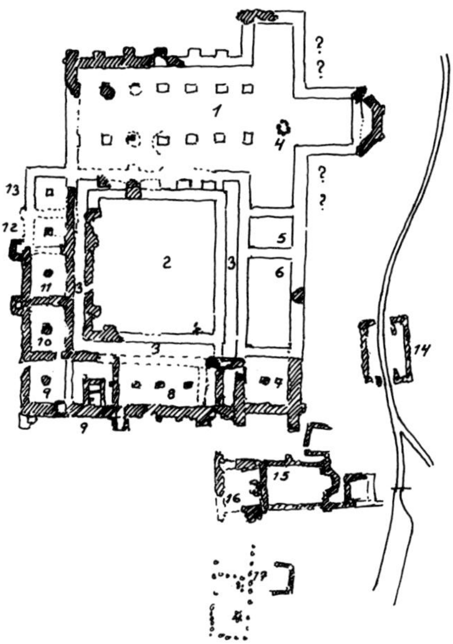

Grundriß des ausgegrabenen Klosters Æbelholt. Zeichenerklärung: 1 Klosterkirche. 2 Klosterhof. 3 Kreuzgang. 4 Brunnen (Abt Wilhelms Quelle). 5 Sakristei. 6 Stelle des Kapitelsaals. 7 Wärmestube. 8 Speisesaal. 9 Küche. 10–13 Magazine. 14 Wasserhaus. 15 Kapelle. 16 Kapellenverlängerung. 17 Küche.

Asche. Der asketische Zug war nicht zu übersehen. Sofort entstanden lebhafte Gerüchte. Sie berichteten von großen und wunderbaren Taten, die er zu Lebzeiten vollbracht hatte. Die Wunder knüpften sich unter anderem an einige Zähne, die während seines Lebens gezogen worden waren. Kranke baten um Wasser, in das die Zähne getaucht waren, und bald waren sie wieder gesund. Sein Ruf erreichte Rom, und 1224 wurde er heiliggesprochen.

Heute ist das Kloster eher wegen seiner vielen – nahezu 800 – Skelette berühmt, die ausgegraben und von medizinischen Experten untersucht wurden. Eine Auswahl dieser Funde ist heute im *Museumsgebäude* neben den Ruinen ausgestellt, und hier bekommt der Besucher einen vortrefflichen Einblick in die Krankheiten und Gebrechen, die unsere Vorfahren geplagt haben. Zu den häufigsten Leiden gehörten Karies und Rheumatismus. Die Forscher haben auch Knochenmarkentzündungen festgestellt sowie Nierensteine und den im Mittelalter so verbreiteten Aussatz.

Besonders mitgenommen war ein etwa vierzigjähriger Mann. Seine Knochen zeigten Spuren von 18 geheilten Verletzungen, etwa nach einem Schwerthieb an der rechten Schläfe; viele gebrochene Rippen waren wieder zusammengewachsen. Aber viele der geheilten Brüche zeigen auch, wie tüchtig die Mönche in Æbelholt in der ärztlichen Kunst waren. Von ihrer chirurgischen Tätigkeit sind uns Knochennadeln aus Bronze, das Fragment eines Geräts für den Aderlaß und eine Blutschale aus gebranntem Ton erhalten.

Die **Kirche von Lille Lyngby** liegt nahe am Südufer des Arresees. Zwei Dinge machen sie beachtenswert: ihr Turm und ihr Taufbecken. Der spätgotische Westturm hätte wohl mit den traditionellen Treppengiebeln bis in unsere Tage stehen können, doch um 1800 wurden die Giebel durch eine niedrige Pyramidenspitze ersetzt. Die romanische Taufe der Kirche hat eine prächtige, kleeblattförmige Kuppa, deren Oberkante von einem doppelten Tauornament gebildet wird. Der Steinmetz hat mit großem Sinn für das Dekorative jede Tauwindung für sich laufen lassen. An den Seiten der Kuppa sieht man Reliefs, unter anderem eine Darstellung von David und Simson.

Die **Kirche von Kregme** erhebt sich hoch auf einem Hügel am Weg, und hier kann man die vielen Baumaterialien studieren, die den mittelalterlichen Baumeistern zur Verfügung standen. Man sollte einmal aufmerksam um die Kirche herumgehen. Ihre ältesten Teile stammen aus romanischer Zeit und ruhen auf einem rechteckigen Feldsteinsockel. Darin sind aber auch Raseneisensteine und der etwas poröse Kalktuff enthalten. Der Gebrauch des Kalktuffs, auch Quellenkalk oder Schwemmstein genannt, ist von einer langen Reihe von Kirchen um den Isefjord bekannt.

Das romanische Südportal des Schiffs findet man leicht, wogegen das entsprechende Nordportal nur geahnt werden kann. Bei einem Umbau in spätromanischer Zeit wurden für den neuen Chor und die Schiffserhöhung Backsteine verwendet. Aus dieser Phase stammen die rundbogigen Fenster. Vor der Reformation wurde außerdem das Schiff verlängert, und in Verbindung damit wurden Westturm und Vorhalle hinzugefügt.

Der **Arresee-Kanal**. Seit alter Zeit lag zwischen dem Arresee und dem Roskilde-Fjord eine Landenge. Ein Wasserlauf durchschnitt die Landenge und sorgte dafür, daß der Arresee zum Roskilde-Fjord entwässern konnte. Abgesehen vom Arresee-Strom lag die Landenge öde da, und das wäre so geblieben, wenn nicht die großen Sandverwehungen des 16. und 17. Jahrhunderts den Abfluß allmählich geschlossen hätten. Der Arresee begann darauf, über seine Ufer zu steigen, und immer häufiger wurden die Felder und Wiesen der Bauern überschwemmt. Das niedrig gelegene *Huseby* südöstlich von *Ramløse* war sogar von Vernichtung bedroht.

Da beschloß Friedrich IV., man solle einen künstlichen Kanal graben, um dem See einen Abfluß zu verschaffen. Der Kanal wurde durch das *Arresee-Tal* südlich der Hügel von *Vinderød* gelegt, und das Projekt wurde teils von Soldaten, teils durch Einsatz schwedischer Kriegsgefangener ausgeführt. Die Grabungsarbeiten fanden in den Jahren 1717 bis 1719 statt und waren nach dem Maßstab der Zeit ein Stück imponierender Ingenieurskunst.

Frederiksværk

Die Geschichte der Stadt ist eng mit der Entstehung des Kanals im 18. Jahrhundert verbunden. Sie begann, als man etwas vor 1730 im Arresee-Tal eine Schleuse anlegte, um die Wasserkraft auszunutzen. Gleichzeitig wurde eine Achat-Schleifmühle zugelassen. Der Versuch mit einer kleinen Industriemühle hatte nur eine kurze Lebensdauer, und ein Fischer pachtete die Anlage.

Am Anfang der 1750er Jahre versuchte der Franzose E. J. de Peyrembert, eine Kanonenfabrik zu errichten. Es gelang ihm wenigstens der Bau einer Kanonengießerei und einiger anderer Gebäude, aber bald darauf siechte der Betrieb dahin, und der Franzose verließ den Ort mit beträchtlichen Schulden beim dänischen Staat auf dem Gewissen. Erst beim dritten Versuch schlug die Industrie am Kanal Wurzeln, nämlich als der General J. F. Classen 1761 der Fabrikdirektor wurde. Aus seiner Zeit stammt der Name „Frederiksværk", nach Friedrich V., der die Initiative zur Einrichtung eines Pulverwerks ergriffen hatte.

Classen sorgte nach seinem Antritt dafür, daß östlich von den Fabriken Wald gepflanzt wurde. Dies geschah zur Dämpfung der Sandverwehungen und zur Beschaffung von leicht zugänglichem Brennholz für die immer gefräßigeren Gießöfen. Aber man rechnete auch damit, daß der Bewuchs im Falle einer Explosion im Pulverwerk das Unglück begrenzen könnte.

Auf den kahlen Hügeln im Süden baute man Pulvermagazine, und damit gab es einen Rahmen für die Entwicklung der Stadt. Sie konnte sich jetzt auf einem Gebiet ausdehnen, das von den Pulverhügeln im Süden, dem Strand im Westen und dem Wald im Osten begrenzt war. Classens Betrieb florierte, die dänische Armee war ein guter Abnehmer, ja man konnte sogar einen Teil der Waffen während des Unabhängigkeitskrieges 1776–1783 an die Amerikaner verkaufen.

Die Nachfrage verlangte natürlich mehr Meister und Handwerker. Einige wurden aus Schweden und Deutschland geholt, so daß die kleine Stadt fast ein internationales Gepräge bekam. Aber nur fast. Eine Stadtkirche hatte man nicht, und der Hafen war nur schlecht. Der Aufschwung ging beständig weiter, und 1820 konnte man den Lärm von 18 fleißigen Wasserrädern hören. Der Ort bekam 1850 den Status eines Handelsplatzes, aber erst 1907 erwarb man die erstrebten Stadtrechte.

Doch jetzt wollen wir einen kleinen Gang um den Markt machen.

Das „Palais" in Frederiksværk wurde als Wohnung und Kontor für den Direktor der Pulverfabrik gebaut. Es wurde 1961 vor dem Abbruch bewahrt.

Das *Hotel Frederiksværk* liegt zum Markt hin (Torvet 6). Es wurde 1804 als Ersatz für ein altes Wirtshaus gebaut. Mit seiner gekalkten Fassade und seinen guten Proportionen gehört es zur besten Architektur der Stadt, von der leider nicht viel übriggeblieben ist.

„Palæet" (das Palais) liegt auf derselben Seite des Marktes und ist ein Massivbau im klassizistischen Stil. Das Haus war 1765 fertig. Er hat eine stattliche Höhe, und die schöne Eingangspartie mit zwei Treppenläufen ist eine Freude fürs Auge. Das „Palais" diente als Wohnung für J. F. Classen und enthielt außerdem Verwaltungsräume für die Industrie. Nach Classens Tod wurde E. P. Tscherning Werksinspekteur und zog in das schöne Haus ein. Wie sein Vorgänger kam er vom Militär. Wir würden ihn nicht erwähnen, wenn nicht sein Sohn Anton Frederik hier 1795 geboren wäre. Er wurde später ein energischer Kriegsminister und ist der Urheber der allgemeinen Wehrpflicht.

Wir gehen weiter über den Markt zum *Fabriksmuseum,* wo man die Industriegeschichte der Stadt studieren kann. Dort ist auch eine Gedächtnisstube für J. F. Classen eingerichtet. Hinter dem Museum liegt der alte Marktplatz, den der Kanal durchquert. Hier ist auch die Stadtkirche, die um 1910 nach Entwürfen des Architekten S. Lemche gebaut wurde. Er war auch der Architekt der Kirche von Hellebæk. Betrachten Sie die Eingangspartie, wo Niels Skovgaard in der Halbrundung ein sehr farbenreiches Mosaik geschaffen hat, das den Guten Hirten darstellt.

Die nordseeländische Küste

Hellebæk war seit alters ein idealer Industriestandort. Durch den Bach hatte man gute Wasserkraft, und die Wälder des Hinterlands gaben Brennmaterial. Als Friedrich II. bei Helsingør mit dem Bau von Kronborg begann, entstand auch sein Interesse an Hellebæk. Der König befahl nämlich 1576, der kleine Fluß solle zu einem Mühlenteich aufgedämmt werden. Einige Jahre später arbeiteten dort zwei Getreidemühlen. Eine Industrie in etwas modernerem Sinn begann aber erst 1579, als Christian IV. eine Fabrik gründete.

Hellebækgård. Fabrikbesitzer müssen standesgemäß wohnen, und das galt auch für den Regimentsquartiermeister Stephan Hansen, der 1743 die Betriebe am Ort übernahm und eine bedeutende Gewehrproduktion in Gang setzte. Er ließ wenige Jahre später das jetzige Hauptgebäude mit dem großen Mansarddach bauen.

Eine zeitgenössische Quelle teilt mit, das Gebäude habe ausgesehen wie ein Herrenhof, nicht groß, aber zierlich. Es hatte ursprünglich niedrige Seitenflügel und hohe Torhäuser, die zusammen eine rechteckige Hofanlage bildeten. Eine solche Anlage ist in einer vornehmeren Ausführung vom Prinzenpalais (Nationalmuseum) in Kopenhagen bekannt. Hier zeigen die Seitenflügel mit Torbau zur Straße am Frederiksholm-Kanal.

Beide Anlagen stammen aus den 1740er Jahren und haben gemeinsame Wurzeln in der besonderen Hotelarchitektur in Paris. Hier hatte man um die Mitte des 17. Jahrhunderts mit dem Bau eines neuen Palaistyps für den Hochadel begonnen, bei dem das Hauptgebäude vom Straßenlärm zurückgezogen und von niedrigen Seitenflügeln flankiert war, die als Küche, Stall oder Wohnung für die Dienerschaft dienten. Die schöne Anlage von Hellebæksgård erlitt leider unersetzlichen Schaden, als der nördliche Flügel 1906 abbrannte und nicht wieder aufgebaut wurde.

1768 wurde der deutsche Finanzmann H. C. Schimmelmann Besitzer des Hofs und der Fabrik. Er ließ mit königlicher Genehmigung im Südflügel eine Kapelle einrichten, zur Freude seiner Bediensteten, die früher zur *Marienkirche* in Helsingør hatten gehen müssen. Ausschmückung und Inventar der Kapelle waren im Louis-Seize-Stil gehalten.

Obwohl der kleine Kirchenraum 1920 abgerissen wurde, kann man doch noch immer einen guten Eindruck von seiner Ausstattung gewinnen, wenn man in die Kirche von Hellebæk geht, die als Ersatz gebaut wurde. Das wichtigste Inventar, wie etwa Altarschranke, Taufe und Kanzel, wurde nämlich in der neuen Kirche wieder aufgestellt.

Hellebæksgård erlebte seine große Blütezeit während der französischen Revolution und der napoleonischen Kriege, als H. E. Schimmelmann und seine Frau Charlotte das Haus übernommen hatten. Bei ihnen verkehrten politische Größen wie Bernstorff und Reventlow ebenso wie die schreibenden Geister Baggesen, Steffens und Oehlenschläger.

Jens Baggesen war ein großer Bewunderer Schillers, den er im Frühjahr 1790 in Jena besucht hatte. Nach Dänemark zurückgekehrt, brachte er seine frischen Eindrücke nach Hellebæk und erwarb schnell begeisterte Anhänger. Der lokale Schillerkult kulminierte auf eine tragikomische Weise, als man im Juni des folgenden Jahres auf die Nachricht von seinem Tod hin ein Gedenkfest für den Deutschen veranstaltete. Baggesen hat das Ereignis selbst in einem Brief an einen Freund beschrieben. Als die Gesellschaft in Hellebæk angekommen war, stellte man Champagner auf den Tisch, und es wurden Schillergedichte deklamiert. Baggesen fährt fort: „Die Tränen stürzten uns allen aus den Augen. Darauf kamen vier kleine Knaben und vier unschuldige Mädchen mit Blumenkränzen, weiß gekleidet, als Hirten und Hirtinnen. Man tanzte. Das

Wetter wurde immer schöner, und drei Tage eilten wie drei Minuten in unaufhörlichem festlichem Genuß dahin. Ja, so feierten wir Schillers Tod . . ." – Doch Schillers Tod war nur ein verirrtes Gerücht. Zwar lag er brustkrank in Jena, aber er starb erst 1805.

Nach dieser sonderbaren Geschichte gehen wir weiter zur **Bøssemagergade** (Büchsenmacherstraße), die auf dem Weg zum *Hammermølleskov* (Hammermühlenwald) liegt. Vier gelb gekalkte Häuser mit Ziegeldächern liegen da den abschüssigen Weg entlang aufgereiht. Sie wurden Mitte des 18. Jahrhunderts für die Bediensteten der Fabrik gebaut. Es waren die Meisterwohnungen, die im Volksmund „die Tellerreihe" genannt wurden.

Die Häuserreihe nahm einen Teil der in der Gewehrfabrik Beschäftigten auf, aber nicht alle, denn mehrere hundert arbeiteten dort, unter anderem als Oberwerkmeister, Laufschmiede, Laufbohrer, Büchsenmacher, Bajonettschmiede und Bajonettschleifer. Das Arbeitsmilieu war im übrigen sehr international, denn zu Stephan Hansens Zeit hatte man deutsche Fachleute zugezogen. Die Einwanderung bekam einen neuen Auftrieb, als man zwischen 1764 und 1787 belgische Handwerker aus Lüttich kommen ließ, und bei der ersten Volkszählung in Hellebæk von 1787 stieß man auf fremdartige Familiennamen wie Fleron, Jacquet, Clos und Ransy. Ihre Beziehung zur Gewehrfabrik war stark, denn noch in der dritten Generation waren die Familien am Arbeitsplatz gut repräsentiert.

Hammermøllehuset (das Hammermühlenhaus, auch die Alte Hammermühle genannt) verbirgt sich in dem Wald, dem es seinen Namen gegeben hat. Das Gebäude stammt von 1765, als die Krone für kurze Zeit die Gewehrfabrik besaß, und trägt den Namenszug Friedrichs V. und die Jahreszahl in Form von Eisenankern an einem der Giebel. Aus einer Beschreibung des vorigen Jahrhunderts erfährt man, daß alle Gewehrläufe in diesem Bau geschmiedet wurden. Dies geschah mit Hilfe zweier Hämmer, die durch ein Wasserrad angetrieben wurden.

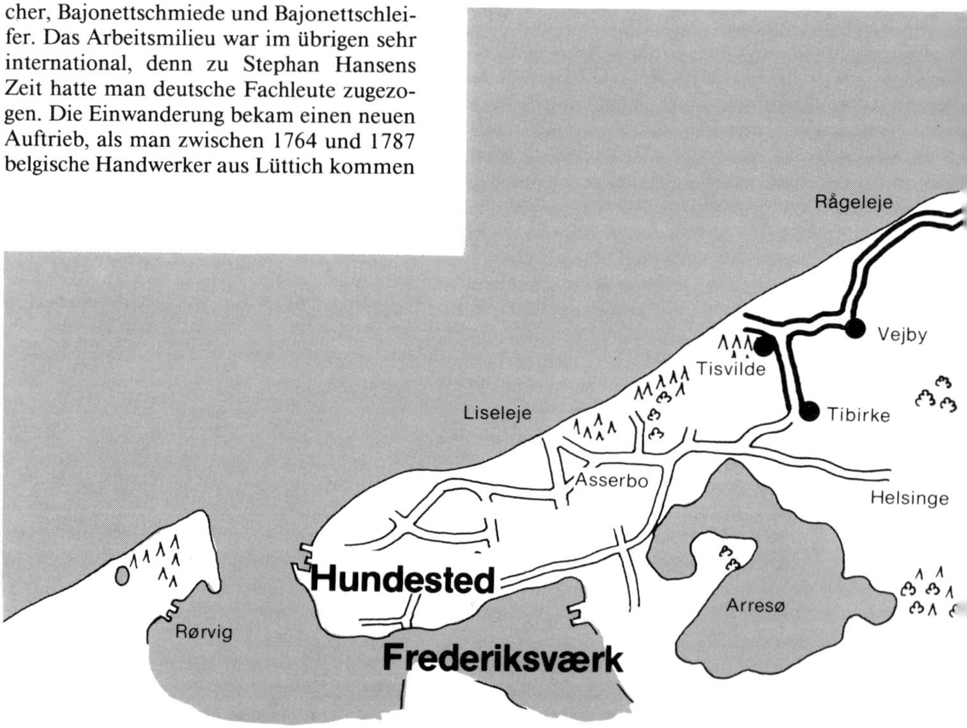

Auch der Blasebalg wurde durch ein Wasserrad in Gang gebracht. Selbst wenn die Schmiede jetzt außer Betrieb ist, so ist doch dank dem Maler Constantin Hansen ein glänzender Eindruck von der Werkstatt erhalten. Er malte nämlich 1849 das Innere der Hammermühle, und das Bild hängt heute in Statens Museum for Kunst.

Die Geschichte des Mühlenbetriebs reicht weiter zurück als bis zum Baujahr des bestehenden Gebäudes. Sie begann damit, daß der junge Christian IV. eine der alten, früher erwähnten Getreidemühlen aus der Zeit seines Vaters umbauen und zu einem Hammerwerk einrichten ließ. Es entstand außerdem eine Walzmühle, ein Schmelzwerk (die Kupfermühle) und eine Gießerei. Rohstoffprobleme gab es nicht, denn die Rohstoffe kamen aus den norwegischen Bergwerken.

Auch der Kunstschmied Casper Fincke darf nicht vergessen werden, wenn wir von diesem frühen Kapitel der dänischen Industrie sprechen. Er wurde 1622 mit dem Titel eines Meisterschmieds bei den Mühlen angestellt. Als er acht Jahre an der Hammermühle treu gedient hatte, wurde er zum königlichen Schmied an verschiedenen Schlössern befördert. Von seinen phantasievollen Händen stammen unter anderem das schmiedeeiserne Gitter auf dem Runden Turm in Kopenhagen und das Gitterwerk der Kapelle Christians IV. im Roskilder Dom.

Unsere Wanderung im Hammermühlenwald endet beim **Probierhaus**, das ebenfalls im Dornröschenschlaf liegt. Das Haus ging vor einigen Jahren fast zugrunde, und der Abriß drohte. Doch es wurde glücklicherweise unter Denkmalschutz gestellt, und so blieb die Stätte für die letzte und wichtige Phase der Gewehrproduktion erhalten: hier wurden nämlich die Gewehrläufe erprobt. Man gewahrt den fast kaminartigen Schornstein beim einen Giebel. Er stand mit einem Beilegerofen in Verbindung, der aus Sicher-

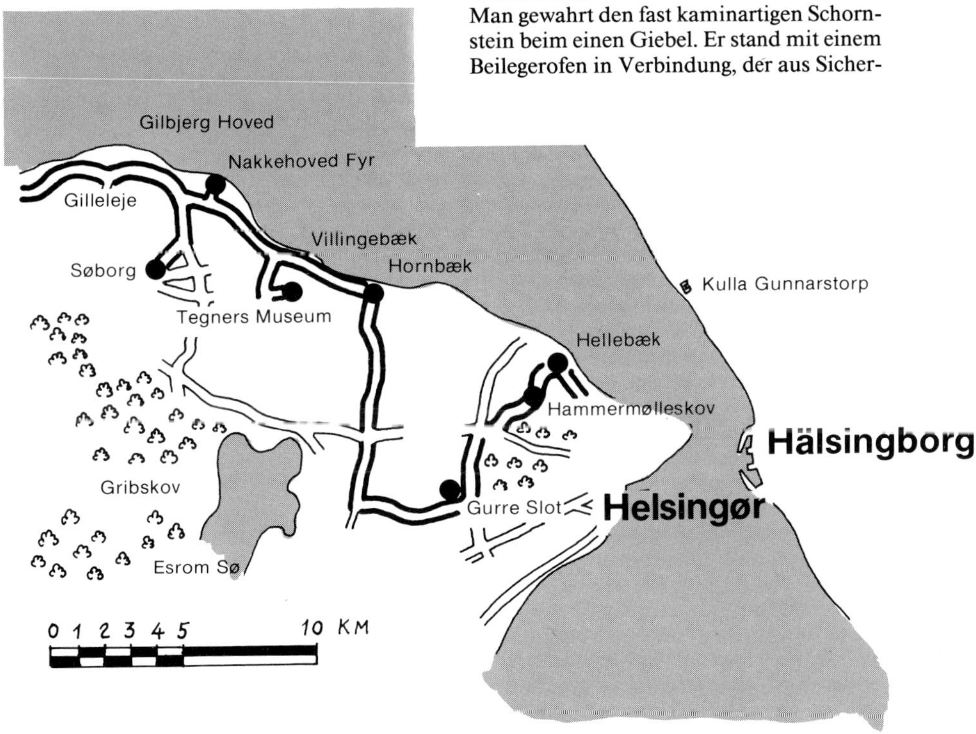

heitsgründen von außen bedient wurde. Innen war offenes Feuer streng verboten, da man bei den Proben mit Pulver arbeitete. Der Ofen erwärmte nur den Teil des Hauses, wo es eine Werkstatt gab.

Die Probekammer lag am entgegengesetzten Ende des Gebäudes und bestand, von außen deutlich sichtbar, aus soliden Feldsteinmauern. Die Kammer enthielt ein Balkenstativ, in das man 50 Gewehrläufe zugleich einspannen konnte. Die abgefeuerten Kugeln gingen in einen Sandhaufen am anderen Ende des Raums. Es gab einen gewaltigen Knall, wenn alle Gewehrläufe zugleich abgefeuert wurden.

Schloß Gurre ist eine malerische Ruine, mit der viele Sagen verbunden sind. Es wird erstmals in einem Papstbrief von 1361 erwähnt, worin bestätigt wird, daß Waldemar Atterdag dort eine Kapelle eingerichtet hat. Derselbe König gab dem Schloß vermutlich seine endgültige Form mit quadratischer Ringmauer, die an allen vier Ecken mit vorspringenden Türmen versehen war. Dieser Zug des Grundrisses ist der Burgenarchitektur des Nordens völlig fremd, und man muß die nächsten Parallelen im süd- und osteuropäischen Burgenbau des 14. Jahrhunderts suchen.

Im Burghof stand ein rechteckiger, wesentlich älterer Feldsteinturm, den Waldemar Atterdag durch eine Wendeltreppe verbesserte. Die ganze Anlage war von Wallgräben umgeben, die ihr Wasser aus dem Gurre-See erhielten. Mit der Reformationszeit setzte ein allmählicher Verfall ein. 1652 wird Gurre als „altes, heruntergekommenes und verödetes Schloß“ bezeichnet, und im 18. Jahrhundert lag es unter Erde und Gesträuch. Erst im vorigen Jahrhundert kam die Schloßruine wieder ans Tageslicht, als man den zentralen Turm und die Reste der Ringmauer ausgrub.

Die Schloßruinen von Gurre. Links der massive Mittelturm aus dem 12. Jahrhundert.

Mit Gurre sind viele Geschichten von der wunderschönen Tove, von Waldemar Atterdags Geliebter, verbunden. Ein Volkslied erzählt, wie seine eifersüchtige Frau Tove in einer Badestube umkommen ließ, und die Sage berichtet von dem Zauberring, der die Liebe des Königs an die tote Tove band, so daß ihre Leiche ihn überall begleiten mußte. Einer der Hofleute stahl den Ring von Toves Leiche, doch durch dessen magische Kraft erschreckt, warf er ihn in den See. Dadurch bekam der König eine so große Zuneigung zu dieser öden Gegend, daß er die Burg bauen ließ. Er soll später gesagt haben: „Laßt Gott sein Himmelreich behalten, wenn ich nur mein Gurre behalten kann.“

Der Sagenforscher Svend Grundtvig hat später die alte Tradition in Frage gestellt und nachgewiesen, daß Tove in Wirklichkeit die Geliebte Waldemars des Großen war. Man hat also im Laufe der Zeit die Personen gründlich verwechselt.

Hornbæk wird erstmals 1497 in einer Steuerliste des Klosters Esrum erwähnt. Aus derselben Liste geht hervor, daß Hornbæk im Gegensatz zu den anderen Dörfern, die Ernteabgaben entrichten sollten, nur Fischereiprodukte liefern mußte. Man muß daher annehmen, daß Hornbæk das älteste Fischerdorf an der Nordseeküste ist. Der Name des Baches ist noch älter, denn einer der guten Mönche von Esrum hat um 1173 in einem Brief den Ortsnamen *Nornisbeck* notiert. Einige Forscher haben darauf hingewiesen, daß die Vorsilbe „horn“ sich auf einen später verschwundenen Küstenvorsprung bezieht. Andere meinen, es sei die Bezeichnung für den Landstreifen, der durch die Gabelung des Baches vor seiner Mündung entstanden war.

Vom unbedeutenden Fischerdorf entwikkelte sich Hornbæk gut neben den anderen Siedlungen an der Nordküste. Es bekam vor 1600 seine eigene Kapelle, und 1712 wurde eine Privatschule eingerichtet. Die Heringsfischerei war ein wesentlicher Erwerbszweig, aber auch die Lotsentätigkeit brachte Geld. Der ständig zunehmende Schiffsverkehr durch den Øresund erforderte Leute, die die örtlichen Fahrwasser kannten. Die Lotsen aus Hornbæk konkurrierten mit denen von Gilleleje und wurden „kendtmænd" („Kennmänner") genannt. Die Fischer von der Nordküste fuhren nur mit nach Helsingør, wo die dortigen Lotsen und Fährleute die Verantwortung übernahmen.

Die Kenntnisse waren kaum immer gleich gut, denn mindestens dem Fischer Svend Hansen aus Gilleleje ging es schlecht, als er 1797 den großen Ostindienfahrer „Cronborg" nach Kopenhagen lotsen wollte. Das Schiff lief nämlich vor Gilleleje auf Grund und ging unter. Die Katastrophe veranlaßte Poul Løwenørn, den für das dänische Lotsenwesen verantwortlichen Seeoffizier, zur Forderung nach organisierten Lotsengesellschaften, deren Mitglieder einem Examen zu unterwerfen seien. Im Jahr darauf etablierte man daher die „Hornbæksche Boots- oder Lotsengesellschaft".

Die erste **Kirche in Hornbæk** war eine Kapelle von 1588, die aber nur weniger als hundert Jahre hielt; da war sie „in Sturm und Unwetter eingestürzt", wie es die Fischer von Hornbæk in einem Klagebrief ausdrückten. Die nachfolgende Kirche war ein Fachwerkbau mit ähnlich kurzer Lebenszeit, und die Fischer waren daher recht zufrieden, als die jetzige Kirche 1737 in solider Massivbauweise errichtet wurde.

Das einfache Gebäude wird von einem Dachreiter gekrönt, und der Kirchenraum hat eine flache Balkendecke. Das Inventar ist eine sonderbare Mischung von Erbgut aus den früheren Gotteshäusern und später Dazugekommenem. Wir beginnen mit der Altartafel, die von C. W. Eckersberg stammt und Christus und die Samariterfrau darstellt. Eckersberg bekam den Auftrag 1837, als man das hundertjährige Jubiläum der neuen Kirche begehen wollte, und die

Die Kirche von Hornbæk mit ihrem Dachreiter, gebaut 1737.

Tafel verließ seine Werkstatt im Jahr darauf. Die etwas steif komponierte Szene ist in klaren, lichten Farben geschildert, wie Eckersberg sie bevorzugte. Was die frommen Fischer davon hielten, muß ungesagt bleiben. Aber der Bischof Mynster schrieb nach einer Visitation 1844, die Altartafel sei ein „mäßiges Produkt". Die recht aufwendige Einrahmung ist in neugotischem Stil gehalten und oben mit süßen Engelkindern versehen. Der Stil ist zeittypisch, denn gerade in diesen Jahren begann die Neugotik, modern zu werden.

Es ist ungewiß, wie die romanische Granittaufe in den Besitz der Kirche gekommen ist, aber es handelt sich jedenfalls um eine interessante Arbeit. Auf der Kuppa sieht man Löwen in flachem Relief, deren Schwänze elegant über den geschwungenen Rücken gebogen sind. Gerade dies Motiv ist typisch für eine Gruppe von Taufbecken aus der Gegend von Randers. Deshalb rechnet man die Hornbæker Taufe zu einer Werkstatt, die in diesem Teil Jütlands beheimatet war.

Das Gestühl kommt einem zunächst ganz einheitlich vor. Aber 18 Bänke stammen aus der ältesten Kirche. Im Gegensatz zu den jüngeren, die eine profilierte Leiste tragen, haben sie Dreieckgiebel mit Zahnschnitten und müssen, nach der Ausschmückung zu urteilen, um 1600 geschaffen worden sein.

Der **Gedächtnisanker** im Hornbæker Hafen wurde 1930 zur Erinnerung an die berühmte Rettungstat der Fischer bei Villingebæk aufgestellt. Das Drama spielte sich am 19. November 1774 ab, als ein gewaltiger Sturm ein britisches Schiff auf Grund gesetzt hatte. Es war die Jacht „Nelly & Isabell" aus der schottischen Stadt Kincardin, die gerade Kronborg umrundet hatte. Das Schiff hatte Getreide geladen und war nun auf dem Wege nach Dunbar bei Edinburgh. Trotz tapferem Kampf mit den rasenden Elementen mußte die Besatzung das Schiff aufgeben. Sechs Mann ertranken, während der Kapitän Thomas Brown von einigen tapferen Fischern aus Hornbæk, die das Ereignis vom Strand aus verfolgt hatten, gerettet wurde.

Ihre Tat war in aller Munde und inspirierte Johannes Ewald zu seinem Singspiel „Die Fischer". Das Stück hatte am 31. Januar 1780 im Königlichen Theater Premiere, und der Theaterchef hatte dazu einige der Retter aus dem Fischerdorf eingeladen. Sie saßen nun in ihrer einfachen Kleidung da und machten große Augen über Ewalds Drama auf der Bühne.

Man kann Hornbæk nicht ohne eine Wanderung in den alten, winkeligen Gassen zwischen den Fischerhäusern verlassen. Die niedrigen Gebäude bildeten im vorigen Jahrhundert den Hintergrund einer ganzen Epoche dänischer Kunst und dänischen Geisteslebens. Kopenhagener Künstler begannen in den 1870er Jahren, im Sommer bei den Fischern zu wohnen. Hier gab es genug Motive. Besonders Viggo Johansen und P. S. Krøyer malten einige ausgezeichnete Bilder vom alltäglichen Leben der Fischer im Hafen und zu Hause in den kleinen Stuben.

Der Dichter Holger Drachmann kam ebenfalls und schrieb 1877 die Erzählung „Auf Seemannswort", worin er das Hornbæker Gemeinwesen in leicht umschriebener Form schilderte. Den Künstlern folgte bald die große Schar Kopenhagener Sommerfrischler, und das kleine Fischerdorf wurde um die Jahrhundertwende ein beliebtes Ziel der sich ausbreitenden Badekultur.

Tegners Museum mit zugehörigem Skulpturenpark liegt in einer Hügellandschaft bei Villingebæk. Der Skulpturenpark wurde 1925 von dem Bildhauer Rudolf Tegner gegründet und großzügig der Gemeinde geschenkt. Tegner erntete jedoch für seine Kunst in Dänemark keine Anerkennung, vielleicht wegen seines sehr temperamentvollen Stils, der den dänischen Traditionen fern lag. Dagegen ehrten ihn die Franzosen 1931 mit einer Goldmedaille bei einer Pariser Ausstellung.

Trotz heimischem Widerstand gab Tegner nicht auf, sondern nahm sich sogar vor, im Skulpturenpark ein Museum zu errichten, wo eine noch größere Sammlung seiner Skulpturen sowie eine Reihe von Malereien zu ihrem Recht kommen konnten. Der Museumsbau war 1937 fertig und erregte natürlich Aufsehen. Er erscheint als gigantischer Klotz aus Beton, dessen große Flächen den Gedanken auf die phantastischen Idealgebäude des Frühklassizismus lenken. Dies wird von der Eingangspartie unterstrichen, die wie eine Art antiker Tempelgiebel gestaltet ist.

Aber reisen Sie selbst hin und erleben Sie, wie Tegner seine expressiven Bronzeskulpturen in der freien, wogenden Landschaft aufgestellt hat. Die menschliche Gestalt ist das durchgehende Thema dieser Arbeiten, und unter den insgesamt 14 großen Figurengruppen seien „das Nest", „trinkende Kinder" und „im Schoß der Finsternis" hervorgehoben. In diesen Werken erkennt man eine deutliche Einwirkung des großen italienischen Renaissance-Bildhauers Michelangelo. Die Freude über die Wiedergabe schwellender Muskeln wiederholt sich auch in einer Figur wie etwa der des St. Peter, die im Museum aufgestellt ist. Sie ist einfach phantastisch. Das Museum enthält neben Gipsmodellen eine Sammlung von über 200 Gemälden und die eigene Grabkammer des Künstlers.

Der **Leuchtturm von Nakkehoved** erhebt sich seit 1772 über die steile Küstenpartie auf halber Strecke zwischen Dronningmølle und Gilleleje. Das Gebäude wurde seit seiner Errichtung stark verändert und hat außerdem seinen „kleinen Bruder" verloren,

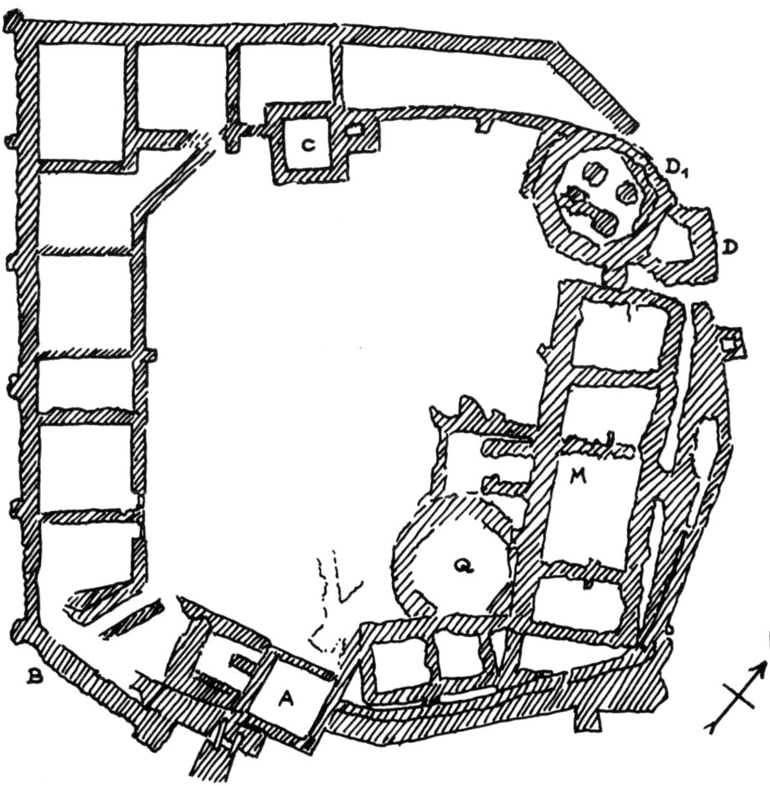

Die Schloßruine Søborg nach dem Plan des Museumsinspektors C. M. Schmidt von 1934. Schmidt leitete die archäologischen Ausgrabungen von 1913 bis 1947. Zeichenerklärung: A Torturm. B Schleppstelle für Boote. C Turm, möglicherweise Gefängnis für Bischof Jens Grand. D–D1 Burgkapelle. M Hauptgebäude. Q Achteckiger Turm.

der zur selben Zeit gut 500 Ellen weiter ostwärts gebaut wurde.

Der Holzhändler Plum aus Helsingør besorgte die praktische Ausführung, während die Entwürfe vom Hofbaumeister G. D. Anthon geliefert wurden, der wohl am meisten durch seinen Entwurf des Turms der Christianskirche in Christianshavn bekannt geworden ist. Die Leuchttürme hatten sogenannte Flammfeuer, das heißt, oben waren geräumige Eisentöpfe angebracht, in denen offene Kohlefeuer entzündet wurden. Es war eine schwere Arbeit für die Türmer, die Kohle anzuzünden, wenn die Winterstürme einsetzten.

1838 wurden die Zwillingstürme auf Lampenfeuer umgestellt, indem man Lampen mit zugehörigen Spiegeln montierte, die das Licht zum Meer hin konzentrierten. Die Lampen brannten zuerst mit Rapsöl, später mit Petroleum. Um die Jahrhundertwende bekam der erhaltene Leuchtturm seine jetzige Form, wobei man die unteren Mauerpartien des alten Turms einbezog.

Die 200 Jahre alte Wohnung des Leuchtturmwärters wurde zusammen mit dem Turm gebaut. Hier wohnte von 1824 bis 1845 der bekannte Christian Faber. Er war früher Kriegsrat und wurde dann Turminspektor in Nakkehoved. Faber begann einen andauernden Kampf mit dem Flugsand, und es gelang ihm im Laufe der Zeit, etwa einen Hektar Küstenland zu bepflanzen.

Die **Schloßruine Søborg** hat, wie der Name verrät, in einem See gelegen. Dieser wurde leider im vorigen Jahrhundert trockengelegt, und damit ist ein wesentlicher Effekt verlorengegangen, wenn man heute die historische Stätte erleben will.

Unser Rundgang auf dem Ruinenfeld beginnt bei der Holzbrücke, die zur Burginsel hinüberführt. Der Kern der Burg, um etwa 1100 begonnen, war ein achteckiger Turm (vgl. Grundriß, Q), der auf einem Fundament von acht schweren Holzbalken errichtet wurde. Er bestand aus Feldsteinen, ist aber heute unter einer späteren Erweiterung der Anlage verborgen.

Dieser Teil der Ruine gehört zu den allerältesten weltlichen Bauwerken Dänemarks. Funde von Pfostenlöchern zeigen, daß der Turm von Palisaden umgeben war, aber dies Verteidigungssystem wurde um die Mitte des 12. Jahrhunderts aufgegeben. Auf Initiative des Bischofs Eskil baute man nun eine größere Ringmauer mit zwei Türmen: nach Süden zu einen quadratischen Torturm (A) und im Norden einen ähnlichen Turm (C), der nach der Überlieferung Erzbischof Jens Grands Gefängnis gewesen sein soll.

Aus dem 13. Jahrhundert stammt die jetzige Ringmauer im Westen. Folgen Sie dem Pfad an ihrem Fuß und betrachten Sie die imponierenden Feldsteine im Fundament, die an sechs Stellen mit Stützpfeilern verstärkt sind. Über dem Feldsteinsockel sieht man Reste der Backsteinmauer. Das Hauptgebäude (M) liegt im Osten, ein 30 × 10 Meter großes Haus, das in kleinere Räume aufgeteilt ist. Hier war der Festsaal der Burg.

Søborg bekam im Mittelalter einen zweifelhaften Ruf in seiner Eigenschaft als Staatsgefängnis. Der berühmteste Gefangene war Jens Grand, der eineinhalb Jahre lang hinter Schloß und Riegel saß, nachdem er in den 1290er Jahren mit König Erik Menved in Streit geraten war.

Das **Dorf Søborg** ist heute nur klein, hatte aber im Mittelalter den Rang einer Stadt. Die Siedlung wuchs im Schutz der Burg auf und siechte wieder dahin, als die Burg während der Reformation aufgegeben wurde. Erinnerungen an die verlorene Vergangenheit tauchten 1743 auf, als der Gemeindepastor Henrik Wederkinch an den großen Topographen Bischof Erik Pontoppidan schrieb. Er berichtete, es gebe im Dorf noch vier bis fünf gepflasterte Straßen; eine davon heiße die Königsstraße. Er fügte hinzu, daß man überall auf Reste alter Backsteinhäuser stoße, wo im Ort man auch grabe.

Vor einigen Jahren begann das Nationalmuseum eine archäologische Fahndung nach der verschwundenen Stadt Søborg im Rahmen eines größeren wissenschaftlichen Projekts zur Untersuchung einer Reihe von mittelalterlichen Städten. In den ersten Jahren versuchten die Archäologen, die mittelalterliche Stadt in der unmittelbaren Nähe der Søborger Kirche zu finden. Da dies nicht gelang, wandte sich das Interesse der merkwürdigen, acht Meter hohen Wallanlage zu, die sich im offenen Terrain zwischen der Schloßruine und dem jetzigen Søborg erhebt. Auf Grund alter Karten und jüngster Luftfotografien beschloß man, in dem Gebiet um den Wall herum zu graben. Im Sommer 1981 legte man Suchgräben im Pastoratsgelände, und hier stieß man auf die Fundamentreste mittelalterlicher Häuser aus dem 14. Jahrhundert. Eines der Hausgrundstücke beherbergte die Schmiede mit der Esse.

Die **Kirche von Søborg** ist ein guter Beweis für die frühere Größe des Ortes, denn sie hat fast städtisches Format. Sie besteht aus Backstein, und nach mittelalterlichem Brauch baute man zuerst den Chor, der auf etwa 1180 datiert werden kann. Das Schiff ist etwas jünger, während der Westturm um etwa 1300 entstand. Einige Jahrzehnte später bekam die Kirche gotische Kreuzgewölbe, aber wegen der bedeutenden Breite des Schiffes mußte man die Gewölbe in zwei Reihen einziehen, und es entstand ein zweischiffiges Gebäude.

In der Kirche bemerkt man die für das 14. Jahrhundert typische Streifenbemalung der Rippen; die Rippenkonsolen haben phantasievolle Stier- oder Menschenköpfe in starken Farben. Auch die Rundpfeiler

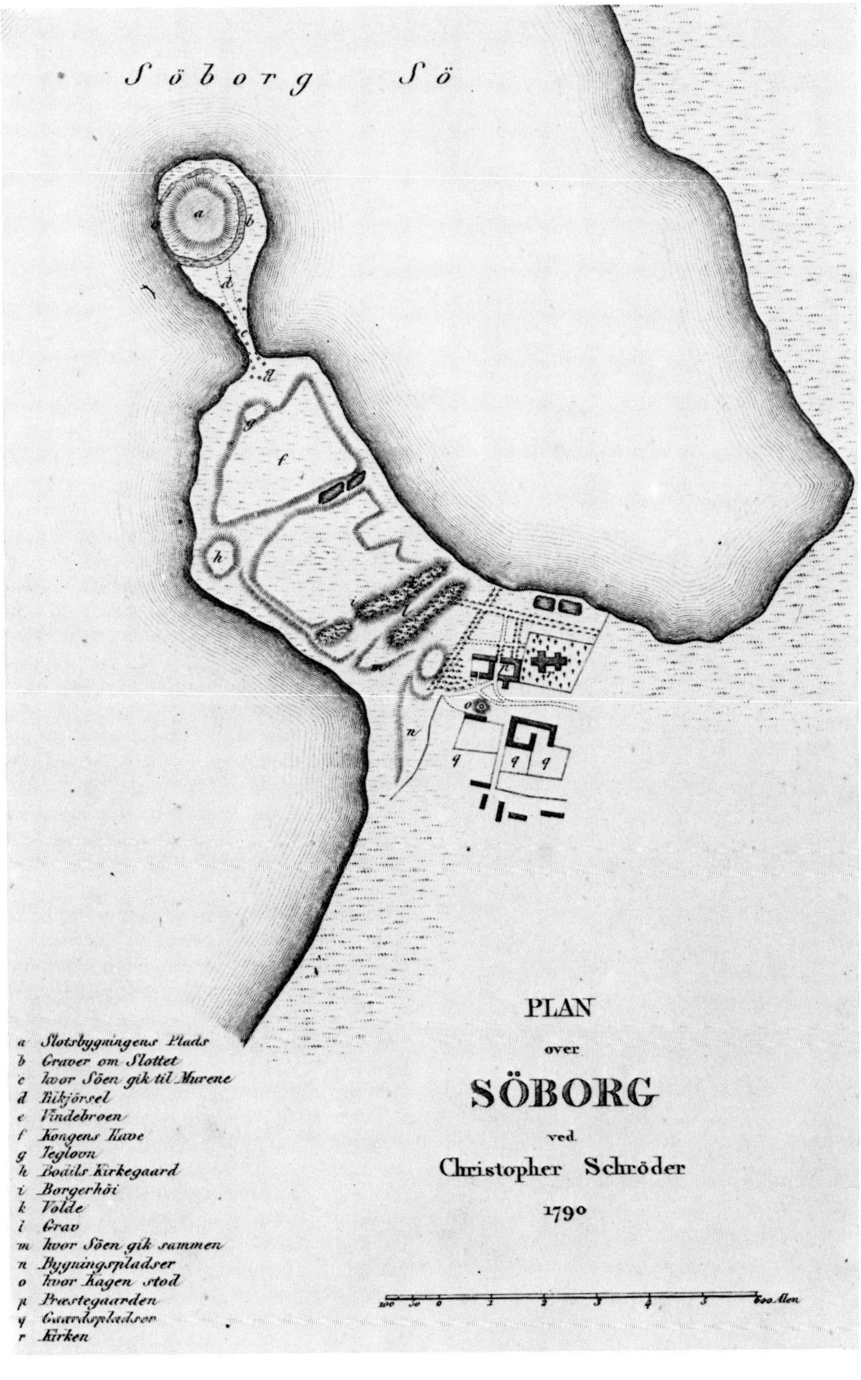
Söborg Sö
PLAN
over
SÖBORG
ved
Christopher Schröder
1790
a Slotsbygningens Plads
b Graver om Slottet
c hvor Söen gik til Murene
d Bikjörsel
e Vindebroen
f Kongens Have
g Tegloon
h Bodils Kirkegaard
i Borgerhöi
k Volde
l Grav
m hvor Söen gik sammen
n Bygningspladser
o hvor Kagen stod
p Præstegaarden
r Kirken
600 Alen

sind bemalt. Prächtig ist der Ostpfeiler mit Johannes dem Täufer. Er trägt ein Kamelhaargewand, hat zerzaustes Haar und hält ein Medaillon mit dem Kreuzeslamm, dem Symbol Christi, dem er den Weg bereitet hat.

An der nördlichen Schiffswand sieht man die heilige Gertrud, die eine Kapelle trägt, und daneben segelt ein Schiff mit deutlich markierten Masten, mit Tauwerk und Mastkorb. Vom Deck aus führt ein Rohr hinunter in den Laderaum zu einem Mann in Bischofstracht. Will man dem armen Mann Luft zuführen? Vielleicht soll die sonderbare Szene die Überführung der Gebeine des heiligen Nikolaus von Kleinasien nach dem süditalienischen Bari im Jahre 1087 darstellen.

Auf dem westlichen Rundpfeiler sieht man vier Engel in Anbetung des dreieinigen Gottes. Zwei schwingen Rauchfässer, und zwei tragen lodernde Fackeln. Auf der entgegengesetzten Pfeilerseite befindet sich eine Madonna im Strahlenkranz. Ihre Plazierung so dicht bei der Dreieinigkeit ist

Südportal der Kirche von Vejby, aufgenommen aus dem Kirchenraum. Beachten Sie den alten Opferstock rechts von der Tür! Der Türflügel von Vejby gehört zu den besterhaltenen und am reichsten ausgeschmückten auf Seeland.

sehr logisch, wenn man an Marias Stellung im Hochmittelalter denkt. Zu der Zeit war es üblich, ihre unbefleckte Empfängnis mit einem besonderen Festtag zu feiern, und die Maler schilderten ihre Aufnahme in den Himmel und ihre anschließende Krönung.

Die **Kirche von Vejby** besteht aus gelbgrauen Sandsteinquadern, die von einem Steinbruch bei Hälsingborg stammen; ein kleiner Zug der, zusammen mit anderen, die kulturelle Verbindung zwischen Nord-Seeland und Schonen zeigt. Doch die Kirche von Vejby hält noch andere Überraschungen bereit. Die architektonischen Details zeigen eine starke Beeinflussung durch englisch-normannische Bautradition. Diese stilistische Orientierung spiegelt sich in den dünnen Mauern des Schiffes, in dem Profilband, das die Außenmauern in Fensterhöhe waagerecht unterteilt, und in dem vornehmen Südportal.

Bei diesen Beobachtungen bekommt man schon den Verdacht, daß hier eine größere Antriebskraft hinter dem Bau stand als nur die Bauern der Gemeinde. Der Baumeister kam vermutlich aus Ostengland. Aber wer war der Bauherr?

Die Antwort darauf findet man im westlichen Joch des Schiffes, wo archäologische Spuren beweisen, daß es einmal das untere Stockwerk eines Westturms bildete. Dort war eine Herrschaftsgalerie mit zwei Bogenöffnungen unter der längst verschwundenen Holzdecke eingerichtet. Man weiß auch, daß die Tribüne auf einer Doppelarkade ruhte. Die Anordnung glich, kurz gesagt, den erhaltenen Tribünen in *Fjenneslev* und *Tveje-Merløse* und bezeugt die Funktion als Adelskirche (vgl. Seite 72). Als der Turm um 1500 geschleift wurde, wurde die Herrschaftsgalerie zu einem gewöhnlichen Joch im Schiff umgebaut, und ein ganz neuer Turm wurde westlich davon errichtet.

Bevor wir dies interessante Bauwerk verlassen, sollten wir an der Tür des Südportals verweilen. Sie muß aus einer Renaissancewerkstatt stammen, deren Meister den Stilkatalog der Spätgotik noch nicht ganz aufgegeben hatte. Denn ganz unten sieht man gotisches Faltwerk und oben in der Rundung eine stilisierte Muschelschale, ein beliebtes Renaissanceornament. Die lateinischen

Minuskeln lauten übersetzt: „1556 wird diese Kirchentür gemacht, die allen Schlägen widerstehen soll."

Die Geschichte von **Tisvilde** ist dramatisch und mit den großen Sandverwehungen verbunden, die zwischen 1550 und 1700 diesen Teil von Nord-Seeland heimsuchten. Das ganze Gebiet nördlich vom Arre-See – die alte Holbro-Harde – war einmal so fruchtbar, daß man sie „Land Kanaan" nannte. Wo sich heute Tisvilde Hegn (der Wald von Tisvilde) erstreckt, lagen im Spätmittelalter bestellte Felder. Um 1517 hören wir erstmals von Flugsand in Asserbo, und 1550 hatte der Flugsand Tibirke in den Griff genommen. 1641 bekam das Dorf Tisvilde Steuererleichterung, weil der ganze Boden von der Verwehung betroffen war.

Aber das blinde Wüten der Natur ging weiter, und die Bauern von Tibirke fanden am Ende des 17. Jahrhunderts ihre Kirche durch eine 13 Ellen hohe Wanderdüne verschlossen. Vergeblich versuchte man, Hekken zu pflanzen, um die Sandwanderung zu verhindern. Am schlimmsten traf es das Dorf Torup, das zur Zeit Christians V. völlig ausgelöscht wurde.

Christians Sohn Friedrich IV. setzte schließlich eine Kommission ein, die zunächst holländische Experten ins Land holen wollte, was aber nicht klappte. Dafür wurde der Deutsche Johann Ulrich Röhl der Retter. Er war Klosterverwalter aus dem niedersächsischen Oldenburg, wo man den Kampf gegen das Nordseeklima kannte.

Röhl kam 1724 nach Tisvilde, wo ihm Soldaten und Arbeitswagen zur Verfügung gestellt wurden. Man setzte neue Reisigzäune, band aber die feinen Sandkörner zugleich durch Anpflanzung von Strandhafer und durch Abdeckung offener Flächen mit Lehm und Tang. Der fleißige Deutsche machte sich auch einen Sandkasten, in den er Strandroggen säte. Die Versuche übertrafen die besten Erwartungen, und es wurden danach Strandhafer und Strandroggen gesät, aber auch Klee, den Röhl aus Oldenburg beschaffte. Röhl experimentierte auch mit der Anpflanzung von Eichen, Weiden, Birken und Nadelhölzern, aber nur mit

Helenes Grab, nach einem Foto von etwa 1900.

Teilerfolg, da einige der Kulturen von Wild und Vieh zerstört wurden.

Der Flugsand wurde wirklich im Laufe der nächsten 14 Jahre gestoppt, und 1738 setzte man auf dem Stuebjerg bei Tisvilde stolz ein Denkmal. Diderik Gercken gestaltete den Stein, den man „Pyramide" nannte. Der Vers darauf beginnt mit den pathetischen Worten: „Hier sah es vor einiger Zeit schlimm aus. Sand bedeckte alles, und die Gefahr war nicht gering ..." Eine königliche Verordnung bestimmte 1792, man solle Kiefern in Tisvilde säen, und das gab der Natur einen neuen Charakter. Der Troldeskov („Zauberwald") entstand.

Helenes Kilde (die Helenenquelle), Dänemarks berühmteste heilige Quelle, liegt an der Strandböschung bei Tisvilde. Wahrscheinlich gab es dort schon in vorgeschichtlicher Zeit einen Quellenkult, denn die Ortsnamen Tibirke und Tisvilde tragen beide Ti als Vorsilbe. Ti (oder Tyr) war einer der wichtigsten Götter im Norden, ein Kriegsgott vom Rang des Thor und Odin. Der Name Tisvilde könnte also als væld (Quelle) des Gottes Ti (Tyr) gedeutet werden.

Der Quellenkult setzte sich in der katholischen Zeit fort, und man verband die heilige Helene mit dem Ort. Vielleicht handelte es sich um die schwedische heilige Helene

Der gotische Flügelaltar der Kirche von Tibirke in offenem Zustand.

von Skövde, doch ist nichts sicher, weil alle schriftlichen Überlieferungen nachreformatorisch sind. So schrieb der besonders gelehrte Ole Worm die Sage 1647 auf. Er erzählt, sie sei eine fromme schwedische Einsiedlerin gewesen, von bösen Menschen ermordet und ins Meer geworfen. Ihre Leiche wurde auf wunderbare Weise am Strand von Tisvilde auf einen flachen Stein getragen. Einige fromme Bauern fanden sie und wollten sie christlich begraben. Da geschah das Wunder: Eine Kluft öffnete sich in dem hohen Hang, so daß die Bauern die Tote ohne Schwierigkeiten hinauftragen konnten, und wo sie die Bahre das erste Mal für eine Ruhepause absetzten, brach eine Quelle hervor.

Helenes Grab. Die Stelle, wo nach der Überlieferung Helene beerdigt wurde, erwies sich bei neueren Untersuchungen als Rest einer mittelalterlichen Kapelle. Nach der Reformation besuchten die Leute immer noch den Ort, und nach 1600 wuchs der Zustrom sogar. Die örtlichen Pastoren waren natürlich über diese Entwicklung tief bekümmert. Es war üblich, daß die Kranken die Stätte am Johannistag aufsuchten und die Nacht über beim Grab schliefen, um so die heilende Kraft in vollem Maße zu erfahren. Die Geheilten hinterließen aus Dankbarkeit Holzkreuze.

Die **Kirche von Tibirke** ist äußerlich wohl bescheiden, doch enthält sie eine ungewöhnlich vornehme Altartafel. Es handelt sich wahrscheinlich um eine Lübecker Arbeit vom Ende des 15. Jahrhunderts. Ist die dreiflügelige Tafel aufgeschlagen, so sieht man acht Szenen aus dem Leben Christi. Jedes Feld ist mit seinen zarten Schnitzfiguren eine Einheit für sich. Die Tafel ist eine Leihgabe des Nationalmuseums, aber sie gehörte ursprünglich der Kirche. Vielleicht hat der Helenenkult sie finanziert.

Dasselbe könnte man vermuten, wenn man den ansehnlichen Chor der Kirche sieht. Er ist nämlich höher und breiter als das Schiff. Warum führte man nicht den ehrgeizigen Umbau weiter? Es ist denkbar, daß die Reformation die Einnahmen der Kirche durch die Quelle beendete, so daß man keine Mittel für den Weiterbau hatte. In diesem Zusammenhang fällt einem die Kirche in der schonischen Stadt Skanör ein. Hier brachten die großen Heringsfänge die guten Fischer dazu, an ihre kleine Gemeindekirche einen Chor anzubauen, der eines Domes würdig gewesen wäre; aber der Hering verschwand, und der Rest der Kirche blieb unverändert.

Der **vorgeschichtliche Weg** (Oldtidsvejen) in Tibirke wurde 1943 nördlich von Ramløse im Ellemose-Moor entdeckt, das zwischen Horsebjerg und den Hügeln von Tibirke liegt. Der Weg ist eisenzeitlich und fast 150 Meter lang. Man verwandte größere Steine an den Kanten und kleinere zum Bedecken der Oberfläche. Die Archäologen haben außerdem einen Pfad aus Trittsteinen gefunden, der parallel zum Weg verläuft. Heute bildet der ausgegrabene Teil des Weges eine imponierende Anlage, die unter Schutz gestellt ist.

Während der Grabungen tauchten zwei Plattenfibeln auf. Sie sind in Bronze gegossen und müssen von Wegbenutzern verloren worden sein. Der Fund stammt aus der vorrömischen Eisenzeit.

Von Ledøje nach Kulhuse

Die **Kirche von Ledøje** stellt ein ungewöhnliches Kapitel in der dänischen Baukunst dar. Das Gebäude ist eine sogenannte Doppelkirche, bei der der Chor und das fast quadratische Schiff in zwei ungefähr gleich großen Etagen errichtet sind. Selbst wenn es von Anfang an eine große Öffnung über dem unteren Schiff gab, so fungierten die Etagen doch als selbständige Kirchen mit eigenen Altarräumen.

Die Doppelkirche war zu Beginn des 13. Jahrhunderts vollendet. Beim Bau verwandte man hauptsächlich Backsteine für die Außenmauern (an einigen Stellen mit Kreidebändern), während die Innenmauern aus Kreide bestehen. Der Westturm wurde erst um 1500 angefügt.

Die untraditionelle Konstruktion der Kirche offenbart sich erst richtig, wenn man in die Unterkirche eintritt. Hier sieht man die Etagen klar voneinander getrennt, jede mit vier Säulen ausgestattet, die um einen viereckigen, durchgehenden Mittelraum gruppiert sind. Nur die Säulen in der Unterkirche sind original und von hoher Qualität. Sowohl die Basen wie die Kapitelle bestehen aus schwarzem belgischem Kalkstein und sind mit verschiedenen Blattornamenten versehen. Der nordwestliche Säulenkopf ist besonders schön. Der Steinmetz hat hier den Ecken Löwenmasken mit blattförmigen Zungen gegeben. Die Säulenschäfte bestehen aus dänischem Material. Sie verjüngen sich etwas nach oben zu.

Die Vorbilder der Kirche müssen in Mitteleuropa gesucht werden, vor allem im deutschen Kaiserreich. Die nächsten Parallelen sind die Godehard-Kapelle beim Mainzer Dom, die Burgkapellen in Eger und Landsberg und die kaiserliche Burgkapelle in Nürnberg. Alle erwähnten Beispiele sind älter als Ledøje, nämlich aus der Zeit zwischen 1137 und etwa 1200, und sie haben denselben Grundriß mit Schiff und Chor in zwei Etagen und je vier Säulen.

Form und internationale Parallelen machen klar, daß wir es in Ledøje nicht mit einer gewöhnlichen Gemeindekirche zu tun haben. Der Bau ragt innerhalb der bunten und bedeutungsvollen Familie der Adelskirchen hervor, zu der allein in Seeland Kirchen wie Bjernede, Fjenneslev, Karise, Slaglille, Sæby und Tveje-Merløse gehören. Daß es sich um eine Hofkirche handelte, wird auch von den Lageverhältnissen und von bauarchäologischen Untersuchungen bestätigt.

Die Kirche liegt nämlich so, daß der Abstand zwischen dem Turm und dem westlichen Teil der gemauerten Kirchhofseinfriedigung nur gut einen Meter beträgt. Und gehen wir zurück ins Mittelalter, als der Turm noch nicht bestand, so war der Abstand zwischen der Westfassade der Kirche und der Kirchhofsmauer gut und gerne acht Meter groß. Eine Katasterkarte von 1808 zeigt außerdem, daß dort ein alter Hof namens „Brydegaard" lag, der später teilweise abgerissen wurde. Man weiß auch, daß an der Stelle des Brydegaard einmal eine mittelalterliche Herrenburg existierte.

Die Forscher haben dies mit einer Reihe von Spuren an der alten Westpartie des Schiffes kombiniert und den Schluß gezogen, daß es einmal ein niedriges Verbindungsgebäude zwischen Hof und Kirche gab. Der Adlige konnte so trockenen Fußes und unbemerkt in seine Kirche hinübergehen und entweder an einer privaten Messe in der Oberkirche teilnehmen oder durch die Öffnung im Boden die Messe für die Gemeindebauern in der Unterkirche mit verfolgen.

Als der Turm um 1500 errichtet wurde, wurde der Verbindungsbau beseitigt. Sein Giebelprofil sieht man noch in Form zweier ungleichmäßiger Spuren, die beiderseits des Eingangs zur Oberkirche schräg verlaufen. In Verbindung mit dem Turmbau hat man vermutlich die Oberkirche aufgegeben und die Mauern auf die normale Höhe einer Dorfkirche reduziert.

Die vorliegende Rekonstruktion wurde in den 1880er Jahren von dem Architekten

H. B. Storck vorgenommen, der etwas hart zu Werke ging. Die Restaurierung wirkt kräftig, und viele feinere Details sind leider für immer verlorengegangen.

Der erwähnte Verbindungsbau hat auch eine tiefe europäische Perspektive. Zwar gibt es in Dänemark eine glänzende Parallele, nämlich den *Absalonsbogen* in Roskilde, der den Dom mit dem Palais verbindet und auf etwa 1210–1220 datiert werden kann. Aber die Ideologie hinter der Anordnung muß in den großen fürstlichen Kapellen des mittelalterlichen Europa gesucht werden, als Beispiele die *Pfalzkapelle in Aachen* oder die *Capella Palatina in Palermo.* Aber auch *San Marco in Venedig* bietet ein gutes Beispiel für die intime Verbindung zwischen Kirche und Fürstensitz (Dogenpalast).

Doch wie findet ein so spezieller Gebäudetyp den Weg nach Dänemark? Die Erklärung liegt möglicherweise im Geschlecht der Hvide. Es ließ Adelskirchen bauen, die der von Ledøje nahe verwandt sind, nämlich in Bjernede, Thorsager und – schon im Mittelalter abgerissen – Pedersborg. Diese drei Bauten entstanden alle als Rundkirchen, und man weiß von den beiden erhaltenen, daß sie nicht als Verteidigungskirchen, sondern als Doppelkirchen dienten, wobei die obere Etage Privatkapelle, die untere Gemeindekirche war.

Was Ledøje betrifft, so ist es denkbar, daß das deutsche Vorbild durch Ingerd nach Dänemark kam. Sie war die Tochter Jacob Sunesens, dessen Vater Sune Ebbesen der Bauherr in Bjernede war. Ingerd war in zweiter Ehe mit Konrad II. von Regenstein (Harz) verheiratet, was das Geschlecht der Hvide direkt mit Deutschland und seinen Bautraditionen in Verbindung brachte.

Die **Kirche in Måløv** ist mit einer Reihe hervorragender Kalkmalereien versehen. Um alle Details mitzubekommen, sollte man sie sich mit einem Fernglas betrachten. Die wichtigsten Bilder befinden sich auf der Ostwand des Schiffes, der sogenannten Triumphwand. Dort sind auch Malereien in den beiden früheren Altarnischen, die den Triumphbogen flankieren.

Die Darstellungen werden in die erste Hälfte des 13. Jahrhunderts datiert. Über

Die berühmte Madonnendarstellung in der Kirche von Måløv. Man sieht deutlich die Stuckglorie.

dem Triumphbogen sieht man den thronenden Christus auf einem Regenbogen, den Erdball unter den Füßen. Seine Rechte ist segnend erhoben, die Linke hält die Schrift. Christus ist von zwei Aposteln umgeben, wohl Petrus und Paulus. Links vom thronenden Christus sieht man die Kreuzigung. Rechts ist die Auferstehung dargestellt: Christus tritt aus einem kastenartigen Grab; der Maler hat vermutlich an einen Sarkophag gedacht.

Von den beiden letztgenannten Szenen ist die Kreuzigung am besten erhalten, und man erkennt, daß Christi Lendentuch bläulich ist und eine goldene Kante hat. Gleich links vom Gekreuzigten steht eine Person mit einem goldenen Altarkelch, die sich Christus so sehr zuneigt, daß sich ihre Heiligenscheine treffen. Die Figur stellt *Ecclesia* dar, das heißt die christliche Kirche als Person, die Christi Opferblut in einem Kelch für das heilige Abendmahl sammelt. Die übrigen Figuren der Szene sind leider so schlecht erhalten, daß man sie nicht identifizieren kann.

Das Besondere bei den Nischenbildern ist, daß sie jahrhundertelang nicht berührt wurden. Man hat nämlich nach der Reformation die Altarnischen zugemauert, ohne die Bilder zu überkalken. In der nördlichen

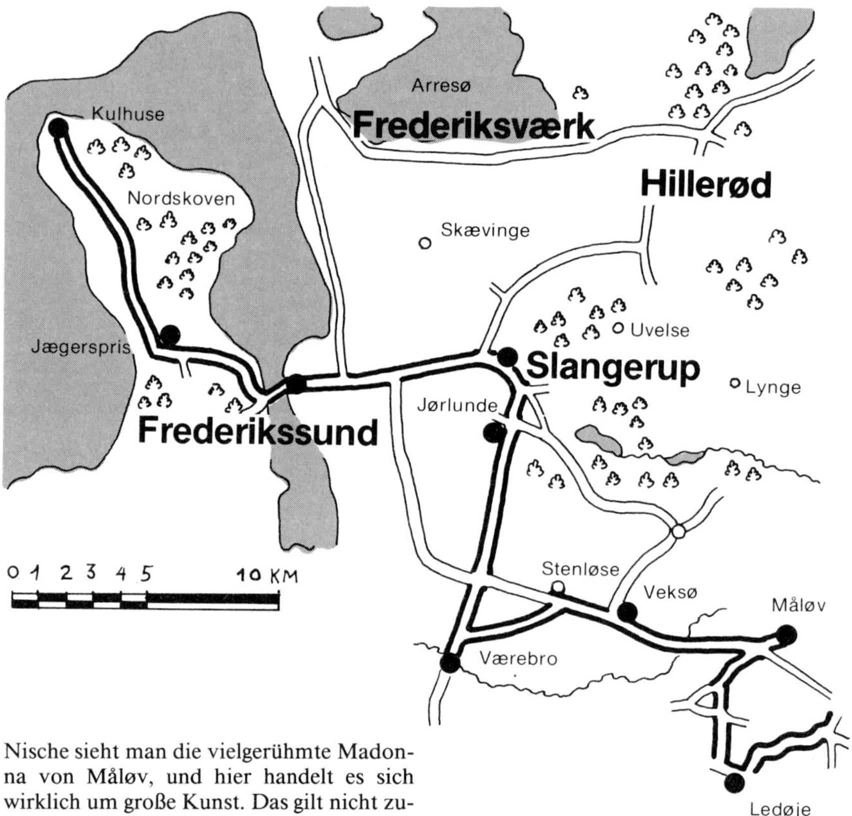

Nische sieht man die vielgerühmte Madonna von Måløv, und hier handelt es sich wirklich um große Kunst. Das gilt nicht zuletzt für die Farben, selbst wenn sie vom Alter geprägt sind. Der Hintergrund war einmal kräftig blau. Marias Kleidung hat noch ihre warme, rote Farbe, die Kleidung des Jesuskindes ist weiß und blau. Beide Figuren tragen die schönsten Stuckglorien mit Vergoldung. Das Bild ist von einer Borte mit T-förmigen Hakenmustern umgeben.

Wegen des vornehmen Stils in der Figurenzeichnung haben einige Forscher einen byzantinischen Einfluß vermutet. Das ist schwer zu entscheiden, doch gehört das Bild jedenfalls zum Besten der dänischen Kunst des Mittelalters, und es hält auch internationales Niveau. Byzantinische Züge haben auch die Malereien in den Kirchen von *Jørlunde*, *Sdr. Jernløse* und *Værløse*. Sie werden in die Mitte des 12. Jahrhunderts datiert.

Das nördliche Nischenbild und das südliche, das vermutlich eine Nikolausdarstellung aufweist, wurden erst 1922 entdeckt. Es vergingen einige Jahre, bis man 1937 auf weitere Ausschmückungen stieß, diesmal an der Nord- und der Südwand des Schiffs. Sie stammten von derselben Periode und Werkstatt, sind aber fragmentarischer. Man sieht jedoch deutlich, daß Szenen aus Christi Leidensgeschichte dargestellt sind. Auch an diesen Wänden verwandte man Stuck für verschiedene Details. Man sollte sich diesen Zug merken, weil er für eine Reihe seeländischer Dorfkirchen typisch ist, so etwa für Jørlunde und Vester Broby.

Veksø soll kurz wegen eines reichen bronzezeitlichen Fundes erwähnt werden, der in einem Moor *(Brøns Mose)* gemacht wurde. Beim Torfstechen fand man hier 1942 zwei

Helme aus getriebenem Bronzeblech. Sie sind völlig gleich und haben hohle, gegossene Hörner, die schön nach hinten geschwungen sind. Der Fund wird in die jüngere Bronzezeit datiert.

Værebro – nördlich von Gundsømagle an der *Værebro Å* – hat seinen besonderen Platz in der dänischen Geschichte, weil hier 1133 eine große Schlacht stattfand. Dänemark befand sich damals in einem Bürgerkrieg, der durch den schändlichen Mord an Knud Laward 1131 ausgelöst worden war. Drei Parteien nahmen an diesem blutigen Streit um die Macht in Dänemark teil, nämlich Erik Emune, sein Halbbruder Harald Kesja und König Niels, der von seinem Sohn Magnus unterstützt wurde. Das Kriegsglück war seltsam schwankend in diesem Bürgerkrieg und begünstigte mal die eine, mal die andere Partei. Bei Værebro erlitt Erik Emune eine Niederlage.

Die **Kirche von Jørlunde** bietet genug für einen längeren Aufenthalt. Hier kann man die herrlichsten Kalkmalereien vom Ende des 12. Jahrhunderts bewundern.

An der Chornordwand sieht man den Einzug in Jerusalem, die festliche Einleitung für die anschließenden Schmerzenstage. Christus reitet seitlings auf einem Fohlen, während die Zuschauer ihre Gewänder vor ihm ausbreiten. Ein Mann huldigt dem König der Juden mit einem Palmenzweig. Beachten Sie im übrigen den schrägen Strich, der durch das Bild geht. Was darüber liegt, ist eine Rekonstruktion durch den Konservator Kornerup. Er legte die Bilder in den 1880er Jahren frei.

Die Abendmahlsszene daneben wurde mit derselben Erzählfreude geschaffen. Christus sitzt am Ende eines Tisches, der mit einem faltenreichen Tuch bedeckt ist. Man sieht Teller, ein Messer und einen Trinkbecher. An Stelle des jüdischen Osterlammes wurde eine Schale mit Fischen gemalt. Diese Details spiegeln sehr lebendig die katholische Tradition, die verlangte daß man in der Fastenzeit Fisch esse. Und betrachten Sie auch den schönen Fußfries mit Prismen- und Pflanzenornament.

Der Chorbogen zeigt das Lamm Gottes mit Kreuzfahne, in ein Medaillon gezeichnet, das von zwei Engeln getragen wird. Hier sieht man keine steifen Körper, wie so oft in der romanischen Kunst, sondern lebendige Wesen, deren Gewänder in starker Bewegung sind.

Die Triumphwand zeigt links die Erwekkung des Lazarus, rechts Petrus, der gerade dem Malchus das Ohr abschlagen will. Darunter ist die Kreuzigungsszene, wo wir links Maria und Longinus sehen; letzteren erkennt man an der Lanze, mit der er Christus in die Seite gestochen hat. Rechts vom Kreuz steht Stefaton mit der Stange und dem Essigschwamm.

Slangerup

Es wird in den Quellen des 12. Jahrhunderts „Slangethorp“ genannt. „Slange“ ist möglicherweise ein Hinweis auf einen geschlängelten Weg. Auf sichererem Grund bewegen sich die Sprachforscher bei der Nachsilbe „thorp“. Sie kommt im mittelalterlichen Sprachgebrauch häufig vor und bedeutet ganz einfach „Aussiedlungsdorf“. Damit ist

Die Kreuzigung in der Kirche von Jørlunde, von einer typisch romanischen Ornamentborte begrenzt.

auch die Grundlage für die Ansiedlung angedeutet: Aussiedler haben sich an einer Furt niedergelassen, die an der Kreuzung zwischen dem Weg von Roskilde nach Helsingør und der Græse Å entstanden war.

Die Siedlung wurde früh mit der Königsmacht verbunden. Nach einer Überlieferung lag im 11. Jahrhundert in Slangerup ein Königshof, in dem um 1056 Erik Ejegod geboren wurde. Saxo berichtet, dieser habe später als König seinem Geburtsort einen Splitter vom Kreuze Christi und von den Gebeinen des heiligen Nikolaus geschickt, als er mit Königin Bodil auf Pilgerfahrt im Heiligen Land war. Die kostbaren Reliquien wurden der Kirche geschenkt, die Erik Ejegod um 1095 in Slangerup gegründet hatte und die dem heiligen Nikolaus geweiht war. In ihrer Nähe ließ einer seiner Nachfolger, Waldemar der Große, Dänemarks ältestes Nonnenkloster anlegen.

Beide Bauwerke sind längst dem Erdboden gleichgemacht, aber ihre Fundamente wurden 1936 ausgegraben, und man konnte feststellen, daß es sich um sehr altertümliche Gebäude aus Feldstein und Kalktuff handelte.

Von Erik Ejegods Geburtsstätte bekommt man noch einen kleinen Eindruck, wenn man in einem Dokument von 1161 liest, Waldemar der Große habe dem Kloster Esrum Land geschenkt und die Grenze durch Tuvo von Slangerup und Thorbern von Søborg ziehen lassen. Der lateinische Text bezeichnet in diesem Zusammenhang Tuvo und Thorbern jeweils als „villicus", was wohl „Verwalter eines Hofs" bedeutet, hier also des Königshofs in Søborg beziehungsweise des Slangerup-Hofs, der vermutlich später dem Kloster geschenkt wurde.

Es ist unbekannt, wann Slangerup Stadtrechte bekam, aber es wird jedenfalls um 1250 als Stadt bezeichnet. Einige Generationen später kam die Stadt unter den Schutz König Erik Menveds und erwarb bei dieser Gelegenheit dieselben Rechte wie Roskilde. Das erwähnte Nonnenkloster beeinflußte allmählich das Leben und Treiben in der Stadt recht stark. So gab eine Urkunde von 1311 den Nonnen einen Anspruch auf Abgaben für Buden und Standplätze auf Märkten.

Außer dem Nonnenkloster errichtete die katholische Kirche auch ein St.-Jørgens-Hospital, das sich der Aussätzigen annehmen sollte. Es lag nicht in der Stadt, sondern außerhalb auf dem Gemeindeland. Das Hospital wurde nach der Reformation niedergelegt, während das Nonnenkloster langsam dahinsiechte. Noch in den 1550er Jahren sprach man von den Jungfrauen des Klosters. Danach wurde der Ostflügel als Rathaus benutzt, während die übrigen Gebäude einschließlich der Klosterkirche verfielen. Um 1700 waren sie ganz verschwunden, und nur ein Straßenname, nämlich *Klosterstræde*, erinnert an die katholische Zeit. Der Teil der *Klosterstræde*, der in nordsüdlicher Richtung verläuft, quert genau die Stelle, wo der alte Klosterhof lag. Und geht man weiter in die *Svaldergade*, so betritt man das Gelände des früheren Klosterfriedhofs.

Von den Tagen der Reformation an ging es beständig und ruhig abwärts mit der Stadt Slangerup. Besser wurde es auch nicht, als Friedrich II. das aufwachsende Hillerød auf Kosten von Slangerup begünstigte. Er entzog Slangerup sogar einige Jahre lang seine Stadtrechte.

Die **Kirche von Slangerup** wurde 1576 bis 1588 gebaut, und zwar als Ersatz für eine ältere Gemeindekirche, die so klein war, daß einige Gläubige während der Gottesdienste angeblich draußen auf dem Kirchhof stehen mußten. Man riß das alte Gebäude aber nicht völlig ab. Der Westturm mit zugehörigem Treppenturm an der Südmauer blieb erhalten und wurde so umgebaut, daß er zur neuen Kirche paßte.

Friedrich II. gab für den Bau ein Darlehen, und als Architekten hat man Hans van Steenwinckel den Älteren angenommen. Dies war eine gute Wahl, denn Steenwinckel war der Baumeister des Königs, ein Mann mit solider Karriere, geboren in Emden. Steenwinckel lieferte die Entwürfe, aber man betrachtet Jørgen v. Friborg als Leiter der Arbeiten. Derselbe Friborg stiftete der fertigen Kirche ein Steinkreuz (jetzt am Westende), und in einem auf die Wand gemalten Vers daneben wird er als „Baumeister dieses Tempels von Slangerup" bezeichnet. Der Vers könnte aber aus späterer

Der prachtvolle Chorgiebel der Kirche von Slangerup.

Zeit stammen und wurde vielleicht von Thomas Kingo verfaßt.

Die Kirche stellt eine interessante Mischung aus Gotik und beginnender Renaissance dar. Die hohen Fenster in Schiff und Chor haben ja die Spitzbögen und Maßwerke der Gotik. Dagegen steht die Frührenaissance-Eingangspartie der Vorhalle. Sehen Sie nur, wie das rundbogige Portal von zwei Pilastern flankiert ist, die wiederum einen Sandsteinbalken mit drei gekrönten Schilden tragen.

An Chor, Turm und Vorhalle sehen wir außerdem einige schöne Giebel mit halbrunden und Viertelbögen, deren architektonische Ahnen in wenigen Zeilen schwierig darzulegen sind. Solche Giebel sind nämlich in Dänemark recht selten. In Seeland haben die Giebel von Slangerup auf einige Gemeindekirchen der Umgebung abgefärbt, zum Beispiel Gørløse, Skævinge und Ølsted. Auf Fünen treten sie eine Generation früher auf. Dort ließ der mächtige Reichskanzler Johan Friis sein Hesselagergård schon vor 1550 mit prachtvollen Rundbogengiebeln ausstatten.

Aber wie kam eigentlich das „Modell" nach Dänemark? Hier ist es schwer, auf eine bestimmte Inspirationsquelle zu weisen, denn der Giebeltyp war um 1500 an verschiedenen Orten Europas bekannt. Die Hansestädte hatten viele Backsteinhäuser mit Rundbogengiebeln, besonders das reiche Danzig. Doch auch Venedig konnte mit Kirchen und Gildenhäusern prahlen, die mit schönen Rundbogengiebeln geschmückt waren.

Das Innere der Kirche von Slangerup ist mindestens ebenso reich wie das Äußere. Von dem üppigen Inventar seien das Chorgitter vom Anfang des 17. Jahrhunderts erwähnt, ein spätgotisches Kruzifix von etwa 1475, das geschlossene Gestühl aus der Frührenaissance und ein barockes Taufbekken in Eiche.

Auch Thomas Kingo, der große dänische Dichter von Kirchenliedern, ist mit der Stadt und der Kirche verbunden. Sein Vater war ein armer Weber, der aus Schottland eingewandert war und sich in Slangerup niedergelassen hatte. Drei Jahre vor dem Tode seines Vaters 1671 wurde Thomas Kingo Pastor in seiner Geburtsstadt. Er war ein Meister in der Kunst, über die Wirklichkeit des menschlichen Lebens auf eine Weise zu reden, daß es selbst in dem vornehmsten Ohren widerhallte. Doch konnte er sich auch bei den Mächtigen einschmeicheln und beliebt machen. Der arme Webersohn wurde 1677 Bischof und beschloß sein Leben als Besitzer des Gutes Fraugdegård auf Fünen.

Frederikssund

Dieser Ort bekam seine Stadtrechte 1665 von Friedrich III., doch reicht seine Geschichte viel weiter zurück. Die örtliche Fährschiffahrt war der Keim zur Stadtentstehung, und Schiffahrt gab es sicher schon im Mittelalter, selbst wenn keine Bebauung aus dieser Zeit erhalten ist. Ein Dokument von 1516 spricht von einer „Swndby ferij" (Sundbyfähre), worunter man einen Kahn verstand, der mit Hilfe eines Taues hin und zurück über das schmale Gewässer gezogen wurde. Die Anlegestelle am Ostufer war eine Weide, die zu dem nahegelegenen *Ude Sundby* gehörte, und der Fährmann wohnte drüben an der Gegenküste.

Im Laufe des 16. Jahrhunderts entstand bei Ude Sundby ein Handelsplatz, und 1573 wurde eine Zollstelle eingerichtet. Jetzt bekam der Fährbetrieb einen Aufschwung, und 1587 konnte man die erste hölzerne Schiffsbrücke bauen. Sie war äußerst primitiv und wurde schon in den 1620er Jahren von einer richtigen Steinbrücke abgelöst.

Die Entwicklung wurde weiter angeregt, als die Bürger von Slangerup am Ort besondere Privilegien erhielten. An einem Januartag 1632 konnte man etwas Ungewöhnliches sehen. Frederik Urne, der Lehnsmann aus Frederiksborg, ging in der Nähe der Brücke den Strand entlang und steckte Bodenparzellen ab. Darauf durften die Leute aus Slangerup Buden und Packhäuser bauen, und sie sollten so bald den örtlichen Handel beherrschen.

Aber Frederikssund war immer noch eine unansehnliche Siedlung. Noch um die Mitte des 18. Jahrhunderts hatte der Ort nur 43 Familien, und erst durch die feste Brücke von 1836 und den Eisenbahnanschluß von 1879 entstand ein modernes Gemeinwesen.

J. F. Willumsen in seiner eigenen, expressiven Darstellung.

Vom alten Stadtkern ist fast nichts erhalten, aber Namen und Verlauf der Straßen erlauben fast immer historische Rückschlüsse. So auch hier. Beachten Sie die krumme Linie im Stadtplan, die von der Havnegade (Hafenstraße), Østergade und Jernbanegade (Bahnhofstraße) gebildet wird. Südlich von diesen Straßen lag früher eine Niederung namens „Bløden“, die entstanden war, als man 1869 eine Bucht des Roskilde-Fjords eindämmte. Wo sich die Østergade in der Havnegade fortsetzt, steht ein schönes Packhaus in Fachwerk, 1832 für den Kaufmann Lange gebaut

Das **J. F. Willumsen-Museum** wurde 1957 eingeweiht. Es ist das Resultat mehrjähriger Anstrengungen, für die Kunst von J. F. Willumsen einen würdigen Rahmen zu schaffen. Der Gebäudekomplex wurde nach Entwürfen des Architekten Tyge Hvass gebaut, und schon beim Haupteingang sehen wir etwas von Willumsens weitgespannter Kunst. Hier sind die beiden „Raben“ von 1910 aufgestellt. Sie bestehen aus Holz und Kupfer und waren für den Tierpark Jægersborg bestimmt.

Willumsen ist eine erstaunliche Gestalt in der jüngeren dänischen Kunst, denn seine Graphik, seine Gemälde und Skulpturen erstrecken sich über viele Perioden. Zu Beginn der 1880er Jahre besuchte er die Kunstakademie und bekam einige Jahre später P. S. Krøyer als Lehrer; es folgten Auslandsreisen nach Frankreich und Spanien; 1890 traf er Paul Gauguin in der Bretagne; neue, oft länger dauernde Aufenthalte in Frankreich folgten, die große Bedeutung für seine Entwicklung hatten.

Mitten in seinem künstlerischen Schaffen beschäftigte er sich mit den künstlerischen Anfängen El Grecos. Das Resultat wurde ein großes Buch, das 1927 herauskam. Eine Einwirkung durch El Greco sieht man deutlich in einigen seiner Bilder. Die hier angedeuteten Züge kann man in den Wechselausstellungen des Museums verfolgen. Willumsen ist einen Besuch wert.

Schloß Jægerspris hat eine lange und verwickelte Geschichte, die mit dem mittelalterlichen Abramstorp (oder Abrumstorp) beginnt. Dies war ein Königsgut, aber eine Erklärung für den eigentümlichen Namen gibt es nicht. Erik Menved ist der erste König, den wir mit Sicherheit in Beziehung zum Schloß setzen können. Der Ort blieb dem König übrigens in schlimmer Erinnerung, denn hier verlor er 1318 einen nur vier Monate alten Sohn. Als Königin Ingeborg mit ihm von Abramstorp nach Holbækgård fuhr, geschah mit dem Wagen ein Unfall, und das Kind kam um.

Den ältesten Teil des jetzigen Schlosses bildet das solide und hohe Mittelhaus im Nordflügel. Das Gebäude hatte ursprünglich drei Stockwerke, aber die späteren Fenstereinrahmungen und der Frontispiz haben vieles verschleiert. Doch wurden einige Fehler gutgemacht, als man 1928 den Putz abschlug. Es kamen mehrere schöne Details in den Außenmauern zum Vorschein, etwa Spuren von spitzen Fensterbögen aus spätgotischer Zeit. Insgesamt muß man vermuten, daß der Bau Verwandtschaft mit Glimmingehus in Schonen hatte, das um 1505 vollendet war.

Im Laufe des 16. Jahrhunderts wurde das Krongut bedeutend vergrößert. Liest man das Erdbuch aus dem ersten Regierungsjahr Friedrichs II. (1559), so erfährt man, daß 51 Höfe und mehrere Wälder unter *Abrahamstrup* standen. Im selben Jahrhundert waren die Eigentümer des Schlosses oft Königinnen. So war es sowohl Dorothea, der Frau Christians I., als auch Elisabeth, der Frau Christians II., überlassen.

Da das Schloß der Königsmacht so sehr zusagte, waren natürlich Erweiterungen des bescheidenen Gebäudes nötig. Der achtkantige Turm zum kleinen Hof hin wurde dem mittelalterlichen Schloß möglicherweise kurz vor 1600 angebaut. Dagegen ist es gut dokumentiert, daß der Lehnsmann Oluf Bille zu Schloß Vallø 1590 die Anweisung erhielt, den jetzigen langen Südflügel zu errichten, der dem alten Hauptbau parallel liegt. Der Südflügel bestand ursprünglich aus einer einzigen massiven Etage.

Das Schloß bekam seinen jetzigen Namen, als Christian V. es für eine Reihe von Jahren seinem Oberjägermeister, dem Norddeutschen Vincents von Hahn, überließ. Und was ist für einen eifrigen Jäger na-

Schloß Jægerspris, gesehen von Südosten.

türlicher, als gerade sein Lieblingsrevier *Jægerspris* (Jägerspreis) zu nennen. Von Hahn war im übrigen beim Bewirtschaften des Gutes so tüchtig, daß derselbe König es in einer Laune des Neids zurückkaufte.

Der nächste große Umbau fällt in die Periode 1721–1730, als das Hauptgebäude zu den jetzigen vier Etagen erhöht wurde, während der Südflügel eine weitere massive Etage dazubekam. Zugleich errichtete man einen zweietagigen Ostflügel. Die jetzigen Turmspitzen sind von 1746 und stammen von dem deutschen Architekten Johann Soherr. Dieser sorgte auch für eine Regulierung der Anlage, indem er einen zweietagigen Flügel westlich des alten Hauptgebäudes anfügte, so daß Nord- und Südflügel gleich lang wurden.

Auch Friedrich VII. verstand es, dem Schloß seine persönliche Prägung zu geben, indem er die schrägen Giebel des alten Abrahamstrup gegen senkrechte austauschen ließ. Dieser Bauteil bekam an seinem nördlichen Frontispiz das Wappen der Gräfin Danner. Es wurde 1855 angebracht, als der König sie zur Lehnsgräfin gemacht hatte. Auf dem Wappen sieht man eine weiße Lilie, umgeben von fliegenden Bienen.

Man muß sagen, daß die Gräfin es verstand, sich – bewußt oder unbewußt – in eine historische Perspektive zu versetzen, denn die fleißig schwirrenden Bienen kennen wir gut von zwei großen Figuren der europäischen Geschichte, nämlich von Napoleon I. und von Papst Urban VII. Der französische Kaiser betrachtete sich als ein Mann von eisernem Fleiß und verwendete die Biene heraldisch. Dasselbe tat das römische Geschlecht der Barberini, dessen Oberhaupt Papst Urban VII. (1623–1644) war. Er ließ die guten Bienen an der Hauptfassade seines *Palazzo Barberini* in Rom verteilen, aber auch an dem berühmten *Baldachino*, den er Bernini für die Peterskirche anfertigen ließ.

Nach diesem kulturgeschichtlichen Seitensprung sollten wir doch nicht vergessen, Frau Danners Motto auf dem Wappenschild zu lesen. Es lautet: „La fidelité est ma gloire" (Die Treue ist mein Ruhm).

Hierauf wollen wir uns einem ganz anderen Kapitel der Schloßgeschichte zuwenden, nämlich der Entstehung von *Mindelund* im 18. Jahrhundert.

Zu der Zeit, als der spätere Friedrich V. Jægerspris besaß, fand ein wichtiges Ereignis statt. Bei einer Grabungsarbeit in der Nähe des Schlosses stieß man auf einen Grabhügel mit Urnen, und als man neugierig weitergrub, kam ein Megalithgrab zutage. Der Kronprinz ließ darüber einen Gedenkstein setzen, ohne zu wissen, daß er so die Inspiration zu einer späteren, größeren Anlage von Gedenksteinen über die dänische Geschichte und Vorzeit lieferte.

1773 übernahm Erbprinz Friedrich, der Sohn Friedrichs V., das Schloß, und bald darauf begann man, weitere Grabhügel freizulegen. Einer davon bekam den Namen *Julianehøj, zur Erinnerung an die Mutter* des Erbprinzen, Juliane Marie. Über dem Eingang zum Megalithgrab in dem neuen Hügel brachte man eine Tafel in norwegischem Marmor an, auf die einige liebevolle Worte über die Mutter und die Jahreszahl der Ausgrabung geschrieben wurden. Aber nicht genug damit. Es wurde ein Gatter um die Anlage gezogen und innen eine Öllampe aufgehängt, nicht in altnordischem, sondern in klassisch römischem Stil.

Bald darauf bekam der Kabinettssekretär des Erbprinzen, Ove Høegh-Guldberg, die Idee, der Bildhauer Johannes Wiedewelt solle das Projekt eines Gedenkparks (Mindelund) ausführen. Dieser nahm den Gedanken auf und schrieb, er stelle sich den Gartenweg geschmückt mit Denkmälern vor, die „wichtige Ereignisse in Erinnerung bringen und unsere Vorfahren ohne Prachtentfaltung ehren könnten". Wiedewelt bekam darauf den Auftrag für die ersten sechs Denkmäler: Johann Rantzau, Niels Juel, Peder Tordenskjold, Tycho Brahe, Ludvig Holberg und Mogens Gøje. Die Arbeiten entstanden ebenfalls in norwegischem Marmor. Insgesamt wurden 54 Figuren im Park aufgestellt. Diese kolossale Produktion erforderte aber auch viel Zeit, denn erst 1789 war die Aufstellung abgeschlossen.

Der Bildhauer Johannes Wiedewelt (1731 bis 1802) in seinen älteren Tagen. Er wurde einer der Bannerträger des Klassizismus und bekam seine frühesten Impulse von einem Aufenthalt in Rom während der 1750er Jahre, als er eine Zeitlang das Zimmer mit Winckelmann teilte.

Studiert man die einzelnen Nummern, so muß man sich über Wiedewelts Willen zur Variation wundern. Kein Stein trägt ein Porträt, nur der Name ist jeweils eingehauen, und dazu kommt ein passendes Symbol. Einige Beispiele: *Bischof Absalons Stein* trägt das Relief eines Bischofsstabes, der

Beispiele für Wiedewelts Arbeiten zur Ausschmückung von Mindelunde. Links die sehr gelehrte Auffassung des Gedenksteins für Bischof Absalon. Außerdem wurden auch Steine für Ansgar und Martin Luther gesetzt. Die Stele rechts wurde 1780 zu Ehren von Herluf Trolle und Birgitte Gøje (vgl. Seite 170 f.) aufgestellt.

durch einen Kranz gesteckt ist; unten liegt ein Schwert. Wiedewelt bekam die Idee dazu durch das Magazin der Kunstkammer, wo man einen Bischofsstab und ein Schwert in dem Glauben aufbewahrte, sie hätten dem hohen Bischof gehört.

Das Monument des Reformators *Hans Tausen* zeigt eine aufgeschlagene Bibel mit dem Titelblatt für das neue Testament. *Ove Gieddes Stein* zeigt eine Landkarte im Relief mit der Wiedergabe von Trankebar und der Festung Dansborg in Indien. Es war Ove Giedde, der die Kolonie Trankebar für Dänemark erworben hatte. Doch gehen Sie selbst umher und lassen Sie sich über die dänische Geschichte belehren, wie es die Leute der Aufklärungszeit taten.

Die Anregung zu der ganzen Anordnung kommt von verschiedenen zeitgenössischen Vorbildern. So war Wiedewelt in England, wo er in *Stowe* den bekannten *Shrine of British Worthies* sah. Das war ein halbkreisförmiges Gebäude mit Nischen nach außen ins Freie, in einem großartigen Park gelegen. In den Nischen waren die Porträtbüsten von 16 berühmten Briten aufgestellt, unter anderem von William Shakespeare, Sir Francis Drake und Francis Bacon. Derselbe Gedanke lag hinter einem imponierenden Projekt, das die Stadt Padua inszenierte. Auf dem Platz *Prato della Valle* stellte man von 1776 an insgesamt 79 Statuen auf, die meist die berühmtesten Söhne der Stadt zeigten.

So weit die internationale Perspektive. Aber es gab in Dänemark schon eine Anlage, die sich um die Mitte des 18. Jahrhunderts entwickelt hatte, nämlich die „Historisch-genealogisch-peripatetische Akademie“ in Lejre. Hier wurden Obelisken, Feldsteine mit Inschriften und Ganzfiguren nach einem sinnvollen System zur Erinnerung an die nordischen Könige von grauer Vorzeit an aufgestellt (vgl. Seite 70).

Mindelund in Jægerspris muß als Ausdruck eines steigenden nationalen Bewußtseins betrachtet werden. 1776 war ein Gesetz erlassen worden, das die Besetzung der Staatsämter durch Dänen, Norweger und Holsteiner verlangte. Es war Ausdruck desselben Nationalgefühls, als Johann Ewald 1780 die Premiere seines Singspiels „Die Fischer“ erlebte, das die Königshymne enthielt. Man brauchte, kurz gesagt, berühmte Dänen, um die nationalen Gefühle zu stärken, und in diesem Geiste arbeitete Wiedewelt in Jægerspris.

Nordskoven (der Norderwald) liegt, wie der Name ahnen läßt, nördlich von Jægerspris und gehört zu Seelands unberührtesten Naturgebieten. Besonders die alten Eichen sind berühmt geworden. Die „Königseiche“ soll mit einem Durchmesser von 13,8 Metern Europas dickste sein und wird auf 1500 bis 2000 Jahre geschätzt. Dagegen ist die „Storcheneiche“ nur etwa 800 Jahre alt. Eine dritte, die „Natterneiche“, ist die lebenskräftigste. Die Bäume wirken wie Kulissen, ebenso bezaubernd und märchenhaft wie 1815, als Christian Molbech sie in seinem Buch „Jugendwanderungen in meinem Vaterland“ beschrieb.

Kulhuse entstand zur Zeit Christians IV., als der König dort eine Brücke bauen ließ. Von da aus verschiffte man Holzkohle, die in den Wäldern von Jægerspris hergestellt worden war. Zur Ordnung des Verkehrs wurde ein Aufseher eingesetzt, und seine bescheidene Dienstwohnung bekam den Namen „Kulhuset" (das Kohlenhaus). Dadurch entstand der spätere Ortsname *Kulhuse* für die kleine Siedlung.

In der Nähe kann man Reste einer Schanze vom Beginn des 19. Jahrhunderts sehen, als man während der napoleonischen Kriege den Angriff der Engländer erwartete. Entsprechende Schanzen wurden an vielen Stellen im ganzen Lande angelegt, zum Beispiel bei Svaneke auf Bornholm und an der Einfahrt in den Isefjord (Skansehage bei Rørvig). Der Feind ging aber nicht an einer der erwähnten Stellen an Land, sondern bei Vedbæk (vgl. Seite 11). Dort setzten die Engländer am 16. August 1807 31 000 wohltrainierte Soldaten ab. Die Leute in Kulhuse mußten sich damit begnügen, von den schrecklichen Ereignissen bei Kopenhagen zu hören, während über ihrem eigenen kleinen Verteidigungswerk Frieden ruhte. Kriege sind immer unberechenbar.

Roskilde und Umgebung

Unleugbar hat sich der **Weg nach Roskilde** seit den Tagen Christians VII. verändert. Damals begann man, die Verkehrsverbindungen zur Domstadt zu verbessern. Für unsere eigene Generation, an jede Art motorisierten Komforts auf ausgezeichneten Straßen gewöhnt, dürften die damaligen Schwierigkeiten kaum faßbar sein.

Der Weg durch die Heidegegend war im 18. Jahrhundert eine harte Prüfung. Davon zeugt eine Situation vom Winter 1751/52. Nach dem Tod der Königin Louise im Dezember 1751 sollte ihre Leiche im ersten Monat des neuen Jahres nach Roskilde gebracht werden. Doch die Fahrbahn war in einem so schlechten Zustand, daß sie zunächst repariert werden mußte. Erst dann konnten die feinen Wagen westwärts rumpeln.

Der Winter 1763/64 war mindestens ebenso kritisch für den alten Weg nach Roskilde. Die Bauern klagten, es sei unmöglich gewesen, Waren in die Hauptstadt zu bringen. Schließlich packte man das Übel bei der Wurzel und rief Jean Marmillod, den Oberingenieur bei der französischen Straßenverwaltung. Er kam 1764 nach Dänemark, und in den folgenden Jahren war er mit der Anlage der neuen Straße zwischen Kopenhagen und Roskilde beschäftigt. Nicht genug damit. Marmillod wurde beauftragt, die Straße nach Fredensborg zu verbessern. Die großen Straßenbauarbeiten waren zwölf Jahre später abgeschlossen, zur Freude der Bauern und der reisenden Oberschicht.

Das Dorf **Vridsløsemagle** erhielt vor einigen Jahren eine ungewöhnliche Attraktion. Vorausgegangen war eine richtige Detektivjagd unter Leitung des Lehrers Claus Thykier und des Oberförsters E. Laumann Jørgensen. Sie erkundeten das Terrain in der Hoffnung, die Reste von Ole Rømers altem Observatorium zu finden. Zur Hilfe hatten sie Luftfotos, ein anonymes Manuskript von etwa 1765 und einige Untersuchungen durch das Nationalmuseum aus den 20er Jahren. Und so geschah das, wovon alle Archäologen träumen. Die Berechnungen stimmten, die Linien zielten auf einen bestimmten Hügel, und auf dessen Gipfel fanden sich Reste von Flensborgsten, zerbrochene Tonpfeifen und handgeschmiedete Nägel, lauter unverkennbare Zeichen einer Bebauung.

Die Grabungen der Archäologen legten unter anderem Spuren schwerer Holzbalken frei, wie sie bekanntermaßen Rømer zur Stabilisierung seiner Instrumente verwandt

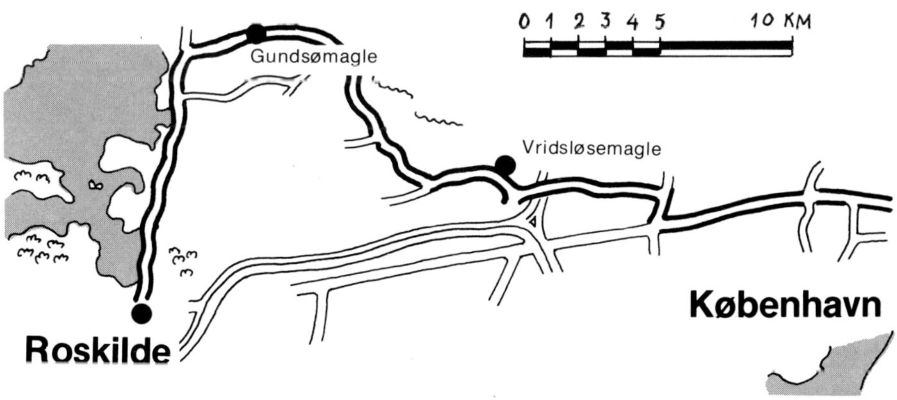

hatte. Ein Stück scheibenförmiges Glas, offenbar die Vorarbeit zu einer Linse, kam auch zutage. Beweise gab es genug.

Bescheiden war es oben auf dem kleinen Hügel, denn die Archäologen stellten ein nur 5,5 × 5,5 Meter großes Haus fest. Trotzdem war das Sternguckerhaus der Rahmen eines wichtigen Teils von Rømers Forscherleben. Hier saß der berühmte dänische Astronom von 1704 bis zu seinem Tode 1710 und beobachtete die Sterne. Doch warum saß er eigentlich hier, außerhalb der Mauern, und nicht auf dem Runden Turm in Kopenhagen?

Die Antwort ist ganz einfach. Der Sternguckerturm Christians IV. war hoffnungslos veraltet, als Rømer 1681 seine Professur in Astronomie antrat. Der starke Straßenverkehr erschütterte nämlich den Turm, und das wirkte sich auf die Meßinstrumente aus. Rømer begann nun, nach einer geeigneteren Stelle zu suchen, und dabei kam ihm seine Schwiegerfamilie zu Hilfe, die gelehrten und wohlhabenden Bartholins. Familie Bartholin hatte einen Landsitz bei Vridsløsemagle, der *Pilenborg* hieß. Rømer kam oft dorthin, und die Umgebung paßte in seine Pläne, ein kleines, privates Observatorium außerhalb der Stadt einzurichten.

1704 ging der Traum in Erfüllung. Er schrieb davon seinem Freund, dem berühmten deutschen Philosophen Gottfried Wilhelm von Leibniz, der zu dieser Zeit als Bibliothekar für das Haus Hannover arbeitete: „. . . ich habe erstmals in meinem Leben einen ganzen Sommer für mich selbst gestohlen, indem ich mir nämlich ein Observatorium eingerichtet habe, wie ich es mir 30 Jahre lang gewünscht habe." Für seine Messungen in dem neuen Observatorium hatte er zwei Instrumente entwickelt, die beide einen großen Fortschritt für die Astronomie bedeuteten. Mit dem einen konnte er sehr genau die Sterne kartieren, das andere diente der Bestimmung der Tagundnachtgleichen. Der Rest der Apparatur bestand aus vier astronomischen Uhren.

Die Sternguckerhütte bekam in Universitätskreisen schnell ihren eigenen Namen. Man nannte sie „Observatorium Tusculanum". Das war eine gelehrte Erinnerung an die römische Stadt Tusculum, wo unter anderem ein so großer Mann wie Cicero seine Villa hatte. Der Drang, sich in einen kulturellen Zusammenhang mit dem berühmten Tusculum der Antike zu stellen, machte Schule. So schrieb der Justizrat Jacob Gude in den 1780er Jahren über das Landhaus des gelehrten Bolle Luxdorph in Nærum, es sei im Sommer „sein Tusculum". Ähnlich nannte 1854 der Lehnsgraf Dr. Gregers Christian Raben sein Haus am Bagsværd-See „Tusculum".

Doch zurück zu Rømers Haus. Nach seinem Tode verfiel es bald und war um die Mitte des 18. Jahrhunderts verschwunden. Nach Abschluß der Grabungen hat man jetzt provisorisch Pfähle in den Boden gerammt, die die Ausmaße des Hauses angeben sollen. Ole Rømer würde sich über die Wiedergeburt des Observatoriums freuen.

Die **Kirche von Gundsømagle** liegt am nordwestlichen Rand des Dorfes, umgeben von einer soliden mittelalterlichen Kirchhofsmauer. Beachten Sie das spätgotische Portal mit der zugehörigen Einfahrt!

Die Kirche ist nicht groß, dafür aber interessant wegen ihrer Mauerdetails. Den romanischen Teil bilden Schiff und Chor, die beide aus Kalktuffquadern bestehen. In dem sehr dünnen Mauerwerk sieht man an mehreren Stellen *opus spicatum,* eine Mauerung in Fischgrätenmuster. Dazu hat der Maurer besonders dünne Kalktuffplatten verwendet. Die Apsis wurde schon vor der Reformation geschleift.

Der Westturm wurde im 14. Jahrhundert gebaut und ruht auf einem soliden Feldsteinfundament. Im übrigen besteht er aus Backsteinen, die außen hauptsächlich im polnischen (gotischen) Verband, innen dagegen im Mönchsverband liegen. Es ist gerade für die Frühgotik (14. Jahrhundert) charakteristisch, daß die Backsteine so dekorativ wie möglich verwendet wurden. Der Anblick einer Backsteinkirche sollte eine Augenweide sein.

Beim Mönchsverband benutzte man übrigens mehrere „Läufer" (Langseite sichtbar) auf einen „Binder" (Kurzseite sichtbar). Die ältesten Backsteinkirchen haben nur den Mönchsverband, und oft kommen sechs bis sieben Läufer auf einen Binder vor. Der polnische oder gotische Verband ist viel einfacher, denn hier verwandte man

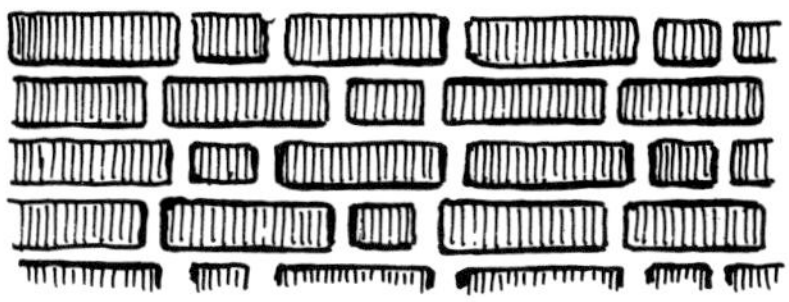

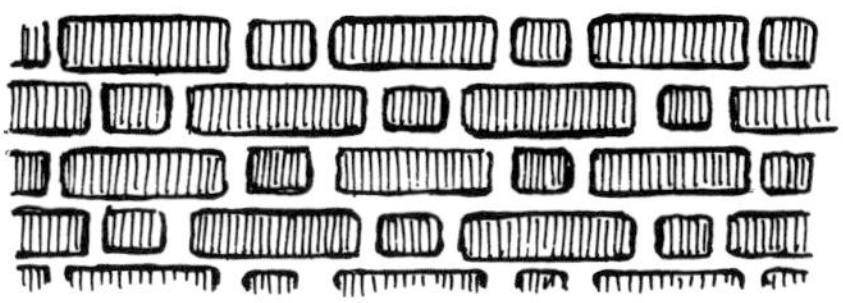

Beispiele für die Mauerverbände in der Kirche von Gundsømagle. Oben der charakteristische „Mönchsverband“, bei dem mehrere „Läufer“ auf einen „Binder“ kommen. Unten der „polnische Verband“.

wechselweise einen Läufer und einen Binder.

Neben diesen Variationen hat der Kirchturm von Gundsømagle noch zwei weitere dekorative Details. Das erste sieht man leicht, nämlich die schwarz gebrannten Ziegel, die außen meist als Binder verwendet wurden. Das andere Detail erfordert gute Augen oder besser ein Fernglas. Denn läßt man den Blick außen am Turm bis zur Höhe des Schiff-Dachansatzes hinaufgleiten, so sieht man zu seiner Überraschung das schönste Ornament, das um die freien Turmseiten herumläuft. Die Steine in der Schicht haben quadratische Endflächen, die wechselweise Sterne, Rosetten und Dreipasse in Hochrelief tragen.

Roskilde

Diese Stadt wird zu den allerältesten in Dänemark gezählt, selbst wenn das genaue Alter unbekannt ist. In den letzten Jahren sind so viele neue Erkenntnisse dazugekommen, daß die Stadt jetzt ihre Geschichte bis aufs 10. Jahrhundert zurückführen kann.

Die Forscher meinen, daß sich die ersten Einwohner drunten in der Nähe des Wassers niederließen, dort, wo das Terrain allmählich zum jetzigen Dom hin ansteigt. Man baute natürlich auch einen Hafen am Strand, so daß die Seeverbindungen gesichert waren. Außerdem sorgte man für die Verteidigung, indem man die Siedlung mit einem Ringwall umgab.

Nun müssen wir zur Vervollständigung des Bildes der kleinen Wikingerstadt nur noch den Königshof unterbringen. Man könnte glauben, er habe innerhalb des Walles gelegen. Aber nein, er lag oben auf dem Hügel. Die beiden Siedlungszellen kamen bald in Kontakt miteinander, denn die Stadt begann, sich den Hügel hinauf zu entwickeln. Dort oben geschah auch etwas Neues: Nach der Christianisierung der Dänen baute der König nämlich eine kleine Holzkirche gegenüber von seinem Hof. Ob Harald Blauzahn oder Sven Gabelbart der Bauherr war, weiß man nicht. Die Kirche war jedenfalls der erste Vorläufer des jetzigen Doms.

Was man sich früher meist nur gedacht hatte, wurde im Herbst 1979 durch eine Probegrabung bestätigt, als die Archäologen ihre Spaten in den Grünflächen des Stadtparks ansetzten. Der Stadtpark erstreckt sich gerade den Domhügel hinauf, so daß man erwarten konnte, auf alte Bebauung zu stoßen. Man wurde auch nicht enttäuscht, denn die Archäologen fanden Spuren von Holzhäusern aus dem 11. Jahrhundert. Sie fanden Pfostenreste von etwa 20 Zentimeter Durchmesser, die in dem harten Untergrund aus Kalktuff steckten. Auch Reste von Feuerstellen und Lehmböden tauchten auf, zusammen mit großen Mengen von Tonscherben, die als wendische Keramik, auch Ostseekeramik genannt, bestimmt werden konnten.

Wir ahnen schon auf Grund der vorläufigen Funde, daß Roskilde um 1000 ein bedeutendes Handelszentrum war. Jetzt verstehen wir auch besser, warum Knut der Große um 1020 die Stadt zum Bischofssitz machte und daß man irgendwann in der ersten Hälfte des 11. Jahrhunderts bei Skuldelev mehrere Schiffe versenkte, um die Stadt vor Feinden zu schützen. Es kann daher auch nicht verwundern, daß Adam von

Der Roskilder Dom, Rekonstruktion der ersten Steinkirche.

Bremen in seiner berühmten Beschreibung Dänemarks von etwa 1070 Roskilde als Hauptstadt der Dänen und als größte Stadt Seelands bezeichnete.

Von der Handelsstadt entwickelte sich Roskilde bald zur Hochburg der katholischen Kirche. Schon Knut der Heilige gründete das Domkapitel, das Kollegium hoher Geistlicher, mit dem Recht, den Bischof aus seiner Mitte zu wählen. Das Domkapitel empfing in den folgenden Jahrhunderten große Geld- und Landzuwendungen. So mächtig wurde das Bistum, daß ihm um 1370 ein Sechstel der seeländischen Bauernhöfe gehörte. Das Bistum stützte sich außerdem auf stark befestigte Burgen wie Hjortholm (am Fure-See), Gjorslev, Dragsholm und, nicht zu vergessen, das Kopenhagener Schloß, das erst beim Tode des Bischofs Peder Jensen Lodehat 1416 auf die Krone überging.

Die vielen geistlichen Aktivitäten prägten auch das Leben der Stadt. Am Ende des Mittelalters konnte die Stadt ein Dutzend Gemeindekirchen und acht Klöster vorweisen. Die Quelle vom Heiligen Kreuz zog Menschen an, und wir dürfen natürlich nicht den Dom vergessen, der sich zum bedeutendsten Kirchenbau des Landes entwickelte. Er war von weither zu sehen mit seinen hochragenden Türmen, umgeben von prächtigen Kapellen, berühmt wegen seiner Königsgräber und mit nicht weniger als 70 Altären ausgestattet.

Roskilde hat vor Leben gesummt wie ein Bienenkorb. Es war das geistige Kraftzentrum des Reiches, das eine Reihe glänzender Gestalten des dänischen Geisteslebens hervorbrachte. Vor allem seien der gelehrte Martinus de Dacia erwähnt, der eine Zeitlang in Paris wirkte, sowie der Magister Macharius Magnussen, der Kanoniker in Roskilde und Lund, außerdem aber Rektor der Pariser Universität war. Der Roskilder Kanoniker Peder Arnfast schließlich errichtete 1275 dort ein Studentenkollegium, das *Collegium Dacicum*; weiter konnte es die Bischofsstadt im internationalen Ruf nicht bringen. Doch wir wollen jetzt erst einmal die Stadtgeschichte verlassen und beginnen unseren Rundgang mit dem wichtigsten Monument der mittelalterlichen Stadt.

Der **Roskilder Dom**. Wir haben schon den Keim der jetzigen Kirche erwähnt, nämlich den Holzbau, den einer der Wikingerkönige um die Jahrtausendwende zimmern ließ. Seine Lebenszeit war jedoch nur kurz. Das kleine Gotteshaus wurde 1026 Schauplatz des Mordes an Ulf Jarl, und bald darauf ließ dessen Witwe Estrid, die Schwester König Knuts des Großen, den Bau abreißen und durch eine einschiffige Steinkirche ersetzen. Durch Grabungen hat man die Fundamentreste von Estrids Steinkirche nachgewiesen, ebenso die des Nachfolgebaus, einer dreischiffigen Domkirche, die in den 1070er Jahren für den Bischof Svend Nordmand errichtet wurde. Die beiden Steinkirchen bestanden aus Kalktuff, und Svend Nordmands Basilika ist außerdem von einem Siegel bekannt, das ihre Westpartie mit zwei markanten Türmen zeigt.

Selbst wenn auch diese Kirche aufgegeben wurde, als Bischof Absalon am Ende des 12. Jahrhunderts ein neues und größeres Bauwerk beginnen ließ, so lebt die Erinnerung an Svend Nordmands Kirchenbau doch auf eine sehr sprechende Weise fort. Denn die beiden erwähnten Westtürme, die ihre deutlichen Wurzeln in der internationalen Kirchenarchitektur haben, waren ein so großes Ereignis für die seeländischen Bauherrenkreise des beginnenden 12. Jahrhunderts, daß sie auf die örtliche Bautätigkeit abfärben mußten. Man erkennt das Vorbild in den Westpartien der berühmten Adelskirchen in *Fjenneslev* und *Tveje-Merløse*, die beide Zwillingstürme haben (vgl.

die Seiten 130 und 72), und an der weniger bekannten Kirche von *Magleby* auf Møn, wo die ursprünglichen beiden Türme später zu einem großen, massiven Turmblock „zusammengeschmolzen" wurden.

Es war Absalons Plan, eine Kreuzkirche mit dreischiffigem Langhaus und dreischiffigen Kreuzarmen sowie einer Apsis mit ansehnlichem Chorumgang und einer Empore darüber zu errichten. Der Chorumgang war einzigartig in Dänemark und hatte seine Voraussetzungen in der romanischen Architektur Nordfrankreichs, mit der sich Absalon vertraut gemacht hatte, als er in den 1150er Jahren in Paris studierte. Der überwölbte Gang um den Chor herum wurde in den französischen Pilgerkirchen im Laufe des 11. Jahrhunderts entwickelt. Man erreichte dadurch, daß mehr Pilger um den Hochaltar herumgehen konnten, wo sich die Hauptattraktion befand, oft ein Heiligengrab. Außerdem konnte der Chorumgang durch kleine Kapellen erweitert werden, die sich mit Altären und Reliquien ausstatten ließen. Je mehr der Pilger sehen konnte, desto besser, und desto mehr Geld kam in die Sammelbüchsen der Kirche. Von diesen Einnahmen konnte ein Teil für weitere Ausschmückungen verwandt werden, ja, im günstigsten Fall bekam der Bischof so vielleicht die Mittel für einen noch prächtigeren Neubau.

Von Absalons großzügigem Plan wurde nur der Chorumgang mit der Empore beibehalten, als sein Nachfolger und Verwandter, Peder Sunesøn, den Bischofsstab übernahm. Auch er war französisch orientiert, aber in Richtung auf die neue Strömung in

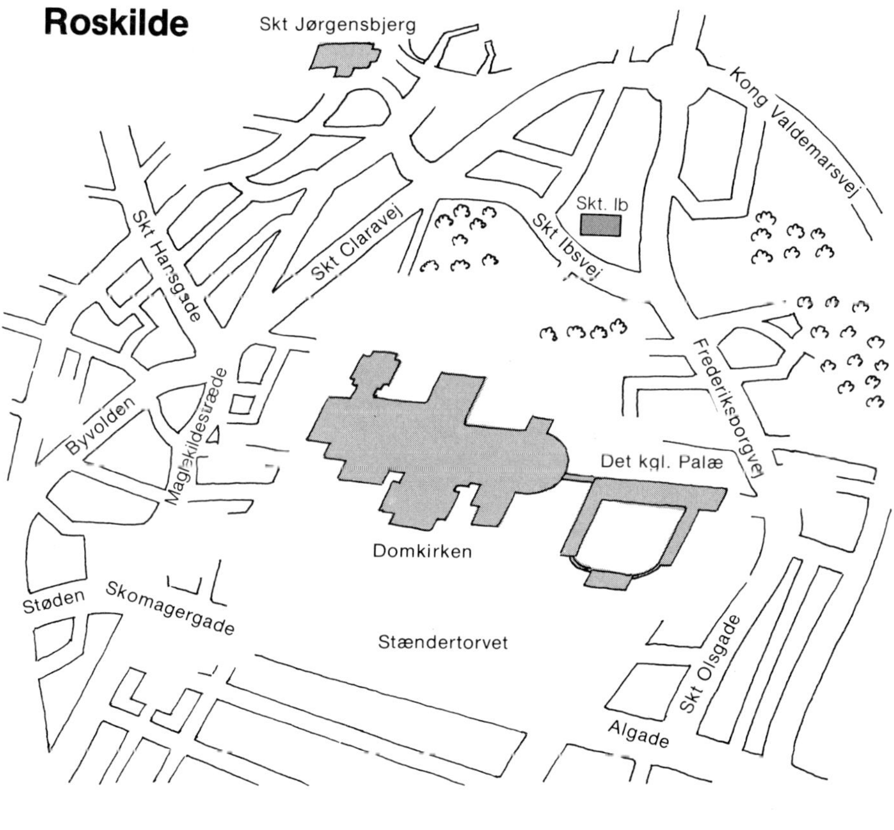

Die Dreikönigskapelle des Roskilder Doms.

der nordfranzösischen Architektur, den gotischen Stil. Sunesøn behielt, wie gesagt, den Chorumgang bei, machte aber die Empore lichter und offener, indem er in jedem Joch die Zahl der Fenster von eins auf drei erhöhte, angeordnet im Rhythmus a–b–a.

Der aufmerksame Beobachter wird hier, wenn er auf dem Platz vor der Apsis steht, bemerken, daß die Fenster der Chorpartie rundbogig, also romanisch sind. Aber das bezeugt nur die Trägheit, mit der die neue Bauweise eingeführt wurde. Geht man später in die Kirche, so sieht man deutlich, daß die Chorpartie gotische Gewölbe bekommen hat.

Um die Mitte des 13. Jahrhunderts war die geänderte Ostpartie vollendet, und am Ende desselben Jahrhunderts war die Westpartie weit fortgeschritten, als ein schrecklicher Brand 1282 die Bauarbeit eine Zeitlang unterbrach. Erst im 15. Jahrhundert war das Langhaus mit den Westtürmen fertig. Königin Margrethe I. hatte im Untergeschoß des Südturms eine Kapelle gestiftet, und entsprechend hatte Peder Jensen Lodehat eine Kapelle im Nordturm-Untergeschoß eingeweiht.

So weit der Baukörper der Kirche. Doch bevor wir hineingehen, müssen noch einige Anbauten besprochen werden. Der mächtige Bogen aus Kalktuff zwischen Chor und Palais wurde gleich zu Beginn des 13. Jahrhunderts gebaut, so daß der Bischof trockenen Fußes und ungesehen von seinem Wohnsitz zur Kirche hinübergehen konnte. An der Domsüdseite sieht man am Chor einen Gebäudekomplex, der nach mehreren Erweiterungen und Umbauten im 15. Jahrhundert vollendet war. Er bildete den Kapitelsaal und die Sakristei.

Entsprechend liegt an der Chornordseite ein Anbau, nämlich die von Oluf Mortensen gestiftete Vorhalle aus den 1440er Jahren. Die Giebelpartie des kleinen Baus ist wohl eines der schönsten Beispiele für die von Norddeutschland inspirierte Backsteingotik in Dänemark. Beachten Sie die hohen Blenden mit Hängestäben, den reichlichen Gebrauch glasierter Ziegel und die Anordnung von Portal und Fenster, die eine völlig asymmetrische Komposition ergibt. Man darf einen Baumeister aus einer der Hansestädte an der Ostsee vermuten.

An der Mittelpartie der Nordseite liegt die Kapelle Christians IV., die um 1640 fertig wurde. Lorenz van Steenwinckel war ihr Architekt, und sein Bruder Hans vollendete die Bauarbeiten nach Lorenz' Tod 1619. Das Gebäude ist ein ungewöhnlich schönes Beispiel für die niederländische Renaissance, doch das ist wohl nicht so erstaunlich, wenn man bedenkt, daß die Brüder in jungen Jahren ihre Ausbildung bei dem hervorragenden Amsterdamer Stadtbaumeister Hendrick de Keyser erhielten.

Schließlich muß noch das große Gebäude nahe beim Haupteingang der Kirche an der Südseite erwähnt werden. Es ist die Dreikönigskapelle, die in den 1460er Jahren gebaut und von König Christian I. finanziert wurde. Der mit Türmchen geschmückte Doppelgiebel wurde im vorigen Jahrhundert hart restauriert.

Das **Dominnere** ist in seinen Architekturdetails und durch das reiche Inventar so überwältigend, daß wir nur einiges hervorheben können. Man sollte mit dem Studium der Gewölbeformen beginnen und besonders deren Variationen in den Emporen der Seitenschiffe beachten. Folgt man den Jochen von Ost nach West, so erkennt man, wie die Gotik sich Schritt für Schritt entfaltet. So viel zu dem Konstruktiven des Kirchengebäudes.

Die *Dreikönigskapelle* ist ein quadratischer Raum, in dessen Mitte sich eine schwere Granitsäule erhebt, um vier schöne Gewölbe zu tragen. Die Säule ist poliert und hat auf ihrer Basis ein feines Palmettenornament. Dies Ornament findet sich in gleicher Ausführung auf den Granittaufen in der Kirche von *Kalundborg* und von *Gadstrup* bei Roskilde. Doch man sieht dasselbe Motiv auch auf beiden Säulenbasen der Westempore in *Fjenneslev* und in Form eines dekorativen, gemalten Frieses in der Kirche von *Jørlunde*. Warum nun diese Aufzählung von Kirchen, die offenbar nur die Gemeinsamkeit eines gleichen, hübschen Ornaments aus romanischer Zeit haben? Die Antwort verbirgt sich hinter deren Baugeschichte.

Wir wissen, daß Esbern Snare um 1170 die Frauenkirche in Kalundborg baute, daß Asser Rig Bauherr in Fjenneslev war und die Kirche vor 1113 einweihen konnte, daß Bischof Absalon um 1176 Gadstrup dem Vor Frue Kloster in Roskilde schenkte und daß die Kirche in Jørlunde sicher vom Hvide-Geschlecht gebaut wurde, da dieses im 12. Jahrhundert das ganze Dorf besaß. Esbern Snare und Absalon waren beide Söhne des Asser Rig, der wiederum ein Sohn des mächtigen Skjalm Hvide war, welcher der Familie den Namen gegeben hat. Wir haben also, mit anderen Worten, eine Reihe von Kirchen vor uns, die vom selben Adelsgeschlecht gebaut und mit dessen „Lieblingsornament" geschmückt wurde. Was die Säule in der Roskilder Kirche betrifft, so stammt sie vermutlich von dem von Absalon begonnenen, aber wieder abgerissenen Querhaus.

Die Dreikönigskapelle ist auch wegen ihrer Kalkmalereien bekannt, die in die 1460er Jahre datiert werden können, als der Raum auch eingeweiht wurde. Die Ausschmückung muß von ausländischen Handwerkern stammen, denn sie ist von sehr hoher Qualität. Nach der Reformation wurde sie überkalkt, um – als allererste in Dänemark – 1826 wieder freigelegt zu werden. Sie repräsentiert somit eine Art Prolog zur langen und spannenden Restaurierungsgeschichte der dänischen Kalkmalereien.

Vom *Inventar* des Doms sei der prachtvoll vergoldete Altaraufsatz erwähnt, der, nach dem Stil zu urteilen, in den 1550er Jahren in Antwerpen geschaffen worden sein muß. Er wurde nach einem Brand der Chorpartie 1968 sehr gründlich vom Nationalmuseum restauriert. Der Entstehungsort der Tafel wurde bestätigt, da man beim Restaurieren das Zeichen Antwerpens fand: eine abgeschlagene Hand mit gespreizten Fingern. Im Mittelschrein sieht man Christi Leidensgeschichte in sehr lebendigen Szenen wiedergegeben.

Im Chor befindet sich ein reich mit Schnitzwerk versehenes Gestühl. Es wurde 1420 geschaffen und von Bischof Jens Andersen Lodehat finanziert; ein weiterer Beweis für den ungeheuren Reichtum des Bistums. Betrachten Sie genau die geschnitzten Reliefs über jedem Sitz! Hier haben Sie wirklich die Möglichkeit, die biblische Geschichte zu wiederholen. Die südliche Stuhlreihe zeigt Szenen vom Alten Testament, die nördliche solche des Neuen Testaments. – Die einzelnen Reliefs sind

Noahs Arche, Darstellung vom Kanonikergestühl im Chor des Roskilder Doms.

von kulturgeschichtlichen Details und einer wunderbaren Erzähllust durchdrungen. Doch abgesehen von vielen zeittypischen Zügen, etwa Waffen, Geräten, Kostümierung, enthält das geschnitzte Programm einen ideologischen Überbau. Der theologische Zweck war nämlich die Zusammenstellung alt- und neutestamentlicher Parallelen. Als Vorlage für seine Bilderreihen hat der Meister eine Ausgabe der „Biblia pauperum" verwendet, einer volkstümlichen Bilderbibel, die es in verschiedenen Varianten gab. – Und damit müssen wir den Dom wieder verlassen.

Das **Palais** östlich vom Dom wurde in den 1730er Jahren nach Entwürfen des Hofbaumeisters Laurits de Thurah gebaut. Wenn das Gebäude in einem so frischen Zustand erscheint, so ist das einer gerade überstandenen Restaurierung zu danken. Vor dem jetzigen Bau lag hier der alte, mittelalterliche Bischofshof, der über den „Absalonsbogen" mit dem Dom verbunden war. Glücklicherweise behielten die Bürokraten des 18. Jahrhunderts die alte Idee einer Verbindung zwischen Kirche und Hof bei.

Das Gebäude war, für den Fall ihres Besuchs, als Wohnsitz der königlichen Familie eingerichtet. König und Königin teilten sich das Hauptgebäude, während die Dienerschaft sich mit den niedrigen Seitenflügeln begnügen mußte. Auch diese stammen von Laurits de Thurah, der sie mit viel Sinn für die lebendigen Formen des Barock durch gekrümmte Arkaden mit dem Hauptgebäude verband. Die erste Ständeversammlung für die dänischen Inseln tagte 1835 im Palais.

Der **St.-Laurentius-Kirchturm** ist unser nächstes Ziel. Der Glockenturm steht heute als merkwürdiges Relikt der vorreformatorischen Zeit. Mit seinen spätgotischen Giebeldekorationen kann er kaum früher als etwa 1500 entstanden sein. Damals gehörte er zu einer der Gemeindekirchen der Stadt, deren Schiff und Chor aber in den 1530er Jahren abgerissen wurden. Der Turm ragte in einsamer Majestät empor, bis die Roskilder in den 1880er Jahren plötzlich die Idee bekamen, daß er einen Anbau verdiene. Man beschloß nämlich, das neue Rathaus und die Polizeiwache in romantisierter Gotik zu errichten und die ganze Herrlichkeit dem Glockenturm anzukleben. Dies hat sicher dazu geführt, daß mancher Tourist den ganzen Gebäudekomplex als schöne mittelalterliche Kirche angesehen hat.

Vom Markt aus kann man im übrigen zu den unterirdischen Resten einer frühromanischen Kalktuffkirche hinuntersteigen und unter anderem auch einen ungewöhnlich schönen Fliesenboden studieren. Die gebrannten Tonfliesen sind in roten und grauen Tönen gehalten und in verschiedenen Mustern gelegt.

Wir gehen weiter in Richtung Domkirchplatz, biegen aber in die *Skolegade* (Schulstraße) ein. Dort stehen – mit der Fassade zum Kirchplatz – mehrere gut erhaltene Häuser. *Skolegade 3* wurde 1821 von dem Architekten P. Malling als Dienstwohnung für den Rektor der Lateinschule gebaut. Der Architekt war derselbe, der gut zehn Jahre später das neue Hauptgebäude für die Kopenhagener Universität entwarf.

Die *Maglekildestræde* gehört mit ihren alten Häusern und großen Bäumen zu den schönsten Straßen der Stadt. Gehen Sie dort hinunter, so blicken Sie auch einmal zurück zu den schwindelnd hohen Westtürmen der Bischofskirche. Ein unvergleichlicher Anblick!

Skt. Jørgensbjerg liegt auf einem Hügel in unmittelbarer Nähe des alten Hafens. Einst war es ein bescheidenes Dorf mit Höfen rund um die mittelalterliche Kirche. Aber mit der Ausbreitung des modernen Roskilde wurde das Dorf auf dem Hügel, immer noch „Bjærget" (der Berg) genannt, allmählich von Einfamilienhäusern umringt. Trotzdem stehen viele der alten Höfe mit weiß gekalkten Fassaden und reetgedeckten Dächern als Monument eines älteren Kapitels der Stadtgeschichte und zur Abwehr künftiger Zerstörungen durch wohlmeinende Menschen.

Die **Kirche von Skt. Jørgensbjerg** stammt in ihrer jetzigen Gestalt von etwa 1100, doch haben Grabungen gezeigt, daß sie eine ältere Steinkirche abgelöst hat. Wie die existierende, so war auch die erste Kirche aus Kalktuff, und Münzen, die man in ihren er-

Malerische Höfe liegen um die romanische Kirche auf dem Skt. Jørgensbjerg. Das Dorf bekam den Namen nach dem Sankt-Jørgens-Hof, einem Aussätzigenhospital, das im Mittelalter hier lag.

grabenen Fundamenten fand, wurden auf König Hardeknuts Zeit (1035–1042) datiert. Damit war sie eines der ältesten Bauwerke Dänemarks. Tatsächlich können wir in unserem Wissen um den ersten Bau noch einen kleinen, aber bedeutenden Schritt weiterkommen.

Gehen wir einmal um die Kirche herum auf ihre Nordseite! Dort gibt es im Schiff eine vermauerte Türöffnung. Gründliche Untersuchungen haben ergeben, daß die Öffnung älter als die jetzige Kirche ist und noch von der ursprünglichen Kirche stammt. Die Bauhistoriker konnten außerdem feststellen, daß der Bogen über dem Tor nach ostenglischer Art gemauert ist.

Diese Beobachtungen passen ausgezeichnet mit unserem übrigen Wissen über die Periode zusammen, in der die erste Kirche gebaut wurde. Hardeknut war nämlich ein Sohn Knuts des Großen, der als letzter Wikingerkönig über England herrschte. Hardeknut versuchte zwar auch, die Macht in England zu erlangen, aber das mißglückte. Doch waren die Verbindungen mit England zu seiner Zeit noch stark, und so ist es wahrscheinlich, daß wir in Skt. Jørgensbjergs Nordportal das Werk eines englischen Baumeisters oder seines dänischen Lehrlings sehen.

Das Interessante ist, daß die kirchlichen Verbindungen zur angelsächsischen Welt noch eine längere Zeit ungeschwächt fortbestanden. Skt. Jørgensbjerg war vielleicht das erste Glied in diesem Muster, denn als Knut der Heilige (1080–1086) eine Holzkirche in Odense baute, versah er sie mit einer Reliquie des heiligen Alban, die aus England stammte. Später gründete sein Bruder Erik Ejegod in derselben Stadt ein Kloster, das für Benediktinermönche bestimmt war, die aus dem *Kloster Evesham* in Worcestershire kamen.

Es gibt auch im 12. Jahrhundert einen englischen Einfluß, der zum Beispiel im Namen der Domkirche in Ålborg zum Ausdruck kommt. Der Bau wurde dem heiligen Budolfi geweiht; dieser Name ist nur eine Danisierung des englischen Heiligennamens Botulf (Botolph). Zugleich kann die Ålborger *Frauenkirche*, die Nachbarkirche der Budolfikirche, erwähnt werden. Hier sieht man die anglonormannische Einwirkung an der Architektur und Skulptur des Portals. Ähnlich hat in *Veng* (nördlich von Skanderborg) der anglonormannische Stil den Steinmetz inspiriert, als er an der Chorrundung der Klosterkirche die Gesimsdekoration schuf. Schließlich kann man die Kapitelle der *Kirche in Vestervig* nennen, die ebenfalls anglonormannische Züge tragen. Dies architekturgeschichtliche Mosaik zeigt, daß die kulturellen Strömungen nicht nur von Süden über die Grenze gekommen sind.

Bevor wir die Kirche Skt. Jørgensbjerg verlassen, ist es der Mühe wert, hineinzugehen und die erwähnte Nordtür aufzusuchen. An ihrer östlichen Wange kann man ein eingeritztes Handelsschiff aus dem Hochmittelalter sehen. Ein entsprechendes Schiff von etwa 1200 wurde 1972 entdeckt, als man die *Kirche von Himmelev* bei Roskilde restaurierte. Es war in einen Kreidestein eingeritzt. Damit haben wir eine passende Einleitung für die Geschichte der wikingerzeitlichen Schiffe, und wir steigen die steile und sehr idyllische Treppe hinunter, die zum Hafen und zum Museum führt.

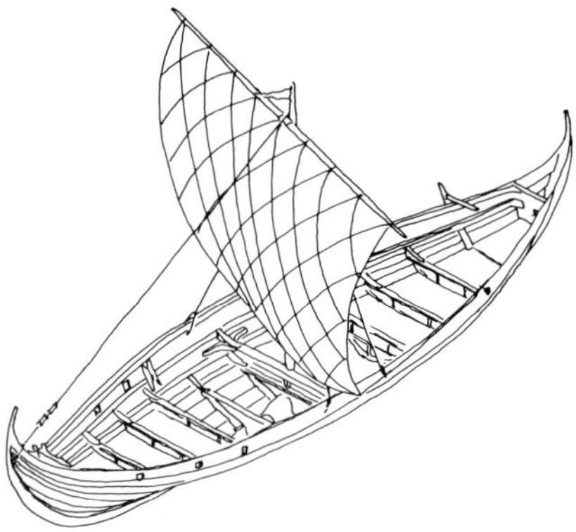

Skizze des kleinen Handelsschiffs, Wrack Nr. 3. Das Wikingerschiff gehört sicher zur besten Gebrauchskunst der Zeit.

Das **Wikingerschiffsmuseum** wurde 1969 eingeweiht, zu einer Zeit, als man mit dem Konservieren und Aufstellen des ersten Schiffs noch nicht fertig war. Man orientierte das Museum mit der einen Langseite zum Wasser hin und gewann dort durch die Fensterfront eine glänzende Panoramawirkung. Das Gebäude ist ein gutes Beispiel für moderne Museumsarchitektur. Die rohen Betonflächen vertragen sich gut mit dem ausgestellten Inhalt.

Die Geschichte der einzigartigen Schiffsfunde ist sehr lang, denn die Fischer haben schon immer behauptet, die Sperre in der Peberrende (Pfefferrinne) bei Skuldelev enthalte ein Schiff, das Königin Margrethe I. habe versenken lassen. Der Mythos hörte erst auf, als Unterwasserarchäologen des Nationalmuseums Ende der fünfziger Jahre der Sache auf den Grund gingen. Die Wracks erwiesen sich als wikingerzeitlich (vgl. auch Seite 77).

Die eigentliche Rettungsaktion begann erst 1962. Man rammte um die Wracks herum eine Spundwand und pumpte das umspundete Gebiet leer. Allmählich tauchten die Reste von fünf verschiedenen Schiffswracks auf. Die einzelnen Teile wurden geborgen, eine äußerst schwierige Prozedur, da das Holz leicht zerfiel. Es folgte die langwierige Konservierung, wobei die Techniker eine ganz neue Methode entwickelten, die sie in Fachkreisen weltweit bekannt machte. Übrig blieb die große Arbeit des Zusammensetzens, eine Herausforderung an die Beobachtungsgabe und das Kombinationstalent. Wie gut sie gelungen ist, können wir jetzt in den verschiedenen Abschnitten der großen Ausstellungshalle sehen.

Das *erste Wrack (Nr. 1)* war ein Ozeanschiff, mit dem man Waren über das offene Meer bis nach Island und Grönland transportieren konnte. Die Handelstätigkeit der Wikinger wurde ja gerade durch die Grabungen der letzten Jahre in Ripen und York bestätigt. Das Schiff von Skuldelev stammt vermutlich aus Südnorwegen und besteht aus Eiche, Kiefer und Linde.

Das *Wrack Nr. 3* besteht ausschließlich aus Eichenholz und gehört zum Typ kleinerer Handelsfahrzeuge. Man kann sich vorstellen, daß das Schiff einmal die Wellen der Ostsee durchschnitten hat, ja, vielleicht war es eines der Schiffe, die wendische Keramik nach Roskilde gebracht haben. Wir wissen es natürlich nicht, aber der Gedanke ist verlockend. Das Schiff hat vermutlich auch die großen Flüsse befahren können, die in die Ostsee münden. Die Wikinger unterhielten ja bekanntlich auch einen ausgedehnten Handel über diese Wasserwege. Die Besatzung umfaßte nur vier bis fünf Mann.

Wrack Nr. 5 ist ein richtiges Kriegsschiff, wie es die Wikinger benutzten, wenn sie ferne und nahe Küsten plünderten. Charakteristisch ist die bescheidene Breite und Höhe im Verhältnis zur Länge. Diese Proportionen sind auch vom Ladbyschiff (einem Grabfund aus Fünen) bekannt, welches ebenfalls ein Kriegsschiff war. Das Schiff von Skuldelev hatte ein Segel, und nach den Löchern in der Bordwand zu urteilen, hatte es 24 Ruderer.

Nach einem Blick auf die kleine *Fähre* (Wrack Nr. 6) und das nur in geringem Grade erhaltene *Langschiff* (Wrack Nr. 2 + 4) verlassen wir das Museum und suchen noch eine kleine mittelalterliche Stadtkirche auf.

Die **St.-Ibs-Kirche** liegt zwar in der modernen Umgebung von lauter Einfamilienhäusern, aber das Viertel kann dank der Grabungen im Stadtpark seine Geschichte bis aufs 10. Jahrhundert zurückführen. Im Mittelalter nannte man die Gegend „Vindebo“ oder „Vindebode“, was auf eine wendische Besiedlung hinweist. Man glaubte daher, daß sich slawische Kaufleute in diesem Teil der Wikingerstadt niedergelassen hatten. Doch erst der Fund von Ostseekeramik im nahen Stadtpark bestätigte die Theorie.

Die jetzige Kirche im alten Wendenviertel wurde zu Beginn des 12. Jahrhunderts aus Kalktuff gebaut. Archäologische Untersuchungen haben aber zwei ältere Holzkirchen nachgewiesen, und dazu kommt eine Reihe von Gräbern aus dem 11. Jahrhundert. Beides unterstreicht das hohe Alter des Ortes.

St. Ib steht heute mit gestutzten Flügeln, denn nach der Reformation ging die Bevölkerung der Gemeinde zurück, und die Kirche war oft vom Abbruch bedroht. Sie überlebte aber alle Anschläge bis in die Zeit der napoleonischen Kriege. 1807 wurde der Bau von den Behörden beschlagnahmt und zum Pulvermagazin gemacht. Ein Jahr darauf rückten spanische Soldaten ein, und das verlief nicht gerade ruhig. Übel zugerichtet, wurde das ehrwürdige Gebäude 1815 auf einer Auktion von einem Kaufmann erworben. Er hatte sicher keinen Sinn für die alten Werte und ließ Chor, Turm und Vorhalle brutal abbrechen. Das Schiff wurde darauf als Wagenschuppen verwandt, bis sich die Behörden der Ruine erbarmten und sie 1880 zurückkauften.

Um Lejre

Ledreborg gehört zu den Herrenhöfen, wo alles wirkungsvoll in Szene gesetzt ist. Den Auftakt bildet Dänemarks längste Gutsallee aus gealterten Linden. Es folgt die vornehme Hofanlage, deren markante Begrenzungen das Torhaus und das Hauptgebäude sind. Südlich vom Haupthaus erstreckt sich schließlich eine großartige Talsenke mit dem von Johan Cornelius Krieger gestalteten Park. All dies wurde im großen und ganzen um die Mitte des 18. Jahrhunderts geschaffen.

Die sagenumwobende Vergangenheit der Gegend um Lejre war eine wesentliche Triebkraft hinter der Entstehung dieses Ensembles, während die Rolle des inspirierten Bauherrn vom Grafen Johann Ludwig Holstein gespielt wurde. Dieser war sicher kein gewöhnlicher dänischer Durchschnittsgraf. Er stammte aus Mecklenburg, diente in jungen Jahren am dänischen Hof und wurde der Hofmarschall des Kronprinzen Christian, des künftigen Christian VI. Als der Kronprinz 1730 den dänischen Thron bestieg, wurde Holstein schnell zum Stiftsamtmann für das Stift Seeland und zum Amtsmann (etwa Landrat) für die Ämter Kopenhagen und Roskilde ernannt. 1735 wurde er zum Obersekretär der *Dänischen Kanzlei* befördert, und damit bekam er einen der wichtigsten Posten im Rat des Königs. Die Zeit war reif, einen Herrensitz auf dem Lande zu suchen, und Holstein erwarb einen Hof in *Lejre*. Es ist denkbar, daß Holstein – angespornt von seinen nationalhistorischen Interessen – sich gerade in der Gegend von Lejre ein Gut schaffen wollte, wo nach der Überlieferung in heidnischer Zeit die Lejrekönige herrschten.

Seine Neuerwerbung bestand aus einem massiven, zweietagigen Hauptgebäude und zwei niedrigen Seitengebäuden. Dazu kam eine ansehnliche Anlage reetgedeckter Wirtschaftsgebäude in Fachwerk, die zusammen einen sehr großen Hofplatz umschlossen. Dagegen stand es schlecht um das Zubehör. Es gab, kurz und gut, nicht so viel Land, daß das Gut als Lehen anerkannt werden konnte, und ohne Lehen gab es keinen Lehnsgrafentitel für den Obersekretär. Holstein verkaufte schnell seine Güter in Mecklenburg und Jütland. Nach mehreren Transaktionen und nachdem weitere Bauernhöfe dem „Lejregård" unterstellt worden waren, ging die Rechnung schließlich auf. Das Lehnspatent konnte 1746 ausgestellt werden.

Damals war Holstein längst dabei, die alten Gebäude umzubauen und zu erweitern. Als Architekten hatte er bekannte Leute gewonnen, nämlich den Oberlandesbaumeister Johan Cornelius Krieger und den Hofbaumeister Laurids de Thurah. Wir verfolgen die Entwicklung der neuen Anlage und beginnen bei der Einfahrt.

Das *Torhaus* war ursprünglich eine reetgedeckte Fachwerkscheune mit Durchfahrt, die aus der zweiten Hälfte des 17. Jahrhunderts stammte. Nachdem der Hauptflügel 1743 als massives Barockgebäude vollendet war, war natürlich auch eine Verschönerung des Torhauses erforderlich. Krieger bekam den Auftrag dazu, und er ließ das Reetdach gegen ein Ziegeldach austauschen, das von einem kupfergedeckten Dachreiter gekrönt wurde. Der Torraum wurde eingewölbt, während die Fassaden mit Einrahmungen um die Torachse geschmückt wurden. Diese schöne Verwandlung können wir uns aber heute nur noch vor unseren inneren Augen vorstellen, weil der Bau schon 1799 gegen das jetzige Torhaus ausgetauscht wurde.

Wir gehen weiter durch das Gittertor in den *Innenhof*. Dieser wurde nach den Anweisungen von Laurits de Thurah angelegt, der das schön geschwungene und gebrochene Gitterwerk im Norden und die ebenfalls geschwungenen Pavillonbauten nahe dem Hauptgebäude 1750 errichten ließ. Das Motiv der elegant geschwungenen Eckpavillons stammt offenbar von Häussers Reitbahnanlage bei Schloß Christiansborg in Kopenhagen. Hier hatte Häusser um die Mitte der

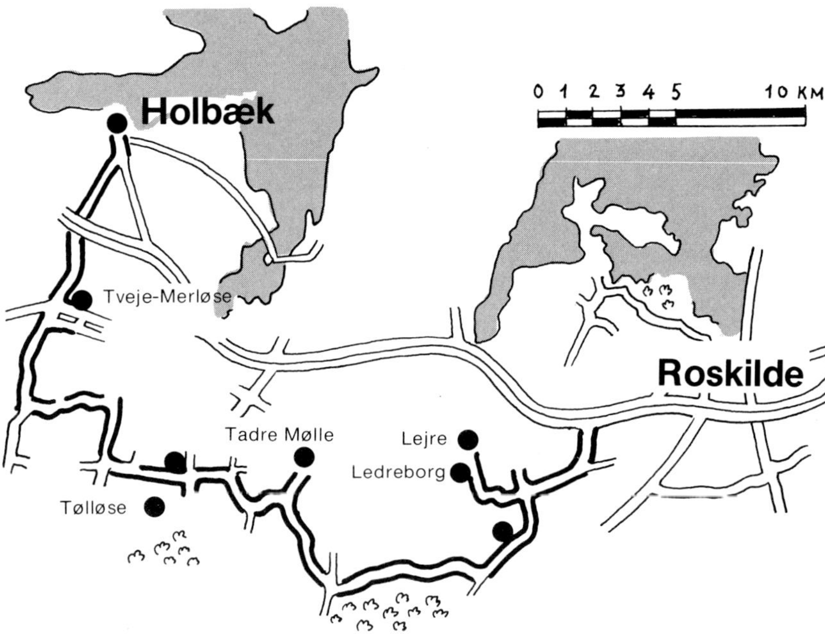

1730er Jahre die gerundeten Eckpartien zur Marmorbrücke hin entworfen.

Das *Hauptgebäude* ist Kriegers Werk. Er ließ den früheren kurzen Hauptflügel auf 15 Achsen erweitern und gab den Fassaden mehr Leben, indem er sie mit Lisenen und Segmentgiebeln über den Mittelpartien schmückte. Die ursprüngliche Feldsteineinrahmung des Hauptportals blieb aber als Erinnerung an den alten Bau erhalten.

Mit das erste, was den Besucher bei einem Rundgang in dem stattlichen Haus überrascht, ist der üppige Reichtum an Gemälden. Das gilt für die Räume der unteren Etage, und der Eindruck dieses Reichtums an Porträts und Landschaftsgemälden setzt sich fort, wenn man zum *Treppenhaus* am Ostende des Hauptgebäudes kommt mit der sogenannten Marmortreppe. Der Name verspricht allerdings zuviel, denn die Treppe besteht nur aus Sandstein. Der Meister dieses ansprechenden Werks ist der Hofsteinmetz Jacob Fortling. Hier macht sich der Einfluß Eigtveds stark bemerkbar, denn das Motiv mit der sinnreichen Bänderschlinge um die senkrechten Ovalblenden am Steingeländer stammt direkt von den Treppen des ersten Schlosses Christiansborg (abgebrannt 1794), die Eigtved komponiert hat. Da bei der Ausschmückung dieses Schlosses zu Beginn der 1740er Jahre Fortling viel für Eigtved gearbeitet hatte, war nichts natürlicher, als daß der Steinmetz das Motiv nach Ledreborg mitbrachte. Eigtved selbst hatte übrigens dies Treppenornament so gern, daß er es auch an der Marmorbrücke über den Frederiksholms-Kanal und in den großen Treppenhäusern des Prinzenpalais in Kopenhagen verwendete.

Der *Rittersaal* ist der vornehmste Raum des Schlosses. Es gab große Diskussionen darüber, wer wohl der Innenarchitekt war. Früher vermutete man Eigtved, der ja zweifellos der gefragteste Architekt um die Mitte des 18. Jahrhunderts war. Aber die Ornamente und Proportionen sind wohl zu grob, als daß sie von Eigtved stammen könnten.

Ausschnitt des Prospektes über den Park von Ledreborg um 1760, nach Pontoppidans „Dänischem Atlas" (Stich von J. Haas).

Nur für die allerfeinsten Stuckdekorationen der Decke ist es denkbar, daß sie auf den Meister zurückgehen. Wir wissen nämlich, daß Eigtved Holstein auf Ledreborg 1744 besucht hat. Die praktische Ausführung des Deckenstucks – das gilt auch für die übrigen Räume der Etage – lag bei dem Italiener Antoni Gianol.

In den Wänden wurden prächtige, ganzfigurige Darstellungen der Familie des Bauherrn eingelassen. Der Tür zum „Gobelinzimmer" am nächsten sieht man seinen Bruder, Frederik Wilhelm Holstein. Die Darstellung stammt von Carl Marcus Tuscher, der den vornehmen Mann vor einer effektvollen Architekturkulisse postiert hat. Gemäß den Prinzipien des Barock sollte der Betrachter beeindruckt werden. Dazu kommt, daß der fast tomatenrote Umhang des Grafen das Bild noch lebendiger macht.

Auf ihre Weise ist die *Schloßkapelle* der beeindruckendste von allen Räumen. Hintergrund für ihren fast monumentalen Charakter war die tiefe Religiosität J. L. Holsteins. Wie Christian VI. war er vom Pietismus ergriffen und hielt zum Beispiel mit seinen Bediensteten täglich eine Hausandacht. In fortgeschrittenem Alter lernte er sogar Griechisch, um das Neue Testament in der Originalsprache lesen zu können.

Der Raum umfaßt zwei durchgehende Stockwerke, deren Einrichtung von Krieger stammt. Blickt man aufwärts, so sieht man an der flachen Kuppelwölbung ein Gemälde von Christi Himmelfahrt. Das Bild stammt von dem erwähnten C. M. Tuscher, der 1728–1731 die Malerei der Perspektive in Italien studiert hatte. Der Maler hat gerade versucht, die Illusion eines hohen Himmelsgewölbes zu erzeugen, doch besteht unleugbar ein Unterschied zwischen den Effekten bei Tuscher und den gigantischen Deckenmalereien, die er in den italienischen Barockkirchen gesehen hatte. Nun, es ging ja nur um eine Kapelle auf Ledreborg, wo die Möglichkeiten begrenzt waren.

Die Disposition des Kirchenraumes selbst ist ungewöhnlich. Wir sehen, daß Altar und Kanzel zusammengebaut sind. Außerdem läuft die Empore des obersten Stockwerks ganz herum. Die Kombination von Altar und Kanzel an derselben Wand ist ein völliger Bruch mit der alten, traditionellen Einrichtung eines protestantischen Kirchenraums. Man ging ja in der Regel vorsichtig zu Werke, wenn neue Gedanken aus dem großen Europa nach Dänemark kamen. Wenn auch die Dänen das Luthertum übernahmen, so bauten sie ja nicht die katholischen Kirchengebäude um. Sie blieben mit ihrer klaren Raumdisposition stehen, nach der der Altar in den Chor, die Kanzel ins Schiff gehörte.

Zu Beginn des 17. Jahrhunderts gab es aber eine Reihe von Architekten in den großen protestantischen Ländern, die gegen dies Schema opponierten. Um die Mitte des Jahrhunderts faßte der Deutsche Joseph Furtenbach diese Gedanken in einer Formel zusammen, indem er in einem Werk schrieb, die Kirche solle als „ein rechteckiger Raum mit Emporen" geformt sein, „dessen vornehmste Prinzipalstücke (das heißt Altar, Taufe, Orgel und Kanzel) als kultischer Mittelpunkt auf die Augen und Ohren ausgerichtet sein sollten". Gerade dieser Gedanke spiegelt sich in der Schloßkapelle. Wie aber ist Krieger zu dieser Lösung des Raumproblems gekommen?

Hier liegt es nahe, in J. L. Holstein den Vermittler der Idee zu vermuten, denn er war ja aus dem deutschen Mecklenburg eingewandert. Die Kapelle von Ledreborg war in Dänemark übrigens nicht ganz ohne Vorbild. Die französischen und deutschen reformierten Gemeinden in Kopenhagen hatten nämlich ihre Kirche in der Gothersgade nach demselben Prinzip errichtet: eine umlaufende Galerie und eine Kanzel über dem Altar (in einer reformierten Kirche ist es immer ein transportabler Tisch). Dies Gebäude war 1689 fertig, litt jedoch Schaden beim Stadtbrand von 1728, so daß es seine jetzige Einrichtung erst 1731 bekam.

Zur selben Familie gehört ein Kirchenbau, der sicher etwas jünger als die Ledreborger Kapelle ist, aber doch in diesem Zusammenhang erwähnt zu werden verdient: die *Christianskirche* in Christianshavn nach Entwürfen von Eigtved. Hier fanden Furtenbachs Gedanken vollendeten Ausdruck, denn Altar, Kanzel und Orgel sind an der einen Längswand des Raums zu einer Ganzheit zusammengebaut.

Der **Park** südlich vom Hauptgebäude wurde auf einem natürlichen und ziemlich abschüssigen Hang angelegt. Holstein ließ Krieger 1742 damit beginnen. Dieser gehörte zwar nicht zu den jüngeren Gartenarchitekten, aber er verstand seine Sache. Wie er viele Jahre zuvor den Garten von Frederiksborg in einen treppenförmigen Hang mit Kaskaden verwandelt hatte, so gelang es ihm auch, die Hänge von Ledreborg zu Ter-

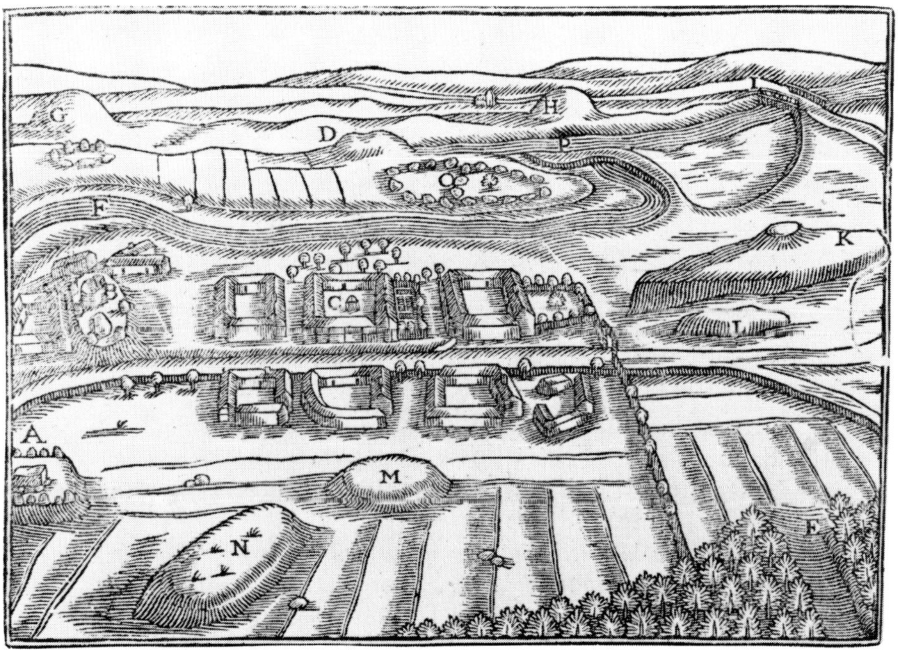

Das berühmte Lejre aus der Vogelperspektive, gesehen 1643 von dem Altertumsforscher Ole Worm (1588–1654). Wie sehr man auch von der Rekonstruktion gefangen ist, so ist doch sein Versuch historisch nicht haltbar. Der vierflügelige Hof in der Bildmitte (C) soll den Königshof der Lejrekönige darstellen. Oben in der linken Ecke sieht man einen Hügel (G), der von Worm „Steenhøj" genannt wurde und der heute „Ravnhøj" (Rabenhügel) heißt. Die Steinsetzung unten links (A) soll Harald Hildetands Grab sein.

rassen umzuformen, die untereinander durch Treppen verbunden waren und den Besucher zur stillen Kornerup Å drunten in der Talsenke hinunterführten. Auf den Absätzen waren seitwärts geschnittene Hekken, deren Schablonen von französischen Vorbildern stammten.

Holstein ging ganz auf in der Einrichtung seines Gartens. Davon zeugen seine Tagebuchnotizen. Sie berichten uns, daß er über diverse Details viele Besprechungen mit Krieger hatte, denn er selbst war über die französische Gartenkunst gut orientiert. Aus einer Notiz geht hervor, daß Holstein am 7. August 1742 hinaus in den Wald ging und D'Argenvilles Buch las, das dieser zu Beginn des 18. Jahrhunderts über die Theorie und Praxis der Gartenkunst geschrieben hatte und welches die Bibel eines jeden Gartenbesitzers mit einigermaßen anständigem Horizont wurde.

Östlich von Kriegers kultivierten Terrassen legte man in einem früheren Tierpark Alleen und Heckengänge an. Das ganze hieß die *Historische Genealogische Peripatetische Akademie* wegen der mehr als 300 Skulpturen, die in den Gängen aufgestellt wurden. Die *Genealogie* ist eine Wissenschaft vom Ursprung und der Verbreitung der Geschlechter, während ein *Peripatetiker* eine umherwandernde Person ist.

Die meisten Skulpturen waren wie Obelisken, nur eine Minderzahl war figurativ geformt. Aber sie sollten alle mit Hilfe von Inschriften und gelehrten Symbolen die nordischen Königsdynastien darstellen. Das Geschlechterregister erstreckte sich von der heidnischen Vorzeit bis zum Absolutismus, und Professor H. P. Anchersen von der Kopenhagener Universität war die Autorität hinter diesem Park der Gelehrsamkeit.

Der geschichtsbegeisterte Holstein ging natürlich mit Leib und Seele in dem großzügigen Projekt auf. Dabei müssen wir daran denken, daß es – gemeinsam mit dem Historiker Hans Gram – auch Holsteins Verdienst war, daß 1742 die *Gesellschaft der Wissenschaften* gegründet wurde. Während die Gesellschaft im besten Wohlergehen weiterlebt und immer neue Forscher anzieht, muß die Akademie bei Ledreborg ein recht kümmerliches Dasein fristen. Die meisten Obelisken sind längst verlorengegangen oder befinden sich in unzugänglicher Wildnis. Nur die wenigen sichtbaren Steinskulpturen erinnern noch an die in der dänischen Aufklärung einmalige Gestalt Holsteins.

Lejre bekam seinen Namen in der Geschichte Dänemarks dank den großen Chronisten Saxo Grammaticus und Svend Aggesen, die am Ende des 12. Jahrhunderts schrieben. Die beiden gelehrten Mönche behaupteten, Lejre sei der Königssitz der Skjoldunger gewesen, und sie verbanden Heldenkönige wie Roar, Helge und Rolf Krake mit dem Ort.

Ole Worm sorgte dafür, daß diese Auffassung lebendig blieb, indem er 1643 einen Prospekt von Lejre herausgab. Die moderne Archäologie und die Geschichtsforschung haben versucht, dieses Sagengespinst zu durchdringen, und man konnte jedenfalls feststellen, daß Lejre im 10. Jahrhundert ein Knotenpunkt war. Die Archäologen haben zum Beispiel sichere Pfostenspuren eines Hauses aus der Wikingerzeit gefunden. Dies geschah bei der Ausgrabung einer Schiffssetzung auf der Landzunge zwischen der versiegten Lejre Å und der Kornerup Å. Dagegen muß der abgebrannte Königshof Rolf Krakes bis auf weiteres ins Reich der Sagen verwiesen werden. Man fand davon keine Spuren.

Bei *Herthadal* etwas westlich von Lejre hat man ein archäologisches Versuchszentrum mit einer ungewöhnlichen Dynamik geschaffen. Hier haben die Archäologen ein kleines eisenzeitliches Dorf aus Himmerland rekonstruiert, das aus sieben Häusern und Hütten besteht. In Verbindung damit wurde eine Schmiede eingerichtet, die eine solche Werkstatt aus der Zeit etwa zwischen 500 v. Chr. und 800 n. Chr. demonstrieren soll. Der Besucher kann außerdem Formen des Ackerbaus, Arbeitsgeräte und das Färben mit Pflanzen studieren.

Die **Mühle von Tadre** liegt nicht weit von der Stelle, wo der Taderød-Bach sich in die Elverdams Å ergießt. Die schön gelegene Wassermühle kann ihre Geschichte weit zurückführen, denn die schriftlichen Quellen erzählen schon 1405 von einer „Tagerød mølle". Später lagen sogar zwei Mühlen am Bach, aber seit 1947 gibt es wieder nur noch eine.

Das jetzige Mühlenhaus wurde um 1840 gebaut. Es ist mit einem Überfallrad versehen, das heißt das Rad wird von Wasser getrieben, das von oben herunterströmt. Die Scheune ist etwas jünger, nämlich von 1876. Der Mühlenbetrieb ist heute eine Attraktion, teils weil er in den fünfziger Jahren durchrestauriert wurde, teils weil es auf Seeland so wenige Wassermühlen in Funktion gibt.

Die **Kirche von Tølløse** ist wegen ihrer prächtig ausgeschmückten Kapelle einen Besuch wert. Der Oberzeremonienmeister Frederik Gersdorff zu Tølløsegård bestellte 1690 ein Grabmonument für seine kurz zuvor verstorbene Frau Elisabeth Skeel, die in der Kapelle beigesetzt worden war. Die Aufgabe der Ausschmückung wurde dem flämischen Bildhauer Thomas Quellinus übertragen. Er war einige Jahre vorher nach Dänemark gekommen und brachte sein Können aus Antwerpen mit, wo seine Familie tüchtige Künstler gestellt hatte. Antwerpen war ein Zentrum der katholischen Barockkunst in Nordwesteuropa.

Der Zufall wollte es, daß der Oberzeremonienmeister schon im Jahr nach der Auftragserteilung zu Grabe getragen wurde, noch bevor Quellinus letzte Hand ans Werk gelegt hatte. Er hatte also nicht viel Freude an dem Denkmal für seine Frau. Dafür können wir Quellinus' kraftvolle Bildhauerkunst bewundern. Das Grabmal besteht aus schwarzem und weißem Marmor und trägt eine Inschrifttafel. Man sieht keine Porträts, aber zwei geflügelte Gestalten, die die Zeit und den Tod personifizieren. Sie führen einen vergeblichen Kampf, um die Tafel herunterzureißen.

Die dramatische Darstellung des Todes, der triumphieren will, ist typisch für die Kunst und den Glauben des Barock. Man verlangte krassen Realismus, wenn es um den Abschied von dieser Welt ging. Ist es denkbar, daß Quellinus sich von Berninis Grabmal für Papst Alexander VII. inspirieren ließ, welches 1678 in der Peterskirche vollendet wurde? An diesem Grabmal hatte Bernini nämlich einen häßlichen Knochenmann gestaltet, der unter einer Draperie hervortaucht und dem Papst eine Sanduhr hinaufreicht, so daß er richtig die Anwesenheit des Todes spüren konnte.

Tølløsegård wurde schon im Erdbuch des Roskilder Bischofs von etwa 1370 als Fronhof erwähnt. Nach der Reformation gelangte das Gut in die Hände Peder Oxes, der einen Bau in niederländischer Renaissance errichten ließ. Er bestand aus zwei parallelen Häusern mit zusammengebauten Langseiten. Gut 200 Jahre später ließ der Gutsbesitzer Neergård den kleinen Herrenhof im klassizistischen Stil umgestalten, wobei das meiste von Peder Oxes Bau verlorenging. Dies wollte man durch eine Restauration in den 1880er Jahren wieder gutmachen, und das alte Gebäude hat sich sicher nach Ruhe und Frieden in den kommenden Generationen gesehnt. Aber es sollte noch schlimmer kommen, denn 1942 zerstörte ein Brand den ganzen Hauptbau.

Und doch erhob sich Tølløsegård noch einmal wie ein Phönix aus der Asche. Schon zwei Jahre später war das Haus vollendet.

Mit dieser traurigen Baugeschichte in Erinnerung fahren wir weiter nach **Sdr. Asmindrup**, dessen Kirche Kalkmalereien des Isefjordmeisters aufweist. Sie werden auf die

Tveje-Merløse ist ein fast intakter Zeuge für den Kirchenbau der Hvide.

Zeit um 1475 datiert. An der Südkappe des Chors sehen wir den heiligen Erasmus, dem die Därme aus dem Leibe gewunden werden. Wenden wir uns der Westkappe zu, so erkennen wir dort das Martyrium des heiligen Sebastian. Armbrustschützen beschießen ihn, so daß sein gepeinigter Leib völlig mit Pfeilen gespickt ist und das Blut herunterrinnt.

Die Nordkappe zeigt die schrecklichen Leiden des heiligen Laurentius. Nach der katholischen Tradition war er einer der größten Blutzeugen der Frühkirche und erlitt den Tod 258. Dies geschah, als er sich in seiner Eigenschaft als Diakon einer Kirche weigerte, die Kirchenschätze herauszugeben. Dafür schenkte er das Gemeindevermögen den Armen und Kranken. Der Stadtpräfekt ließ ihn darauf ergreifen und über einem Feuer auf einem Rost zu Tode martern. Nach einer anderen Tradition soll er geköpft worden sein, aber das ist natürlich für einen Maler bei weitem nicht so faszinierend. So wurde in der mittelalterlichen Kunst das Rostmotiv vorgezogen.

Der Isefjordmeister hat auch wirklich die Leiden des Heiligen mit einem denkbar starken Realismus geschildert. Beim Rost stehen zwei Büttel mit Gabeln und zwei andere Folterknechte, die mit Blasebälgen das Feuer anfachen. Und da seufzt der große Heilige: „Assatus sum . . .“ (ich bin gar).

Das primitive Glücksrad im ersten Joch stammt wohl von einer Werkstatt, die älter ist als die des Isefjordmeisters.

Tveje Merløse nimmt einen vornehmen Platz in der Reihe der seeländischen Adelskirchen ein. Die Kirche wurde um 1125 gebaut, und der Bauherr muß wohl unter den Mitgliedern der Hvide-Familie gesucht werden. Wir wissen nämlich, daß sie in Merløse Besitzungen hatte, und man hat Asser Rig als Bauherrn vermutet. Tveje Merløse hat Schiff, Chor, Apsis und die Zwillingstürme aus romanischer Zeit bewahrt, und alles besteht aus Kalktuff. Die Unversehrtheit macht den Bau zu einem wichtigen Dokument für den dänischen Kirchenbau des frühen 12. Jahrhunderts.

Geht man um die Kirche herum, so fallen einem die kleinen, hochsitzenden Fenster auf. Sie zeigen deutlich, wie wenig natürliches Licht in den romanischen Kirchenraum einströmen konnte. Die bienenkorbartigen Turmabschlüsse sind ungewöhnlich in der dänischen Kirchenbaukunst, und hier muß man wohl nach ausländischen Vorbildern suchen.

Wir begeben uns daher für einen Augenblick in die südfranzösische Stadt Perigueux, wo eine große, mehrkuppelige Kirche steht. Sie heißt St. Front und kann in die Jahre gleich nach 1120 datiert werden. Leider wurde sie zwischen 1852 und 1884 hart restauriert. Dabei entfernte man einige bienenkorbförmige Abschlüsse, von denen einer noch im anstoßenden Hof besichtigt werden kann. Die Ähnlichkeit zwischen ihm und den Turmspitzen von Tveje Merløse ist recht groß, doch gab es sicherlich nähere Vorlagen, die nur inzwischen verlorengegangen sind.

Die Herrschaftsempore ist bei weitem das Interessanteste an Tveje Merløse. Sie bildet einen Teil der Turmkonstruktion und öffnet sich in drei Gruppen rundbogiger Arkaden. Die mittlere Arkadengruppe ist durch zwei kleine Säulen unterteilt, während die beiden äußeren je eine Säule enthalten. Von dieser Empore aus konnte die Herrschaft der Messe beiwohnen, ohne gesehen zu werden, ähnlich wie in der etwas

Das dekorative Stadtwappen von Holbæk mit stilisierten Bäumen und Wellen stammt aus dem Jahre 1584.

älteren Kirche von *Fjenneslev*, die auch auf das baulustige Geschlecht der Hvide zurückgeht.

Es sei schließlich angemerkt, daß Chor und Schiff der Kirche in spätgotischer Zeit eingewölbt wurden. Die Gewölbe wurden aber wieder entfernt, als der Architekt H. B. Storck in den 1890er Jahren die flache Balkendecke erneuerte. Storcks im übrigen ausgezeichnete Restaurierung geschah jedoch nicht ohne Schaden in anderem Zusammenhang, denn die Gewölbe hatten Kalkmalereien aus der Werkstatt des Isefjordmeisters getragen. Auf sie müssen wir also heute verzichten, zugunsten eines wiederhergestellten romanischen Raums.

In der Apsis sieht man eine romanische Darstellung des thronenden Christus. Er sitzt auf einem Regenbogen in einer Mandorla und hebt die Hand zum Segen. Um die Mandorla herum sind die vier Evangelistensymbole angeordnet. Maria steht links davon. Halten wir uns an das traditionelle Kompositionsschema, dann muß die Person zur Rechten Johannes den Täufer darstellen. Beachten Sie auch das Medaillon im Chorbogen und die geistlichen Personen zu beiden Seiten! Das Medaillon trägt vermutlich ein Marienporträt.

Das Museum von Holbæk ist in Søren Mays Gård von etwa 1670 eingerichtet.

Holbæk

Die Stadt am Isefjord bekam den Namen vom Hof „Holbæk", der erstmals in einer Schenkungsurkunde des Bischofs Absalon zugunsten des Klosters Sorø erwähnt wird. Die erste städtische Bebauung entstand vermutlich im Schutze einer längst verschwundenen Burg, die Waldemar II. hatte bauen lassen. In einem königlichen Pfandbrief von etwa 1375 ist von „castrum Holaebaek" (Schloß Holbæk) und entsprechend von „villam Holbaek" (Dorf Holbæk) die Rede. Man weiß nicht genau, wann die Siedlung ihre Stadtrechte bekam. Möglicherweise geschah dies am Ende des 13. Jahrhunderts oder kurz danach. Die schriftlichen Quellen haben bisher darüber geschwiegen.

Die Stadt konnte im Mittelalter gut mit Schiffen angefahren werden, und die Bauern des Hinterlands konnten daher auch gut ihre landwirtschaftlichen Produkte loswerden. Die Lage war vorzüglich. Am Ende der katholischen Zeit hatte Holbæk etwa 500 Einwohner und wies eine Schuhmacher-, eine Schmiede- und eine Schneiderzunft auf. Dazu kamen eine St.-Knuts- und eine St.-Hans-Gilde. Auch Mönche prägten die Stadt, denn die Schwarzbrüder (Dominikaner) errichteten Mitte des 15. Jahrhunderts ein Kloster. Davon sind noch zwei Flügel erhalten, bei denen wir unseren Rundgang beginnen wollen.

Die *Klosterstræde* enthält die größte Ansammlung von Häusern aus dem alten Holbæk. Der Südflügel des Schwarzbrüderklosters dient heute als Leichenkapelle. Der Giebel mit dem gotischen Fenster hat oben eine Ausschmückung aus Stabblenden. Der besterhaltene Teil des Gebäudes ist der Keller mit flachbogigen Gewölben.

Der Bau hatte nach der Aufhebung des Klosters durch die Reformation ein ziemlich unruhiges Schicksal. Zunächst diente der Flügel als städtisches Rathaus, und zwar von 1575 bis 1844. Am Ende dieser Periode verlor das Haus seine Gewölbe im Erdgeschoß und wurde verkürzt. Darauf folgte 1863 ein Umbau, wobei große Teile des Außenmauerwerks verändert wurden. Schließlich wurde das Haus verschönert, indem man 1916 die Gewölbe des Erdgeschosses wieder einzog.

Mit der Leichenkapelle ist ein zweietagiges Haus verbunden, das jetzt als Bibliothek dient. Es bildete einmal den Westflügel des Klosters, der nach der Reformation die Lateinschule aufnahm.

Klosterstræde 16 enthält das Stadtmuseum. Der schöne Fachwerkhof wurde 1669/70 für den Gemeindepastor Søren May gebaut. Er wurde 1917 der Stadt überlassen, die ihn als Museum einrichtete.

Ein ganz neues Kapitel der Stadtgeschichte wurde von dem Architekten Ivar Bentsen geschrieben. Sein eigenes Haus finden wir in *Møllevangen 1.* Er entwarf es 1911, und es zeigt deutlich den Stilumbruch der Zeit. Die Liseneneinteilung des Hauptflügels erinnert ans Neubarock, während die waagerechte Sprosseneinteilung der Fenster auf den Neuklassizismus des 20. Jahrhunderts weist. Ivar Bentsen (1876–1943) hatte von Kind an Verbindung mit der Gegend von Holbæk. Sein Vater, Andreas Bentsen, war Lehrer und Baumeister in Vallekilde. Dort leitete er auch eine besondere Fachschule für Handwerker.

Die Hornsharde

Die ersten historischen Nachrichten über die Hornsharde (Hornsherred) knüpfen sich an die Person Knuts des Heiligen. Der Anlaß war eine Schenkungsurkunde, die der König 1085 dem Bischof von Lund ausstellte. Im Zusammenhang mit einer Gutsschenkung wurde eine Reihe königlicher Besitzungen in Schonen und auf Seeland aufgezählt, die bei der Schenkung herangezogen werden sollten. Die Liste zeugt von einem freigebigen Wikingerkönig, erzählt aber auch wertvolle Ortsnamensgeschichte. So erfährt der Leser die Namen aller seeländischen Harden, darunter auch der „Hornsherathi", der jetzigen Hornsharde. Das weitere Schicksal der Harde wird vielleicht am lebendigsten durch die Kirchen überliefert, von denen wir die meisten besuchen wollen.

Die **Kirche von Dråby** liegt im nördlichen Teil des „Horns". Ihr Chor und Schiff besteht aus Feldstein. Dasselbe Material wurde in der benachbarten *Kirche von Gerlev* verwendet. An beiden Orten gibt es aber Partien im Außenmauerwerk, wo der Baumeister Kalktuff benutzte. In Dråby sieht man das etwa an den Ecken. Kommt man dagegen zu den südlichen Dorfkirchen der Harde, so stellt man fest, daß der poröse, gräuliche Kalktuff den Feldstein als Baumaterial fast vollständig verdrängt hat. Die starke Konzentration von Kalktuffkirchen in der südlichen Hornsharde findet aber ihre natürliche Erklärung, wenn man daran denkt, woher der Kalktuff kam. Er wurde nämlich im Mittelalter bei *Vintremøller* am Ende der *Bramsnæs-Bucht* gebrochen und beeinflußte am meisten den Kirchenbau der näheren Umgebung.

Die Kirche von Dråby birgt übrigens eine Reihe schöner Kalkmalereien aus der Werkstatt des Isefjordmeisters. Sie stammen aus der Mitte des 15. Jahrhunderts und bedecken die Gewölbe in Chor, Schiff und Turm.

Die vier Gewölbekappen des Chors zeigen Szenen der Schöpfungsgeschichte und des Sündenfalls, darunter eine Darstellung von Adams und Evas Schicksal nach der Vertreibung aus dem Paradies. Er gräbt, und sie spinnt, ein uraltes Bild von den Rollen des Manns und der Frau in ländlichen Gesellschaften.

Das Bildprogramm im ersten Joch des Schiffs ist ganz anderer Art, denn hier treffen wir auf die grausame Geschichte des heiligen Laurentius und seiner beiden Leidensgenossen, des Papstes Sixtus II. und des heiligen Hippolytus. Die Südkappe zeigt die Gefangennahme des Sixtus, als Kaiser Valerian 258 die Schätze der römischen Gemeinde konfiszieren wollte. Da der Papst nichts ausliefert, wird er zuerst durchgeprügelt und dann enthauptet. Sein Erzdiakon Laurentius sagt darauf: „Quo progrederis pater sine filio aut quo sacerdos sancte sine ministro properas . . ." (Wohin gehst du, Vater, ohne deinen Sohn, und wohin eilst du, heiliger Priester, ohne deinen Diener?) Laurentius ist als Geistlicher mit Tonsur dargestellt.

An der Westkappe sieht man, wie der heilige Hippolytus sein frommes Leben als Märtyrer beendet. Der römische Kaiser sieht zu, wie er von einem Pferd zu Tode geschleift wird. Er hat schon seine Märtyrerglorie und scheint mit der Torturform besonders zufrieden zu sein. Eigentümlicherweise ähnelt diese Heiligenlegende, für die es keinen historischen Anhaltspunkt gibt, einem Handlungsmuster der griechischen Mythologie. Die alten Griechen erzählten nämlich, wie Hippolytos, Sohn des attischen Helden Theseus, hinter seinem Wagen zu Tode geschleift wurde, als die Pferde durchgingen. Vielleicht hat die altgriechische Sage zur Legende vom christlichen Hippolytus inspiriert.

Skuldelev bekam mit einem Schlag eine Hauptrolle in der modernen Archäologie, als man dort vor einigen Jahrzehnten in der Förde die berühmten Wikingerschiffe entdeckte. Vorher war Skuldelev eine kleine

Küstengemeinde ohne besondere Bande zu den großen Kapiteln dänischer Geschichte.

Nun lag die Fundstelle nicht völlig im Dunkel der Vergessenheit, denn örtliche Fischer wußten ausgezeichnet Bescheid darüber. Sie waren im Laufe der Zeit südlich von *Kølholm*, gerade bei der Passage, die noch *Peberrenden* (Pfefferrinne) genannt wird, auf Schiffshölzer gestoßen. Man hatte deutlich gemerkt, daß die alte Segelrinne einmal vor langer Zeit blockiert worden war. Eine örtliche Überlieferung behauptete, Königin Margrethe I. habe ein Schiff versenken lassen, um die Rinne zu versperren und so den Feind an einem Seeangriff auf Roskilde zu hindern.

Als die Fischer 1924 Motorboote bekamen, mußten sie eine Verbindung durch die Peberrende schaffen, und bei dieser Gelegenheit wurde ein Teil der Hölzer aus dem Wege geräumt. Es kann einem schon einen Stich geben, wenn man daran denkt, was an wertvollen Details der Schiffe verlorenging. Bei dieser Arbeit fand man beispielsweise ein sogenanntes Kielschwein, in dem einmal ein Mast befestigt war. Es wurde nicht nur geborgen, sondern auch von hinzugezogenen Leuten vom Nationalmuseum registriert. Die Begegnung mit der frischen Luft bekam dem alten Holz nach so vielen Jahrhunderten unter Schlamm und Wasser aber nicht. Es schrumpfte ziemlich schnell zusammen. Das Nationalmuseum ließ daher das Kielschwein in Skuldelev, wo es als Souvenir bei einer Familie landete. Es würde sicher noch heute existieren, wenn die Familie es nicht an einem kalten Wintertag im Zweiten Weltkrieg in den Ofen geworfen hätte.

Aber das Schiff der Peberrende und der Königin Margrethe spukte weiter in den Köpfen der Museumsleute. Darum nahm man 1947 von einem Ruderboot aus eine kurze Untersuchung vor, bei der man zur näheren Untersuchung einige Spanten herausfischte. Einige Leser mögen sich vielleicht darüber wundern, daß man keine richtige Froschmann-Expedition unternahm, um einen besseren Überblick über Größe und Lage des Wracks zu bekommen. Die Erklärung ist ganz einfach: 1947 verfügten die Museumsleute über keine Froschmann-Ausstattung. Sie war damals noch eine allzu neue Erfindung.

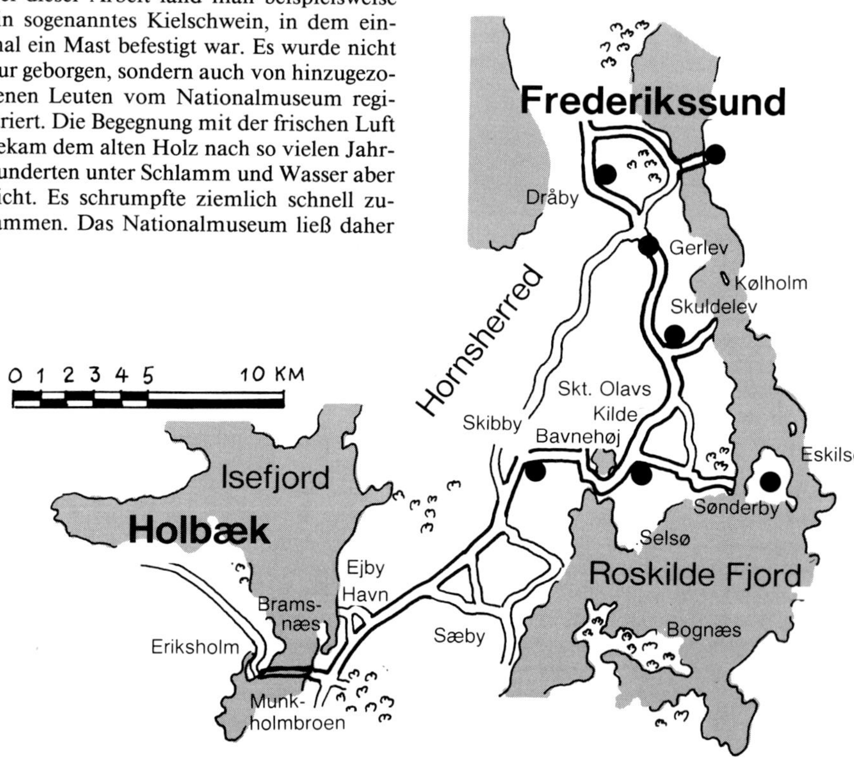

In diesem Zusammenhang ist es interessant, Jacques-Yves Cousteaus Buch „Die stille Welt“ zu lesen, das 1953 ins Dänische übersetzt wurde. Darin erzählt der berühmte französische Aquanaut von seinem Beitrag zur Erfindung der „Wasserlunge“, wie man die Sauerstoffapparatur mangels besserer Ausdrücke damals nannte. Die Erfindung wurde übrigens 1943 gemacht und erlaubte das Tauchen ohne Taucheranzug bis in eine Tiefe von 100 Metern. Seitdem gab es große technische Fortschritte.

Darum kann man auch verstehen, daß etwas vom Pioniergeist die Leute ergriff, die den ersten Froschmann hinunter zum Wrack schickten. Das geschah 1953, und man hatte gerade dies Jahr zur Erinnerung an den 600. Geburtstag der Königin Margrethe I. gewählt. Es war übrigens eine Wochenzeitschrift, die das rein Praktische der Expedition arrangiert hatte. Der Froschmann sah den schwachen Umriß eines Wracks, das er später zu zeichnen versuchte, aber ohne Beziehung zur Wirklichkeit. Man glaubte immer noch fest, das Schiff der Königin läge auf dem Grund der Förde.

Drei Jahre später bargen einige Amateurtaucher einen neuen Spant. Er wurde beim Nationalmuseum abgeliefert, welches ihn gründlich untersuchte. Es zeigte sich nun, daß das Wrack von weit höherem Alter war, nämlich von etwa 1000 n. Chr. Damit war der Mythos um das gesunkene Schiff der Königin für immer gestorben. Was dann mit den Wracks geschah – man fand nämlich insgesamt sechs –, wurde bereits auf Seite 64 erzählt.

Der **Pastorenhof von Skuldelev** wurde mit Recht unter Denkmalschutz gestellt, denn er ist eine ganz reizende Anlage in Massivbauweise und in Fachwerk. Seine Geschichte ist aber voll von Bedrängnis. So setzte ein Brand 1736 den damaligen Gebäuden ein Ende. Der Pastor Peder Nielsen Alroed ließ kurz darauf neue Flügel errichten. Seiner wurde übrigens durch eine Tafel gedacht, die man in der Kirche nach seinem Tod 1750 aufhängte. Die Fachwerkflügel aus Alroeds Amtszeit waren jedoch zu Beginn des 19. Jahrhunderts so baufällig, daß ein Neubau erwogen wurde. Eine zeitgenössische Quelle berichtet, das Vieh sei fast durch die

Durchfahrt in dem stattlichen Torflügel des Pastorats Skuldelev.

Wand ins Schlafzimmer gebrochen, wenn die Tiere ihre Körper daran rieben. Die Höfe hatten ja oft Stall und Wohnung unter demselben Dach.

Die folgende Dienstwohnung wurde in den Jahren 1829–1831 gebaut, und die Kosten trug der Geheime Konferenzrat N. A. Holten, der die Güter *Lindegården* und *Krabbesholm* in der Hornsharde besaß. Er hatte dazu reichlich Mittel, da er in seiner Eigenschaft als Direktor der Øresund-Zollkammer der bestbezahlte königliche Beamte war. Holtens jährliches Gehalt betrug etwa 15 000 Reichstaler.

Doch noch einmal, 1841, wurde der Hof von einem Feuer verheert, das nur die Außenmauern des Wohnhauses hinterließ. Sie konnten beim Neubau wieder verwendet werden, wogegen die Wirtschaftsflügel völlig neu errichtet werden mußten. Bauherr war damals der Propst Holten, ein Sohn des reichen Geheimrats. Er schuf die jetzige Anlage. Bischof Mynster hatte den Hof schon vor dem Brand 1841 visitiert, und als er 1848 erneut Skuldelev besuchte, konnte er notieren: „. . . ist wieder ebenso brillant aufgebaut. Die Gärten herrlich.“

Die Bemerkung über den schönen Pastoratsgarten kann nicht erstaunen, denn Propst Holten war in einer Familie aufgewachsen, die die Gartenkunst leidenschaftlich pflegte. Sein Vater hatte zu Beginn des 19. Jahrhunderts einen fast 30 Hektor großen Park bei *Lindegård* im Kirchspiel *Skibby* angelegt. Der Garten war natürlich von dem romantischen Geist geprägt, der die Zeit beherrschte. Da gab es Kanäle mit weiß gemalten Brücken, kleine Weiher und ein künstliches Hünengrab.

Bevor Sie das Pastorat verlassen, beachten Sie die 25 Gefache des Torflügels und das Giebeldreieck über dem Tor. Sieht man durch das Tor, so blickt man genau auf den schönen Eingang zum Wohnhaus.

Die **St.-Olafs-Quelle** liegt bei der *Præsteled-Brücke* und gehört zu der langen Reihe heiliger Quellen, von denen wir wissen. Es gab im alten Dänemark etwa 650 wundertätige Quellen.

Heute ist die St.-Olafs-Quelle ein steingefaßter Brunnen, der von einem Gerüst umgeben ist. Er wurde noch am Ende des vorigen Jahrhunderts von Kranken besucht. Auch einen St.-Hans-Markt gab es am Ort. Ganz in der Nähe bildet die Landschaft eine „Kluft", die seit alter Zeit den Namen „Olavsskåret" (Olavsscharte) trägt. Der Höhenzug, in dem sie liegt, ist zugleich der südlichste Teil des *Skuldelev-Oses.* Eine Sage berichtet, der norwegische heilige König Olaf Haraldsøn (995–1030) sei einmal an der Stelle vorbeigesegelt. Da sei eine Zauberin vom Os hervorgesprungen und habe einen Schmähvers gegen ihn geschleudert. Olaf sei so rasend geworden, daß er sein Schiff gegen das Os warf. Dabei soll die Kluft entstanden sein. Aus ihrem Grund schoß die Quelle hervor, die von da an den herzureisenden Kranken Heilung brachte. Die böse Zauberin aber wurde in einen Stein verwandelt.

In der Steinzeit war das Gebiet von *Selsø* eine richtige Insel, die durch ein schmales Wasser von der Hornsharde getrennt war. Der Sund begann beim *Møllekrog* und weitete sich nach Norden zu aus. Darauf setzte er sich nördlich vom heutigen *Østby* fort, um schließlich in den *Roskilde-Fjord* einzumünden. Noch am Ende des 17. Jahrhunderts war Selsø einer der kleinsten Finger des Roskilde-Fjords.

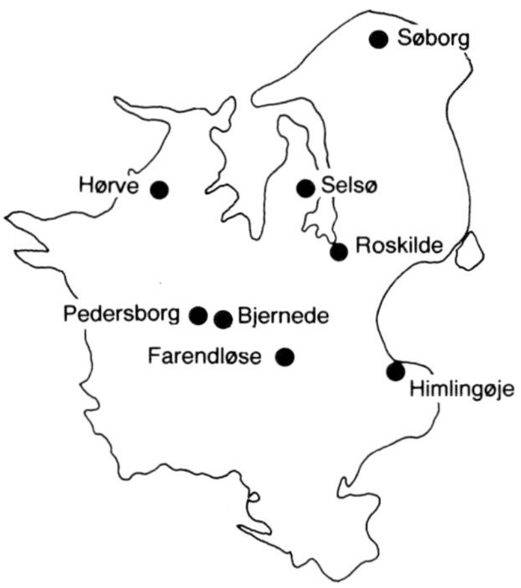

Von den seeländischen Rundkirchen ist nur die in Bjernede erhalten. Von den übrigen gibt es nur Mauer- und Fundamentreste.

Die **Kirche von Selsø** ist einen gründlichen Aufenthalt wert, denn das alte Gotteshaus hat eine sehr spannende Baugeschichte, deren Pointe Sie gleich erfahren werden. Das erste, was man bemerkt, ist der kurze Abstand zwischen *Kirche* und *Herrenhof.* Nur wenige hundert Meter trennen sie. Vermutlich lag die Kirche im Mittelalter nicht in ganz so einsamer Majestät. Dies erwiesen Untersuchungen auf dem Kirchhof, die die Spuren schwerer Fundamente südlich der Kirche zutage brachten. Die Spuren könnten darauf deuten, daß *Selsøgård* damals ganz dicht bei seiner eigenen Kirche lag. Zur Zeit seiner ersten Erwähnung 1288 gehörte der Hof dem Roskilder Bischof. Vielleicht diente die Kirche damals als Kapelle des Bischofshofes.

Die Kirche besteht aus einer runden Apsis, die sich an einen besonders schmalen Chor anschließt. Darauf folgen ein geräumiges Schiff und im Westen schließlich ein Glockenturm. Die Apsis besteht aus länglichen Kalktufflagen, wogegen Chor und Schiff aus Granitquadern gebaut sind und der Turm aus Backsteinen.

Wollen wir nun die einzelnen Bauabschnitte zu datieren versuchen, so müssen wir der Apsis das höchste Alter zuweisen.

Sie entstand vermutlich im frühen 12. Jahrhundert. Chor und Schiff sind dagegen wohl 30–40 Jahre jünger, während der Turm ins 15. Jahrhundert gehört.

Beachten Sie nun, wie die Apsis sich mehr krümmt, als es eine romanische Chorrundung üblicherweise tut. Weitere bauarchäologische Untersuchungen 1895 zeigten, daß wir es mit den Resten einer Rundkirche zu tun haben. Damals fand man eine Rundung von Fundamentsteinen nördlich vom Schiff, die zu einem bedeutenden Rundschiff von 12 Meter Durchmesser gehörten. Von dieser Rotunde ist über dem jetzigen Triumphbogen noch etwas Mauerwerk erhalten. Dies erkennt man, wenn man sich Zugang zum Dachraum verschafft.

Das Interessanteste an der Kirche von Selsø ist aber das Mauerwerk des jetzigen Schiffs. Geht man ganz nahe an seine Granitquader heran, so erkennt man, daß viele schwach gebogene Oberflächen haben. Hier handelt es sich also um wiederverwandtes Baumaterial, das natürlich von der ursprünglichen Rundkirche stammt. Macht man eine Zeichnung von Apsis und Rundschiff, so zeigt sich, daß sich ihre Kreise weder überlappen noch tangieren. Es besteht also nach wie vor die Frage, wie die beiden Rundbauten einmal miteinander verbunden waren.

Der **Herrenhof Selsø** hatte ein ungewöhnliches Schicksal, denn vor nur einem Menschenalter befanden sich die Gebäude in einem kläglichen Verfall. Sie hatten seit 1829, als Agathe von Qualen starb, leergestanden. Sie war die letzte, die ihre Augen in dem alten Herrensitz schloß. Danach wurde er über hundert Jahre lang nicht bewohnt, und das war schlecht für ein Gebäude aus dem 16. Jahrhundert. Die Tapeten begannen allmählich, in Fetzen zu hängen, und die Stuckdecken lösten sich überall in den Zimmern in großen Flächen. Schlimmer war, daß der Rittersaal irgendwann zum Kornmagazin gemacht wurde. Der Wind pfiff durch die zerstörten Fenster, während der Regen durch die Löcher im Dach drang. Der ganze Zerfallsprozeß wurde dadurch ergänzt, daß der Burghof immer mehr zuwuchs. Es war ein Jammer. Das Haus schlummerte im tiefsten Dornröschenschlaf.

Die erste Rettungsaktion fand 1934 statt, als man eine Reihe von Materialien nach *Lindholm* überführte. 1960 war es so weit, daß die Denkmalschutzbehörde das Satteldach mit neuen Ziegeln eindeckte. Jetzt hatte das Haus wenigstens einen neuen Hut, unter dem es sich trocken halten konnte. Ernsthaft kam die Rettungsarbeit aber erst voran, als das Journalistenehepaar Grete Gunnar Nielsen und Bernhard Linder den Hof zu besonders günstigen Bedingungen übernahm. Sie begannen in Zusammenarbeit mit dem Nationalmuseum eine langwierige Restaurierungsarbeit. Die Instandsetzung der einzelnen Räume sollte in großem Umfang durch freiwillige Helfer ohne besonderen handwerklichen Hintergrund, aber unter Anleitung und Aufsicht des Nationalmuseums geschehen. Heute ist die Arbeit so weit fortgeschritten, daß das Hauptgebäude schon längst seine Tore wieder den Gästen öffnen konnte.

Dieser Herrenhof, mit dem wir im folgenden bekannt gemacht werden sollen, wurde in den 1570er Jahren erbaut. Bauherr war Jacob Ulfeldt, eine der farbenreichsten Figuren der Renaissance. In jungen Jahren hatte er in Löwen und Wittenberg studiert, zwei Hochburgen der Theologie. Später nahm er am nordischen siebenjährigen

Torhaus in Selsø.

Krieg (1563–1570) teil, sowohl als Seeoffizier wie als Kriegskommissar beim Fußvolk.

Ulfeldt begann darauf eine Karriere in der Diplomatie, und gerade in den Jahren, als er wohl schon mit dem Bau von Selsø fertig war, wurde er mit kleineren Aufgaben betraut. Seine große Chance kam, als er 1578 den ehrenvollen Auftrag erhielt, eine Delegation zum russischen Zaren Iwan IV., auch genannt der Schreckliche, zu leiten. Die Mission verlief sicher nicht zum Vorteil der Dänen. Der Zar kam mit mehreren groben Beleidigungen, und der Vorsitzende der russischen Räte war sogar so frech, die dänische Delegation anzuspucken.

Vor einigen Jahren kam übrigens ein Buch über Jacob Ulfeldts eigene Reiseaufzeichnungen aus Rußland heraus. Aber wir würden nun auch nicht so viel Aufhebens vom Bauherrn machen, wenn er nicht mit dem berühmten Corfitz Ulfeldt verwandt gewesen wäre, der mit der Autorin von „Mit Jammersminde“ (Erinnerung meines Leidens), Eleonora Christine, verheiratet war.

Doch nun zum Herrenhof selbst. Er ist ein glänzendes Beispiel dafür, wie Baumaterialien von einem Bau zum anderen wandern können und wie gesellschaftliche Umwälzungen einen solchen Mechanismus zu fördern vermögen. Wir müssen nämlich daran denken, daß der Errichtung von Selsø eine blutige Periode in der Geschichte des 16. Jahrhunderts vorausgegangen war, als die Reformation nach Dänemark kam, um die Macht der katholischen Kirche zu brechen. Eines der Resultate war der Abbruch einer Reihe von Kirchen und besonders von Klöstern überall im Land.

Das kam Ulfeldt gerade zugute, denn er durfte Backsteine vom *Klarakloster* in Roskilde verwenden. Das Hauptgebäude, das sich allmählich erhob, erfreute sich auch des neuen Baustils, der sogenannten niederländischen Renaissance. Sie kam vor allem in den geschwungenen Giebeln zum Ausdruck. Vor dem Haupteingang zum Hof hin errichtete man einen Treppenturm, auch eine zeitgenössische Verbesserung. Das Gebäude wurde insgesamt zeittypisch.

Leider durfte der Herrenhof nur 150 Jahre lang unberührt stehen. 1720 wurde er von Chr. Ludvig von Plessen übernommen, der ihn in einer vom Barock geprägten Weise umbauen ließ. Der Treppenturm wurde zugunsten einer stattlichen Treppenanlage abgetragen. Alle Mauer- und Giebelverzierungen verschwanden. Vor allem erfuhren die Interieurs eine Verschönerung durch prächtige Stuckdecken, große Ölgemälde, marmorierte Hölzer und anderes mehr.

Der „Rittersaal“ des Erdgeschosses war bei weitem der großartigste Raum auf dem Gut. Hier gelang es den Konservatoren, die herrlichen Farben nach 245 Jahren unter Staub und Schmutz wieder hervorzuzaubern. Man benutzte unter anderem ein Reinigungsmittel, das Quillajarinde enthielt, und das Resultat wurde hervorragend. Zum Saal gehören die großen Gemälde an den Kurzseiten. Sie stammen von dem vielberufenen Barockmaler Hinrich Krock, der seine Ausbildung in Italien bekommen hatte. Auf der einen Endwand hat er den Raub der Sabinerinnen geschildert. Das war ein außerordentlich beliebtes Motiv im Barock, wo man in mythologischen Szenen mit fleischlichen Menschendarstellungen schwelgte.

Eskilsø. Bevor wir diesen Teil der Harde verlassen, sollten wir noch einen Augenblick hinüber nach Eskilsø schauen. Hier wurde um 1100 ein Kloster für Augustinermönche gestiftet. Eine größere Blüte erreichte das kleine Gemeinwesen, gelinde gesagt, niemals, aber es bekam eine Kirche, die dem heiligen Thomas geweiht war. Die Reste dieser Klosterkirche kann man noch besichtigen, wogegen die übrigen Klosterflügel längst dem Erdboden gleichgemacht sind, ohne Spuren zu hinterlassen.

1165 waren nur sechs Mönche übrig, und das Kloster wäre wohl schon aufgehoben

Abb. rechts oben: Ledreborg. Einer der beiden geschwungenen Pavillonbauten von Laurits de Thurah.
Abb. rechts unten: Die Kirche von Selsø. Man erkennt die Materialunterschiede zwischen Apsis, Schiff und Turm sowie die Ausbildung der Apsis als Rundbau.

Karen Sofie Koed
Niels Koed

Klosterruine Eskilsø.

worden, wenn nicht Abt Vilhelm aus Frankreich die Führung übernommen hätte. Er hielt das Kloster eine kurze Zeit am Leben, unter anderem auch mit ökonomischer Hilfe durch seinen guten Freund, den Bischof Absalon. Die Zukunft sah vielleicht ganz licht aus, doch wurde die Insel plötzlich durch Überschwemmungen bedroht. Zugleich waren Probleme bei der Nahrungsmittelversorgung entstanden. So zog der Konvent schließlich hinüber zum „Festland". Ein Wirtschaftshof blieb aber auf der Insel.

Die Mönche ließen sich im Kirchspiel *Tjæreby* nieder, wo sie später das so berühmte *Kloster Æbelholt* (vgl. Seite 27) gründeten. Indessen verfiel Eskilsø, und zu Beginn des 19. Jahrhunderts bestand nur noch die Klosterkirche. Nach einer Nachricht von 1808 sollen die Gewölbe zu dieser späten Zeit noch intakt gewesen sein.

Die **Kirche von Skibby** besteht aus Kalktuff und kann in die erste Hälfte des 12. Jahrhunderts datiert werden. Es ist keine bescheidene Dorfkirche, vielleicht auch keine voll entwickelte Stadtkirche, aber doch eher letzteres. Und das ist nicht so erstaunlich, wenn man weiß, daß *Skibby* im Mittelalter eine Stadt war. Es wurde in einer Quelle des 13. Jahrhunderts als Stadt erwähnt, sank aber dann ab zu den Dörfern, ebenso wie es bei *Søborg* und *Slangerup* der Fall war.

Das Äußere der Kirche wurde 1869 im wesentlichen von einem häßlichen, eine Quaderfugung imitierenden Zementputz verdeckt. Nur die Apsis blieb frei und konnte weiterhin ihre Kalktufflagen zur Schau stellen. Zu Beginn des 15. Jahrhunderts wurde das Schiff mit zweimal vier Kreuzgewölben überdeckt. Wegen seiner Breite war man dabei genötigt, zur Stützung der Gewölbe eine Pfeilerreihe mitten im Schiff zu errichten. Die Kirche bekam damit eine zweischiffige Form.

Als man 1850 umfassende Restaurierungen vornahm, tauchten über den Gewölben und hinter den Wandpfeilern Kalkmalereien auf. J. J. A. Worsaae, dessen Beurteilung man wünschte, wurde hinzugezogen. Er fand die Malereien bewahrenswert und empfahl C. O. Zeuthen als Konservatoren. Zugleich forderte er zu weiteren Freilegungen auf. Dem Träger der Kirche schrieb er, die Denkmalinspektion werde alle Kosten einer Instandsetzung der Kalkmalereien und ihrer künftigen Erhaltung übernehmen; sie werde „die Kirche von Skibby zu einer der in kunstgeschichtlicher Hinsicht interessanteren Kirchen hierzulande machen".

Aber der gute Zeuthen war letzten Endes nicht einig mit Worsaae. Er ließ die Nord- und Südwand wieder überkalken, weil „der Mischmasch, der dort dargestellt ist, bestimmt viel vom übrigen stören wird". Ja, so schrieb man damals wirklich, als man sich noch nicht an den Anblick der mittelalterlichen Bilderwelt auf einer Kirchenwand gewöhnt hatte.

Dagegen blieben die romanischen Kalkmalereien in der Apsis erhalten, und ihre Konservierung war die erste in Dänemark. Hier sehen wir Christus in einer Mandorla thronen. Die eine Hand ist zu einem Se-

Abb. links: Die Kirche von Bjernede, die einzige noch bestehende romanische Rundkirche Seelands. Man erkennt deutlich den Wechsel des Baumaterials. Wie der obere Abschluß einst aussah, ist unbekannt.

gensgestus erhoben, die andere hält die Bibel. Die Erdkugel ruht in seinem Schoß. Umgeben ist er von den vier Evangelistensymbolen. Beachten Sie die kleinen Reste der ursprünglichen Farben, zum Beispiel die blaue Borte auf Christi (ursprünglich rotem) Gewand. Der prächtige Fries unten hat kleine Rahmen mit Greifen, Wölfen und Löwen. Die Ausschmückung wird auf das Ende des 12. Jahrhunderts datiert. Die übrigen Malereien des Chors stammen aus der Mitte des 14. Jahrhunderts.

Bleiben wir noch etwas bei der Wiederentdeckung der Kalkmalereien in Dänemark! 1868 schrieb der Archäologe und Konservator Jacob Kornerup einen Artikel in *Nordiske Aarbøger for Oldkyndighed*, der den wenig aussagenden Titel trug: „Über einige in dänischen Kirchen entdeckte Kalkmalereien“. Doch hinter dieser bescheidenen Formulierung verbarg sich ein Text mit Weitblick und starken Gesichtspunkten. An einer Stelle steht über die romanischen Kalkmalereien: „Der glatte Freskoputz, der Figurenstil, die Kostümierung, die Ausschmückung, die Goldglorien, alles weist auf jene fernen Zeiten und auf den Ursprung in Byzanz und Rom. Diese Bilder, deren künstlerische Mängel leicht ins Auge fallen, haben daher eine nicht geringe *antiquarische* Bedeutung als älteste *Spuren einer Malerkunst, die zusammen mit der christlichen Baukunst von Süden eingewandert ist.* Betrachten wir sie von dieser Seite, so ist es wohl nicht nötig, sie hier zu verteidigen. Aber wir werden ihren Wert und ihre Berechtigung in den Kirchen erkennen, wenn sie nun, nachdem sie jahrhundertelang begraben waren, wieder ans Tageslicht kommen.“

Der Konservator Jacob Kornerup (1825 bis 1913), gezeichnet von L. Busck 1853.

Bevor wir nun die Kirche von Skibby verlassen, sollten wir vielleicht noch einen Blick auf das Mauerwerk hinter dem Altar werfen. Hier fand man nämlich 1650 eine der wichtigsten Quellen der dänischen Reformationszeit, die berühmte *Skibbychronik.* Ihr Autor war der Karmelitermönch Poul Helgesen, der in Helsingør wirkte. Die Chronik beginnt 1046 und endet erst 1534, als die Reformation im Begriff ist zu siegen. Poul Helgesen war sein ganzes Leben lang der katholischen Kirche treu, was natürlich auch seine Darstellung prägen sollte, die sich besonders auf das 16. Jahrhundert konzentrierte.

Angst hatte er nicht, wenn er an einer Stelle schreiben konnte: „Crudelitate regis Christierni etiam Nero victus“ (selbst Nero wird an Grausamkeit von König Christian übertroffen). Damit meinte er natürlich Christian II., und die Schweden hätten die Aussage sicher unterschreiben können. Schlägt man zum Beispiel ein schwedisches Schul-Geschichtsbuch von 1899 auf, so kann man folgendes nachlesen: „Dieses grauenvolle Ereignis wurde Stockholms Blutbad genannt, und sein Urheber trägt in Schweden noch den Namen Christian der *Tyrann.*“

Poul Helgesen hatte sich schon mit Christian II. überworfen, als er am Johannistag 1522 im Kopenhagener Schloß predigte. Der König war selbst zugegen und mußte sich die besondere Auslegung des Textes über König Herodes und seine Geliebte Herodias durch den Karmelitermönch anhören. Helgesen verwandelte nämlich den

Text in eine Kritik am Zusammenleben Christians und seiner Geliebten Dyveke.

Das jetzige Hauptgebäude von **Ryegård** ist ein Fachwerkbau, der 1863 errichtet wurde und zunächst als Witwensitz diente. Der Hof kann seine Geschichte bis auf 1350 zurückführen, als das Gut zwischen Folmer Folmersen und König Waldemar Atterdag getauscht wurde. In einem Dokument wird es als „Grewens rydhæ" bezeichnet, das heißt Rodung des Grafen (vermutlich Graf Niels von Halland).

Um 1575 wurden zwei Fachwerkflügel gebaut, die in den folgenden Jahrhunderten das Hauptgebäude ausmachten. Sie wurden 1880 zugunsten eines neuen abgerissen, dessen architektonische Gestaltung bei dem Architekten V. Tvede lag. Das neue Haus wurde sofort gebaut und war mit seinen Treppengiebeln, den hohen Schieferdächern und soliden Türmen ein Beispiel für den Historismus des vorigen Jahrhunderts.

Ryegård, gebaut 1880, abgerissen 1974.

Aber auch dies Haus hatte keinen Bestand, denn 1974 ließ man es abreißen. So unruhig kann das Schicksal eines Herrenhofs sein.

Die Tuse-Harde und Kalundborg

Der Name **Tuse** taucht erstmals 1319 auf, als ein Dokument einen Tyge Impe (Ympe) aus Tuse erwähnt. Am Ende desselben Jahrhunderts wird ein Fronhof in Tuse genannt. Er gehörte dem reichen Bistum Roskilde und hatte vier Hufen unter sich. Unter einer „Hufe" verstand man im Mittelalter das Stück Land, das einen Hof ausmachte. Nach der Reformation wurde der Fronhof auf sechs Bauernhöfe aufgeteilt.

Das bedeutete jedoch nicht, daß Tuse wieder ins Dunkel der Vergessenheit glitt, im Gegenteil. Das Dorf hatte sich nämlich zu dieser Zeit zu einem verkehrsreichen Punkt in der Tuse-Harde entwickelt, da es auf halber Strecke zwischen Roskilde und Kalundborg lag. Hier wechselte man die Wagen und die müden Pferde, und das gab der Dorfbevölkerung etwas Arbeit. Ein Dokument von 1587 benutzte sogar den Ausdruck „über Tuse nach Jütland", um die Wichtigkeit des Orts auf der langen und beschwerlichen Reise von Kopenhagen nach Kalundborg zu unterstreichen. Von Kalundborg aus fuhr man per Schiff weiter nach Jütland, eventuell mit einem kleinen Aufenthalt auf Samsø. Die vielen Wagenwechsel in Tuse verlangten nach einer Möglichkeit zum Ausruhen und zur Verpflegung, und 1595 wurde Jens Rasmussen in Tuse ein Teil der Abgaben erlassen, damit er eine Herberge unterhalten konnte.

Die **Kirche von Tuse** bestand ursprünglich aus einem romanischen Schiff mit Chor, beide aus einfachen Feldsteinen. Der Chor hatte von Anfang an einen geraden Abschluß. Die Kirche wurde um die Mitte des 15. Jahrhunderts eingewölbt. Das Schiff bekam zwei Joche gotischer Gewölbe, der Chor eines. Noch in spätgotischer Zeit machte man sich daran, eine Vorhalle und einen Turm im Westen anzufügen, und damit war der Bau vollendet.

Diese Bauteile bilden den Rahmen für eine Reihe interessanter Kalkmalereien, darunter mehrere mit ungewöhnlichem Inhalt. Die Malereien können auf etwa 1475 datiert werden und zählen zu den Hauptwerken der „Isefjordwerkstatt".

Der Bericht über das Leben Christi beginnt im östlichen Joch des Schiffs, wo man an der Nordkappe die Geburtsszene sieht. Das Kind ist von einem Strahlenkranz umgeben und scheint über der Wiege zu schweben. Die Gottesmutter hat ihre Schuhe ausgezogen und kniet in Anbetung nieder, während Joseph, der gerade das Essen bereitet, etwas abseits steht. Als der Isefjordmeister das Bild malte, war diese Art, die Geburtsszene darzustellen, noch keine hundert Jahre alt. Sie stellte jedenfalls in Tuse „moder-

ne Malerei“ dar. Man war früher gewohnt, Maria liegend oder bei der Krippe sitzend zu zeigen. Aber plötzlich wurde diese Auffassung geändert, und das hat die schwedische Heilige verursacht, Birgitta von Vadstena.

Die heilige Birgitta lebte im 14. Jahrhundert, war von schwedischem Adel, gründete ihr berühmtes Kloster in Vadstena am Vättersee und lebte viele Jahre lang in Rom, wo sie sich der Kranken und Armen annahm. Sie erlebte eine Reihe von Visionen, die sie in ihren älteren Tagen unter dem Titel „Relevationes“ (Offenbarungen) aufschreiben ließ. Darin schilderte sie auch, wie sie die Jungfrau Maria erlebt habe: niederkniend bei ihrem Kinde, das auf der Erde lag und in strahlendes Licht gehüllt war.

Nachdem die Visionen der heiligen Birgitta bekannt waren, begannen die Maler, einen neuen Bildertyp zu schaffen, wie sich auch um das Thema eine umfassende Literatur entwickelte. Eines der Werke hieß „das Buch von Jesu Kindheit“ und wurde 1508 bei Gotfred af Ghemen in Kopenhagen gedruckt. Darin kommt eine sehr lebendige Beschreibung der Geburt vor: „Das Kind begann etwas zu weinen und zitterte von der Kälte, die vom Erdboden kam. Da beugte sich die Mutter nieder und nahm das Kind mit großer Freude und Demut zu sich, legte es an ihre Brust und wärmte es . . .“

Im Zwickel zur Linken ist eine Darstellung der Verkündigung, wobei der Engel sagt: „Ave gratia plena dominus tecum“ (Sei gegrüßt, voll der Gnade, der Herr ist mit dir). Dort sieht man auch, wie die schwangere Jungfrau Maria Elisabeth besucht.

Die Ostkappe zeigt die Anbetung des Kindes durch die Heiligen Drei Könige. Maria ist sitzend dargestellt, mit großen Kissen im Rücken und das Kind vor sich haltend. Man muß sagen, daß das Jesuskind für sein Alter ganz gut entwickelt ist! Nach der Tradition kniet der vorderste König nieder. Er wird oft Balthasar genannt. Seine gezackte Krone hat er abgelegt. Beachten Sie seinen kostbaren roten Umhang! Der feine Brokat ist mit Hermelin gefüttert.

Im folgenden Zwickel ist die Beschneidungsszene dargestellt. Aber hier gab es Verständnisschwierigkeiten, denn der Maler hat den Hohenpriester mit der Bischofsmitra auf dem Kopf versehen, ohne zu be-

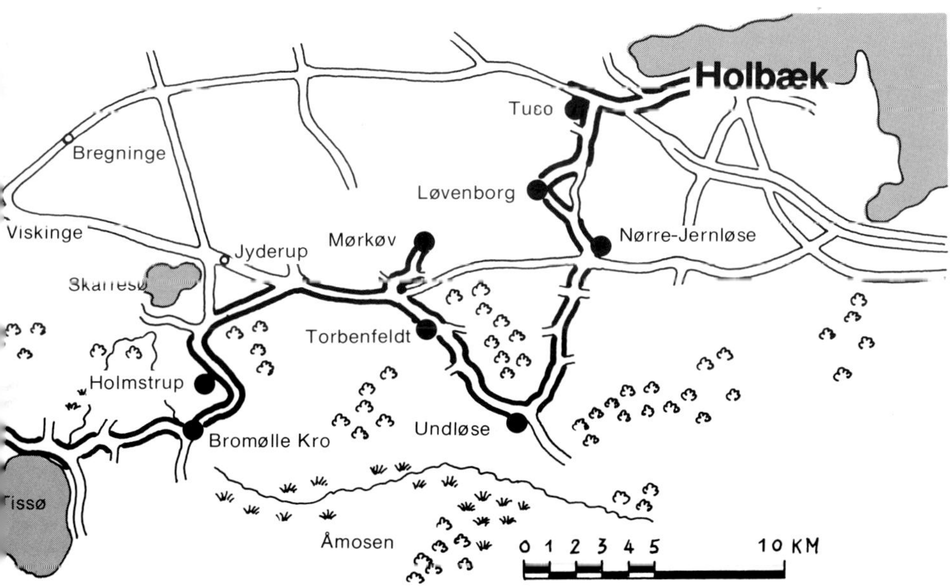

denken, daß die Zeremonie eine rein jüdische Sitte ist.

Außerhalb dieses Bildprogramms ist auf der rechten Seite der Triumphwand eine Szene gemalt, in der der populärste Heilige des Nordens, St. Olaf, gegen das Heidentum kämpft. Der Maler hat ihn als richtigen rotbärtigen Wikinger mit langem Beil geschildert. Das Heidentum, symbolisiert durch ein Ungeheuer, wird durch den Wikingerkönig niedergetreten. Historischer Hintergrund der Szene war die Schlacht bei *Stiklestad* 1030, durch die Olaf versuchte, seinen Thron in Norwegen zurückzugewinnen. Er fiel in der Schlacht, gewann aber später als Heiliger große Beliebtheit im Norden. Unzählige Kirchen bekamen einen Nebenaltar, der ihm geweiht war. Das gilt auch für die Kirche in Tuse, wo sein Altar an der Südseite der Triumphwand war.

Es war ein katholischer Brauch, an dieser Wand einen nördlichen und einen südlichen Nebenaltar anzubringen. Dabei war der nördliche traditionell der Jungfrau Maria, der südliche dem besonderen Schutzheiligen der Kirche geweiht. Mit der Reformation wurden die Nebenaltäre aus den Kirchen entfernt, und in Tuse ist die erhaltene Kalkmalerei mit dem heiligen Olaf das einzige Zeugnis von der früheren Existenz eines südlichen Altars an der Triumphwand.

An der Südkappe ist der Kindermord von Bethlehem dargestellt, der auf Anordnung des Königs Herodes stattfand. Das Thema wurde im Mittelalter mit krassem Realismus geschildert. Man sieht, wie die Soldaten die Kinder aus ihren Wiegen reißen.

Die Legende vom schnell wachsenden Samenkorn wird im selben Bilderfeld erzählt. Danach schickte Herodes seine Soldaten nach Maria und Joseph aus, die sich mit dem Jesuskind auf der Flucht nach Ägypten befanden. Unterwegs trafen die Soldaten einen Bauern, der gerade sein Getreide erntete. Sie fragten ihn, ob die flüchtende Familie vorbeigekommen sei, und er antwortete, das sei geschehen, als er sein Feld einsäte. Natürlich glaubten die Soldaten, es läge weit zurück. In Wirklichkeit war am selben Morgen eingesät worden. Aber das Jesuskind wirkte ein Wunder, und das Korn wuchs so schnell, daß der Bauer es am Abend ernten und die Soldaten des Herodes zum Narren halten konnte.

Diese Geschichte steht nicht im Neuen Testament, aber in den *apokryphen* Schriften. Das Wort „apokryph" kann mit „verborgen" übersetzt werden. Die Bezeichnung geht auf die altchristliche Zeit zurück, als man um 200 begann, zwischen echten (kanonischen) und unechten (apokryphen) Texten zu unterscheiden. Zu den letzteren gehört zum Beispiel das „Protevangelium des Jakobus" von etwa 150, worin von Marias Eltern, dem alten Ehepaar Joachim und Anna, erzählt wird. Ein anderer dieser Texte ist das „Kindheitsevangelium des Thomas", das auf etwa 200 datiert wird. Darin wird unter anderem von Christi Schulzeit und von seiner Klugheit erzählt, die größer war als die des Lehrers. Selbst wenn diese Schriften von der frühen Kirche für unecht erklärt wurden, lebten sie dennoch weiter und wurden im Laufe der Zeit ausgeschmückt und durch Details bereichert. Die Texte bewahrten ungeschwächt ihre Fähigkeit, den Volksglauben und die Phantasie der Maler anzuregen. Ein Teil der Geschichten wurden im 13. Jahrhundert in der „Legenda Aurea" (goldene Legende) zusammengefaßt, die mindestens ebenso große Bedeutung erlangte wie die Visionen der heiligen Birgitta.

Wenn wir mit diesen Geschichten nicht mehr vertraut sind, so kommt das daher, daß Martin Luther darin gründlich aufgeräumt hat, so daß nur die anerkannten Texte der Bibel übrigblieben. Doch besucht man katholische oder orthodoxe Länder, so kann man die alten Erzählungen an den Kirchenwänden sehen.

Nehmen wir noch ein Beispiel aus den apokryphen Schriften, das in der Kirche von Tuse abgebildet ist: Der Maler hat im rechten Zwickel desselben Gewölbes Christi Schulgang geschildert, so wie es erstmals im „Kindheitsevangelium des Thomas" erzählt wurde. Maria führt ihr Kind zur Schule, einem hohen Gebäude mit ziegelgedecktem Satteldach. Der Schulmeister steht an der rechten Ecke der Schule mit Stock und Rute in den Händen, während das Jesuskind ein Lesebuch hält wie die anderen Schüler. – Wie erging es nun Jesus in der Schule? Liest man in Gotfred af Ghemens schon erwähntem Buch nach, so bekommt man den Eindruck eines sehr frühreifen Kindes. Jesus sagt von dem Buchstaben A in seinem Lesebuch: „Dieser Buchstabe bezeichnet das, was von ewiger Zeit an war und für ewige Zeit bleiben wird, nämlich Gott im Himmel und einen Teil von mir.“ Der Lehrer wurde über diese Antwort sehr böse.

Løvenborg liegt im Südteil des Kirchspiels *Butterup.* Der Herrenhof wurde 1634 für Malte Juul gebaut, der zu dieser Zeit Lehnsmann in Christianstad und Bøvling war. Am Ort hatte früher ein Herrenhof namens Birkholm gelegen.

Das neuerrichtete Gebäude bestand aus drei Flügeln aus rotem Backstein und war mit Türmen und Pavillons versehen, was die Architekturhistoriker zu der Vermutung veranlaßte, *Schloß Frederiksborg* könnte das Vorbild gewesen sein. Die Anlage wurde auf eine Insel gelegt, sicher unter dem Eindruck des Dreißigjährigen Krieges, der zu dieser Zeit mit unverminderter Stärke in Europa wütete und auch tiefe Schatten auf Dänemark warf. Die Erinnerung an Wallensteins Untaten war noch allzu frisch. Viel konnte es allerdings nicht nutzen, das Hauptgebäude von Løvenholm auf eine von breiten Gräben umgebene Insel zu legen; dafür war die Feuerkraft der Kanonen im 17. Jahrhundert schon allzu stark. Aber man fühlte sich wohl psychologisch etwas sicherer.

Noch zu Beginn des 18. Jahrhunderts war die Verteidigungsfunktion viel deutlicher ausgeprägt als heute. Man verwandte nämlich bis zu dieser Zeit eine „italienische Ziehbrücke“ an Stelle des innersten Brükkenbogens. Doch auch dieser Rest der Vergangenheit wurde beseitigt, und ein Bogen wurde über die Brückenpfeiler gemauert. Nur der Name Løvenborg erinnert noch an die Pflege großer Ideale aus vergangenen Zeiten. Der Löwe war ja das Symbol der Fürsten für Mut, Stärke und Macht.

Die **Kirche von Nørre-Jernløse** soll kurz wegen einer kleinen Eigentümlichkeit erwähnt werden. Sie enthält einige sehr schöne Kalkmalereien von etwa 1520, deren Stil auf Einwirkungen aus Flandern oder Nord-

Løvenborg, gesehen von Südwesten.

frankreich deutet. Darin liegt nichts Besonderes. Das Überraschende kommt, wenn man den Text in der Ostkappe des Chors lesen will. Er steht nämlich auf dem Kopf! Ein amüsantes Detail aus dem Alltag, das uns die Menschen der Zeit etwas näherbringt. Der Künstler befand sich natürlich auf dem Gerüst, wo er den Text malte, wie er es in seiner Stellung am bequemsten fand, ohne zu bedenken, wie es sich von unten ausnahm. Im übrigen zeigt das Motiv den richtenden Christus auf dem Regenbogen. Das Schwert der Gerechtigkeit und die Lilie der Gnade gehen von seinem Mund aus.

Die **Kirche von Undløse** hat ebenfalls eine Reihe hervorragender Kalkmalereien, die auf etwa 1450 datiert werden und dem „Unionsmeister“ zugeschrieben werden. Er war zugleich in der *Kirche von Nødebo* und in einigen Kirchen in Schweden tätig.

Im ersten Joch des Schiffes ist die Auferstehung mit viel Alltagsrealismus wiedergegeben. Sehen Sie nur, wie die römischen Soldaten in Landsknechte des 15. Jahrhunderts verwandelt wurden! Links im Bild sieht man einen fest schlafenden Soldaten, der einen Ellenbogen auf das Grab stützt. Er trägt Beinschienen, einen breitkrempigen Hut und Kampfhandschuhe. Die Figur ist mit sehr frischem und sicherem Strich ge-

Christi Auferstehung in der Kirche von Undløse. Kalkmalerei von etwa 1450.

zeichnet. Rechts sind zwei erwachte Posten, von denen der eine vielleicht den Totengräber darstellt, der mithalf, als Christi Leiche in das Felsengrab des reichen Joseph von Arimathäa gelegt wurde. Der Krieger ganz rechts hat einen Streithammer des Typs, der Luzerner Hammer genannt wird.

Nach diesem militärgeschichtlichen Abstecher wenden wir uns wieder dem Hauptthema zu, Christi Leiden und Tod. An der Nordkappe sieht man den Abstieg ins Reich des Todes, wo Christus als Überwinder des Todes geschildert ist. Er trägt eine Siegesfahne, und alle fünf Wunden sind sichtbar.

Die Tore des Todesreichs sind zerbrochen, und Christus beugt sich vor, um den Toten aufzuhelfen, während Teufel anderswo die Toten daran zu hindern versuchen, den Qualen der Hölle zu entkommen.

An der Südkappe ist Christi Himmelfahrt aufgemalt mit seinen deutlichen Fußabdrücken auf dem Felsen. Darauf folgt an der Westkappe das Pfingstwunder, wie es in der Apostelgeschichte im 2. Kapitel beschrieben ist: „Plötzlich erhob sich vom Himmel her ein Brausen wie von einem Sturmwind und erfüllte das ganze Haus, in dem sie versammelt waren. Es erschienen ihnen Zungen wie von Feuer und ließen sich auf jedem einzelnen von ihnen nieder."

Im westlichen Joch des Schiffes sieht man Birgittas Vision von Christi Geburt, wie wir sie in Verbindung mit der Kirche von *Tuse* besprochen haben. Dort befindet sich außerdem eine Szene mit den Heiligen Drei Königen.

Interessanter ist aber die Darstellung des Martyriums des heiligen Laurentius. Er liegt schon auf dem Marterrost, und das Feuer flammt auf dank dem einen Büttel, der es mit einem Blasebalg entfacht. Sein Helfer schüttet gleichzeitig Brennmaterial auf. Nichts wird hier der Phantasie überlassen. Die Szene bekommt eine größere Bedeutung, wenn man weiß, daß die Kirche dem heiligen Laurentius geweiht war. Ja, die Kirche von Undløse konnte sogar damit prahlen, Reliquien des Heiligen zu besitzen. Sie wurden übrigens in einer Bleikapsel gefunden, als man in neuerer Zeit den gemauerten Altartisch untersuchte. Dies entsprach der normalen mittelalterlichen Praxis: Man stattete die Altäre mit einem sogenannten Heiligengrab oder einem Reliquienversteck aus. Die Reliquien des heiligen Laurentius in Undløse waren offenbar von hohem Wert, da die Kirche im späten Mittelalter eine berühmte Wallfahrtsstätte wurde.

Bevor wir die Kirche verlassen, müssen wir noch die Barockkanzel betrachten. Sie stammt von Abel Schrøder dem Jüngeren, der die Holzschnitzarbeit 1643 ausführte, und wurde der Kirche von Frederik Reedtz und seiner Frau Sophia Høg gestiftet. Frederik Reedtz war ein besonders guter Kunde bei Abel Schrøder in seiner Eigenschaft als Lehnsmann auf Vordingborg. Er hatte dies Amt von 1632 bis 1658 inne, aber schon beim Antritt bestellte er das erste Stück Kircheninventar bei Abel Schrøder in Næstved, eine Kanzel für die Kirche in *Næstelsø*. Später folgten mehrere Bestellungen, die oft auch seinen Namenszug vorsahen. Die Kanzel für Undløse hat er 1634 sicher besonders gern bestellt, weil es sich hier um seine Heimatkirche handelte.

Auf dem Kirchhof kann man die Grabstätte eines der bekanntesten Politiker vom Ende des vorigen Jahrhunderts sehen, des rechtsstehenden Jacob Brønnum Scavenius Estrup (1825–1913). Er regierte das Land mit Hilfe einer Reihe von provisorischen Gesetzen in den Jahren 1877 bis 1894. Estrup war in Arbeiterkreisen so verhaßt, daß auf ihn 1895 ein Attentat verübt wurde. Ein Schriftsetzer namens Julius Rasmussen feuerte zwei Revolverschüsse auf Estrup. Das Attentat mißglückte, führte aber dazu, daß Estrup ein besonderes Gendarmeriekorps errichtete.

Torbenfeldt, ganz auf Inseln gelegen, erhebt sich mit seinen weißgekalkten Mauern und Türmen über den umgebenden See und vermittelt so den Eindruck von Macht und Unnahbarkeit. Das Hauptgebäude steht auf der letzten der Inseln und besteht aus drei massiven Flügeln, von denen der südliche Reste

Der Herrenhof Torbenfeldt erhebt sich machtvoll auf seinen Inseln. Die Turmspitzen und die Treppengiebel wurden erst 1906 zugefügt.

eines spätgotischen Steinhauses enthält. 1577 wurde für Anne Rosenkrantz der Mittelflügel gebaut, der aber erst später, nämlich 1755, seine jetzige Gestalt bekam. Aus demselben Jahrhundert stammt der Nordflügel, der einen älteren Fachwerkflügel ersetzen sollte. Der schwere, vierkantige Turm außen am Südflügel wurde auf Initiative von Manderup Brahe errichtet, der um die Mitte des 17. Jahrhunderts den Hof besaß.

Auf der nächsten Insel liegt der ansehnliche Stallhof, der ursprünglich die Vorburg bildete, und schließlich folgt der Wirtschaftshof auf der Wiesenniederung. Es ist im übrigen wahrscheinlich, daß das Gut seinen Namen von Torben Jensen hat, der in die Familie von Marschall Stig Andersen Hvide eingeheiratet hatte.

Die Kirche von Holmstrup hat einen sehr imponierenden dreiseitigen Chor mit schön ausgearbeiteten Blendenfeldern.

Mørkov wird um 1370 unter der Bezeichnung *Myrækow* erwähnt. Die Dorfkirche war ursprünglich ein romanisches Backsteingebäude, von dem das Schiff erhalten ist. Der jetzige Chor wurde in spätgotischer Zeit gebaut. In der Kirche gibt es eine Reihe hervorragender Kalkmalereien des „Isefjordmeisters“, die auf die Zeit nach 1465 datiert werden können, das heißt in die Regierungszeit Christians I.

Mørkov wurde aber auch auf andere Weise bekannt, denn hier wurde 1844 die erste Kleinbauernvereinigung mit Peder Hansen als Vorsitzendem gegründet.

Die **Kirche von Holmstrup** gehört unbedingt zu den außergewöhnlichsten Dorfkirchen Dänemarks. Mit ihrem dreieckigen Chor und ihrem breiten Langhaus gleicht der Bau kaum einer anonymen Dorfkirche. Dafür gibt es eine ganz einfache Erklärung: In der Nähe lag eine heilige Quelle, die nicht nur bei den Leuten der Gegend beliebt war, sondern die im ganzen Land wegen ihrer Wunder bekannt war. Die herbeiströmenden Scharen kranker Menschen bildeten einen so großen wirtschaftlichen Anreiz, daß man in spätgotischer Zeit eine Kirche zu bauen beschloß.

Der imponierende Bau wurde 1492 auf Initiative des Roskilder Bischofs Niels Skave errichtet. Auf einem Balken im Chor kann man folgende – hier aus dem Lateinischen übersetzte – Inschrift lesen: „Zu Ehren des Bekenners St. Søren, der auf Gottes Geheiß an dieser Stelle Sterbenden mit göttlichen Wundern zu Hilfe eilte.“

Bevor wir mehr über die Quelle berichten, sei kurz das Gebäude betrachtet: Es gehört zu den wenigen dreischiffigen Dorfkirchen. Das Mittelschiff hat ganze sieben Gewölbejoche, die von viereckigen Pfeilern getragen werden. Beachten Sie die hohen Spitzbogenfenster und die Blendenfelder der Chorpartie! In einem der Fenster saß früher eine außerordentlich schöne Glasmalerei mit dem Wappen von Niels Skave. Sie befindet sich jetzt im Nationalmuseum. Auch die beiden Türflügel der Vorhalle sind von hoher Qualität und stammen aus der ersten Hälfte des 16. Jahrhunderts.

Als Niels Skave seine Kirche gebaut hatte, brauchte man natürlich auch eine Reliquie des heiligen Søren, um die Kultstätte zu vollenden und die Wallfahrer zu großzügigen Spenden zu inspirieren. Diese Reliquie fand man später unter einer Deckplatte im Altartisch. Sie erwies sich als Knochen, doch nicht von einem Menschen, wie man glauben sollte, sondern von einem Schwein! Ach ja, was hätten die frommen Leute wohl gedacht?

Wer war übrigens dieser Heilige mit einem so dänisch klingenden Namen? Um 400 saß er als Bischof in Köln, wo er Severin genannt wurde. In der Kirche von *Stubbekøbing* kann man ihn auf einer Kalkmalerei sehen. Darüber hinaus scheinen seine Taten hierzulande ausschließlich mit Quellen verbunden gewesen zu sein. So gibt es noch eine *St.-Søren-Quelle*, und zwar bei Rye in Ostjütland.

Nach der Reformation versuchte die Kirche, die Quellenverehrung von Holmstrup zu beenden, und das gelang in diesem Falle auch. Seelands berühmter Bischof Peder Palladius (1503–1560) besuchte den Ort und konnte in seinem Buch folgendes notieren: „Da ist ein guter Däne als Pastor in Holmstrup und Kipping; wer dorthin mit seiner Gottlosigkeit kommt, dem zeigt er den rechten Weg. St. Søren ist verschwunden und mit ihm sein Block." Unter „Block" versteht man hier die Geldbüchse, den Opferstock.

Der **Bromølle-Krug** liegt an einer alten Furt über die *Åmose Å*. Früher lag dort eine Wassermühle, aber diese wurde schon 1777 aufgegeben. Der Krug soll angeblich der älteste des Landes sein, doch kann das nicht für die Gebäude gelten, die kaum mehr als einige hundert Jahre alt sind.

Im Garten steht eine riesige, alte Eibe, deren Alter auf 1400 bis 1500 Jahre geschätzt wird. Um die Jahrhundertwende wiesen Forscher auf einen Zusammenhang zwischen der Eibe und der nahe gelegenen heiligen Quelle in *Ulkestrup* samt der nördlich davon liegenden Häusergruppe namens *Ulvig*. Dabei knüpfte man zunächst an den Umstand an, daß die Eibe im heidnischen Norden ein heiliger Baum war. Sie war dem Kriegsgott Ull geweiht, wohl weil sich ihr Holz so gut für die Herstellung von Bogen eignete. Ull hatte den Beinamen *Bogengott*. Man bemerkte des weiteren, daß der Ort Ulvig vermutlich in alter Zeit Ullvi hieß, das heißt Ulls Heiligtum. Aber einen abschließenden Beweis für den Zusammenhang scheint die moderne Wissenschaft noch nicht geliefert zu haben.

Åmosen ist Seelands größtes Moor und gehört zu den schönsten dänischen „Kulturlandschaften". Der alte Name war „Susen". Die Archäologen haben dort etwa 100 steinzeitliche Wohnplätze nachgewiesen, was die Vorstellung eines pulsierenden Gemeinwesens vermittelt. Das Moor war ursprünglich ein Süßwassersee, und die ersten, die sich dort niederließen, lebten von der Jagd und von der Fischerei.

Die älteste Wohnplatzkultur ist vielleicht 8000 Jahre alt und gehört in die „Maglemosezeit". Die Wälder waren damals von der Kiefer und der Haselnuß geprägt, in der Tierwelt dominierten Wildschwein, Kronhirsch und Auerochse. Die wichtigsten Wohnplatzfunde wurden in *Kongsted, Kongemose, Verup* und *Øgårde* gemacht.

Lerchenborg wurde als adeliges Gut um die Mitte des 18. Jahrhunderts errichtet, und zwar durch den General und Geheimrat C. Lerche, der 1751 in den exklusiven Stand der dänischen Grafen aufgenommen wurde. Der Hof ist somit ebenso alt wie die Güter *Bregentved* und *Ledreborg*, die damals auch nach einer größeren Zusammenlegung von Ländereien entstanden.

Das Hauptgebäude des Schlosses wurde in den Jahren 1743–1745 unter Mitwirkung Nicolai Eigtveds, des besten Architekten der Zeit, gebaut. Die Anlage ist von der Forderung des Barock nach Symmetrie und achsenorientierter Anordnung der Gebäude geprägt. So geht eine Hauptachse durch die Mittelpartie des Hauptgebäudes und die zu-

Hauptgebäude von Lerchenborg.

gehörige Hofanlage samt Garten. Alles andere ordnet sich dieser Achse unter.

Vom Hauptgebäude gehen Seitenflügel aus, wodurch nach französischem Vorbild ein Ehrenhof («cour d'honneur») gebildet wird. Die Gartenfassade ist durch drei Risalite (vorspringende Partien) aufgeteilt und hat im übrigen viel Ähnlichkeit mit der Gartenfront des jetzt verschwundenen *Schlosses Hirschholm.*

Als Nicolai Eigtved den Umbau von Bregentved in Angriff nahm, kam von seinem Zeichentisch auch ein Projekt, das große Verwandtschaft mit den erwähnten beiden Gartenfassaden hatte. Kurz, das Thema war höchste Mode. Doch gehen wir jetzt etwas ins Detail: Über den Seitenrisaliten befindet sich ein halbrunder Fronton, während der Mittelrisalit von einem Dreieckfronton gekrönt wird. Alle Frontons sind mit Sandsteindekorationen ausgeschmückt.

Der Garten von Lerchenborg gehört zu den besterhaltenen in Dänemark. General Lerche besorgte sich hier ausländische Hilfe, indem er den französischen Militäringenieur de Longueville anstellte. Sie haben sicher nicht nur über den Garten gesprochen. Aus der Entstehungszeit der Anlage stammen die großartigen Hauptalleen, die Queralleen und schließlich der charakteristische Bogengang. Dieser besteht aus geschnittenen Hecken in einem Halbkreisbogen vor der Gartenfront des Hauptflügels. Heute ist der Garten ebenso bekannt wegen seiner vielen Rosenbüsche der edelsten Sorten.

Kalundborg

Erscheint um 1167 im Licht der Geschichte. Der Ausgangspunkt der Gründung ist sehr klar, denn Esbern Snare baute am Ort eine Burg. Die Bezeichnung *Kalund* ist von den Wörtern *kå* (Dohle) und *lund* abgeleitet. Esbern Snare hat, kurz gesagt, seine Festung beim Dohlenwald gebaut. Als er sie am Ende der Bucht anlegte, war es dort nicht menschenleer. Im Gegenteil, man weiß, daß dort ein Dorf namens *Hærvig* lag. Es steht weiterhin fest, daß sich Kriegsflotten mehrmals in Hærvig gesammelt haben. Es ging also bisweilen bei der Dohlenkolonie ganz lebhaft zu.

Mit Hilfe alter Stadtpläne, etwa einer Zeichnung aus Resens Atlas (um 1670), und archäologischer Grabungen in den letzten Jahren konnte man feststellen, daß Esbern Snare in Wirklichkeit zwei Vorburgen gebaut hat. Davon kann man heute die Reste der westlichen im *Ruinenpark* sehen. Zwischen den beiden Vorburgen gab es nun die idealen Möglichkeiten für eine städtische Bebauung, die später von Wällen und Mauern umgeben wurde.

Kalundborg wurde im Laufe des Mittelalters eine bedeutende Stadt. Wann die Stadtrechte erworben wurden, ist unbekannt, aber die ältesten bekannten Privilegien wurden 1485 von König Hans gewährt. Nach der Reformation glitt die Stadt mehr in den Hintergrund. Durch die Schwedenkriege bekam sie einen weiteren Schlag.

Die **Frauenkirche** (Vor Frue Kirke) ist eine der eigentümlichsten Kirchen des Nordens. Ihr Bauherr war ebenfalls Esbern Snare, und der Bau fand in den Jahren 1170–1190 statt. Die Kirche ist mit ihren fünf (!) Türmen beispiellos in Dänemark, und ihre Vorbilder muß man in Osteuropa oder im Orient suchen. Der Grundriß entspricht einem griechischen Kreuz, das heißt, alle Kreuzarme sind gleich lang. Als Baumaterial verwandte man gebrannten Ziegelstein, damals

Die Vorbilder für die Frauenkirche waren vielleicht armenische Kreuzkirchen des 10. Jahrhunderts.

etwas ganz Neues. Das Bauwerk wird von dem großen Mittelturm gekrönt, der auf Granitsäulen in der Vierung ruht.

Diese überaus kühne Konstruktion überstand die Zeiten, bis der Hauptturm am 7. September 1827 einem Unwetter zum Opfer fiel. Glücklicherweise blieben die vier Türme der Kreuzarme unberührt. Dagegen litten Vierungsgewölbe, Kanzel und Altar großen Schaden. Auch die vier schweren Granitsäulen wurden verstümmelt. Der Mittelturm wurde erst 1866 unter Leitung des Architekten Tvede wieder errichtet.

Vom Kircheninventar sei eine Altartafel von Lorentz Jørgensen hervorgehoben, der seine Werkstatt in Holbæk hatte. Sie stammt von 1650.

Das **alte Rektorenhaus** steht in der nordöstlichen Ecke des Kirchhofs, ein spätgotisches, zweietagiges Gebäude aus schweren Backsteinen. Das „Rektorenhaus" ist vielleicht ein voreiliger Ausdruck für die früheste Verwendung, denn man weiß fast nichts über das dänische Schulwesen vor der Reformation. Für das Jahr 1444 ist zwar ein Schulmeister in Kalundborg bezeugt, aber man erfährt nicht, wo er unterrichtete. Es ist möglich, daß das Haus in katholischer Zeit als Pfarrhaus diente.

Anders war es im großen Ausland. In Deutschland gab es zum Beispiel so viele Lese- und Schreibmeister, daß sie ihre eigenen Zünfte bildeten. Aber das basierte natürlich auf größeren städtischen Gemeinwesen als in Dänemark. Die dänischen Kathedralschulen konnten selbstverständlich einiges leisten. Aber eine Universitätsausbildung war ganz ausgeschlossen, bis Christian I. 1479 die Kopenhagener Universität gründete. Vorher war man auf die berühmten Zentren der Gelehrsamkeit in Paris, Bologna oder Padua angewiesen.

Die Reformation brachte eine kleine Revolution im dänischen Unterrichtswesen. Martin Luther hatte gesagt, „dass mann Kinder solle zu schule halten". Diese Programmerklärung drängte auch über die dänische Grenze. 1539 bekam Dänemark eine Kirchenordnung und zugleich das Gesetz

Die alte Lateinschule im Kontrast zu dem fast südländischen Pflanzenwuchs.

über die Einführung der dänischen Lateinschule. Kalundborg bekam jetzt seine Lateinschule, und ihr Rektor wohnte in dem gotischen Haus. Als die Lateinschule 1739 aufgehoben wurde, wurde sie von der Kalundborger Armenschule abgelöst.

Bevor Sie den Kirchhof auf dem Pfad hinunter zu dem heckenbepflanzten Platz unterhalb der Kirche verlassen, beachten Sie bitte die vielen Grabsteine, die ins Gras gelegt sind. Als der Friedhof 1886 aufgehoben wurde, blieben diese Steine zur Erinnerung an die reichen Begräbnisse vergangener Zeiten zurück. Mehrere Grabplatten stammen aus dem 18. Jahrhundert; ein paar könnten sogar ins 17. Jahrhundert datiert werden.

Adelgade 17–19 umfaßt zwei stattliche Fachwerkhäuser, die von Anfang an zusammengebaut waren. Sie stehen beide auf sehr soliden Feldsteinsockeln, von denen der südliche zum Ausgleich des stark abschüssigen Geländes recht hoch ist. Beide Vorderhäuser haben zwei Etagen, deren obere vorkragt. Die Gebäude können in den Anfang des 17. Jahrhunderts datiert werden, als die Renaissance noch die Bauweise in den dänischen Städten beherrschte. Beachten Sie die schön gemusterte Mauerung in den Feldern und die Akanthusdekorationen an den Knaggen! Beide Züge sind für die Zeit typisch. Die Adelgade hat kaum vornehmere Häuser als diese, und man hat sie mit gutem Grund unter Denkmalschutz gestellt.

Gyths Gård liegt am Fuße des Kirchhügels und ist auf den großen Platz orientiert. An der Stelle lag schon im Mittelalter ein Steingebäude. Die Überlieferung behauptete noch 1788, es stamme vielleicht aus der Zeit Esbern Snares. Später lag hier der Färberhof von Kalundborg, dessen Betrieb für die Zeit von 1690 bis 1831 bekannt ist. Schließlich erwarb der Tierarzt E. N. Schnittger den Hof und ließ seine alten Flügel abreißen. Dafür wurde im provinzialklassizistischen Stil der jetzige Hof gebaut. Alle Flügel bestanden nach ihrem Bau 1834 aus Fachwerk, doch die Seitenflügel bekamen später gemauerte Fassaden.

Die Treppenpartie mit den beiden Läufen bildet den Auftakt zur Mittelpartie der Hauptfassade, die von vier grün gemalten, hölzernen Pilastern mit weiß gemalten Kapitellen unterteilt ist. Darüber ruht ein Dreieckfronton mit einem runden Fenster. Und der Rahmen dieser vornehmen Ausschmückung wird von zwei ausgewachsenen Linden gebildet. Wir stehen hier wohl vor einem der vollendetsten Straßenbilder Dänemarks.

1882 wurde in diesem Haus die Schriftstellerin Sigrid Undset geboren. Sie kam später nach Norwegen und wurde wohl am

Türpartien in der Adelgade 10 und 20.

Gyths Gård am Markt.

bekanntesten durch ihren großen Roman „Kristin Lavranstochter“, in dem das Mittelalter als historische Kulisse dient.

Die **Præstegade** (Pastorenstraße) windet sich den südwestlichen Hang des Kirchenhügels hinauf. Mit ihren niedrigen Häusern und der erhaltenen Pflasterung gehört die Straße zu den idyllischsten der Stadt. Von ihren Häusern soll die „Kirkelade“ (Kirch- oder Zehntscheune) erwähnt werden, ein spätgotisches Haus mit Blendengiebeln. Es steht in der Südostecke des Kirchhofs. In älterer Zeit nannte man das Gebäude „Königin Margrethes Torhaus“. Im Mittelalter hat es sicher als Zehntscheune gedient, doch nach der Reformation wurde die Lateinschule darin untergebracht. Der Rektor hatte es also nicht weit von seiner Dienstwohnung aus, die ja am entgegengesetzten Ende des Kirchhofs lag.

Præstegade 21 gehört zu den schönsten Gebäuden der Stadt und harmoniert gut mit „Königin Margrethes Wagentor“. Das Haus hat zwei Stockwerke aus rotem Backstein. Die beiden Giebelpartien sind gestuft. Die senkrecht spitzbogigen Blenden des Westgiebels geben dem Bau Charakter und unterstreichen, daß wir es hier mit typisch spätgotischer Baukunst zu tun haben. 1935 unternahm der Architekt C. M. Smidt eine Rekonstruktion der flachbogigen Fenster, die in spitzbogigen Spiegeln liegen. Die Rekonstruktion geschah auf der Grundlage von Spuren, die um die damaligen Fensteröffnungen herum erhalten waren.

Ursprünglich gab es einen Treppenturm im Süden, von dem aus man beide Etagen erreichte. Von diesem Turm besteht nur noch der unterste Teil, der heute als Kellereingang dient. Das Haus bildete im Spätmittelalter einen Teil des Pfarrhofs. Im 19. Jahrhundert diente es als örtliches Krankenhaus. Danach kam es in private Hände, bis es der Konsul W. F. Bestle 1905 dem Nationalmuseum schenkte.

Man fand im alten Pfarrhof Reste von Kalkmalereien, etwas, was man nur in wenigen anderen spätmittelalterlichen Häusern in Dänemark feststellen konnte. Bedenkt man, wie sehr die Kirchen mit Kalkmalereien ausgeschmückt wurden – selbst noch nach der Reformation, so erscheint es nicht so außergewöhnlich –, daß dies auch auf weltliche Interieurs übergriff.

Auch **Lindegården** (der Lindenhof) gehört zu Kalundborgs markanten Gebäuden. Eine Überlieferung hat behauptet, Hans Lindenov, ein Schwiegersohn Christians IV., habe den Hof in den 1650er Jahren bauen lassen. Hans Lindenov war zu dieser Zeit Lehnsmann auf dem Schloß Kalundborg.

Diese Auffassung stimmt jedoch nicht, und die Bauhistoriker weisen Lindenov heute nur einen Teil des Hauptflügels – des Nordflügels – entlang der Adelsgarde zu. Die sieben westlichen Achsen dieses Flügels wurden erst in den Jahren 1755–1761 errichtet und unterscheiden sich in ihrer Konstruktion deutlich von Hans Lindenovs Bau. Sie entstanden auf Initiative des Amtsverwalters Rasmus Salten, desgleichen der anstoßende Westflügel und der Flügel nach Süden zu. Der Bau von Lindegården war erst 1785/86 beendet, als man den südlichen Hoftrakt anfügte. Die Fachwerkanlage erschien jetzt als harmonische Ganzheit.

Im 19. Jahrhundert ging Lindegården in Privatbesitz über und diente als Kaufmannshof. Die Gebäude wurden ziemlich abgenutzt, und 1907 waren sie vom Abriß bedroht. Aber dank des steigenden Interesses an der Erhaltung historischer Bauten in

Die Giebelfront des Bischofshofs.

Dänemark, das um diese Zeit richtig durchschlug, wurden die alten Gebäude gerettet. Der Hof wurde zunächst mit privaten Mitteln erworben und später von den Behörden unter Schutz gestellt, als das Denkmalschutzgesetz 1918 angenommen war. Er bildet heute eine gepflegte, gelb gekalkte Anlage, in der das Museum für die Stadt und ihre Umgebung eingerichtet ist. Aus der Amtszeit Rasmus Saltens stammt eine Reihe von Zimmern mit Stuckdekorationen im frühen Rokoko- und Louis-Seize-Stil.

Von den Sammlungen des Museums sei eine Ausstellung von Trachten der Halbinsel Refsnæs (Røsnæs) hervorgehoben, wo die Bauern noch zu Beginn des 20. Jahrhunderts diese schönen Trachten an Feiertagen und zu Festlichkeiten benutzten. Die Sammlung aus Refnæs wird durch Trachten aus dem übrigen West-Seeland ergänzt.

Der **Bischofshof** und das **alte Rathaus** liegen in der Adelgade 6–8 und erinnern uns an die große Zeit der Bischöfe von Roskilde. Das große Giebelhaus in rotem Backstein bildete den Südflügel des Bischofshofs. Es besteht nicht ausschließlich aus Backsteinen, denn einzelne große Feldsteine wurden unten an der Fassade verwendet. Die spitzbogigen Spiegel (Einsenkungen) um die Fenster unterstreichen den spätgotischen Stil des Hauses. Die Treppe führt hinunter in eine niedrige Kelleretage, während der obere Teil des Gebäudes einen großen Saal enthielt.

Das jetzige Giebelhaus wurde vermutlich am Ende des 15. Jahrhunderts gebaut, aber als Institution ist der Bischofshof älter. Eine Quelle berichtet schon 1401 vom „bispegård“ in Kalundborg. Das war zu der Zeit, als Peder Jensen Lodehat gerade sein hohes Amt in Roskilde angetreten hatte und zugleich der Königin Margrethe als Kanzler diente.

Mit dem Giebelhaus ist ein gelb gekalkter Seitenflügel zusammengebaut, der ebenfalls zum Bischofshof gehörte. Kurz nach der Reformation ließ Christian III. den Hof unter die Stadt Kalundborg und vier Bürger der Stadt aufteilen, und damit begann eine Zeit des Niedergangs, in der vieles zerfiel. Quellen zeugen davon, daß schon 1682 das Giebelhaus stark mitgenommen war. Von 1539 an diente es als Ratsstube der Stadt, bis 1854 ein neues Rathaus vollendet war.

Die Häuser mit den geraden Hausnummern der Adelgade westlich des Bischofshofs weisen auch eine Menge interessanter Details auf. Sehen Sie sich nur die Türpartien von Nr. 20 und Nr. 10 an! Beide haben schöne Füllungstüren aus dem 18. Jahrhundert und Steinstufen davor. Die Oberlichter, die im übrigen dunkle Flure erleuchten sollten, haben schön geschwungene Sprosseneinteilungen. – Der Rundgang geht von hier weiter zum *Klosterparkvej.*

Kloster Kaalund („das Vorwerk des Schlosses Kalundborg“) steht mit seiner prächtigen, gelb und weiß gekalkten Fassade zur Straße hin. Der ansehnliche Bau wird durch Lisenen in 35 Achsen eingeteilt. Weniger sollten es nicht sein, und der Besucher fragt natürlich, wer hinter einer so ehrgeizigen Konstruktion stand.

Es war der General Christian Lerche, und Kaalund soll natürlich im Zusammenhang mit seiner fleißigen Bautätigkeit auf Lerchenborg gesehen werden. Nur wenige Jahre trennen die beiden Monumente voneinander.

Der erhaltene Flügel war ursprünglich das Hauptgebäude in einer vierflügeligen Anlage, die in den Jahren 1751/52 gebaut wurde. Verantwortlicher Architekt war vermutlich J. C. Conradi, Vorbild das große

Der weitläufige Marktplatz von Kalundborg, verewigt von dem Maler und Fotografen P. W. Timm. Das Foto ist ziemlich einmalig, denn die Frauenkirche zeigt sich in ihrer verstümmelten Gestalt mit nur vier von ihren fünf Türmen. Der Mittelturm wurde erst im Zusammenhang mit der allgemeinen Instandsetzung der Kirche in den Jahren 1867–1871 wieder aufgebaut. Beachten Sie auch, wie klein die Bäume vor Gyths Gård zu dieser Zeit waren! Auch die Pflasterung ist zeittypisch.

Packhaus der Asiatischen Kompanie in Christianshavn, das Nicolai Eigtved entworfen hatte und 1750 vollendet sah. General Lerche hatte übrigens ein Palais hinter der Börse in Kopenhagen, und er hat sicher das Vermögen der Handelskompanie etwas scheel angesehen und sich seine Gedanken gemacht.

Schade, daß Christian Lerche keine Gelegenheit bekam, seine Besitzungen lange zu genießen. Schon 1758 starb er.

In unserem Jahrhundert erfuhr der Hof eine üble Behandlung, indem man sich noch 1949 erlaubte, die drei Seitenflügel abzureißen. Als er vor wenigen Jahren von einem Brand heimgesucht wurde, konnte man wieder für sein weiteres Schicksal fürchten. Zum Glück wurde aber eine umfassende Restaurierung in die Wege geleitet.

Rundgänge können auf so viele Arten enden, aber wir wollen hier Meir Goldschmidt das letzte Wort lassen. Er gehörte wohl zu den bedeutendsten Schriftstellern des 19. Jahrhunderts und hatte eine außergewöhnliche Fähigkeit, Stadtmilieus zu beschreiben. Goldschmidt hatte einen Onkel in Kalundborg, der ein geschäftiger Kaufmann war. Zu seinem großen Betrieb gehörten Schiffe, das Holzlager und der Kaufmannshof. Letzterer lag nach der *Kordilgade* hin. Der Schriftsteller beschreibt das Haus seines Onkels folgendermaßen: „Wenn ich diese Gebäude mit ihren gestuften Giebeln, vorspringenden Kanten und dunklen Ecken später betrachtete, verstand ich, wie im Hause so viele geheimnisvolle Sagen und Spukgeschichten entstehen konnten. Sie beschränkten sich nicht aufs Holzlager und die Mädchenkammer."

Am Isefjord

Die Gegend zwischen dem Isefjord im Nordosten und dem *Skarresee* im Westen wird schon im *Erdbuch* Waldemars II. von 1232 unter der Bezeichnung *Tuzæ-* oder *Tucehereth* (Tuse-Harde) erwähnt. Die Halbinsel *Tuse Næs* gehört zu den fruchtbarsten und hügeligsten Teilen der Harde. Dort wollen wir einen Augenblick anhalten.

Sprachforscher haben auf eine uralte Verwandtschaft zwischen den Wörtern „næs" (Halbinsel) und „næse" (Nase) hingewiesen. Sie stellen sich vor, daß die Leute seit alters ihre Halbinsel als eine „Nase" auffaßten, die in den Isefjord hinausragte. Dies ist eines der vielen Beispiele dafür, wie man früher ungewöhnliche Küstenformen mit Begriffen aus dem Tierreich oder der menschlichen Anatomie beschrieb. Die dänische Landkarte ist voll davon. Nehmen Sie als Beispiel nur einige dänische Küstenprofile wie: *Bjørnehoved* (Bärenkopf) bei Frederiksværk, *Mandehoved* (Mannskopf) an Stevns Klint und *Ørnehoved* (Adlerkopf) bei Stigsnæs.

Doch zurück zur Tuse-Harde. Im vorigen Jahrhundert konnte man auf der Reise von Holbæk nach Nykøbing den Weg über die Halbinsel abschneiden. Man benutzte zuerst eine Fähre von Holbæk nach *Markeslev* auf der Südseite von Tuse Næs. Der Weg ging nun über Land nach *Kisserup* und von da wieder per Schiff über den Lammefjord zum *Fährhaus Kongsøre.* Der letzte Teil der Reise führte wieder über Land, bevor schließlich Nykøbing auftauchte.

Die **Kirche von Hørby** muß als Adelskirche gebaut worden sein, denn seit alter Zeit lag in ihrer unmittelbaren Nähe der Herrenhof *Hørbygård.* Doch werden wir kaum jemals erfahren, wer die Mittel für die Errichtung der Kirche gestiftet hat. Der älteste bekannte Eigentümer von Hørbygård hieß Niels Tuesen. Er wird aber erst für die Zeit von 1314 bis 1339 genannt, und damals stand die Kirche schon seit mehr als 150 Jahren.

Die ältesten Teile des Gebäudes sind Chor und Schiff. Ihre großen Mauerflächen bestehen aus Feldstein; für die Details verwandte man dagegen Kalktuff, wie man zum Beispiel am Ostfenster des Chors erkennen kann. Der Kalktuff erscheint als grauer und oft etwas poröser Stein. Die beiden Vorhallen wurden in spätgotischer Zeit hinzugefügt und sind auf die beiden ursprünglichen Eingänge orientiert, das Männerportal im Süden und das Frauenportal im Norden. Der Westturm dürfte um 1500 gebaut worden sein.

Es ist ganz ungewöhnlich, zwei mittelalterliche Türen in derselben Kirche erhalten zu finden. Sie hängen beide in der südlichen Vorhalle, und zwar so, daß die ältere sich innen befindet. Sie stammt aus spätgotischer Zeit und trägt nur geschwungene Eisenbeschläge samt einem Türring. Eine prächtige Arbeit, die sich mit dem Türflügel in *Fårevejle* und der Südtür in *Vejby* messen kann. – Die jüngere Tür trägt die Jahreszahl 1520. Ihr Türring ist an einem Löwenkopf befestigt, der vielleicht ins 13. Jahrhundert datiert werden kann.

Beachten Sie auch die Triumphwand, wo über dem Chorbogen ein langer Balken mit geschnitzten Figuren sitzt! In der Mitte sieht man ein Kruzifix, flankiert von der Gottesmutter Maria und von Maria Magdalena. Die übrigen Figuren stellen die elf Apostel dar. Diese Schnitzarbeit stammt aus katholischer Zeit, als es üblich war, ein Kruzifix, das sogenannte *Laienkruzifix,* über dem Triumphbogen anzubringen. Oft wurde aber die Kreuzigung zu ganzen Szenen ausgebaut, wie wir es gerade hier in der Kirche von Hørby sehen.

Hagestedgård kann seine Geschichte bis in die Zeit Waldemars II. zurückführen, doch bekam das Gut erst nach der Reformation größere Bedeutung, als Reichskanzler Johan Friis 1540 den Ort erwarb. Dieser Gutskauf war nur einer aus einer ganzen Reihe von Erwerbungen, die Johan Friis zu einem

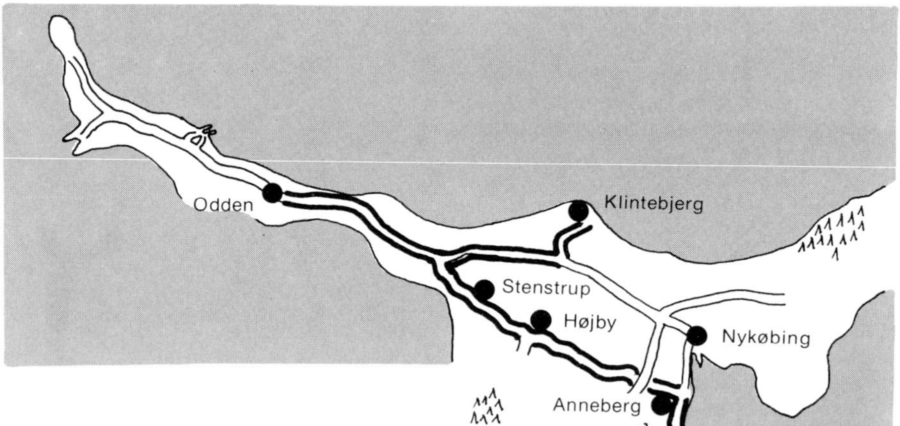
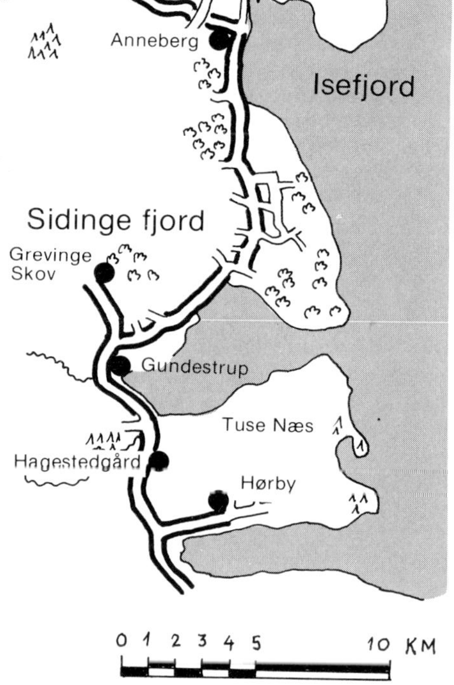

der mächtigen Landbesitzer machen sollte. Unter seinen vornehmsten Besitzungen waren *Borreby* auf Seeland und *Hesselagergård* auf Fünen, wo er jeweils prachtvolle Herrenburgen errichten ließ. Das Hauptgebäude von Hagestedgård blieb dagegen bescheiden, selbst wenn der Reichskanzler es in Backstein bauen ließ.

Zu Beginn des 17. Jahrhunderts kam das Gut in den Besitz von Henrik Thott, doch der ging in Konkurs und mußte das Anwesen 1663 Thomas Bartholin überlassen. Das gereichte dem Gut sehr zur Ehre, denn Bartholin war einer der berühmtesten Wissenschaftler auf dem Gebiet der Medizin und außerdem ein Sohn des fast ebenso bekannten Caspar Bartholin des Älteren. Thomas Bartholin hatte europäischen Ruhm erworben, indem er als erster ein Werk über die Lymphzellen herausgab. Er revidierte auch das Anatomiebuch „Institutiones“ seines Vaters, das in ganz Europa bekannt war. 1651 gab er dasselbe Werk neu heraus, mit vielen wertvollen Ergänzungen und unter seinem eigenen Namen. Das Buch hieß „Anatomia reformata“ und war in internationalen Medizinerkreisen außerordentlich gefragt. Die Bartholinschen Anatomiebücher kamen in den Jahren 1611–1686 in der imponierenden Zahl von 30 Ausgaben und in mehreren Sprachen heraus.

Die Medizin war nicht Thomas Bartholins einzige Leidenschaft. Er kam auch auf die Idee, über Naturphänomene wie strahlende Menschen und Tiere zu schreiben und dabei auch die Frage der Heiligenscheine zu diskutieren!

Hagestedgård brachte nicht die angenehme Ruhe für den großen Forscher, denn schon zwei Jahre vor dem Kauf des Anwesens 1663 hatte er sich von seinen Unterrichtspflichten befreien lassen, weil er von Nierensteinen geplagt war. Trotz Krankheitsqualen führte er in den folgenden Jah-

Der berühmte Anatom Thomas Bartholin (1616–1680). Das Porträt hing früher im Schloß Rosenborg, befindet sich aber jetzt im Museum Frederiksborg.

ren eine lebhafte Korrespondenz mit den großen Gelehrten des Auslands. Er hatte auch seine bedeutende Bibliothek nach Hagestedgård mitgebracht, so daß es genug zu tun gab.

Thomas Bartholin wurde aber von noch größerem Unglück getroffen, das ihm fast die Lebenslust nahm. 1670 brach nämlich ein Brand aus, der in kurzer Zeit den ganzen Hof einschließlich seiner kostbaren Bücherei zerstörte. Es war, als ob ihn ein Blitz getroffen hätte, und es half wenig, daß Christian V. ihm drei Jahre Steuerfreiheit gewährte. Der Verlust war allzu schmerzlich. Zwar wurde das Gut 1672 wieder aufgebaut, aber es wurde nie mehr wie in den besseren Tagen. Bartholin starb 1680 an der Krankheit, die ihn so lange geplagt hatte.

Bartholins Hauptgebäude wurde 1748 größtenteils abgerissen und durch die jetzige dreiflügelige Anlage ersetzt. Der Ostflügel kann aber etwas älter sein. Zum Westflügel fügt sich ein turmartiges Gebäude, dessen unteres Mauerwerk auf die Bautätigkeit von Johan Friis zurückgeführt werden kann.

Die **Kirche von Hagested** weist eine Reihe interessanter Kalkmalereien aus romanischer Zeit auf. Sie können auf etwa 1200 datiert werden, die Jahrhundertwende in der dänischen Geschichte, die den Tod Bischof Absalons und die Machtübernahme König Waldemars II. des Siegers erlebte.

In der Apsis der Kirche sieht man eine Darstellung Christi in der Mandorla; Christus und die vier umgebenden Evangelistensymbole tragen vergoldete Stuckglorien. Man wünscht sich, daß Thomas Bartholin diese prächtigen Glorien sehen durfte! Die Bilder sind leider recht hart restauriert, und man hat sogar das Gesicht des Matthäusengels neu gemalt.

Die Triumphwand zeigt eine männliche Person in weltlicher Kleidung und – ungewöhnlicherweise – mit einer Mütze auf dem Kopf. Dieser feine Herr reicht Gottvater ein Kirchenmodell. Es ähnelt am ehesten einer kleinen runden Kapelle, aber es soll die Kirche von Hagested darstellen. Das Bild soll uns nämlich berichten, daß der „Mützenmann“ entweder der Kirche eine große Gabe gestiftet hat, sie mit Kalkmalereien hat ausschmücken lassen oder vielleicht sogar ihren Bau finanzierte. Man kann vermuten, daß der Stifter entweder der Besitzer von Hagestedgård oder der königliche Lehnsmann war. Ein solches Bild, wo eine Person Gott ein verkleinertes Kirchengebäude schenkt, nennt man ein *Stifterbild.*

Die spätmittelalterliche Altartafel der Kirche darf natürlich auch nicht übergangen werden. Sie stammt von etwa 1500 und zeigt im Mittelschrein die Golgathaszene. Der gekreuzigte Christus hängt zwischen den beiden Schächern. An den Seitenflügeln sieht man Bilder von Christi Leidensgeschichte, Tod und Auferstehung. Die Felder haben vergoldetes und fein geschnitztes Rankenwerk.

Die Eindämmung des **Lammefjords** wurde 1873 ernsthaft begonnen, aber das war in Wirklichkeit nur eine späte Phase in einem gewaltigen Landgewinnungsprojekt, welches 1841 in dem benachbarten *Sindinge-*

Fjord begann. Dies Gebiet gehörte dem dänischen Staat, der für die Arbeit viel Geld einsetzte. Dazu kam, daß viel von dem gewonnenen Land für den Anbau völlig unbrauchbar war.

Weit besser erging es dem in Privatbesitz befindlichen Teil des Lammefjords, dessen innerster Abschnitt – *Svinninge-Vejle* – in den Jahren von 1852 bis 1862 eingedämmt und ausgetrocknet wurde. Die Arbeit wurde vom Lehnsbaron G. F. O. Zytphen-Adler vom Gut Dragsholm durchgeführt. Durch das gute Resultat ermuntert, begann er nun die Eindämmung der ganzen Bucht.

Zytphen-Adler war einer der fortschrittlichsten Leute aus dem Stand der Gutsbesitzer und daher der richtige Initiator. Das versteht man vielleicht noch besser, wenn man weiß, daß er 1873 einen Plan zur Teilhaberschaft auf Dragsholm vorlegte, der den Bauern Anteil am Überschuß geben sollte. Daran sollte man einmal denken, wenn man die heutige Diskussion über Gewinnbeteiligung in Betrieben verfolgt. Was das Lammefjordprojekt betrifft, so sah Zytphen-Adler ein, daß man zunächst ein ökonomisches Fundament für eine so große Aufgabe schaffen mußte. Darum wurde 1873 eine Aktiengesellschaft zu diesem Zweck gestiftet, und dann begann die praktische Arbeit.

Man hatte vor, einen Damm von *Gundestrup* in der Odsharde nach *Avdebo* in der Tuse-Harde zu bauen. Keine kleine Aufgabe, wenn man bedenkt, daß sich der Damm über 2,3 Kilometer erstrecken sollte. Trotzdem brauchte man nur eineinhalb Jahre, um diesen Teil der Arbeit zu vollenden. Das letzte große Loch im Damm war 60 Meter breit, und man mußte mit bedeutenden Strömungen kämpfen. Aber es gelang, das Loch mit Hilfe von vier Senkkästen zu schließen.

Die Bauarbeiten am Damm und das Graben der Kanäle waren teilweise Sache der örtlichen Kleinbauern. Man stellte aber auch Tagelöhner vom damaligen Eisenbahnbau ein, die „børster“ (eigentlich Bürsten, etwa Strolche, Raudis). Sie hatten keinen festen Wohnsitz und lebten da, wo ihre Arbeitskraft gebraucht wurde.

Nach der Eindämmung begann allmählich eine Besiedlung, aber nicht mit großem Aufsehen; dafür waren die Zukunftsaussichten zu düster. Es war so unendlich flach auf dem alten Meeresboden; schlammig und lehmig. Die Leute lästerten: „Sieht man einen Hasen, so kann man ihn acht Tage lang laufen sehen.“ Ein Teil des Bodens war gut und wurde von den Bauern recht schnell erobert, während anderes nicht verlockend war. Ironische Bemerkungen gingen zwi-

Die Kirche von Højby liegt, wie der Name sagt, hoch im Land und gehört zu den ältesten seeländischen Feldsteinkirchen. Im Fußboden wurden Münzen von etwa 1150 gefunden.

Die Hansekogge hatte ganz gerade Steven, hohe Seiten und Verteidigungskastelle, die später Kajüten wurden. Nach dem Stadtwappen von Stralsund.

schen den Aussiedlern hin und her. Sie gaben schnell ungünstigen Örtlichkeiten Namen wie „Udørkenen“ (Einöde) und „Elendighed“ (Elend) – ganz zu schweigen von „Sibirien“.

Die Ausmaße des jetzigen Dammes wurden nach einigen umfassenden Erweiterungen erreicht. Sie begannen 1953, als eine ursprüngliche Höhe von 3,30 Metern über der Meeresoberfläche auf 3,55 Meter angehoben wurde. Zytphen-Adler kann jetzt ganz zufrieden sein mit dem, was er begonnen hatte. Er selbst versuchte, seine Tat in größeren Perspektiven zu sehen. In seinen hinterlassenen Aufzeichnungen schreibt der Lehnsbaron einmal: „Ich wünsche, daß nicht nur meine Nachfolger in der Baronie, sondern alle, die von meiner Frau und mir abstammen, niemals vergessen mögen, daß ‚Adel verpflichtet‘ und daß das wahre Glück des Besitzenden darin liegt, in dem Kreis – er mag groß oder klein sein –, in den Gott einen jeden gestellt hat, Glück und Segen zu schaffen.“

Der **Fährkrug von Gundestrup** liegt am Nordende des Dammes, und der Name erinnert an die Zeit vor der Landgewinnung, als eine Fähre zwischen Avdebo und Gundestrup verkehrte. Nicht weit davon liegt *Grevinge Skov* (der Wald von Grevinge), in dem es ein Langbett gibt, im Volksmund „Hamlets Grab“ genannt.

Grevinge ist aber nicht der einzige Ort, mit dem Hamlets Name verbunden ist. Die Sagengestalt beschäftigte die Phantasie des Volkes und inspirierte zu lokalen „Kultstätten“. Bekannt ist das Dorf *Ammelhede* bei Randers, wo man ebenfalls behauptet hat, Amled läge hier begraben, und Professor R. M. Petersen erwähnt in seiner *Geschichte Dänemarks in heidnischer Zeit* von 1854, seinen Namen trüge noch Amleds Heide bei Viborg.

Eigentlich haben die Jüten mehr Recht, dem Sagenprinzen ein Grab zu „schenken“, denn nach der Dänemarkgeschichte des Saxo Grammaticus aus dem 13. Jahrhundert war Amled ein Herrscher über Jütland, bis er im Kampf fiel. Als Shakespeare, wie bekannt, die Handlung in seinem Schauspiel nach Helsingør verlegte und das Drama auf dem Schloß spielen ließ, mußte das natürlich auch einen lokalen Kult verursachen. Erfinderische Leute meinten, im Garten von *Marienlyst* sei Hamlets Vater im Schlafe ermordet worden. Im 19. Jahrhundert zeigte man ein „Grab Hamlets“, das, auch von englischen Touristen, fleißig besucht wurde.

Die **Sammlung von Anneberg** bei Nykøbing enthält die größte private Sammlung von antikem Glas in Nordeuropa. Sie umfaßt neben griechischer und römischer Glaskunst auch Höhepunkte der spanischen und der böhmischen Glasbläserei. Gegenüber dem Museum liegt der Herrenhof Anneberg, dessen früheres Hauptgebäude 1856 errichtet wurde. Der Stil ist hier italienisch, im Gegensatz zum neuen Hauptgebäude, das im englischen Renaissancestil gebaut ist.

Die **Kirche von Højby** ist eine von Seelands ältesten Feldsteinkirchen, wohl vom Beginn des 12. Jahrhunderts. Die Kalkmalereien der Gewölbe sind hervorragend und verraten einen Künstler mit großer Erzählfreude. Sie werden auf das Ende des 14. Jahrhunderts datiert.

Wir wollen zuerst das Motiv an der Südkappe im östlichen Schiffsgewölbe betrachten. Hier hat der Maler zwei einmastige

Schiffe wiedergegeben, Koggen in starkem Wellengang und mit geschwellten Segeln. In der vorderen Kogge steht ein König mit Pfeil und Bogen in den Händen, in der hinteren sieht man drei Figuren. Der Maler erzählt hier die Legende von Olaf dem Heiligen und seinem Bruder Harald dem Harten, die um Norwegens Thron um die Wette segelten. Olaf hatte seinem Bruder das schnellere Schiff überlassen, und Harald war im Vorteil. Aber der fromme Olaf ging unterwegs zur Messe, und daher lief sein Schiff schneller, sogar so schnell, daß der Pfeil, den er in Fahrtrichtung abschoß, trotzdem hinter dem Schiff ins Wasser fiel.

Hier wird nicht nur eine gute Heiligenlegende erzählt, sondern wir bekommen zugleich Einblick in ein Stück Seefahrtsgeschichte. Die Kogge war nämlich zur Entstehungszeit dieser Malerei ein sehr verbreiteter Schiffstyp. Er wurde vermutlich in den westeuropäischen Wattgebieten schon vor der Wikingerzeit entwickelt, von Anfang an dazu bestimmt, bei Ebbe auf dem seichten Meeresboden zu ruhen. Man löste das Problem, indem man das Schiff mit flachem Kiel und breitem Boden konstruierte. Später bekamen die Koggen größere Kiele, behielten aber ihre breiten Böden. Diese dickbauchigen Fahrzeuge waren ideale Frachtschiffe, und mit diesem Schiffstyp eroberten die Kaufleute der Hanse ihre großen Märkte in Nord- und Westeuropa. Man hat nur zwei Wracks von Koggen gefunden. Auf das besterhaltene stieß man 1962 in Bremen.

Ein Beispiel für die prächtigen Gestühlswangen in der Kirche von Højby.

Doch zurück zu den Kalkmalereien! Im selben Gewölbe sieht man eine sehr lebendige Schilderung vom Martyrium des heiligen Laurentius. Die christliche Überlieferung erzählt, ihm sei das grausame Schicksal zuteil worden, lebend geröstet zu werden.

An der Nordwand des Chors sieht man links vom Fenster einen Heiligen, der sich nicht bestimmen läßt. Dafür ist es nicht schwer, die Person zu identifizieren, die neben ihm kniet. Hier gibt es nämlich gute Anhaltspunkte: das Gewand und den Wappenschild. Ersteres trägt schwarze Kanten, was für das erzbischöfliche Ornat in katholischer Zeit charakteristisch ist. Der Wappenschild läßt sich auch bestimmen, denn er zeigt oben ein Schachbrettmuster. Es handelt sich um das Adelswappen der Finkenovs.

Aber welcher Finkenov wird dargestellt? Hier kommt die Archäologie zu Hilfe. Als man in den Jahren 1961–1964 eine durchgreifende Restaurierung vornahm, wurde auch der Fußboden gründlich untersucht, und dabei fand man oben im Chor ein Grab. Es war zwar durch spätere Bestattungen sehr zerstört, aber die Archäologen fanden doch kleine Stoffreste, zerbrochene Bleistücke sowie einen Knochen, der an einem kleinen Stoffetzen befestigt war. Eine Analyse der Stoffreste zeigte, daß sie ursprünglich einmal zu einem kostbaren, gold- und seidedurchwirkten Tuch gehört haben. Es gelang auch, die Bleistücke so weit zu sammeln, daß man einen „Grabkelch" vermuten konnte. Hier sei angemerkt, daß Grabkelche nicht zur gewöhnlichen mittelalterlichen Grabausstattung gehörten, sondern eine Ehre darstellten, die nur hohen Geistlichen zukam.

Die Forscher waren jetzt auf der Spur. Sowohl die Kalkmalerei im Chor wie die Beisetzung verwies auf einen Erzbischof.

Der Kelch konnte auf die Zeit nach 1350 bestimmt werden, und die Malerei muß am Ende des 14. Jahrhunderts entstanden sein. Nun brauchte man nur noch in der Liste der Erzbischöfe nach einem Finkenov in dieser Zeit zu suchen. Natürlich konnte es nur einen Finkenov geben, der damals eine so hohe Stellung in der kirchlichen Hierarchie erreicht hatte. Man wußte, daß 1382 Niels Jacobsen Finkenov Erzbischof von Norwegen wurde. Das Rätsel war gelöst.

Das beschriebene Forschungsprojekt gehört zu den exemplarischen in der mittelalterlichen Geschichte Dänemarks, denn hier gingen Archäologie, Genealogie sowie Kunst- und Kirchengeschichte in einer höheren Einheit auf. Das Ergebnis zeigt zugleich, wie wertvoll Kalkmalereien als Quellen für das dänische Mittelalter sind.

Da wir uns gerade im Chor aufhalten, soll auch die Altartafel präsentiert werden, denn sie ist wirklich ein Prachtstück. Der uns unbekannte Bildschnitzer hat zur Freude des Betrachters 63 bemalte Figuren geschaffen. Sie gehören alle zum dreiflügeligen, spätgotischen Teil, während das Oberteil mit Christi Auferstehung erst 1630 hinzugefügt wurde.

Die Kanzel und der Schalldeckel stammen von Lorentz Jørgensen, der um die Mitte des 17. Jahrhunderts eine große Werkstatt in Holbæk hatte. Seine Holzschnitzarbeiten in Højby, in Holbæk und in Kalundborg waren aber nur ein Vorspiel zu seiner vornehmsten Arbeit, einer Altartafel von 1664 in üppigem Knorpelbarock in Helsingør.

Schön fügen sich die 41 Reihen des Gestühls zu Lorentz Jørgensens Schnitzstil. Sie sind alle von 1555 und wurden bei der letzten Restaurierung gut instand gesetzt. Der Adel hatte ja das Privileg, in der Kirche dem Chor am nächsten zu sitzen, und das läßt sich auch in Højby demonstrieren, wo wir an den vordersten Stuhlwangen die geschnitzten Wappen der Familien *Hardenberg*, *Rosenkrantz* und *Rosensparre* sehen können.

Mit der Kirche in Højby sind eine Sage und eine Volksweise verbunden. Generationenlang erzählte man von einem Doppelmord bei einer Weihnachtsmesse in der Kirche. Die Überlieferungen stammen aus mehreren, nicht allzu verläßlichen Quellen. Aber ein Wahrheitskern liegt sicher hinter diesem Spinngewebe von Geschichten, über *Ritter Ebbes Töchter*, welche ihre Verführer umbrachten. Die Sagen berichten von zwei Herrenhöfen, von denen der eine direkt in Højby, der andere in der Nähe lag. In dem einen Herrenhof wohnte der reiche Herr Ebbe. Als er einmal verreisen mußte, hinterließ er die „Burg“ seinen schönen Töchtern. Zwei junge Männer vom anderen Herrenhof nutzten das aus, schlichen sich ein und verführten die jungfräulichen Töchter. Die Schmach schien unheilbar, doch die Töchter schworen Rache, und die Volksweise schildert, wie Herr Skamel bei der Kirchentür durch das Messer der Jungfer Signelil sein Leben verlor.

Die grausame Geschichte mag phantasievoll wirken, sie bekommt aber doch eine neue Perspektive, wenn man sie mit einem besonderen Zug an der Kirche verknüpft. Ein Westeingang und eine Quadersteinmauer am Westende des Schiffes lassen den Schluß zu, daß die Kirche ursprünglich als Adelskirche gebaut war. Die Bauarchäologen können aber nicht mit Sicherheit sagen, wieweit es hier eine richtige Tribüne wie in Fjenneslev und Tveje-Merløse gab.

Das **Museum in Stenstrup** hat die Ehre, das älteste Lokalmuseum des Landes zu sein. Es wurde 1907 von dem blinden Volkskundler Lauritz Jensen gegründet, der mit einer Ausstellung von etwa 1000 Gegenständen im Versammlungshaus begann. Das Museum zeigt heute einen breiten Ausschnitt dänischer Kulturgeschichte, von alten Trachten bis zu Bauernmöbeln, Münzen, Pfeifen, Waffen und landwirtschaftlichen Geräten. Außerdem gibt es eine Sammlung von Erinnerungen an die Seeschlacht bei Sjællands Odde am 22. März 1808. Die Hauptstücke sind hier die Schiffsglocke des Linienschiffs „Prinds Christian Frederik“ und die Schiffstruhe des Seehelden Peter Willemoes.

Troldhøjen ist der bekannteste prähistorische Grabhügel der Odsharde, und der liegt auch in Stenstrup. Der Hügel enthält zwei monumentale Kammern, die je sieben Meter lang und zwei Meter hoch sind. Eine imponierende Leistung der steinzeitlichen Menschen vor etwa 5000 Jahren!

Die eine Grabkammer wurde schon 1808 zugänglich gemacht, gerade zu der Zeit, als die Romantik mit Oehlenschlägers Programmgedicht „Guldhornene" (Die Goldhörner) durchbrach. Doch erst 1909 wurde der Hügel richtig vom Nationalmuseum ausgegraben. Die Archäologen fanden dabei Spuren von 100 Gräbern. Zugleich wiesen die Forscher nach, daß die beiden Grabkammern einige Jahrhunderte lang als Bestattungsplätze gedient hatten.

Klintebjerg gehört zu einer der markanten Küstenpartien der Odsharde, und der Schriftsteller und Globetrotter Holger Rosenberg verlor dort um die Jahrhundertwende sein Herz. Er schrieb einmal: „Wer einmal an einem stillen Sommerabend, wenn einem das Meer sonnenglitzernd zu Füßen liegt, oder am Tage eines Unwetters, wenn es tosend sein Salzwasser hinauf über das Ufer schleudert, hier oben gestanden hat, der vergißt den Anblick niemals. Noch weniger, wenn er von Klintebjerg aus einen dieser Sonnenuntergänge erlebt hat, für die die Odsharde berühmt ist."

Die Halbinsel **Sjællands Odde** ist berühmt wegen eines historischen Ereignisses, nämlich der Seeschlacht am 22. März 1808. Erinnerungen daran findet man auf dem Kirchhof von *Overby*. Doch lassen Sie uns einen Augenblick die Geschehnisse dieses Tages wiederholen!

Vorausgegangen war eine Konfrontation zwischen Dänemark und England, nämlich die Schlacht auf der Reede 1801 und das Bombardement von Kopenhagen 1807. Der Krieg dauerte an, und im Jahr darauf traf sich das letzte Linienschiff der dänisch-norwegischen Flotte, die schon erwähnte „Prinds Christian Frederik", mit den Engländern bei Sjællands Odde. Die englische Flottenstreitmacht bestand aus zwei Linienschiffen und drei Fregatten. Das dänische Schiff wurde von Kapitän Jessen geführt, und einer seiner Leutnants war Peter Willemoes. Es war von Beginn an ein völlig ungleicher Kampf, und es dauerte auch nicht mehr als drei Stunden, bis die Dänen aufgeben mußten. Trotz tapferem Wider-

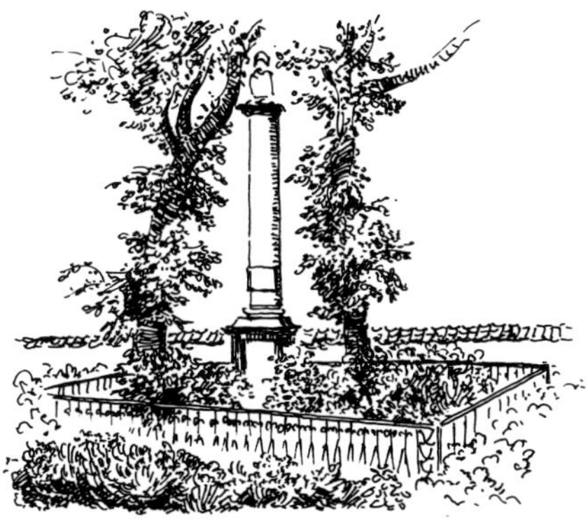

Gedenksäule für die Helden aus der Seeschlacht bei Odden 1808. Die Säule besteht aus Sandstein und ist von einem Marmorhelm bekrönt.

stand sah sich Kapitän Jessen genötigt, sein zerschossenen Schiff auf Grund zu setzen. Unter den Gefallenen war auch Peter Willemoes.

Zur Erinnerung an ihren Tod ließ Kapitän L. Fribert zu Anneberggård kurze Zeit darauf auf dem Friedhof von Overby ein Denkmal errichten, eine Sandsteinsäule, die einen Marmorhelm trägt. Auf dem Sockel der Säule ist ein berühmtes Erinnerungsgedicht von Grundtvig eingehauen. Man kann außerdem das Gemeinschaftsgrab der Gefallenen sehen, wo 1883 ein Granitstein zwischen zwei Kugelpyramiden aufgestellt wurde.

Die **Kirche von Odden** ist auch einen Besuch wert. Sie stammt aus dem 14. Jahrhundert, doch nur das Schiff ist aus dieser ersten Bauperiode erhalten. Es wurde im 15. Jahrhundert eingewölbt, und eine Vorhalle, der Westturm, eine Kapelle und eine gewölbte Sakristei wurden angebaut, wie das Schiff in Backstein. Der jetzige Chor wurde in der ersten Hälfte des 19. Jahrhunderts hinzugefügt.

In der Kirche sieht man eine Altartafel von 1583, also aus der Umbruchzeit zwischen Renaissance und Frühbarock. Im Turmraum ist ein frühgotisches Chorbogenkruzifix aufgehängt, das auf etwa 1350 datiert werden kann.

Die Odsharde

Die Harde führte noch im 19. Jahrhundert ein etwas vergessenes Dasein, was der Gegend bei den Handelsreisenden einen besonderen Ruf einbrachte. Sie nannten sie gern „Sibirien". Aber der Dornröschenschlaf der Odsharde war zugleich der Grund dafür, daß sich andere, nämlich Künstler und Schriftsteller, angezogen fühlten.

Rørvig ist nach wie vor ein bekannter Ferienort, wenn sich auch vieles geändert hat. Einige reetgedeckte Häuser des 19. Jahrhunderts sind in der Løvstræde erhalten, so die alte Schule, aber „Lodsoldermandens Gård" (der Hof des Oberlotsen) drunten am Hafen ist doch eine Klasse für sich. Die gepflegten Fachwerkflügel stammen aus dem 18. Jahrhundert und stehen längst unter Denkmalschutz. Die mittleren Gefache in dem Flügel zum Hafen hin sind vielleicht mit dem Zollgebäude von 1681 identisch. 1720 kam mehr Leben in die Stuben des Oberlotsen, denn die Behörden ließen eine richtige Zollstation errichten. Das Haus wurde bei dieser Gelegenheit an jedem Ende um zwei Achsen verlängert oder ganz neu errichtet. Der letzte Oberlotse starb 1917.

Im Lotsenhof lebte der Landschaftsmaler Vilhelm Kyhn in den 1880er Jahren, während Holger Drachmann und seine Frau Emmy sich gleichzeitig in einem Haus im Toldbodvej einmieteten. In den 1890ern ließ sich Henrik Pontoppidan im Fischerdorf nieder und bekam den Maler N.P. Mols zum Nachbarn. Die Entstehung der kleinen Künstlerkolonie war in Wirklichkeit ein zeittypisches Phänomen, das sich farbenreicher in Hornbæk und in Skagen wiederholte.

Die *Fähranlegestelle* wurde erst 1928 eingeweiht, und das brachte natürlich noch mehr Leben. Sie veränderte aber auch den idyllischen Hafen, wie ihn etwa Vilhelm Kyhn kannte, als er 1879 das Fischerleben in einer Lithographie verewigte. Ein Exemplar der Lithographie befindet sich heute in der *Bibliothek von Nykøbing* und trägt den herrlichen Titel: „Strand von Rørvig im Isefjord. Schwedische Heringsfischer am Kai. Stiller Septembertag".

Ecke *Brøndstræde/Østergade* liegt unter schattigen Bäumen ein Ring von 21 Feldsteinen. Das ist Rørvigs alter Dorfplatz und übrigens der einzige erhaltene in der ganzen Odsharde. Der große, flache Stein in der Mitte des Steinkreises wurde „Maistein" genannt, und hier hatte der Ältermann seinen Sitz. Wenn er in sein Horn stieß, kamen die Bauern zusammen, um die Dorfangelegenheiten zu besprechen. Ein Kleinbauer aus dem vorigen Jahrhundert, Peder Hansen in Rørvig, berichtete von dem großen Fastnachtstreffen, das jedes Jahr beim Ältermann stattfand. An diesem Tage „bezahlten sie den Königs- und Kirchenzehnten. Zum Fest bekamen sie Branntwein, Punsch und Bier."

Vergeblich sucht man in Rørvig selbst nach der **Kirche von Rørvig.** Sie liegt nämlich gut einen Kilometer nordwestlich vom Ort. Aber vor einigen Jahrhunderten waren Kirche und Dorf noch vereinigt. Dann begann der Flugsand zu wüten. Wir hören davon erstmals 1527, und es war augenscheinlich so schlimm, daß die Bauern hinunter zum Wasser ziehen mußten, wo sie vor dem Wind besser geschützt waren. Der in Norwegen geborene Philosoph und Dichter Henrik Steffens (1773–1845) stammt mütterlicherseits aus *Annebjerg* in der Odsharde, und er schreibt in einer Novelle: „Mitten in dieser wilden Gegend lag früher das Dorf Rørvig, aber allmählich bedeckte der Flugsand den Ort, und die Einwohner mußten hinunter zur Küste ziehen. Nur die Kirche steht noch da, umgeben von der schwermütigen, beweglichen Einöde."

Chor und Schiff der Kirche stammen aus der zweiten Hälfte des 12. Jahrhunderts. Um 1300 wurde das Schiff nach Westen verlängert, und vor der Reformation kam die Vorhalle dazu. Der Turm wirkt mit seinen gestuften Giebeln und senkrechten Blenden echt gotisch, aber er ist nur von 1852. Der Architekt Gottlieb Bindesbøll hat die Ehre für dieses glänzende Beispiel des „Historismus".

Die Altartafel stammt aus den 1520er Jahren und zeigt den interessanten Übergang zwischen zwei Stilen. Das geschnitzte und vergoldete Rankenwerk des Mittelschreins ist in all seiner Unruhe spätgotisch, wogegen die Muschelschale des Throns ein Zug der Frührenaissance ist. Ebenso faszinierend ist die alte Auffassung der Rørviger vom leidenden Christus auf Gottvaters Schoß. Sie meinten nämlich, diese Darstellung zeige Marschall Stigs († 1293) Beisetzung in ihrer Kirche. Aber sein Grab wurde nie nachgewiesen.

Das alte Gotteshaus ist vielleicht bekannter wegen seiner Rolle in der Sage von der „Braut von Rørvig", die so meisterlich von Vilhelm Bergsøe nacherzählt wurde: Eines Nachts in den 1730er Jahren soll ein großes Schiff draußen vor Rørvig geankert haben. Einige Dorfbewohner wollten sogar wissen, daß es ein russisches Orlogschiff war. In derselben schicksalsschweren Nacht wurde an die Tür des Pastors gedonnert, und als er sprachlos öffnete, traten einige verhüllte Gestalten vor. Sie zwangen ihn gegen gute Bezahlung, in der Kirche eine Trauung vorzunehmen. Als man zur Kirche kam, war ihr Inneres festlich erleuchtet, und viele festlich gekleidete Männer füllten die Bankreihen. Ein Brautpaar in fürstlicher Kleidung stand vor dem Altar. Die Braut war bleich und zitterte am ganzen Körper. Als die Trauzeremonie beendet war, dröhnte ein Schuß durch die Kirche, und die Braut sank mit einem Schrei am Fuße des Altars zusammen. Die Fremden erhoben sich darauf, überzeugten sich davon, daß sie tot war, und verschwanden schweigend mit der Leiche. Am nächsten Tage war das Schiff verschwunden.

Nykøbing wurde von vielen Stadtbränden verheert, die zusammen mit der modernen Stadterneuerung die meisten alten Häuser entfernt haben.

Der kleine Bauernort bekam seine ersten Privilegien 1443 von Christoph III., aber er schwang sich im späten Mittelalter oder in den folgenden Jahrhunderten nie zu einer bedeutenden Stadt auf. Erst der zunehmende Seehandel am Ende des 18. Jahrhunderts beschleunigte die Entwicklung.

Im Stadtbild wirken die niedrigen Häuserreihen in der *Lindenallee* am einheitlichsten. Dort durften auch die Bäume stehenbleiben und ihre langen Schatten über die breiten Straßen werfen. Hier spürt man noch etwas vom alten Gepräge der Stadt.

Bevor wir sie verlassen, sei erwähnt, daß N. S. F. Grundtvigs Familie aus Nykøbing stammt, nämlich vom Kaufmann und Bürgermeister Tuesen, der 1618 starb. Ein Bruchstück von Morten Tuesens Grabstein tauchte im Hof des Hauses Algade 56 auf und befindet sich jetzt eingemauert neben der Kanzel in der *Kirche von Nykøbing.*

Die **Burgruine Næsholm** ist unsere erste Station in der Gemeinde *Højby.* Sie wurde von Vilhelm la Cour 1935–1954 ausgegraben und ist wohl die am gründlichsten untersuchte von den etwa 700 Wallanlagen, die es in Dänemark gibt. Die Archäologen machten hier gute Münzfunde, und die verraten uns, daß die Burg um 1240 gegründet, etwa 100 Jahre später aber wieder zerstört wurde. Wahrhaftig eine kurze Glanznummer in der Geschichte der mittelalterlichen Burgen Dänemarks.

In den großen Tagen der Burg kam man über eine 50 Meter lange Pfahlbrücke an, Pfahlstümpfe sind noch im Wiesengelände vor dem Burghügel erkennbar. Die Brückenabschnitte nahe der Burg waren als Zugbrücke konstruiert, die hochgewunden werden konnte, wenn der Feind nahte. Gleich innerhalb des Walls lag links ein primitives Torhaus mit offener Feuerstelle mitten auf dem Boden. In der Mitte der Wallanlage sieht man die Reste des massiven, quadratischen Turmes, der der Kern der Burg war und dessen drei Meter dicke Mauern einen guten Schutz boten, wenn der Feind durch die äußeren Verteidigungsanlagen gedrungen war. Funde etwa von Scheren für die Schafschur, Würfeln und Spielsteinen, Kerzenhaltern, Küchenmessern und vielen Fischgräten und Tierknochen zeugen vom täglichen Leben und von den Eßgewohnheiten auf der Burg.

Man kann den Sonnenwagen heute im Nationalmuseum besichtigen. Es liefen einmal Bänder duch Ösen am Hals des Pferdes und am Rand der Scheibe.

Das **Moor von Trundholm** wurde landesweit bekannt, als man 1902 dort einen der ganz großen archäologischen Funde machte. Beim Pflügen tauchte eine Figurengruppe aus der dunklen Erde auf. Waren die Figuren auch stark zerstört, so gelang es den Archäologen doch, die Reste zu retten. Eine größere Rekonstruktionsarbeit ergab eine prächtige Bronzegruppe, bestehend aus einer vergoldeten Scheibe auf einem sechsrädrigen Wagen und einem Pferd.

Die Scheibe hat die Sonne symbolisiert, die in der Vorstellug der bronzezeitlichen Menschen als ein Wesen erschien, das von einem Pferd über den Himmelsbogen gezogen wurde. Diese religiöse Auffassung wird durch Felszeichnungen bestätigt. Sie zeigen zugleich, daß man damals, nach allem zu urteilen, die Sonne als eine Hauptgottheit verehrte. Zur Erinnerung an den Fund wurde ein Stein gesetzt, während der Kultwagen im Nationalmuseum ausgestellt ist.

Vig hat unter seinen prähistorischen Denkmälern einen Bautastein (Gedenkstein), der gut einen Kilometer östlich vom Ort nahe an der Landstraße steht. Es ist möglich, daß er in der Wikingerzeit zur Erinnerung an einen Toten aufgestellt wurde. Heutzutage heißt er „kræmmerstenen“ (der Krämerstein). Er gab auch Anlaß zu einer Volkssage. Danach soll ein böser Riese aus *Tuse Næs* den Stein gegen die Kirche von Vig geschleudert haben.

Die **Kirche von Jyderup** ist ein bescheidenes Gebäude, dessen Chor und Schiff aus Feldstein bestehen. Spätere Anbauten haben glücklicherweise den ursprünglichen Baukörper nicht allzu stark beeinträchtigt. So

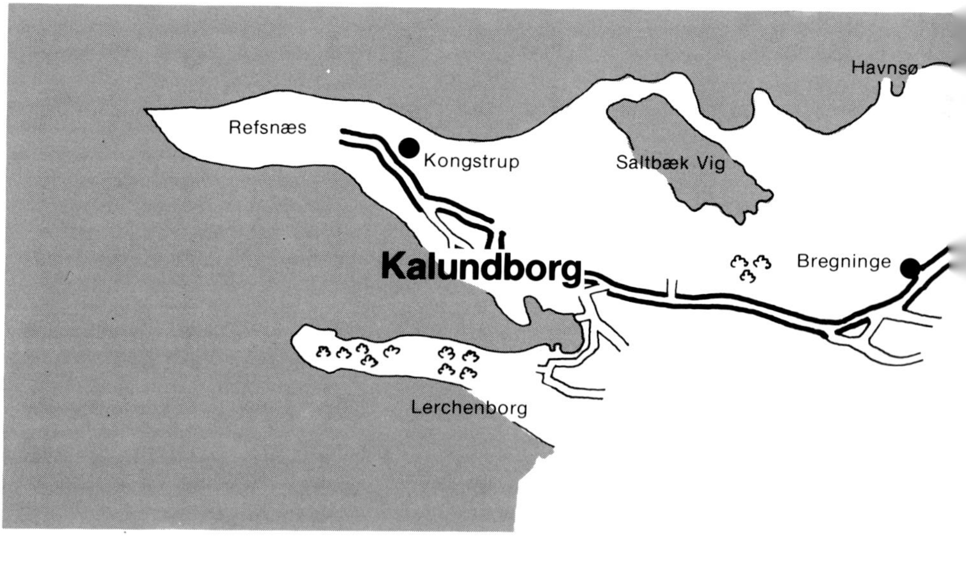

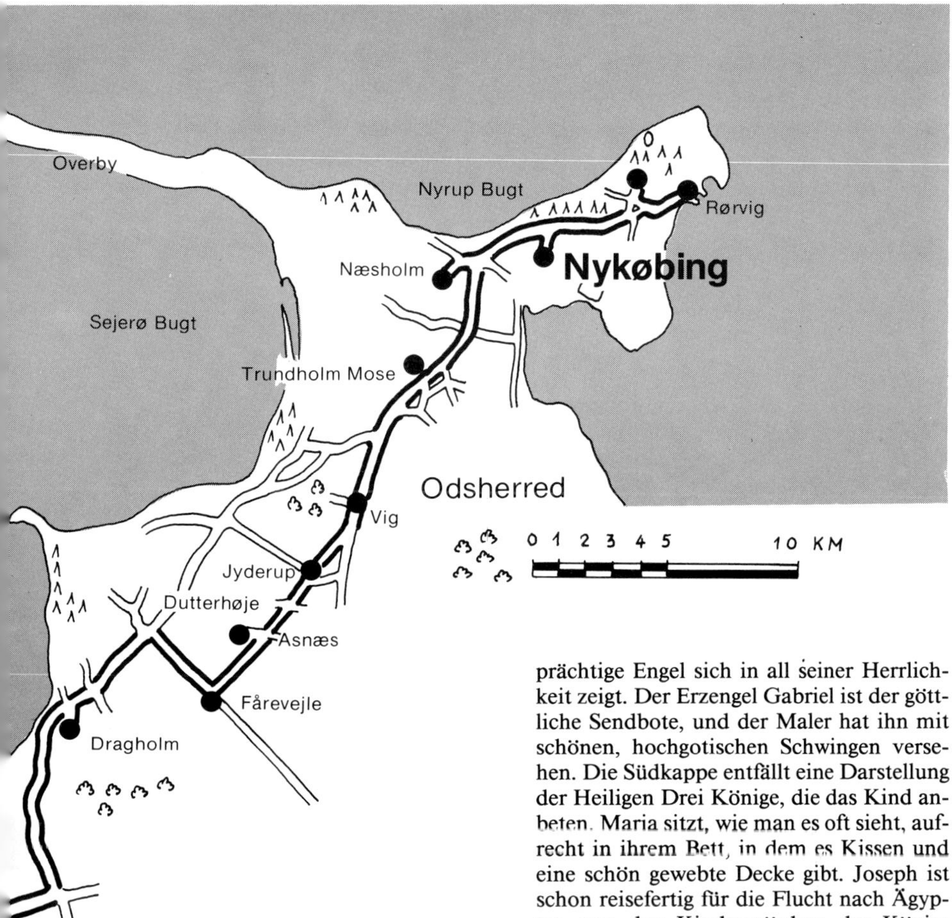

kann man immer noch den Anblick des romanischen Südportals genießen.

Die Kirche hat ein ausgezeichnetes Interieur, vor allem durch die Kalkmalereien im Chor, die auf das letzte Viertel des 14. Jahrhunderts datiert werden können. An der Ostkappe sieht man den Weltenrichter im Regenbogenoval. Von ihm gehen die Lilie der Gnade und das Schwert der Strafe aus. Um ihn herum sind die vier Evangelistensymbole. Man vergißt nicht so leicht den furchteinflößenden Vogel, der den Adler des Johannes darstellen soll.

Die Westkappe zeigt Mariä Verkündigung. Sie schlägt die Hände auf, als der prächtige Engel sich in all seiner Herrlichkeit zeigt. Der Erzengel Gabriel ist der göttliche Sendbote, und der Maler hat ihn mit schönen, hochgotischen Schwingen versehen. Die Südkappe entfällt eine Darstellung der Heiligen Drei Könige, die das Kind anbeten. Maria sitzt, wie man es oft sieht, aufrecht in ihrem Bett, in dem es Kissen und eine schön gewebte Decke gibt. Joseph ist schon reisefertig für die Flucht nach Ägypten, um den Kindesmördern des Königs Herodes auszuweichen.

Die Nordkappe trägt eine Kreuzigungsszene mit mehreren interessanten Details. Wir erkennen zunächst, daß Longinus mit seiner Lanze auf der verkehrten Seite des Kreuzes steht, denn die Wunde ist an der entgegengesetzten Seite Christi. Weiter rechts im Bild steht der Hauptmann, nicht wie ein römischer Offizier gekleidet, sondern in einer Rüstung, die für das Ende des 14. Jahrhunderts typisch ist.

Die größte Sehenswürdigkeit in der Kirche von Jyderup ist jedoch der Dachboden, nicht so sehr wegen der spätmittelalterlichen Gewölbe, sondern wegen der deutlichen Spuren der ältesten Balkendecke. Das soll uns daran erinnern, wie die Dorfkirchen ausgesehen haben, bevor die Gewölbe ihren Einzug hielten. Es erfordert vielleicht eine besondere Anstrengung, den Schlüssel zum Dachboden zu bekommen, aber das ist die Mühe wert. Zugleich kann man sich über die Turmglocken aus der Zeit Christians IV. freuen und über das Uhrwerk mit einer Schlagglocke von 1677.

Der *Pastorenhof* liegt nach gutem, altem Brauch gegenüber der Kirche. Als das Pastorat im April 1808 abbrannte, ließ der Pastor H. C. Gøtzsche sofort ein neues errichten. Das Wohnhaus war schon im Oktober desselben Jahres einzugsfertig, die übrigen drei Flügel für die Landwirtschaft erst im neuen Jahr. Zwar wurde unter späteren Pastoren das eine oder das andere geändert, aber die große Fachwerkanlage hat nach wie vor ein sehr herrschaftliches Gepräge. Allein das Wohnhaus erstreckt sich über 22 Gefache und ruht auf einem gediegenen Feldsteinsockel.

Da Pastor Gøtzsche in zwei Ehen 21 Kinder zeugte, wurde das neue Pastorat sicher gut ausgefüllt. Zwar war das Amt mit guten Einnahmen verbunden, aber mit einer solchen Kinderschar war das Alltagsleben sicher nicht allzu leicht. Man spürt die Geldknappheit, wenn man einige Erinnerungen des jüngsten Sohnes der Familie, G. F. Gøtzsche, liest: „Die Bedrängnis führte dazu, daß wir nach dem Abitur teils für uns selbst sorgen mußten und daß die Älteren den Jüngeren halfen. So kam ich bei einem älteren Bruder unter, lag als Kind drei Jahre lang auf dem Studentenkolleg und eineinhalb Jahre auf Ehlertsens Collegium, folgte ihm nach Fredericia und wurde von dort 1826 entlassen."

Man passiert **Dutterhøje** bei Åstofte, bevor man Asnæs erreicht. An wenigen Stellen auf Seeland sieht man eine so überraschende Kulturlandschaft wie gerade hier, wo sich fünf mächtige Hügel erheben. Sie bilden die östliche Gruppe in einem System von Hügeln der Bronzezeit, das mit dem großen Endmoränenzug um Fårevejle und Asnæs verbunden ist. Imponierend ist auch die mittlere Gruppe mit „Maglehøj" (auf dem Weg nach Høve) und das in der Nähe liegende Langbett namens „Kæmpegrav" (Riesengrab), das die große Länge von 60 Metern hat.

Die Grabhügel sind insgesamt ein besonderes Kennzeichen der Odsharde. Man hat im Laufe der Zeit mehr als 970 festgestellt. Leider sind davon nur etwa 230 übrig, da die Bauern die alten Hügel unerschrocken mit ihren Pflügen angegriffen haben. Erst das Naturschutzgesetz von 1937 beendete diese Entwicklung.

Die **Kirche von Asnæs** ist ein romanisches Gebäude aus Feldstein (mit einzelnen Kalktuffsteinen an den Ecken) und mit spätgotischen Anbauten. Zum Besten des Inventars gehört das romanische Chorbogenkruzifix, das aufs Ende des 12. Jahrhunderts datiert wird. Auch von einem Taufbecken aus frühgotischer Zeit wird man überrascht. Es ist – charakteristisch für die gotländischen Taufen – in Kalkstein gehauen. Als Ausschmückung verwandte der Steinmetz spitzbogige Becherblätter.

Man mag sich vielleicht darüber wundern, daß eine gotländische Taufe in die Odsharde gelangt ist. Doch ist die Taufe von Asnæs nur eines von vielen Beispielen, die die Bedeutung der gotländischen Werkstätten als Exporteure von Kalksteintaufen

Das gotländische Taufbecken aus Kalkstein in der Kirche von Asnæs.

für das hochmittelalterliche Dänemark dokumentieren. Eine der bekanntesten ist wohl die Taufe in *Øster Broby* in Mittel-Seeland. Sie stammt aus dem 12. Jahrhundert und wird dem sogenannten Meister Calcarius zugeschrieben. Ebenso hervorragend sind wohl die Taufen in *Kirke Helsinge,* auf der man Fabeltiere und Heiligenbilder sieht, und in *Åkirkeby* auf Bornholm, die sogar eine Meistersignatur in Runenschrift trägt. Diese Exemplare gehören zu den besten, wogegen die Taufe von Asnæs zu der Gruppe der bescheidener ausgeschmückten vom Becherblatt-Typ gehört. In der Kirche von *Raklev* auf der Halbinsel Refsnæs kann man eine Parallele sehen.

Aber wie kam dieser bedeutende Import zustande? Hier müssen wir einen Augenblick die Situation auf der großen Ostseeinsel betrachten. Die Gotländer hatten ja den offenkundigen Vorteil, den Kalkstein zur Hand zu haben, aus dem die Felseninsel besteht. Er war weich und daher für die Schläge der Steinmetze geeignet, ganz im Gegensatz zu dem harten Granit, mit dem sich die jütischen und seeländischen Handwerker abmühen mußten. Dazu kommt, daß es weitaus leichter war, die schweren Taufsteine per Schiff als auf dem Landwege zu transportieren. Das kam Gotland zugute, da die Insel das ganze Mittelalter hindurch besonders ausgebaute Schiffsverbindungen zum übrigen Norden hatte. Natürlich mußte man die Taufen etwas über Land schleppen, bevor sie in den dänischen Kirchen Ruhe fanden, aber bedenkenswert ist es doch, daß wir die gotländischen Taufen am häufigsten in der Nähe der Küsten finden: in Asnæs, Raklev, Kirke Helsinge, Roholte und Køge. Dagegen befinden sich die romanischen Taufen aus den Werkstätten in Slagelse und Roskilde im Landesinneren.

Bevor wir die Kirche von Asnæs verlassen, sollten wir einen Blick auf eine bronzezeitliche Felszeichnung werfen. Sie zeigt zwei eingeritzte Radkreuze und ist an der Südmauer des Kirchturms eingesetzt.

Die Baugeschichte der **Kirche von Fårevejle** beginnt im 12. Jahrhundert und endet erst in der Reformationszeit. Als man im 14. Jahrhundert das romanische Schiff erhöhte und mit den beiden gotischen Kreuzgewölben versah, wurde auch die gemalte Ritterszene an der Nordwand beeinträchtigt. Aber wir können uns noch über das erhaltene Bild des Ritters mit der Lanze und dem wappengeschmückten Schild freuen.

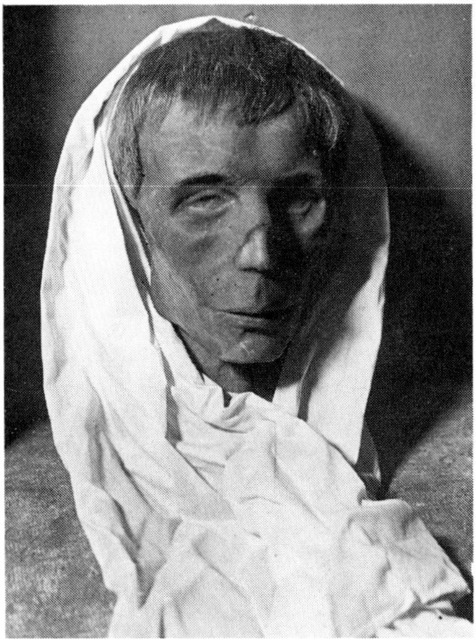

Der markante Kopf des Jarl von Bothwell in einem Abguß und mit einer Perücke versehen. Das etwas untraditionelle Arrangement stammt wahrscheinlich vom Ende der 1930er Jahre, als man die mumifizierte Leiche untersuchte.

Die schwere Eichentür in der Vorhalle stammt von etwa 1500 und hat prachtvolle schmiedeeiserne Drachenornamente. Mit der Tür ist die Sage von Frau Inger zu Ris verknüpft. Sie wollte die Kirche bei dem Dorfe Ris, etwas nördlich von Fårevejle, bauen, doch was tagsüber gebaut wurde, rissen Trolle nachts wieder ab. Da ließ sie zwei Ochsen vor die Tür der Kirche spannen und eine ganze Nacht laufen, bis sie eine Stelle gefunden hatten, wo die Kirche ohne Störung entstehen konnte.

Dieser Teil der Odsharde hatte offenbar reichlich mit den Geschöpfen der Finsternis zu tun. Wir erinnern uns an die Sage vom „Kræmmersten“ in Vig, aber die Leute in Asnæs hatten es auch nicht leicht. Man war in ständiger Angst vor den Berggeistern, besonders wenn auf einem der Höfe ein Kind zur Welt kam. Da konnte man in alten Tagen hören, das Licht werde nachts nicht gelöscht, wo ein noch ungetauftes Kind war; sonst könne ein Troll kommen und es vertauschen. Die bösen Geister konnten also, mit andern Worten, dafür eins von ihrer eigenen gräßlichen Kinder in die Wiege legen.

Ein gewisser Schauder ist auch mit dem Jarl von Bothwell verbunden. Der schottische Edelmann James Hepburn, Jarl von Bothwell, liegt jetzt in der Krypta unter der Seitenkapelle „begraben". Er gehört wohl zu den merkwürdigsten Gestalten der Renaissance, und über seinen Weg von Schottland nach Fårevejle kann folgendes berichtet werden:

Der Jarl verheiratete sich 1567 mit der schottischen Königin Maria Stuart, nachdem ihr früherer Mann, der schwache Lord Darnley, ermordet worden war, und viele glaubten, der Jarl habe hinter dem Mord gestanden. Kurz darauf erhob sich ein Aufstand, und die Königin wurde gefangengenommen, während dem Jarl die Flucht gelang. Zuerst war er eine Zeitlang auf den Orkney-Inseln. Darauf reiste er nach Norwegen, wo er gefangengenommen und nach Kopenhagen geschickt wurde. Der dänische König Friedrich II. hatte möglicherweise Pläne, ihn als einen Stein im großen politischen Machtspiel zu benutzen. Er behielt den Jarl daher in Gefangenschaft, zuerst auf Malmöhus, dann auf Dragsholm. Aber offenbar wurde er dann von allen vergessen und starb 1578 auf dem Schloß als Geisteskranker, nur 42 Jahre alt.

Generationenlang stand der Sarg in der Kirche, aber 1850 beschloß man, den toten Jarl in die Krypta zu versenken. Nur wenige Jahre später, nämlich 1858, untersuchte der berühmte dänische Altertumsforscher J. J. A. Worsaae zusammen mit dem Anatomieprofessor I. P. Ibsen die Leiche. Sowohl der Körper als auch die Kleidung des Toten waren außergewöhnlich gut erhalten. Es zeigte sich im übrigen, daß der Jarl von kleinem Wuchs war. Er hatte kleine Hände und Füße und maß nur 165 cm.

Auf dem Weg nach Dragsholm passieren wir eine Gegend, deren Topographie völlig verändert wurde, als die Behörden 1873 die

Die Zeichnung zeigt die Anordnung der ursprünglichen Fenster im Südflügel von Dragsholm. Der charakteristische Rhythmus der Fenster (a–b–a) zeigt sich deutlich. Das Palatium lag im selben Flügel und erstreckte sich über zwei Etagen.

Eindämmung und Austrocknung des Lammefjords genehmigten (vgl. Seite 100). Dieser hatte bis Fårevejle gereicht, ja südlich davon erstreckte sich der Meeresarm noch weiter nach Westen, so daß es nur eine gut zwei Kilometer breite Landenge zwischen Lammefjord und der Bucht von Nekselø gab. Die Landenge hieß seit alters „Draget", und nördlich davon baute man im Mittelalter eine Burg, die den Namen Dragsholm erhielt. Die Stelle war strategisch gut gewählt, denn wer die Burg besaß, der beherrschte zugleich die schmale Passage zwischen der Odsharde und dem übrigen Seeland.

Dragsholm. Der Weg zur Burghöhe führt an einigen großen Wirtschaftsgebäuden mit markanten Stufengiebeln vorbei. Sie wurden 1848 gebaut und sind Ausdruck für die damalige romantische Pflege mittelalterlicher Bauformen.

Um den Plan hinter der imponierenden Burganlage zu verstehen, muß man sich zuerst die historischen Voraussetzungen klarmachen. Wie Gjorslev und Spøttrup gehört Dragsholm in die Reihe der Bischofsburgen aus katholischer Zeit. In unruhigen Zeiten, wo Königsmacht und Kirche um die Regierung Dänmarks stritten, dienten sie den Bischöfen auch als Zufluchtsstätten. Der Bauherr von Dragsholm muß unter den mächtigen Roskilder Bischöfen des beginnenden 13. Jahrhunderts gesucht werden. Vielleicht war es Anders Sunesøn oder sein Nachfolger. Er ließ in Backstein ein Winkelhaus errichten, das auf einem Fundament aus schweren, zugehauenen Feldsteinen ruhte.

Vom ursprünglichen Bau ist die südliche Außenmauer des Südflügels am besten erhalten. Man kann sie von der Terrasse aus oder, mit einem Fernglas, von dem tiefer liegenden Rosengarten aus betrachten. Man wird bald die Spuren dreier Fenstergruppen entdecken, wenn der Blick über diese Mauerpartie schweift. Jede Gruppe hat ein hohes, rundbogiges Fenster, das von zwei niedrigeren flankiert wird. Bauarchäologische Untersuchungen haben gezeigt, daß diese Fensteröffnungen genau wie romanische Kirchenfenster gemauert sind. Die Forscher haben des weiteren diesen Fensterrhythmus mit den dreiteiligen Fenstergruppen im Chorumgang des Roskilder Doms (vgl. Seite 58) verglichen. Die Ähnlichkeit ist verblüffend. Die Anordnung im Dom hat sicher auf den „Privatwohnsitz" abgefärbt.

Die Fenster der Bischofsburg hatten im übrigen die Aufgabe, einen mächtigen, zweistöckigen Festsaal zu beleuchten. Unter dem hohen Saalgeschoß lagen kleine Nutzräume. Diese Etagenaufteilung wurde von deutschen landesherrlichen Burgen kopiert. Der Bischof konnte mit seinem Bau zufrieden sein.

Am Ende des Mittelalters erweiterte man die Burg zu einer vierflügeligen Anlage, und in dieser Form bestand die Festung ihre Feuerprobe während der Grafenfehde (1534–1536). Dragsholm hielt sich außerordentlich gut, ja, es war in Wirklichkeit die einzige Festung auf Seeland, die Graf Christophs Soldaten standhielt.

Die Burg kam nach der Reformation in die Hände der Krone und ging später in Adelsbesitz über. Als man bei der Übernahme durch die Krone 1536 Inventur machte, notierte der Schreiber, das Gebäude enthalte Braukeller, Küche, Backhaus, Speisekeller und Butterkeller; außerdem wurden auf dem Dachboden 10 aufgehängte Speckseiten, zweieinhalb Ochsen, 125 geschlachtete Schafe und eine Menge Trockenfisch notiert, neben Geräten zum Tümmlerfang bei Nekselø.

In den folgenden Jahrhunderten verfiel Dragsholm so sehr, daß es für die Schweden bei ihrer Belagerung 1660 eine leichte Beute wurde. Eine Quelle aus dieser Zeit berichtet, das Schloß sei „ganz verödet, ruiniert und gesprengt" worden.

Der Mann, der das Schloß wieder auf die Beine brachte, war Fr. Chr. Adeler, Sohn des internationalen Seehelden Cort Adeler. Er ließ das Schloß in den 1690er Jahren zu einem Herrensitz im Barockstil umbauen. Die Namenszüge Fr. Chr. Adelers und seiner Frau samt der Jahreszahl 1697 wurden zur Erinnerung daran als Eisenanker unter dem Dreieckgiebel der Hoffassade eingelassen.

Wie erwähnt, saß der Jarl von Bothwell auf dem Schloß gefangen, das um die Mitte des 16. Jahrhunderts als Staatsgefängnis diente. Man zeigt noch einen Kellerraum, der sein elendes Verlies gewesen sein soll. Wir dürfen aber nicht die Verbindung Arild Huitfeldts mit dem Schloß vergessen. Der stockgelehrte und ameisenfleisige Huitfeldt saß hier in den Jahren 1597–1609 als Lehnsmann. In dieser Zeit verfaßte er einen wesentlichen Teil seiner „Chronik Dänemarks", die ihn zu einem würdigen Erben Saxos machte.

Johan Thomas Lundbye gehört zu den besten Landschaftsmalern des „Goldenen Zeitalters". Sein Name ist in besonderem Maße mit den hügeligen Landschaften verbunden, die sich zwischen Dragsholm und Kalundborg ausbreiten. Lundbye wurde 1818 in Kalundborg geboren und lernte die Gegend von Kindheit an wie seine Hosentasche kennen. Vom Ende der 1830er Jahre an stellte er seine Bilder aus, und die Landschaftsmotive kamen beim Publikum an. Unter seinen Bildern aus West-Seeland seien „Vejrhøj mit Dragsholm" (jetzt in der Glyptothek) und „Melken bei Vognserup" erwähnt.

Die **Kirche von Bregninge** ist reich an Kalkmalereien. Es fehlt nicht viel, und sie würden die wesentlichen Abschnitte der mittelalterlichen Kunst umfassen. Wir wollen nur bei einzelnen Bildern verweilen.

Im westlichen Joch des Schiffes befindet sich an der Westkappe ein Sinnbild menschlicher Vergänglichkeit, nämlich das im Mittelalter beliebte Glücksrad. Damit wir die Warnung in diesem Bild nicht übersehen sollen, hat der Maler das Rad von zwei Personen mit Zeigestock flankieren lassen. Obwohl das Bild sehr mitgenommen ist, sieht man doch deutlich eine Person auf dem Wege nach oben. In der folgenden Situation sitzt er als triumphierender König oben auf dem Rad. Dann geht es aber wieder abwärts, wenn wir den Lauf des Rades rechtsum verfolgen, und es endet mit dem Untergang, indem die Person schließlich vom Rad überrollt wird. Hier kann man noch eine Hand sehen, der Rest ist leider verlorengegangen. Dies Bild und die übrigen in den Gewölben wurden um 1400 gemalt.

Das östliche Joch zeigt unter anderem eine Szene mit einem Schiff in Seenot. Es herrscht Sturm, und die Wellen gehen im wahrsten Sinne des Wortes hoch. Die armen Seeleute müssen mit den Gewalten kämpfen, die Mast, Segel und Anker zusetzen. Es gibt auch einen Teufel, der aus seiner Trompete noch mehr Sturm bläst. In gewisser Weise schimmert die Mythenwelt der Antike durch dieses Bild. Erinnern wir

Das Schiff im Gewölbe der Kirche von Bregninge ist eine mittelalterliche Kogge. Kalkmalerei von etwa 1400.

uns nicht, wie das Schiff des Odysseus von den Winden der Götter hin und her geworfen wurde? Ein uraltes Thema, auf das wir in den dänischen Kirchen oft stoßen, und ganz natürlich, wenn man an die starke damalige Bindung ans Meer denkt. Die Dänen waren ja seit den Zeiten der Wikinger eine Nation der Seefahrer. Das einzige, was das Motiv in Bregninge von der heidnischen Vorstellungswelt unterscheidet, ist der heilige Nikolaus, der als Schutzheiliger der Seefahrer zu Hilfe kommt.

Die **Halbinsel Refsnæs** (auch Røsnæs) soll hier näher besprochen werden, wobei zugleich auf das frühere Kapitel über Kalundborg und seine Bauten verwiesen sei (Seite 92).

Dieser gebogene Vorsprung Seelands war früher von großen Wäldern bedeckt. In einem davon hat Waldemar II. der Sieger seinen Sohn verloren, den „Jungen Waldemar". Er wurde am 28. November 1231 auf einer Jagd durch einen Fehlschuß schwer verwundet und starb bald darauf. Doch all dies erscheint ja fern und unwirklich, wenn man die heutige Landschaft betrachtet. Jetzt wachsen hier Dornbüsche zwischen den Hügeln, und zu beiden Seiten fällt das Kliff zum Meer ab, manchmal ganz steil.

Die **Hellenenbewegung und Kongstrup**. Bevor Lundbyes Jahrhundert zu Ende ging, wurde die Gegend auf wunderliche Weise nochmals Gegenstand eines Naturrausches. Es begann 1894, als eine Schar junger Studenten und Künstler sich zur „Hellenenbewegung" vereinigte. Ihr Zweck war, nach altgriechischen Vorbildern den menschlichen Körper zu härten und zu verschönen, indem man das Freiluftleben in nacktem Zustand pflegte. Und hier kam Refsnæs ins Bild. Man suchte natürlich ein passendes Naturgebiet, wo die körperlichen Übungen stattfinden konnten, und die Wahl fiel auf die Halbinsel.

Nun war es nicht ganz zufällig, daß die Wahl auf Refsnæs fiel, denn bei *Nyrup Strand* hatte Professor Sophus Engelstoft 1874/75 ein Küstenhospital gebaut, übrigens mit Meldahl als Architekten. Es sollte der chirurgischen Behandlung von Tuberkulose, aber auch als Sanatorium für nicht-

Satirische Darstellung von Aktivitäten der „Hellenen" in Kongstrup. Blæksprutten 1895.

tuberkulöse Kinder dienen. Sophus Engelstoft vollbrachte hier in den folgenden Jahren eine Pioniertat für die Förderung des Freiluftlebens. Der Gedanke wurde weiter akzentuiert, als der Arzt Niels Finsen 1893 eine Arbeit mit dem Titel „Über die Einwirkung des Lichtes auf die Haut" publizierte. 1895 folgte ein Artikel „Über das Licht als Incitament". Darin setzte er sich für allgemeine Lichtbäder ein, entweder mit Sonnen- oder Kunstlicht als heilender Kraft. Die Abhärtung des Körpers in freier Luft wurde weiter gefördert, als N. H. Rasmussen ein Gymnastikinstitut gründete, wo Jugendliche im Winter 1894/95 ohne eine andere Kleidung als Sandalen und Gürtel Übungen machten.

Die Zeit war also reif für die Schaffung von etwas Großem. Die Hellenen hatten zuerst die Idee, ein Haus in *Kongstrup* auf Refsnæs zu bauen. Das erforderte aber Geld, und man entwarf eine Art Manifest auf vier Bögen Papier, die der Maler Svend Hammershøj ausschmückte. Lesen wir einmal, wie man Kongstrup als idealen Ort für die Körperkultur empfahl:

„Die Stelle ähnelt einem alten römischen Amphitheater, und die Umgebung erinnert etwas an eine niedrige italienische Berglandschaft mit Lorbeerbüschen. Wir haben vor, den Ort so umzuformen, daß er in den Sommermonaten Sammlungs- und Aufenthaltsort werden kann."

Und was kam dann heraus? Das „Manifest" bekam Unterstützung von bekannten Profilen im dänischen Kulturleben, etwa vom Maler Kr. Zahrtmann, vom Kunsthistoriker Julius Lange, vom Bildhauer Vilhelm Bissen und vom Maler Joakim Skovgaard. Aber das Geld floß nur sehr träge. Der Brauer Carl Jacobsen, der ja sonst lebhaft an der Kultur des Altertums interessiert war, versicherte, er wolle gern unterstützen, aber nicht als einziger. Aus dem Bau wurde nichts im Sommer 1895, nur ein Zelt wurde errichtet, und eine kleine, tapfere Schar von Malern fing mit der Aktmalerei an. Zwar gab es ein Jahr später ein Haus, aber da hatte die Bewegung schon allmählich zu zerbröckeln angefangen. Der Olymp bekam auf Refsnæs niemals einen Nährboden.

Die Heide und Ringsted

Das Dorf **Høje Tåstrup** vermittelt in seiner jetzigen Erscheinung kaum den Eindruck hohen Alters. Trotzdem ist es genauso alt wie die Großstadt, die seine Entwicklung mehr als alles andere beeinflußt hat, nämlich Kopenhagen. Die Siedlung kann ihre Geschichte auf 1170 zurückführen, als sie in einem Dokument *Thorstentorp* genannt wurde. Kopenhagen wurde bekanntlich gegründet, als Bischof Absalon 1167 seine Burg bei dem Dorf *Havn* baute.

Ein Ereignis gab Høje Tåstrup für immer einen Platz in der dänischen Geschichte: 1658 fanden im Pastorat des Dorfes die Friedensverhandlungen mit den Schweden statt. Leider ist das Gebäude, wo die schicksalschweren Verhandlungen vor sich gingen, nicht mehr erhalten, denn es existierte nur bis 1858. Die alte Scheune von 1668 durfte etwas länger stehen, fiel aber doch einem Brand um 1900 zum Opfer. Sie war vom Pastor Søren Glud in Eichenfachwerk errichtet worden. Der Pastor hatte auf ihrer Nordseite die Inschrift einhauen lassen: „Partim posteris nati sumus" (Wir sind zum Teil für die Nachkommen geboren). Ein Bruchstück dieser Inschrift wurde beim Brand gerettet und kann jetzt in einer Vitrine in der Vorhalle der Kirche betrachtet werden.

Auftakt zu den Friedensverhandlungen war der katastrophale Krieg, den Dänemark gegen Schweden zu führen gewagt hatte, ein Krieg, in dem die Schweden vollständig die Initiative übernahmen und der zunächst darin kulminierte, daß das schwedische Heer unter Karl X. Gustav von Jütland nach Seeland übersetzte, als die Belte zugefroren waren. Das geschah in den Tagen vom 30. Januar bis zum 6. Februar 1658.

Indessen gab es Großmächte in Europa, die Schweden an einem entscheidenden Sieg hindern wollten. Doch die Diplomatie konnte nicht schnell genug handeln, und die schwedische Kriegsmaschine rollte weiter. Am 13. Februar stand der Feind in Køge, und die dänischen Unterhändler holten fast panikartig den Schwedenkönig in Torslundemagle ein. Darauf einigte man sich auf einen Waffenstillstand. Die eigentlichen Friedensverhandlungen wurden ins Pastorat von Høje Tåstrup gelegt. Hier waren neben anderen auch der von Cromwell gesandte Vermittler Philip Meadowe und der Landesverräter Corfitz Ulfeldt anwesend. Das Resultat war, daß Dänemark Schonen, Halland, Blekinge und Bornholm samt den Lehen Bohus und Trondheim in Norwegen abtreten sollte. Bei dieser Gelegenheit sagte einer der dänischen Unterhändler, der Reichshofmeister Joachim Gersdorf: „Könnte ich doch weder lesen noch schreiben!"

Aber die dunkle Zeit war nicht vorüber. Dänemark mußte durch eine neue Kriegsperiode, bevor endlich der Frieden 1660 zustande kam. Die Kriege hinterließen auch ihre tiefen Spuren in den Gemeinden um Kopenhagen. Die Kirche von *Hvidovre* wurde beschädigt, die von *Rødovre* wurde 1658 völlig zerstört und mußte 1664 wieder aufgebaut werden. Auch die Bauern im Amt Kopenhagen litten große Not. Das geht aus einem Schreiben des Reichsrats Kørbitz von Anfang 1661 hervor, worin es von den Bauern heißt, sie hätten die ganze Weihnachtszeit über keine Brotkrume oder andere Nahrung gehabt als Kohlstrünke, die sie aus der Erde geholt hätten, ja einige hätten sogar Aas verzehrt . . .

Wir verlassen jetzt den Kopenhagener Bereich, und es ist vielleicht passend, die düsteren Eindrücke mit einem Kommentar des Engländers Robert Molesworth abzuschließen. Er besuchte die Gegend um 1690 und schrieb: „Aber namentlich in Kopenhagen und seiner Umgebung ist die Luft schlecht wegen des häufigen Nebels und der niedrigen Lage."

Die **Heide** (Hedeboegnen, eigentlich „Gegend der Heidebewohner") ist das flache Land zwischen Køge, Roskilde und Kopenhagen. Hier war der Boden immer fruchtbar, und es ist etwas paradox, daß man die Gegend „Heide“ nannte. Das kann wohl nur daher kommen, daß das Gebiet seit Jahrhunderten waldlos war.

Die Heidebewohner waren für ihren Fleiß bekannt, der sich in wohlbestellten Äckern und gepflegten Gärten widerspiegelt. Dieser Teil Seelands wurde im vorigen Jahrhundert einer der reichsten des Landes. Die Heidebewohner waren auch durch ihre kostbaren Trachten bekannt. Die ganze Epoche ist wohl kaum besser geschildert worden als von dem Maler Julius Exner. Er begann in den 1850ern, das Volksleben zu malen, und fuhr damit fort bis zum Ende des Jahrhunderts. Exner wurde besonders durch seine Bilder mit Bauerntreffen oder Hochzeitsfesten bekannt, immer mit lustigen Musikanten irgendwo in der Szene.

Hedehusene war zur Zeit Christians IV. die bescheidenste Siedlung, die man sich denken kann, denn es gab dort nur drei Häuser. Der Weg zwischen *Roskilde* und dem *Damhus-See* führte an diesen Häusern vorbei, und das gab Anlaß zur Unterhaltung einer Gastwirtschaft, eine natürliche Raststelle auf dem Weg zwischen den beiden großen Städten; damals war ja das Reisen umständlich und ermüdend. Der spätere *Hedehuskro* (Heidehauskrug) wird erstmals 1787 genannt. Er ersetzte drei kleinere Gastwirtschaften.

Auf dem Kirchhof vor der Kirche steht heute ein mächtiger Granitblock mit eingehauenen Runen. Sie stammen aus der frühen Wikingerzeit und gehören somit zu den ältesten Runen im Lande. Der Stein wurde 1827 von einem Steinhauer auf einem Feld nördlich von Hedehusene entdeckt. 1851 stellten die Behörden ihn unter Schutz, aber nicht genug damit, man setzte ihn an die Landstraße. Vor einigen Jahrzehnten wurde er jedoch auf den Kirchhof in Hedehusene gebracht. Die Runeninschrift lautet: „Stein Hornbornes, des Nachkommen von Svide“.

Die **Kirche von Reerslev** hat in ihrem Schiff eine Reihe von Kalkmalereien aus der Werkstatt des „Isefjordmeisters“. Die Bilder wurden um die Mitte des 15. Jahrhunderts gemalt. An der Nordkappe des ersten Jochs ist eine Darstellung der Geburt Christi, wo auch ein interessanter Zug des mittelalterlichen Alltags erscheint: Links macht

Die Legende vom Samenkorn in der Kirche von Reerslev stammt aus der Werkstatt des Isefjordmeisters.

Joseph das Essen und hält mit einem Fächer das Feuer am Leben.

Man sieht auch Mariä Verkündigung. Sie sitzt bei einem Lesepult, versehen mit schönen Büchern. Deutlich ist zu erkennen, daß die Bücher am Rücken genäht sind. Schließlich folgt eine Szene mit dem Engel, der die Frohe Botschaft den Hirten auf dem Felde verkündet.

Die Ostkappe zeigt die Heiligen Drei Könige bei ihrer Anbetung des Jesuskindes. Die Personen agieren ganz nach dem traditionellen Bildschema. So hat der älteste seine schöne Krone abgelegt, um das Kind auf die rechte Weise zu ehren. Der nächste in der Reihe zeigt hinauf zum Weihnachtsstern. Es ist ein richtiges „Lesebild", auf dem die katholische Gemeinde der ganzen Handlung folgen konnte.

Auf der Südkappe gibt es eine Darstellung des Kindermords von Bethlehem. Die Maler des Mittelalters liebten diese Szene, denn hier konnte man – ebenso wie in den Weltgerichtsszenen – richtig die krassen Effekte anwenden. Zwei der geharnischten Soldaten des Herodes haben die armen Kinder aufgespießt, während eine Mutter vergebens gegen die Übermacht kämpft. Als einzige Waffe hat sie einen Handrocken.

Darunter befindet sich die Legende vom schnell wachsenden Saatkorn. Sie steht nicht in der Lutherschen Bibelausgabe, gehört aber zur reichen Sammlung von Legenden und apokryphen (nicht anerkannten) Schriften des Mittelalters. Eine entsprechende Schilderung der Saatkorn-Legende findet sich in der Kirche von *Tuse* in Holbæk, wo das Thema ausführlicher behandelt ist (vgl. Seite 85).

An der Westkappe reitet Jesus am Palmsonntag in Jerusalem ein. Das Bild wurde mit großer Einfühlung gemalt, nicht zuletzt bei der naturalistischen Wiedergabe des Esels. Seine langen Ohren gehören zum Ansprechendsten in der dänischen Tiermalerei des Mittelalters.

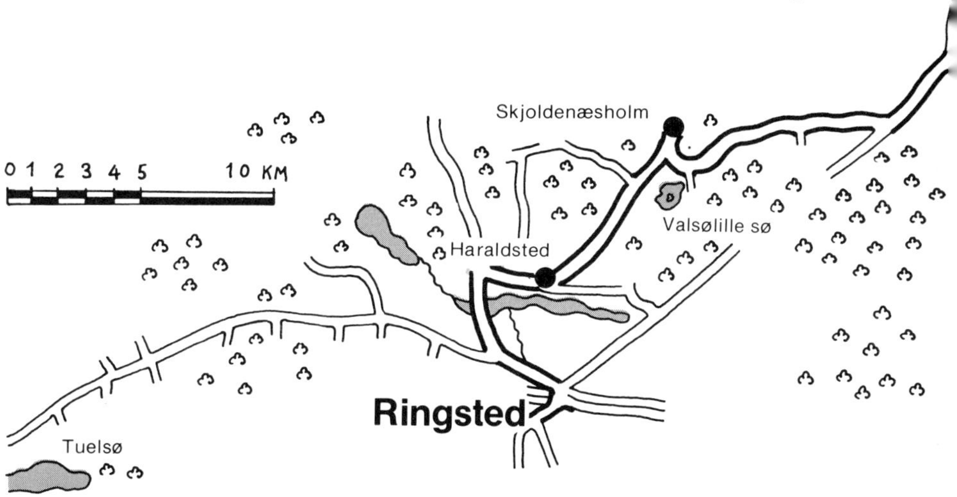

An den übrigen Gewölbekappen sieht man den Judaskuß, das Verhör vor Pilatus und Jesu Leiden, Tod, Grablegung und Auferstehung.

Vor Frue Sogn (die Gemeinde der Frauenkirche) mußte jahrhundertelang darunter leiden, daß die zugehörige Kirche in der Stadt Roskilde lag. Die Gemeinde wird schon 1337 als „parochia Sancte Marie" (Gemeinde der heiligen Maria) erwähnt. Dieser Unannehmlichkeit wurde erst abgeholfen, als man in den Jahren 1904–1907 die jetzige, bescheidene Kirche in *Kamstrup* baute. Zur Erinnerung an die Verbindung mit der ursprünglichen – und noch existierenden – *Frauenkirche* in Roskilde wurde einiges von ihrem Inventar nach Kamstrup

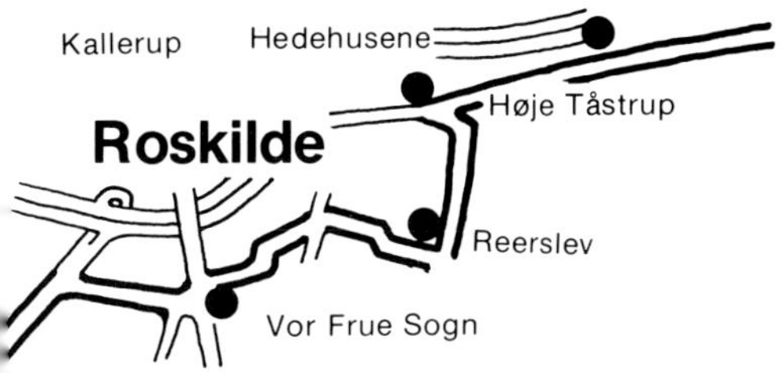

überführt. So kam aus der „Mutterkirche" ein barockes Taufbecken, das um 1700 in Eiche geschnitzt wurde, außerdem ein hochgotisches Triumphkreuz und einige spätgotische Altarleuchter. Schließlich kann man sehen, wie die Heidebewohner zur Kirchenaussteuer beigetragen haben: Altar und Kanzel sind mit Textilien aus ihrer besonderen Volkskultur versehen.

Die Geschichte von **Skjoldenæsholm** geht aufs Mittelalter zurück. Der ursprüngliche Gebäudekomplex war eine reguläre Burg auf einer Halbinsel, welche in den *Valsølille-See* hineinragt. Das Gut hieß von Beginn an Skjoldenæs und gehörte vermutlich der Krone.

Einige Forscher meinen, die Burg sei von Christoph II. dem Grafen Johann von Holstein verpfändet worden, als Dänemark zu Beginn der 1330er Jahren in einer seiner schwersten Krisen steckte. Christoph II. war ein verhaßter Regent, und der holsteinische Einfluß in Dänemark war so groß, daß die Souveränität der Nation in ernster Gefahr war. Christoph hatte nämlich kostspielige Kriege geführt, um sich die Macht im Lande zu sichern, und da all dies mißglückte, saß er schließlich völlig hoffnungslos da mit einem Berg von Schulden.

Beim Frieden von Kiel am 10. Januar 1332 konnten die Bedingungen kaum schlimmer sein. Graf Gerhard von Holstein – oder der „kahle Graf", wie er auch genannt wird – konnte Jütland und Fünen für ein Darlehen von 100 000 Mark Silber vom König verlangen. Der holsteinische Graf Johann wurde auch nicht übergangen, denn er behielt die schon erworbenen Rechte auf Seeland, Falster, Møn und in Schonen. Christoph II. konnte gnädigerweise Lolland behalten. Gut, daß er schon im folgenden Spätsommer starb. So konnten frische Kräfte kommen, um das Vaterland zu retten.

Aber wie es sich nun auch mit der Zugehörigkeit der Skjoldenæs-Burg verhielt, sie wurde jedenfalls in den 1340er Jahren von Waldemar IV. Atterdag erobert (oder wiedererobert?). In den folgenden beiden Jahrhunderten hatte die alte Burg Frieden, bis sie der baulustige Friedrich II. etappenweise abreißen ließ, wahrscheinlich um einiges vom Baumaterial für seine Prestigebauten in Hillerød wiederverwenden zu können.

Im folgenden Jahrhundert war das Gut sozusagen „kopflos", da ja ein repräsentatives Hauptgebäude fehlte. Es wechselte oft die Eigentümer, und Mißwirtschaft breitete sich aus. Erst mit dem Auftreten des initiativereichen Rentmeisters Henrik Müller wurde die schlechte Entwicklung gewendet. Er übernahm Skjoldenæsholm im Jahre 1662. Auf seinen Wunsch baute man nun ein Hauptgebäude an der Stelle, wo man später das jetzige Skjoldenæsholm errichtete. Übrigens wurde unter Müller der Name Skjoldenæsholm erstmals benutzt.

Als Henrik Müllers Hauptgebäude um 1665 fertig war, handelte es sich nur um einen einstöckigen Fachwerkbau, also bei weitem nicht um eine imponierende Anlage. Man ahnt die Sparsamkeit oder die direkte Geldknappheit hinter dem bescheidenen Bau. Müller hatte nämlich auch anders-

Skjoldenæsholm bietet einen breiten Ausschnitt der Stile verschiedener Bauperioden.

wo ökonomische Interessen. Einige Jahre früher hatte er zum Beispiel ein neues Hauptgebäude in Ledreborg errichtet, das er ungefähr gleichzeitig mit Skjoldenæsholm übernommen hatte.

Eine neue Epoche begann, als das jetzige Hauptgebäude 1766 errichtet wurde. Die Initiative kam von der Gräfin Anna Joachimina Danneskiold-Laurvig, der Witwe von Frederik Ludvig Danneskiold-Laurvig. Diesmal kam mehr Pracht und Format in die Architektur, und man ließ sich zugleich von dem neuen Stil der Zeit, dem frühen Klassizismus, inspirieren, ohne aber zu weit zu gehen. Der neue Hauptflügel wurde mit zwei massiven Etagen über einem hohen Keller gebaut. Nach Westen zu folgte ein niedrigerer Seitenflügel mit zwei Etagen, aber ohne Keller. Ein Rest von Henrik Müllers Fachwerkbau ging in diesen Flügel ein.

Erst 1803 bekam die Anlage eine ganzheitliche Abrundung, indem man auch im Osten einen Seitenflügel anfügte. Darauf erschien der Herrenhof als richtige Barockanlage mit einem klaren, von der Symmetrie diktierten Grundriß.

Da der Park der Öffentlichkeit zugänglich ist, kann man einen guten Eindruck von der Disposition und den architektonischen Details gewinnen, indem man einen kleinen Spaziergang um die Gebäude macht. Das klassizistische Gepräge sieht man am deutlichsten an der Hoffassade des Hauptbaus, wo das Portal von zwei dorischen Säulen mit einem Dreieckgiebel darüber flankiert wird. Der stark vorspringende Mittelrisalit ist dagegen ein typischer Zug aus den Lehrbüchern des Barock. Dasselbe Motiv wiederholt sich an der Gartenfront des Hauptflügels, hier aber ohne jeden Schmuck um die Eingangspartie.

Der Aufenthalt auf Skjoldenæsholm endet mit einer Wanderung auf *Kong Valdemars Vej*, den man östlich vom Hof findet. Man kann hier seiner Spur in Richtung auf den früheren Burgberg am *Valsølille-See* folgen. Der Weg tritt am deutlichsten auf dem letzten Stück hinauf zur Burganlage hervor. Hier ist das alte Steinpflaster erhalten. Historische und archäologische Untersuchungen haben gezeigt, daß der Weg vermutlich das alte Skjoldenæs mit Roskilde verbunden hat.

Eines der letzten Stücke des einstmals so markanten König-Waldemar-Wegs.

Es ist schade, daß dies Stück des mittelalterlichen Wegs sich nur in so erbärmlichen Teilstücken zeigt, wenn man daran denkt, wieviele davon noch in den 1920er Jahren erhalten war, als J. T. Lundbye dort seine Untersuchungen machte. Damals konnte man mit Leichtigkeit der Wegterrasse folgen, an Skjoldenæsholm vorbei, durch Valsølille und Særløse und weiter bis zu einer Stelle etwas südlich vom Bahnhof von Lejre. Unmäßiges Pflügen hat unter anderem bei dieser Zerstörung mitgewirkt.

Auch Sagen von *Geheimgängen* florieren in diesem Teil Seelands. Sie sind nicht ohne Beziehung zur Wirklichkeit, denn man kann das wunderlichste System heimlicher, unterirdischer Gänge nachweisen. Hier spielte Skjoldenæsholm auch eine Rolle, denn ein Geheimgang ging vom Hof aus in Richtung *Tølløsegård*. Im Sommer kann man seinem Verlauf erkennen, denn da zeichnet er seine klare Schattenspur über die Kornfelder. Das vollendete Erlebnis hätte man aber, wenn man über das Gebiet flöge und der Linie in der Landschaft folgte.

Es ist nämlich das Spannende an den dänischen Bodenverhältnissen, daß die Kornfelder eine besondere Fähigkeit haben, prähistorische Spuren hervorzuheben. Das geschieht aber nur unter speziellen Wachstumsbedingungen und in kurzen Perioden. Eventuelle Pfostenlöcher oder Mauerreste ändern die Wachstumsbedingungen, was sich wiederum in Form von Flecken und Linien abzeichnet, die man aus der Luft sehen kann. Auch ein gepflügtes Feld kann Resultate ergeben, weil sich die Farbe des Bodens ändert, wo archäologisches Material vorkommt. Die Anwendung der Luftfotografie und entwickelte Beobachtungsverfahren haben so den Archäologen eine neue Möglichkeit in die Hand gegeben, mit deren Hilfe sie nach verschwundenen Siedlungen, Befestigungswerken, alten Wegen und ähnlichem suchen können.

All dies wußten die Leute ja nicht, als sie früher Maulwurf spielten und ihre geheimen Gänge gruben. Und sie leisteten nicht wenig. Neben dem Gang zwischen Tølløsegård und Skjoldenæsholm verlief ein Gang vom *Kloster Sorø* zum *Kloster Antvorskov*. Bei Ausgrabungen in unserem Jahrhundert haben Archäologen vom Nationalmuseum festgestellt, daß es zwei Tunnel gab, die von Antvorskov in Richtung Sorø gingen.

Nähere Untersuchungen zeigten, daß diese Tunnel jedenfalls in einer späteren Phase zur Salpeterherstellung gebraucht wurden. Ein Dokument von 1584 erzählt im Zusammenhang damit von einem gewissen Frederich Beringhusen, der zur Salpetergewinnung in Antvorskov angestellt war. Diese Tätigkeit wurde sicher durch die Schwedenkriege abgebrochen.

Schließlich sei erwähnt, daß Gisselfeld, Herlufsholm und Gavnø ihre Geheimgänge hatten. Natürlich mußten diese eine Menge Sagen hervorbringen, oft von ganz unglaublicher Art, wie zum Beispiel die Sage von dem Geheimgang zwischen *Herlufsholm* und *Tølløsegård*. Es wird erzählt, daß der Gang durch eine Eisentür versperrt gewesen sei. Einmal versuchte ein Mann die Tür zu öffnen, als er von der Tølløse-Seite in den Tunnel gekommen war. Die Tür ging auf, und dahinter sah er zu seinem Erstaunen einen Pudel, der eine Geldkiste bewachte. Doch bevor es dem Mann gelang, den Schatz zu fassen, ergriff ihn der Hund im Nacken und warf ihn wieder hinaus. Die Geschichte könnte geradewegs aus H. C. Andersens Märchen vom Feuerzeug stammen.

Haraldsted war früh mit der Königsmacht verbunden, und die Historiker meinen, daß in dem Dorf im Mittelalter ein Königshof gelegen habe. Es ist denkbar, daß Erik Jarl, der mit Knud Lavard verwandt war, in dem schicksalsschweren Jahr 1131 den Königshof zum Lehen bekommen hatte. 1131 war das Jahr, in dem Knud Lavard in der Nähe ermordet wurde.

Christoph I. übertrug um die Mitte des 13. Jahrhunderts Haraldsted auf Herrn Gunzelin, Grafen von Schwerin, was ebenfalls darauf deutet, daß das Dorf früh dem König gehört hatte. Am Ende des Mittelalters kam das Dorf unter Skjoldenæs.

Die **Kirche von Haraldsted** wurde in mehreren Etappen gebaut. Der romanische Chor ist der älteste Abschnitt und besteht aus gespaltenen Feldsteinen und Quadern aus Kalktuff. Von den ursprünglichen drei Fensteröffnungen an jeder Langseite sind die der Nordseite am besten erhalten. Sie sind aber längst zugemauert.

Die gotische Zeit brachte Änderungen mit sich. Um 1400 schlug man Kreuzgewölbe über das Schiff. Am Ende des Jahrhunderts wurde der jetzige Turm im Westen gebaut, doch sei angemerkt, daß ältere Mauerreste im unteren Teil des Turms stecken.

Die Kirche enthält ein sehr schönes Inventar aus dem Mittelalter und späteren Perioden. Hier sei besonders das Sakramentshaus hervorgehoben, eine üppige, spätgotische Schnitzarbeit. Es ist mit einer Spitze versehen und trägt die Jahreszahl 1527. Das Sakramentshaus gehörte in katholischer Zeit zu den wichtigsten Ausstattungsstükken, denn hier wurden die geweihten Hostien und die heiligen Gefäße verwahrt.

Bei der Taufe hängt ein Rauchfaß aus dem 15. Jahrhundert. Früher konnte man auch ein Kruzifix im Triumphbogen sehen, doch das wurde 1824 herausgenommen.

Auch die Kirche von Haraldsted wurde in die Ereignisse um den Mord an Knud Lavard hineingezogen, indem man seine Leiche dorthin überführte. In der Kirche bekam er nur kurz Ruhe, denn noch im selben Jahr überführte man die Leiche in die *Frauenkirche* nach Ringsted, wo sie vor dem Hochaltar beigesetzt wurde. Als man einige Jahrzehnte später die jetzige St.-Bendts-Kirche am selben Ort gebaut hatte,

Die Kirche von Haraldsted besitzt ein reiches Inventar aus gotischer Zeit. Zu seinen vornehmsten Stücken gehört das Sakramentshaus (links im Bild), das sich durch sein reich geschnitztes Oberteil auszeichnet; es ist wie die Turmspitze auf einer gotischen Kathedrale. Die Schnitzarbeit wurde erst 1527 angefertigt.
Die Altartafel ist im Stil der Hochrenaissance gehalten und auf 1601 datiert. Ihre Bilder zeigen Christi Leidensgeschichte und Auferstehung. Der ganze architektonische Aufbau mit Säulen, Gesimsen und dreieckigem Abschluß ist typisch für die Periode.

wurde Knuds Heiligenschrein 1170 auf den Hochaltar gestellt.

Doch was wissen wir eigentlich vom Mord an Knud Lavard? Wer war dieser bedeutende Mann?

Die letzte Frage ist wohl am leichtesten zu beantworten, denn wir wissen ziemlich gut über seinen Hintergrund Bescheid. Knud Lavard war der zweitälteste Sohn von König Erik Ejegod, welcher von 1095 bis 1103 regierte. Er verbrachte seine frühe Kindheit bei Skjalm Hvide in Sorø, doch bekam er seine eigentliche Erziehung und politische Prägung am Hofe des sächsischen Herzogs Lothar. 1115 wurde er erster Herzog von Schleswig. Nach einer Überlieferung gaben seine Gefolgsleute ihm den Beinamen „Lavard“, „Brotgeber“.

Die mit dem Mord verbundenen Umstände sind schwieriger zu durchschauen. Es steht aber fest, daß die Situation in Dänemark in den Jahren vor 1131 äußerst gespannt war, denn zwei Männer kämpften um das Recht auf den Thron. Es waren Knud Lavard und König Niels. Letzterer wurde von seinem Sohn Magnus dem Starken unterstützt, König in dem schwedischen Västergötland. Die Lage wurde nicht dadurch besser, daß Knud Lavard deutschgesinnt war und sich 1127 als „Knes" – eine Art König – des slawischen Volkes der Abodriten huldigen ließ.

1130 kam es zur persönlichen Konfrontation zwischen Herzog Knud und König Niels, als sie sich in Ripen trafen, um die schwierige politische Entwicklung zu besprechen. Knud wies Niels' Anschuldigung illoyalen Verhaltens gegenüber dem dänischen König zurück. Aber Magnus der Starke hat zu dieser Zeit wohl erkannt, daß Knud ein gefährlicher Konkurrent um den dänischen Thron war.

Der vorletzte Akt des Dramas spielte sich beim folgenden Weihnachtsfest in Roskilde ab, wohin Niels Knud eingeladen hatte. Alles verlief aber an den heiligen Tagen ruhig, und Knud Lavard reiste darauf nach Haraldsted, um seine Kusine Cäcilia zu besuchen. Sie war mit dem früher erwähnten Erik Jarl verheiratet.

So brach der 7. Januar an. Nach Saxo kam der deutsche Sänger Sigward zum Königshof in Haraldsted, um Knud Lavard um ein Treffen mit Magnus dem Starken draußen im nahen Wald zu bitten. Man weiß nicht, ob Herzog Knud Verdacht geschöpft hat, aber er wurde jedenfalls im Wald ermordet aufgefunden. Einer der rätselvollsten Morde der dänischen Geschichte war geschehen.

Knud Lavards Kapelle liegt heute als Ruine da. Man findet sie nordöstlich von Haraldsted, nahe am Rand des Waldes *Vrangeskov*. Auf der Generalstabskarte ist die Stelle mit dem Wort „kildemur" (Quellmauer) markiert.

Die Ruine wurde erst 1883/84 gefunden und ausgegraben, nachdem Dr. Henry Petersen gründliche Untersuchungen vorgenommen hatte. Nach den Fundamenten zu urteilen, handelte es sich um eine Kalktuffkirche aus Apsis, Chor und Schiff. Der Bau wurde um 1150 errichtet und erfuhr später mehrere Erweiterungen. Man ließ ihn auch etwa ein Jahrhundert später einwölben.

Ringsted

Die älteste Geschichte der Stadt ist mit alten Sagen und Mythen verwoben. Der Name kommt möglicherweise vom altnordischen „Hringstadir". *Hring* ist vielleicht ein Männername, und *stadir* bedeutet Stadt.

Nach der Sagengeschichte war Ringsted Seelands wichtigster Ort, denn hier lag sowohl eine Thingstätte als auch eine Kulturstätte. Ringsted war somit eine Parallele zu dem *Odense* der Fünen und dem *Viborg* der Jüten. Seit dem frühen 11. Jahrhundert wurden dort Münzen geprägt, und zwar unter Knut dem Großen (1018–1035) und Knut dem Heiligen (1080–1086). Hinzu kam, daß der Roskilder Bischof Svend Nordmand, bevor er seine Augen 1088 schloß, noch eine Kalktuffkirche zu Ehren Marias in Ringsted baute. Die Reste dieses Kirchenbaus wurden 1902 gefunden, als man in dem großen Nachfolger, der *St.-Bendts-Klosterkirche*, nachgrub.

Der heilige Knud Laward aus dem Vierungsgewölbe der Kirche in Ringsted, mit Glorie.

Die Stadt Ringsted, wiedergegeben nach dem Atlas Friedrichs V. Der Zeichner hat die vom Brand heimgesuchte Stadt gezeichnet, als Friedrich V. 1748 in Ringsted zu Besuch war. Die reetgedeckten Häuser waren eine der Ursachen für die vielen Stadtbrände der Zeit, doch noch Ende des 18. Jahrhunderts war es schwierig, die kostspieligeren Ziegeldächer einzuführen.

Knud Lavard bekam nach seinem Tode große Bedeutung für das Aufblühen der Stadt. Sein Ruf als Heiliger hatte sich schon verbreitet, bevor er 1169 die offizielle Anerkennung der katholischen Kirche erhielt. Danach wuchs Herzog Knuds Verehrung stark an. Sie erreichte einen vorläufigen Höhepunkt im Jahre 1170, als sein Sohn – König Waldemar der Große – seine irdischen Reste in einem Heiligenschrein auf dem Hochaltar in der noch unvollendeten St.-Bendts-Klosterkirche aufstellen ließ. Von da an war Ringsted eines der wichtigsten Pilgerziele Dänemarks.

Aber das Glück dauerte nicht an, denn 1345 wurde die Stadt von den Holsteinern geplündert. Das geschah noch in den unglücklichen Jahren, als Dänemark teilweise den Holsteinern verpfändet war. Doch genoß Ringsted den Triumph, daß man 1387 dort auf dem Landesthing der Königin Margrethe I. huldigte. Diese Huldigungen setzten sich bis zu Christian IV. im 17. Jahrhundert fort, aber damals war die Stadt längst in die Reihe der weniger bedeutenden Städte herabgesunken.

Ihr großes Problem war und ist, daß sie nicht an einer Küste liegt, und ohne Hafen gab es keine Grundlage für einen bedeutenden Handel. 1658–1660 besetzten die Schweden Ringsted und machten reichlich Beute. Bei dieser Gelegenheit verlor der Lehnsmann Jørgen Seefeldt seine herrliche Bibliothek, die im Kloster untergebracht war. Der Landesverräter Corfitz Ulfeldt, der mit dem schwedischen Heer gekommen war, befahl, die etwa 26 000 Bände der Bibliothek sollten nach Schweden überführt werden.

Nach den Schweden folgten neue Tragödien, doch diesmal durch Brände. 1693, 1717 und 1747 wurde die Stadt durch Feuersbrünste heimgesucht. Daher ist es verständlich, daß in der Stadt heute so wenig von ihrer alten Baukultur erhalten ist. Dafür hat sie eine der schönsten mittelalterlichen Kirchen des Landes.

Die **St.-Bendts-Kirche** wurde in den 1160er Jahren gegründet und war von Anfang an als Backsteinkirche geplant. Sie gehört mit der *Klosterkirche in Sorø* und den oberen Teilen der *Rundkirche in Bjernede* zu den ältesten Backsteinbauten Dänemarks. Man weiß nicht genau, wann der Ziegelbrand in Dänemark eingeführt wurde, es muß aber spätestens um 1160 geschehen sein. Man nimmt an, daß die katholische Kirche in Dänemark Maurer und Ziegelbrenner aus Italien kommen ließ, vielleicht aus der Lombardei, wo die Kunst des Ziegelbrennens am höchsten stand.

Im Anschluß an die Kirche wurde ein Kloster gebaut, das zusammen mit der Kirche eine vierflügelige Anlage bildete. Die Arbeiten waren erst zu Beginn des 13. Jahrhunderts beendet. Heute ist nur noch die Kirche erhalten, ein kreuzförmiges Gebäude mit einem basilikal geformten Langhaus und einem Querschiff. Der Turm über der Vierung ist aber erst im 16. Jahrhundert hinzugekommen.

Die lateinische Kreuzform der Kirche wurde auch bei der – etwas älteren – Klosterkirche in Sorø verwendet, doch gibt es in einer Hinsicht einen deutlichen Unterschied zwischen den beiden Kirchen. St. Bendt wurde für die Benediktiner gebaut, die für eine reichere Architektur eintraten. Darum bekam ihre Kirche auch die vielen Kapellen mit eigenen Apsiden an der Ostpartie. Sie kommen in dieser Form in Sorø, wo die Zisterzienser bauten, nicht vor.

Vom reichen *Inventar* der Kirche soll zuerst die Bleiplatte aus dem Grab Waldemars des Großen genannt werden. Sie ist nämlich eine sehr wichtige Quelle zur Einführung des Ziegelbrands in Dänemark, bei der St. Bendt, wie erwähnt, eine große Rolle spielte. Man kann die Platte im Kirchenmuseum sehen, das in der südöstlichen Kapelle eingerichtet ist. Ihre beiden Seiten tragen einen

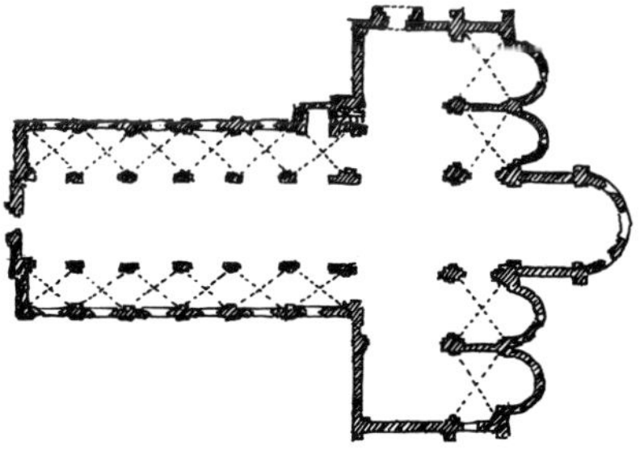

Grundriß der St.-Bendts-Kirche in Ringsted. Beachten Sie die Kapellen am Querhaus.

lateinischen Text, deren einer lautet: „Hier ruht der Dänenkönig Waldemar, Sohn des heiligen Knud, der erste mächtige Bezwinger der Slawen, der ausgezeichnete Befreier des bedrängten Vaterlandes, der Wiederhersteller und Bewahrer des Friedens. Er bezwang glücklich die Rügener und war der erste, der ihre Götzenbilder zerstörte und sie zum Glauben an Christus bekehrte."

Und dann folgt der sehr wichtige Abschnitt: „Er war der erste, der aus gebrannten Steinen die Wehr für das ganze Reich errichtete, die Danewerk genannt wird, und eine Burg auf Sprogø baute. Er starb nach Gottes Geburt 1182, am 12. Mai, in seinem 26. Regierungsjahr." Die Quelle sagt leider nichts darüber, wann genau die Ziegelarchitektur eingeführt wurde, und daher mußten die Bauhistoriker anderswo nach einer Problemlösung suchen. Eine der interessantesten Theorien knüpft an Radulf an, der Kanzler Waldemars des Großen und zugleich von hohem geistlichem Rang war. Radulf nahm 1161 an einer Kirchenversammlung in Pavia teil, einer der südlichsten Städte in der Lombardei. So ist es denkbar, daß er bei dieser Gelegenheit „einige Kontrakte" mit lombardischen Ziegelmeistern und Bauhandwerkern abschloß.

Das **Dagmarkreuz** befindet sich zwar nicht im Original in Ringsted, aber bei einem festlichen Anlaß, als man 1962 den 750. Jahrestag von Königin Dagmars Beisetzung in Ringsted feierte, bekam die Kirche eine hervorragende Kopie. Dieses Schmuckstück ist ebenfalls im Museum ausgestellt und so einzigartig, daß es eine Besprechung verdient. Will man aber das Original sehen, so muß man das Nationalmuseum besuchen.

Nach einer schriftlichen Überlieferung, die auf 1737 zurückgeht, soll das Kreuz von der Königin Dagmar getragen und später in ihrem Grab in St. Bendt gefunden worden sein. Man hat bisher aber für diese Behauptung keinen endgültigen Beweis führen können.

Königin Dagmar starb 1212, doch das Kreuz ist viel älter. Stil, Technik und Inschriften belegen, daß es sich um eine byzantinische Arbeit handelt. Vom Stil her hat man das Kreuz auf etwa 1000 datiert,

Epitaph für Oluf Mouritsen Krognos, 1575 an der Nordwand des Chores angebracht.

eine Zeit, als die Kunst in Byzanz blühte und die makedonische Kaiserdynastie (867–1056) regierte. Auf der einen Seite des Kreuzes sieht man eine Kreuzigungsdarstellung, auf der anderen sind kleine Porträts: Christus, flankiert von Maria und Johannes, auf dem oberen Kreuzarm St. Basilios, auf dem unteren St. Johannes Chrysostomos.

Das Stück sollte an der Brust getragen werden und barg in seinem Hohlraum wohl einmal eine Reliquie, vermutlich einen Splitter vom Kreuze Christi. Die Arbeit wurde in der sogenannten Cloisonnétechnik hergestellt, das heißt, man lötete zuerst dünne Metallstreifen auf den Untergrund, und zwar so, daß sie eine Reihe von Zellen bildeten. Daher das französische Wort *cloisonné* (durch eine Scheidewand unterteilt). Die Zellen wurden dann mit Emailpulver (zerstampftes Glas) in verschiedenen Farben ausgefüllt. Darauf wurde das Stück erwärmt, bis das Pulver geschmolzen war. Es folgte eine Abkühlungsphase, in der die geschmolzene Glasmasse erstarren konnte. Dann wurde neues Pulver in die Zellen geschüttet, und der Prozeß wiederholte sich.

Die Produktion solchen Schmucks war in Byzanz groß. Sie wurde zu den Fürstenhäusern und obersten kirchlichen Einrichtungen in ganz Europa exportiert.

Das Schönste an den **Königsgräbern** ist zweifellos die Grabplatte für König Erik Menved und Königin Ingeborg. Sie ist das älteste derartige Grabmal in Dänemark, und entsprechende Metallarbeiten sind im Lande unbekannt. Es besteht also guter Grund, sich das Werk näher zu betrachten.

Als Material verwandte man Messing, jedoch mit der einen Ausnahme, daß die Gesichter der Figuren in Alabaster geformt und erst in neuerer Zeit hinzugefügt wurden. Auf der Messingplatte sieht man links Erik Menved, rechts seine Frau. Beide sind prachtvoll gekleidet und tragen Kronen und Zepter. Der König hält außerdem ein Schwert, die Königin ein Gebetbuch. Oben über ihren Köpfen tragen Engel ihre Seelen in Tüchern zum Himmel. In den Ecken stoßen andere Engel in die Weltgerichtsposaunen. Zwischen den Figuren sind zierlichste

Die eine Seite des Dagmarkreuzes mit einer Darstellung des gekreuzigten Christus.

Die prachtvolle Grabplatte in Messing für König Erik Menved und Königin Ingeborg. Die Metallarbeit zeigt Gotik auf internationalem Niveau.

gotische Ornamente und Architekturdetails eingeritzt. Der Fries unter den Füßen zeigt eine Form des höfischen Zeitvertreibs, nämlich die beliebte Wildschwein- und Hirschjagd.

Das Motiv der beiden Löwen, die von Erik Menved getreten zu werden scheinen, ist von besonderem Interesse. Damals symbolisierten nämlich christliche Fürsten gern Macht und Mut mit Löwen, sei es als Beinamen oder in ihren Wappen. Denken Sie nur an Heinrich den Löwen von Sachsen oder den englischen König Richard Löwenherz! Der Gebrauch des Löwensymbols geht auf die vorchristlichen Kulturen des Vorderen Orients zurück, doch für die christlichen Fürsten war es vor allem die Bedeutung des Löwen in der Bibel, die eine Rolle spielte. Sie legten natürlich großes ideologisches Gewicht auf die Textstelle in der Offenbarung des Johannes, wo Christus „Löwe vom Stamme Juda" genannt wird. Dazu kam, daß in der Kreuzzugszeit Löwen nach Europa kamen und allmählich viele Königspaläste einen Löwen im Käfig vorzeigen konnten.

In der St.-Bendts-Kirche gibt es glänzende Beispiele von Löwen, die als Symbole auf königlichen Wappenschildern benutzt wurden. Man kann sie an der Südwand des Chors sehen, wo sich Reste eines Königsfrieses befinden. Vier Könige sind hier wiedergegeben, und zwar mit Schilden, die alle mit den dänischen Löwen versehen sind. Die königlichen Personen sind wahrscheinlich Waldemar der Große (1157–1182), Knud VI. (1182–1202), Waldemar der Sieger (1202–1241) und der Sohn des letzteren, Waldemar der Junge, der durch einen Fehlschuß 1231 umkam (vgl. S. 114). Die Bilderreihe ist im Stil französisch beeinflußt und wurde vermutlich um 1325 gemalt.

Von den übrigen *Kalkmalereien* der Kirche müssen die beiden Königinnenfriese erwähnt werden, von denen der ältere von etwa 1325 ist, also gleichen Alters wie der Fries der Waldemare. Er befindet sich an der entgegengesetzten Chorseite und beschränkt sich leider nur auf ein Fragment, das auf einem Pfeiler erhalten ist. Rechts davon ist der jüngere Königinnenfries zu sehen, bei dem die Kleidermode eine gute Datierungshilfe bietet. Die Damen sind nämlich mit Puffärmeln und hohen Halskrausen gemalt, typische Renaissancezüge, die auf etwa 1550 datiert werden können.

Man beachte, daß die Bilder erst nach der Einführung der Reformation gemalt wurden, etwas, das man beim Studium von Kalkmalereien in Dänemark immer wieder feststellen kann. Dies unterstreicht, daß die Reformation es schwer hatte, die Kirchen von Bildern zu reinigen. So mußte sie oft nachgeben und Bilder akzeptieren – im vorliegenden Fall königliche Porträts –, die theologisch nicht anstößig wirkten. Hier ging es ja nicht um Heiligenverehrung, sondern um weltliche Damen von höchster Geburt. Noch später mußten aber auch die Personendarstellungen weichen, und so waren die Maler auf die Wappenschilde des Adels und die reine Ornamentik beschränkt. Ein Beispiel für diese letzte Phase in der älteren Geschichte der Kalkmalerei in Dänemark findet sich an der Chorsüdwand unter den Waldemaren: das Wappen des Stiftamtmanns Eggert Knuth, gemalt 1776.

Die **Mahlerschen Häuser** in der Skt. Bendtsgade 5 leiten unseren kleinen Rundgang ein. Die beiden Gebäude liegen an der alten Mauer um die Kirche und beleben durch ihre Unterschiedlichkeit das Straßenbild. Das ältere ist das niedrige, einstöckige und siebenachsige Fachwerkhaus. Es kann auf das Ende des 18. Jahrhunderts datiert werden und diente ursprünglich als Akzisehäuschen. Als die Akzise (Abgabe auf Wareneinfuhr) in der Mitte des vorigen Jahrhunderts aufgehoben wurde, wurde es an den Schuhmachermeister Mahler verkauft. Dieser baute auch das massive Nachbarhaus, das mit einem Mansarddach samt einer Gaupe zur Straße hin versehen ist. Noch 1965 waren die Häuser vom Abbruch bedroht, doch sie wurden zum Glück gerettet und stehen heute unter Denkmalschutz.

Die **Thingsteine** auf dem Marktplatz bestehen aus drei flachen und stark abgetretenen Steinen, die nach der Volksüberlieferung die berühmte Thingstätte der Stadt darstellen sollen. Das ist aber nicht richtig, denn die großen Landesthinge fanden außerhalb der Stadt auf einem abschüssigen Terrain statt. Unabhängig vom Zweck der Steine ist Ringsted die einzige Stadt Dänemarks, in der eine solche Anordnung erhalten ist.

Es sei im übrigen angemerkt, daß in den einen der großen Blöcke ein Brettspiel eingehauen ist. Die Zeichen sind dem Zeitvertreib einiger englischer Soldaten zu danken, die sich während des Krieges 1807 in Ringsted aufhielten. Sie haben sich sicher in der kleinen Provinzstadt gelangweilt, die nach dem vernichtenden Brand von 1806 in Ruinen lag.

Das Land der Hvide

Fjenneslev gehört zu der langen Reihe dänischer Dörfer, deren Namen auf *-lev* enden. *Fjenne-* kommt vom Männernamen Fialin (oder Falin), und die Ortsnamenforscher haben folgende Theorie aufgestellt: Ein unbekannter Mann namens Fialin hatte in der Wikingerzeit am Ort Land und Häuser. Was er bei seinem Tod hinterließ (*lev* kann hinterlassenes Eigentum bedeuten, vgl. S. 158), wurde mit der Zeit zu einem richtigen Dorf.

Eine schriftliche Quelle von 1201 nennt das Dorf *Fialensleve,* und zu dieser Zeit hatte das Geschlecht der Hvide ihm schon seine starke Prägung gegeben. Die Verbindung der Familie mit dem Ort basiert unter anderem auf einer Version des Historikers Anders Sørensen Vedel von Saxos Dänemarkchronik. Vedel präsentierte 1575 eine dänische Übersetzung dieses berühmten Werkes, wobei er sich viele Freiheiten und Texteinschübe erlaubte. Darum muß es mit Vorbehalt genommen werden, wenn er vom Hvidegeschlecht in Fjenneslev und vom Bau der Kirche mit den charakteristischen Zwillingstürmen erzählt.

Es gibt aber eine andere Quelle, die von der Familie Hvide in dem alten Dorf berichtet. Es handelt sich um einen mittelalterlichen Grabkatalog, der bis heute erhalten ist, und zwar ein Verzeichnis der Beisetzungen in der Klosterkirche von Sorø. Der Verfasser des Katalogs erwähnt, daß Bischof Absalon 1177 die Gebeine seines Großvaters und seines Onkels – also die irdischen Reste von Skjalm Hvide und Toke Skjalmsen – aus der Kirche von Fjenneslev nach Sorø überführen ließ. Wir erfahren außerdem, daß Asser Rig zuerst von Fjenneslev nach Sorø überführt wurde.

Selbst wenn man nicht all dies wüßte, so müßte die ungewöhnliche Architektur der Kirche Verdacht wecken. Hier muß in früher christlicher Zeit ein Häuptlingsgeschlecht gewirkt haben. Über das Alter der Kirche läßt sich folgendes sagen: Wenn Skjalm Hvide in seiner eigenen Hofkirche begraben wurde, so muß der Bau spätestens 1113 beendet gewesen sein, in dem Jahr, in dem der alte Krieger seine Ruhe bekam. Asser Rig, sein Sohn, war nach Saxo der Bauherr der Kirche. Er ließ einen Feldsteinbau errichten, der trotz seiner Kürze mit hohem Chor und Schiff versehen wurde. Zum Chor wurde eine Apsis gefügt, wie man es bei anderen romanischen Kirchen sieht.

Auch die Baumaterialien sind einer näheren Betrachtung wert. Sie bestehen im wesentlichen aus Feldsteinen, die vor der Verarbeitung gespalten wurden. An den Kanten der Kirche kommen aber auch Granitquader und Kalksteine aus Fakse vor. Auch die Fensteröffnungen haben eine feinere Ausformung bekommen, wozu man Kreidestein benutzte. Im übrigen hat man sehr auf die Vermauerung geachtet, auch ein Zug, der darauf deutet, daß ein Großer hinter den Bauarbeiten stand. Beachten Sie auch das schöne Vierpaßfenster in der Apsis und wie die Fenster in Chor und Schiff angeordnet sind! Nach romanischer Art sitzen sie alle hoch oben und haben nur schmale Öffnungen. Es war dunkel in der Kirche während ihrer ersten Jahrhunderte.

Die Zwillingstürme haben ihren natürlichen Platz in der Reihe berühmter dänischer Türme und haben denselben Rang wie der *Gänseturm* in Vordingborg oder der *Runde Turm* in Kopenhagen. Leider spricht kein Anhaltspunkt für die Legende, daß Asser Rigs Frau Inge die Türme habe bauen lassen, während ihr Mann auf einem Kriegszug in Schweden war. Man beachte, daß sie aus rotem Backstein bestehen und nicht aus Granit wie das übrige Bauwerk! Backsteine wurden aber erst von etwa 1160 an verwendet, und so können die Türme nicht in den 1120er Jahren gebaut worden sein, als Asser Rig in Schweden kämpfte. Ebensowenig treffen Oehlenschlägers bekannte Zeilen zu: „Höre, liebe Frau Inge, gebierst du mir einen Sohn, so baust du die Kirche mit einem Turm, gebierst du mir ein Töchterchen, so setzt du nur eine Spitze auf." Oehlenschläger erzählt weiter, Frau Inge habe Zwillinge bekommen (Esbern Snare und Absalon) und zwei Türme im Westen bauen lassen. Die historische Wirklichkeit bricht auch hier mit der dichterischen, denn Esbern Snare war fast zwei Jahre älter als der Bruder.

Zusammen mit den Türmen wurde auch die prächtige Herrschaftsgalerie im Westende des Kirchenraums errichtet. Die Tribüne und teils auch die Türme ruhen auf zwei schlanken Granitsäulen. Die handwerkliche Verarbeitung dieser Säulen ist ganz ungewöhnlich. Die Schäfte sind blank poliert und werden von trapezförmigen Kapitellen bekrönt, dazu kommt der Palmettenschmuck auf den kubenförmigen Basen. Man soll sich das Palmettenmuster merken, denn es kommt auch am Fuße der Königssäule in Roskilde vor und außerdem auf einer Reihe seeländischer Taufen, die anderswo besprochen wurden (vgl. Seite 61). Das Palmettenmotiv gilt als typischer Zug der kirchlichen Kunst, die das Geschlecht der Hvide schaffen ließ.

Auch die Polierung der Säulen und der seltene Granittyp zeigen, daß ein Großer seine Finger im Spiel hatte. Professor Otto Norn hat die Theorie aufgestellt, daß die Säulen weit weg von Dänemark hergestellt wurden, nämlich drunten in Assuan in Oberägypten. Hier hatten die Römer im Altertum einen Steinbruch, wo die Säulen nicht nur gehauen, sondern durch eine besondere Drehtechnik auch völlig gerundet und glatt geschliffen wurden. Die Granitsäulen von Fjenneslev scheinen Zeichen von dieser Schleifmethode zu tragen, die übrigens mit dem Untergang des Römerreiches verlorenging.

Die Kirche von Fjenneslev mit den Zwillingstürmen des Asser Rig.

Wie die Hvide diese Säulen nach Seeland bekamen, wird wohl ewig ein Rätsel bleiben. Wir befinden uns ja so tief in der dänischen Geschichte, daß schriftliche Quellen noch nicht begonnen haben. Das älteste erhaltene Originaldokument aus Dänemark ist nämlich erst von 1135 und behandelt Peder Bodilsens Stiftung an ein Benediktinerkloster in der Nähe des späteren Næstved.

Die erwähnte Tribüne sollte natürlich als Galerie für Asser Rig und seine nächste Familie dienen. Hinter den drei Öffnungen der Galerie, jede aufgeteilt durch drei Zwergsäulen aus gebranntem und glasiertem Ton, konnte man unbemerkt der Messe beiwohnen. Die schönen Säulen stammen aber nicht alle aus dem 12. Jahrhundert. Nur die nördlichste Gruppe ist intakt. Die Säulen der übrigen wurden erneuert, als man im letzten Viertel des vorigen Jahrhunderts die Kirche restaurierte. Bei dieser Gelegenheit bekamen die Türme Pyramidenspitzen, und es wurde eine flache Holzdecke über Chor und Schiff gelegt als Ersatz für drei spätgotische Gewölbe.

Eine einzigartige Rolle in der dänischen Kunstgeschichte spielen die Kalkmalereien an der Triumphwand. Sie wurden erstmals wieder gesehen, als der Historiker Chr. Molbech 1808 die Kirche besuchte. Es war ihm gelungen, auf den Dachboden zu kommen, und hier erkannte er „Waffen und menschliche Figuren von bedeutender Größe" auf dem Mauerwerk über den damaligen Gewölben. Molbechs Beobachtung fand zu einer Zeit statt, als der ganze reiche Schatz von Kalkmalereien verborgen und vergessen hinter dicken Kalkschichten lag. Seine Notiz fand später Platz in seinem Buch „Jugendwanderungen in meiner Heimat", und sie mag den gelehrten Leser interessiert haben.

Die Entdeckung in Fjenneslev war das Vorspiel zur Wiederentdeckung der Kalkmalereien, die ja erst eingeleitet wurde, als man 1826 die Bilder in der Dreikönigskapelle in Roskilde freilegte. Die Wandgemälde in Fjenneslev durften aber noch eine Zeitlang in Frieden ruhen. 1853 bekam der Dachboden wieder Besuch, diesmal von dem später so bekannten Konservator Jacob Kornerup. Er betrachtete die Bilder und machte eine hastige Bleistiftskizze davon auf die Rückseite eines mitgebrachten Kuverts. So geringfügig waren die ersten Schritte in einer Entwicklung, die weit später die Freilegung der dänischen Kalkmalereien über die Grenzen hinaus berühmt machen sollte. Die Bilder der Triumphwand wurden erst 1873 von Kornerup restauriert.

Von den freigelegten Szenen weckte das Stifterbild besonderes Interesse. Man sieht es unten links. Ein Adliger und seine Frau stehen da in vornehmer Kleidung. Er reicht Gott ein Modell der Kirche von Fjenneslev. Gott nimmt die Gabe an, indem er eine Hand aus der Wolke streckt. Da das Kirchenmodell zwei Türme hat, müssen wir davon ausgehen, daß die Bilder erst nach ihrer Errichtung gemalt wurden, also in der Periode 1175–1200.

Das Stifterbild in Fjenneslev soll wohl Asser Rig und seine Frau wiedergeben. So etwas ist nicht einmalig in der mittelalterlichen Kunst Dänemarks. Ähnliche Darstellungen kommen in *Hagested* bei Holbæk, in *Førslev*/Südwest-Seeland und in *Gørlev* südwestlich von Tisø vor. Gørlev ist in diesem Zusammenhang besonders interessant, denn hier trägt der Stifter ebenfalls ein zwillingstürmiges Kirchenmodell. Sieht man auf dem Bild in Gørlev gut nach, so hat die Kirche dort auch Knöpfe auf den Türmen. Ist das nun Zufall? Kaum! Die Kirchen in Fjenneslev und Gørlev wurden beide von Angehörigen des Hvidegeschlechts gebaut. Letztere wurde vermutlich von Esbern Snares Tochter errichtet, Ingeborg von Kalundborg.

Alle Wahrscheinlichkeit spricht dafür, daß auch die Kirche von Tveje-Merløse von der Hvide-Familie gebaut wurde, und hier sieht man das Motiv der Zwillingstür-

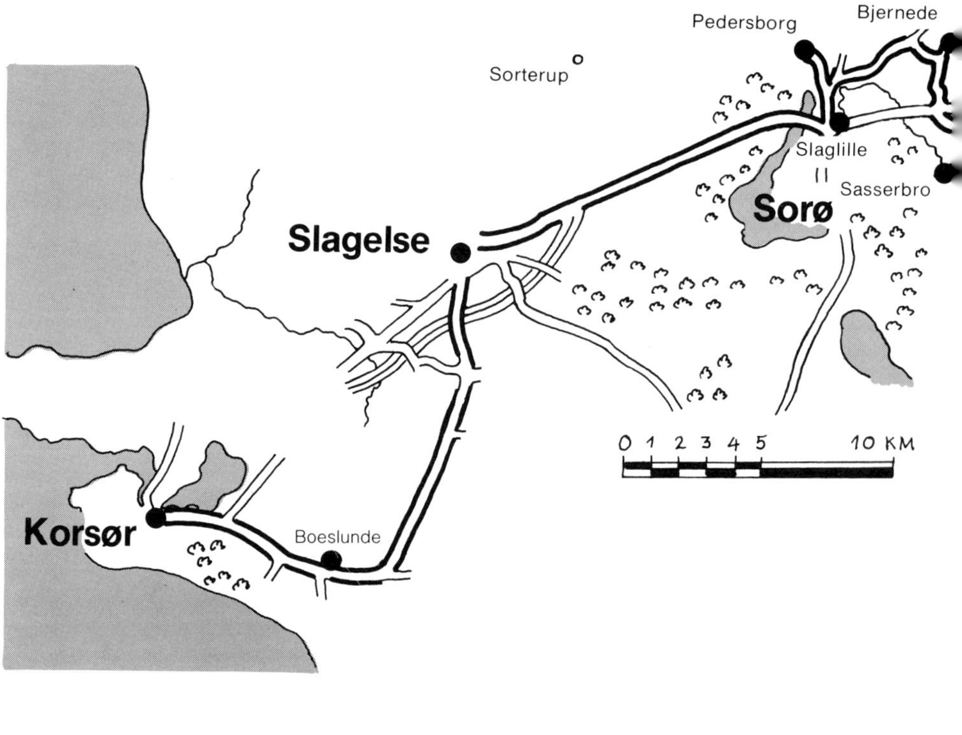

me nochmals. Die Türme in Tveje-Merløse haben sogar ihre ursprünglichen bienenkorbförmigen Abschlüsse mit „Knöpfen“ an den Spitzen bewahrt.

Alle diese Gebäude weisen mit Deutlichkeit auf ein gemeinsames Vorbild. Die Kunsthistoriker glauben heute, daß dies Vorbild der Vorläufer des jetzigen Doms von Roskilde war. Er hatte nämlich auch eine zweitürmige Westfront (vgl. S. 58).

Auch der **Runenstein** auf dem Kirchhof in Fjenneslev kann eine gute Geschichte erzählen. Auf dem senkrechten Schriftband kann man folgendes lesen: „Sasser errichtete den Stein und machte die Brücke.“ Eigentümlicherweise bildet der Fjenneslev-Stein das einzige dänische Beispiel für eine Runenschrift, die von oben nach unten gelesen

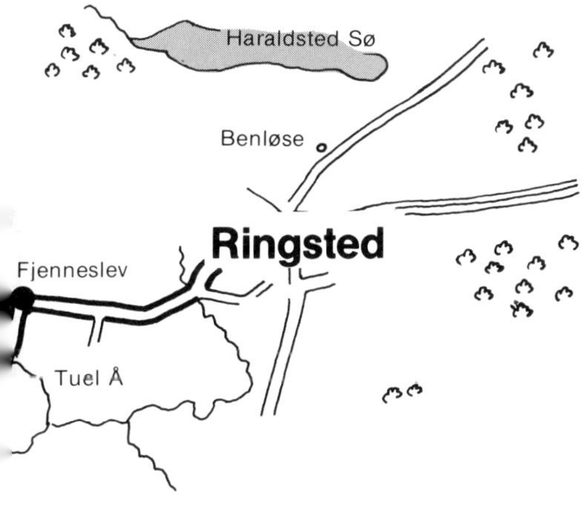

werden soll. Er führte ein vergessenes Dasein im alten Kirchhofswall, bis man diesen 1830 entfernte und den Stein entdeckte. Nach der Inschrift zu urteilen, hat er bei einer Brücke gestanden, und hier ist es wohl das natürlichste, an die nahe gelegene *Sasserbro* zu denken, die über die *Tuel Å* führt. Schließlich sei angemerkt, daß die Inschrift aus der späten Wikingerzeit stammen muß, als das Christentum schon vorkam. Das Kreuz oben auf dem Stein dürfte ein Beweis dafür sein.

Sasserbro muß im Zusammenhang mit der *Tuel Å* erlebt werden, die sich durch die Landschaft südwestlich von Fjenneslev schlängelt. Wir erfahren nichts über den Brückenbauer Sasser, aber der Ort hat Spuren in der Geschichte hinterlassen. Wo die moderne *Sasserbro* über den Fluß führt, lag weit zurück im Mittelalter eine Brücke gleichen Namens. Es gab jedoch dort auch eine Mühle, denn in einer Schenkungsurkunde für das Kloster Sorø von etwa 1160 wird die Mühle als „molendinum Sacerbro“ erwähnt. Sie existierte noch im 17. Jahrhundert. Die Anordnung von Brücke und Mühle gerade an dieser Stelle war nicht zufällig, denn gerade hier lief Seelands alter Heerweg vorbei.

Die **Kirche von Slaglille** ist ebenfalls eine Adelskirche, und hier ist sogar eine schriftliche Quelle erhalten, die sehr sicher festhält, wie sie zustande kam. Man weiß, daß das *Kloster Sorø* im 12. Jahrhundert Güter in Slaglille besaß. In der Mitte des Jahrhunderts erwog ein örtlicher Adliger namens Thruet Litle, eine Kirche zu bauen. Er nahm Verbindung mit Bischof Absalon auf, der dafür sorgte, daß die Kirche in Slaglille gebaut wurde. In einem Geschenkbuch wurde zum Stifter Thruet Litle als Kommentar hinzugefügt: „. . . der auch die Kirche am selben Ort gebaut hat.“

Die Kirche hat die meisten ihrer romanischen Züge bewahrt. Schiff, Chor und Apsis bestehen aus Feldsteinen, doch die Apsis hat eine besonders schöne Ausschmückung, für die man Kalktuff benutzt hat. Der Baumeister schuf hier eine Reihe von Blendenfeldern mit einem Rundbogenfries ganz oben. Beachten Sie zugleich die kleinen Halbkugeln zwischen den Stichen der Rundbögen! Eine entsprechende Ausschmückung kann man an der Kirche in *Nørre Jernløse* sehen. An der Nordseite des Schiffs gibt es Gelegenheit, romanische und jüngere Fensteröffnungen zu studieren. Ganz oben sitzen die kleinen romanischen Fenster, die jetzt vermauert sind.

Gehen Sie auch in die Kirche und sehen Sie das Stifterbild rechts vom Chorbogen! Der Mann, der das Kirchenmodell hält, muß Thruet Litle sein. Gottes Hand ist aber nicht zur Gabe hin, sondern zum Mann ne-

Die Rundkirche in Bjernede. Das kegelförmige Dach mit der Spitze stammt von einer Restaurierung von H. B. Storck 1890–1892.

ben Thruet Litle ausgestreckt. Es kann wohl nicht ausgeschlossen werden, daß diese – offenbar wichtigere – Person Waldemar den Großen darstellt.

Die **Kirche von Bjernede** ist die einzige von Seelands ursprünglichen Rundkirchen, die nahezu völlig erhalten ist. Sie fällt schon von weitem durch ihr massives Rundschiff auf, dessen untere Teile aus Quadern gemauert sind, während die obere Hälfte aus Backsteinen besteht. Der Wechsel zwischen Quadern und Backsteinen ist so deutlich, daß man unmittelbar nach einer Erklärung suchen möchte. Als man die ersten Grundsteine legte, dachte man wohl nur an die traditionelle Granitquader-Bauweise. Aber während der Arbeiten wurde ein ganz neues Baumaterial in Dänemark eingeführt, nämlich der Backstein. Natürlich mußte man die neue Bauweise mitmachen.

Die Änderung im Gebrauch der Baumaterialien hat geholfen, das Alter des Gebäudes ziemlich gut zu bestimmen, denn man weiß, daß der Backstein um 1160 eingeführt wurde. Die Rundkirche wurde also kurz vorher und nachher errichtet. Die Datierung wird von der umfangreichen Inschrift bekräftigt, die sich auf zwei Kalktuffplatten über der Tür zwischen der Vorhalle und dem Rundschiff – also über dem ursprünglichen Südportal – befindet. Die Inschrift lautet übersetzt: „Ebbe Skjalmsøn und seine Frau Ragnhild bauten hier eine Kirche, die später sein Sohn Sune zu Ehren Gottes, der heiligen Maria und des heiligen Laurentius aus Stein errichtete.“ – Auch hier war also das Hvidegeschlecht und hat seine Baulust bestätigt.

Das Innere der Kirche wird von vier mächtigen Rundpfeilern geprägt, die die hohen Gewölbe zwischen der ersten und der zweiten Etage tragen. Die Verwendung des oberen Raums ist unbekannt.

Die Rundkirche in Bjernede wurde in den Jahren 1890–1892 von H. B. Storck restauriert. Dieser Mann hat durch seine Restaurierungen viele historische Gebäude in Dänemark im guten wie im bösen geprägt. Das gilt auch für Bjernede. Storck betrieb die Instandsetzung auf eine sehr rücksichtslose Weise, indem er zum Beispiel das ältere Satteldach mit dem kleinen gotischen Kirchturm entfernte. Aber man darf nicht vergessen, daß er es nach bester Überzeugung tat.

Storck hatte sicher nicht die schlechtesten Voraussetzungen. Er war Pastor in Skibby und zeigte Interesse für die Kunst und die Geschichte alter Kirchen. Mit diesem Hintergrund entschied er sich für den Weg eines Architekten.

Pedersborg ist, als Burg betrachtet, nur dunkle Geschichte. Aber der Burghügel liegt noch da, sogar bebaut mit der schönen kleinen Kirche aus dem 13. Jahrhundert. Er hebt sich breit und massiv am Nordende des Sorø-Sees (auch Pedersborg-See genannt) und hat geradezu zur Anlage eines Verteidigungswerks eingeladen. Man weiß nicht mit Sicherheit, wann die Bauarbeiten begannen. Es kann aber nicht ausgeschlossen werden, daß Asser Rigs Schwager – Peder Thorstensøn – der Bauherr der Burg war. Er wird als ihr Eigentümer um 1175 erwähnt.

Bei archäologischen Grabungen hat man Spuren einer etwa 25 Meter langen Feldsteinmauer nachgewiesen, die von der Westfront der jetzigen Kirche ausging. Von hier verlief das Mauerwerk zuerst nach Norden, dann bildete es einen rechten Winkel, um schließlich auf das Seeufer zu zielen. Das Mauerwerk wurde jedoch allmählich durch wechselnde Bestattungen geschleift.

Weitaus spannender sind die verschiedenen Spuren einer Rundkirche, die im Mittelalter einmal auf dem Berg emporragte. Die Archäologen fanden 1957 ein ansehnliches Stück von ihrer Außenmauer, die anschließend wieder errichtet wurde.

Ist es denkbar, daß Peder Thorstensøn auch die Initiative ergriff zum Bau der Rundkirche? Die Anregung lag ja sehr nahe: die Rundkirche seines Verwandten – Sune Ebbesen – in Bjernede.

Die Mönche in Sorø waren übrigens sehr bekümmert über die Nachbarschaft mit Pedersborg. Ein Dokument berichtet, daß sie 1343 den ganzen Berg aufkauften mit dem Recht, all seine Bebauung abzureißen.

Slagelse

Es gehört zu Seelands ältesten Städten, denn schon im 11. Jahrhundert wurden dort Münzen geschlagen. Die erste Münzprägung scheint aus der Zeit Knuts des Großen zu stammen, und sie setzt sich unter Hardeknut und Knut dem Heiligen fort. Die Forscher haben sich auch mit den Anfängen Slagelses beschäftigt, und einige behaupten, es habe hier eine heidnische Opferstätte als Keim der späteren Stadt gegeben. Es ist denkbar, daß die Christen die alte Opferstätte zerstörten und statt dessen eine Kirche bauten. Der Opferplatz soll da gelegen haben, wo im 13. Jahrhundert die jetzige Michaelskirche errichtet wurde. Bis auf weiteres muß das aber eine Theorie bleiben.

1288 war die Siedlung so groß geworden, daß sie ihre ersten Privilegien bekam. In den folgenden Jahrhunderten ging es nicht

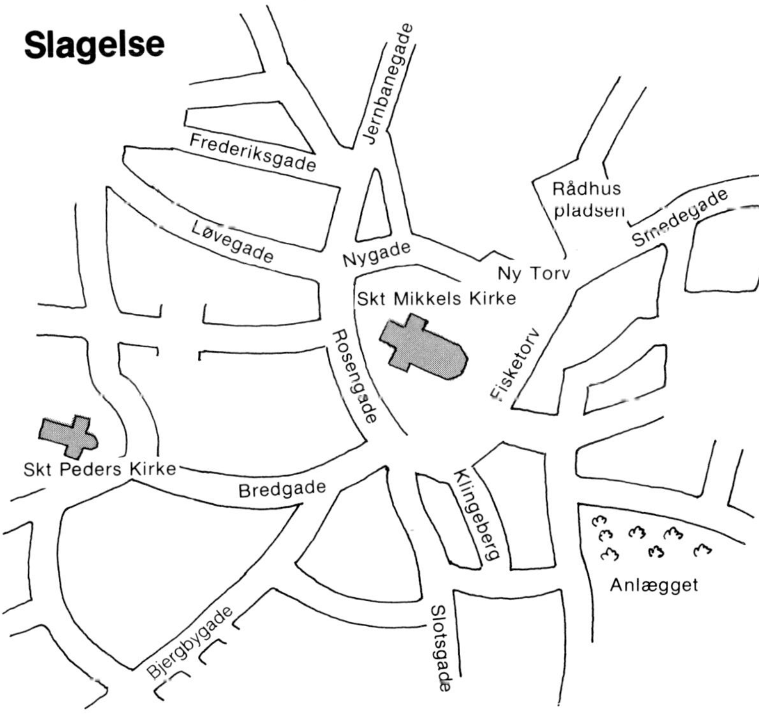

ganz so schnell mit dem Wachstum, selbst wenn es nicht an reichem Hinterland mangelte. Handel und Handwerk blieben die Triebkräfte der Stadt im Mittelalter und in neuer Zeit. Die größten Märkte wurden am St.-Olafs-Tag (am 29. Juli) und am 1. November abgehalten. Ein St.-Jørgens-Hof wird schon 1261 erwähnt. Auch hatte Slagelse seine Handwerkerzünfte. Die Zunft der Schuhmacher konnte sogar ihre Satzung in zwei Ausgaben erhalten, nämlich von 1450 und 1471.

Nach der Reformation genoß Slagelse viel Ansehen durch seine gelehrte Schule. Der berühmte Holger Jacobæus, der im 17. Jahrhundert lebte und Professor der Geographie und Geschichte war, notierte in einem hinterlassenen Manuskript, die Stadt sei bekannt für ihre Sänger (Schuljungen). Die Schwedenkriege und verschiedene Stadtbrände beeinträchtigten das Leben der Stadt, und einen neuen Aufschwung gab es erst im 19. Jahrhundert.

Die imponierende Chorpartie der St.-Michaels-Kirche in Slagelse zeugt von den starken kulturellen Verbindungen zwischen Dänemark und Norddeutschland in dieser wie so vielen anderen Perioden der dänischen Geschichte.

Skt. Mikkels Kirke (die Michaelskirche) ist ein gutes Beispiel für den Einfluß der norddeutschen Gotik im 14. Jahrhundert. Sehen Sie nur die prächtige Chorpartie, die von fünf schlanken Fensteröffnungen durchbrochen wird! Die Fenster sind fast acht Meter hoch und senden eine Flut von Licht in den Chor. Hier spürt man wahrhaftig die Fähigkeit der gotischen Baumeister, lichterfüllte Räume zu schaffen. Der übrige Teil der Kirche kann leider nicht mit dem strahlenden Anfang mithalten. Er wurde nie zu der hohen, luftigen Hallenkirche, die wir in der deutschen Gotik der Hansestädte wie *Rostock* und *Stralsund* kennen. Der Raum wirkt einfach drückend schwer.

Die schweren Gewölbe sind trotzdem interessant, denn sie gehören zu den bestdatierten des Landes. Davon zeugt eine lateinische Inschrift im südlichen Seitenschiff. Man findet sie auf dem Jochbogen zwischen dem ersten und dem zweiten Gewölbejoch von Osten. Sie lautet: „Anno Domini MCCCXXXIII completa est hec testudo" (Im Jahr des Herrn 1333 wurde diese Wölbung vollendet).

Das lateinische Wort *testudo* war schon in der Antike ein allgemeines Wort in der Baubranche. Die Römer gebrauchten es für Gewölbe, ja auch für die ganze Decke, etwa über dem Säulengang um einen Hofplatz. Doch in ferner Vorzeit, bevor die Römer an Holzdecken und Gewölbe dachten, bedeutete das Wort *testudo* schlecht und recht „Schildkröte". Das ist nur ein einzelnes Beispiel für die unvergleichliche Fähigkeit des Menschen, die reichen Formen der Natur zu verwenden, wenn er etwas beschreiben soll.

Nach dieser Abschweifung wenden wir uns wieder der Michaelskirche zu, um ihre Restaurierung etwas zu betrachten. Sie wurde hauptsächlich in den 1870er Jahren unter der Leitung des Architekten H. Drewsen vorgenommen. Es ist schade, daß er so gefühllos zu Werke ging. So wurde das große Ziegeldach von drei Einzeldächern abgelöst, die aufs Mittelschiff und die Seitenschiffe verteilt waren. Dabei verlor das Gebäude seinen großartigen Ausdruck. Gleichzeitig wurden die Mauerkronen der Schiffe um fast einen Meter erhöht, und die Arkaden im Hochschiff wurden verblendet und mit Stabwerk versehen.

Das Akzisehaus in der Bjergbygade in Slagelse gehört zu den unter Denkmalschutz stehenden Häusern. Solche Häuser machten zusammen mit den Stadttoren, dem Spritzenhaus, der Lateinschule, der Apotheke, dem Rathaus und dem Armenhaus das feste Inventar einer anständigen Stadt aus.

Die **Bjergbygade** zeigt an, daß auch Slagelse seine kleinen Hügel hat. In dieser Straße liegt ein malerisches Akzisehäuschen. Das kleine Fachwerkgebäude mit dem knaggenbewehrten Dachüberhang wurde 1783 gebaut, und zwar wahrscheinlich vom Zimmermeister J. F. Bonier. Das Akzisehaus markiert im übrigen die alte Stadtgrenze. Hier wurde den Bauern und Händlern die Akzise – eine Art Zoll – abverlangt, wenn sie mit ihren Waren in die Stadt wollten.

Die Kirche **St. Peder** liegt, wie die Michaelskirche, auf einem alten Höhenzug. Als Kern hat sie eine romanische Feldsteinkirche, die aus Chor und Schiff besteht. Der Chor wurde zu Beginn des 14. Jahrhunderts verlängert, und für die Erweiterung verwandte man Backstein. Bei dieser Gelegenheit wölbte man Chor und Schiff ein und setzte zwei Kapellen neben den romanischen Chor. Auch die Kapellen bekamen gotische Gewölbe. Im 15. Jahrhundert wurden Vorhalle und Sakristei angefügt.

Der Turm ist das jüngste Gebäudeteil. Sein vermutlich mittelalterlicher Vorläufer wurde 1660 bei einem schlimmen Unwetter umgeweht, was damals in den Städten häufiger vorkam. So stürzte der Dachreiter auf St. Olai in Helsingør, genannt „Helsingørs Jungfrau“, bei einem Sturmwetter 1736 ein und zerstörte dabei die Vorhalle. – Als die Bürger von Slagelse sich von ihrem Unglück etwas erholt hatten, beauftragten sie Hans Spiirhugger mit dem Bau des neuen Turms. Die Arbeit muß um 1664 fertig geworden sein, denn die Maueranker tragen den Namenszug Friedrichs III. zusammen mit dieser Jahreszahl. Hans Spiirhugger war übrigens in Wien geboren und starb 1683 auf Schloß Antvorskov, dem alten Kloster am Stadtrand. – Die jetzige Pyramidenspitze stammt von einem Umbau 1871.

Die Kirche hat viel interessantes Inventar, zum Beispiel in der Vorhalle drei Grabsteine aus dem 14. Jahrhundert mit schönen Majuskelinschriften. Im Turm kann man Hans Spiirhuggers Grabstein sehen, und im nördlichen, verblendeten Chorfenster bemerkt man den Rest eines jetzt verschwundenen Nebenaltars. Es handelt sich um eine 91 Zentimeter hohe Holzfigur, die den französischen Heiligen St. Dionysius darstellt. Die Altartafel muß um 1300 geschnitzt worden sein, wenn man nach dieser erhaltenen Figur urteilen will. Die Figur ist ziemlich unheimlich, denn Dionysius steht da mit abgeschlagener Schädeldecke! Er trägt den Bischofsstab in seiner Rechten und eine Mitra in der Linken, die diskret den verlorenen Scheitel verbirgt.

St. Dionysius – oder Denis, wie er auf französisch heißt – war im Mittelalter der bedeutendste Heilige in Frankreich. Eine Quelle des 6. Jahrhunderts erzählt, er sei um 250 zum Missionieren nach Gallien geschickt worden. Wenige Jahre später wurde er auf dem *Montmartre* („Märtyrerberg“), der damals außerhalb von Paris lag, geköpft. Die katholische Kirche erklärte ihn später zum *cephalophoros* (das griechische Wort für eine Person, die ihren eigenen Kopf in der Hand trägt). Mit diesem Titel wollte die Kirche sagen, daß er zu den wenigen Märtyrern gehörte, die selbst – mit dem Kopf unter dem Arm – in ihr Märtyrergrab gehen konnten.

Als man im 18. Jahrhundert den gemauerten Altartisch der Kirche untersuchte, fand man eine alte Bleischachtel, vermutlich eine Reliquienschachtel aus dem Mittelalter. Sie wurde 1809 an die Altertumskommission abgeliefert, und der Inhalt wurde mit „ein paar Stückchen Knochen und ein Stück roter Seidenstoff“ beschrieben. In der Schachtel hatte auch ein Zettel mit römischen Zahlen gelegen, die jedoch unleserlich waren.

Die alte Lateinschule in Slagelse.

Die **Rosengade** ist wegen ihrer alten Zehntscheune bekannt und wegen der Personen, die damit verknüpft sind. Der Backsteinbau von etwa 1490 wurde nach der Reformation 1619 zur Schule eingerichtet und als solche bis 1809 genutzt. Ab 1811 war er Garnisonskrankenhaus, und später, nämlich 1866, fanden Abendkurse in seinen kleinen Räumen statt. Heute dient das Gebäude schlecht und recht als Gemeindehaus.

In dieser Enge lernten drei große Dichter ihr Latein in den letzten Jahrzehnten vor der Schließung der Lateinschule. Zuerst saß Jens Baggesen hier, später folgten H. C. Andersen und B. S. Ingemann. Andersen erinnerte sich später der Schulzeit mit den berühmten Worten: „Slagelse rimer på plagelse“ (Slagelse reimt sich auf Plage).

Die Siedlung **Boeslunde** wird erstmals 1231 unter der Bezeichnung *Borslunde* erwähnt. Die Gemeinde profitierte gut von der Heiligkreuzquelle nördlich der jetzigen Kirche. Sie brachte einen reichlichen Zustrom von Kranken und Gichtleidenden, die dort Heilung suchten, und mit den Besuchern kam das Geld. Das Dorf wurde so reich, daß man um 1300 die ansehnliche Backsteinkirche bauen konnte. Diese erste Kirche bestand nur aus einem breiten, fast quadratischen Schiff. Ihm fügte man später fünf gotische Anbauten hinzu.

Der Kirchenraum wurde um 1400 völlig verändert, als man die flache Balkendecke durch vier Gewölbe ersetzte. Die gotischen Rippengewölbe sollten jedoch so breite Joche überspannen, daß eine zusätzliche Stützung notwendig wurde. Es wurden daher Mittelpfeiler gemauert, und die Kirche ist jetzt zweischiffig, ein Typ, von dem Dänemark nur wenige Exemplare hat. Die Heiligkreuzquelle, die das Geld zum Kirchenbau erbrachte, ist heute durch eine Mauer eingefaßt.

Borgbjerg Banke liegt etwas südwestlich von der Boeslunder Kirche. Hier machten der Bauer Jeppe Carstensen und seine Frau im vorigen Jahrhundert zwei herrliche prähistorische Funde. Als das Ehepaar 1842 das Feld pflügte, fand die Frau eine Goldschale und rief ihrem Mann zu: „Ich glaube, ich habe den Hut des Trolls ausgepflügt, Jeppe!" Jeppe kam und grub noch eine Goldschale heraus. Das Abenteuer wiederholte sich 1874, und insgesamt fanden sie zwei Becher, zwei Schöpfgefäße und zwei größere Schalen. Alle Gegenstände stammten aus der Bronzezeit. Besonders schön waren die beiden Schöpfgefäße, deren Henkel mit Pferdeköpfen geschmückt waren.

Die Archäologen haben natürlich über die Bedeutung der reichen Funde auf dem Hügel nachgedacht. Vielleicht wurde der Hügel nicht von der Natur geschaffen, sondern von Menschenhand? Vielleicht lag dort in der Bronzezeit ein Heiligtum? Es ist vielleicht auch nachdenkenswert, daß man 1838 in dem nahe gelegenen *Langemose-See* zwei Luren fand. Vielleicht wurde einmal mit den Luren oben auf dem Hügel geblasen?

Familie Carstensen bekam eine große Belohnung. Es hatte sich ja um *Danefæ* gehandelt, das heißt um einen Schatzfund, der nach dem Gesetz dem Staat gehörte. Für das Geld beschafften sie sich eine höhere Bildung. Nicht genug damit, tauschten sie auch ihr „Carstensen" gegen „Borgbjerg" aus zur Erinnerung an den freigebigen Hügel. Die Gelehrsamkeit pflanzte sich in der Familie fort, und einer ihrer Enkel war der spätere, bekannte Unterrichtsminister F. J. Borgbjerg.

Korsør

Erstmals 1241 tritt in den schriftlichen Quellen die Bezeichnung *Corsøre* auf. Der Name ist offenbar aus den Wörtern *kors* (Kreuz) und *ør* gebildet, wobei *ør* Sandstrand bedeutet.

Schon im Altertum gab es Siedlungen um die tief eingeschnittene Bucht, die „hinter" Korsør liegt und *Korsør Nor* heißt. Um die Mitte des 12. Jahrhunderts wurde eine solide Burg zur Verteidigung gegen die wendischen Seeräuber angelegt, genau auf dieselbe Weise, wie man am Ende des Kalundborg-Fjords eine Burg baute und wie es Absalon bei „Havn" (Kopenhagen) machte. Corsøres Verteidigungswerk bekam den vielsagenden Namen *Tårnborg* (Turmburg). Es war also mit einem soliden Hauptturm versehen, was für die Burganlagen der Zeit typisch war.

1289 wurde für die Burg und die kleine Siedlung, die sich in ihrem Schutz entwikkelt hatte, zu einem Unglücksjahr. Im Sommer dieses Jahres wütete der norwegische König mit dem häßlichen Namen Erik Præstehader (Priesterhasser) auf den dänischen Inseln. Helsingør wurde niedergebrannt, ebenso Stubbekøbing, und Skanør verlor bei einem schrecklichen Angriff viele seiner Einwohner. Im Windschatten dieser Ereignisse konnten die Friedlosen, die nach dem Mord an König Erik Klipping (1286) verfolgt wurden, ihre eigenen Untaten verrichten. Sie brannten nämlich Skælkør, Nykøbing/Falster und die *Tårnborg* in Corsøre nieder.

Die Burg wurde aber wieder errichtet, weil sie der Schlüssel zur Beherrschung der Gegend und der Überfahrt nach Fünen war. In den folgenden Jahrhunderten wuchs die Siedlung, deren Bewohner sich vom Fährbetrieb ernährten, und Erik von Pommern konnte 1425 die ersten Stadtprivilegien ausstellen. Der älteste Stadtteil entstand um die *Algade* und *Baggade*, die parallel zueinander und in ostwestlicher Richtung verliefen.

Das schöne Vorderhaus zu „Rasmus Langelands Hof" wurde 1761 gebaut. Das Gebäude wurde auch „Königshof" genannt, weil sich das Hofvolk hier einquartierte, wenn der Wind den Großen Belt in Aufruhr versetzte. Die Behörden haben seit langem und mit Recht den Bau unter höchsten Denkmalschutz gestellt.

Die Jahrhunderte nach der Reformation wurden von Stadtbränden, schwedischen Soldaten und einem ewigen Kampf um die Behauptung der Fährrechte geprägt. Auch Nyborg hatte ja seine Fährleute. Erst 1734 trafen Korsørs Fährmänner eine dauernde Übereinkunft mit ihren Konkurrenten in Nyborg.

Unser *Stadtrundgang* beginnt bei der **Kirche von Korsør**. Ihr Schicksal gehört zum Traurigsten, was einer Stadtkirche zustoßen kann. Vermutlich wurde die älteste Steinkirche um 1300 gebaut, während der Turm erst 1442 hinzukam. In den folgenden Jahrhunderten berichten die Kirchenbücher oft von Verfall und langwierigen Reparationsarbeiten. Schließlich mußte 1863 die Gemeinde ihr altes Gotteshaus für immer schließen. Wenige Jahre später wurde es völlig abgerissen und durch den jetzigen Kirchenbau ersetzt. Architekt J. D. Herholdt war für die Entwürfe verantwortlich, und die praktische Arbeit wurde von Hans J. Holm geleitet. Beim Bau der neuen St.-Pauls-Kirche in romanischem Stil verwandte man rote Backsteine.

Ein Teil des Kircheninventars stammt aus dem alten Gebäude, und zum Besten gehört die Kanzel. Sie ist ein Beispiel für die reiche Holzschnitzkunst des Barock und wurde 1656 Korsør geschenkt. Der Stifter war der Bürgermeister der Stadt, Caspar Brand. Der Kanzelkorb wird von Moses getragen, der mit Stab und den Gesetzestafeln dargestellt ist. Diese Anordnung ist typisch für das Christentum des Barock und soll symbolisieren, daß die Worte des Pastors und das Neue Testament auf dem Mosaischen Gesetz beruhen. Es gab natürlich auch dem Pastor mehr Autorität, wenn er „auf Moses' Kopf" stand.

Der **Festungsturm** aus dem 14. Jahrhundert ist Korsørs einziges erhaltenes mittelalterliches Bauwerk und neben Vordingborgs Gänseturm auch das besterhaltene Beispiel aus dem Mittelalter. Man findet ihn auf der *Søbatterie* am *Bådehavnsvej*. Der 13 Meter hohe Turm wurde in rotem Backstein gebaut, er mißt 9×9 Meter und hat eine Mauerdicke von 2,5 Metern. Wahrhaftig ein Koloß!

Im Mittelalter gab es eine äußere Treppe zum dritten Stockwerk; danach konnte man den Aufstieg im Turm fortsetzen. Im dritten Stockwerk wurden übrigens die Reste eines Eckkamins gefunden. Die Verteidigungsfunktion wird unterstrichen durch die vielen Schießlöcher für Armbrüste, die es vom untersten bis zum vierten Stockwerk gibt. Leider fehlt heute der schöne, mittelalterliche Zinnenkranz ganz oben. Diese Brustwehr wurde zu Beginn des 19. Jahrhunderts heruntergenommen und von dem jetzigen Dach ersetzt. Der Turm trug im 18. Jahrhundert den Namen „Alliketårnet" (Dohlenturm) nach den vielen Nestern, die die Dohlen in den verschiedenen Maueröffnungen gebaut hatten. Es sah sicher romantisch aus, war aber für den Kommandanten und die Bevölkerung eine große Plage.

Das stattliche **Magazingebäude**, das neben dem Turm liegt, wurde um 1600 errichtet. Es ist 56 Meter lang und wurde in neuerer Zeit mit kräftigen Strebepfeilern versehen, die den „Bauch" des alten Magazins zusammenhalten sollen. Das Magazin wurde auf unterschiedlichste Weise genutzt. Im 18. Jahrhundert war es Aufbewahrungsstätte für Pulver und Kugeln der Seebatterie, während das Korn schön trocken auf den großen Dachböden lagern konnte. Nach den Kriegen um Schleswig wurde das Kriegsmaterial großenteils ausgelagert.

Die **Algade** weist mehrere Häuser und Höfe auf, deren Geschichte aufs 18. Jahrhundert zurückgeht. *Rasmus Langelands Gård* – auch *Königshof* genannt – in der *Algade 25* ist wohl am bekanntesten.

Der Hof wurde 1761 für den reichsten Bürger der Stadt, den Kaufmann Rasmus Langeland, gebaut. Er ist massiv, eintagig und hat 17 Achsen. Die Fassade hat ihr eigenes, provinzielles Rokokogepräge bekommen, und das Mansarddach zeugt von dem Versuch, ein ansehnliches Bauwerk zu schaffen. Um die Mittelpartie der Fassade sind einige Figuren angebracht, aber sie sind nicht ursprünglich. Der verantwortliche Architekt für dies schöne Vorderhaus ist möglicherweise der Maurermeister Philip Hartmann, der auch in Kalundborg gearbeitet hat.

Im 18. Jahrhundert war in den vielen Räumen ein festliches und buntes Leben, denn Rasmus Langeland unterhielt hier eine vornehme Herberge für Reisende, die über den Großen Belt wollten oder gerade die mühevolle Tour über die Wellen überstanden hatten. Im übrigen war es kein Vergnügen, im Korsør des 18. Jahrhunderts zu stranden, das nur wenige Einwohner zählte. Die Stadt mußte unter dem folgenden Sprichwort leiden: *„Fra Korsør Gryde,* fra Vissenbjerg Gyde, fra den sorte Jyde Gud naadelig os bevare" (vor Korsørs Töpfen, vor Vissenbjergs Gassen und vor der jütischen Heide möge Gott uns gnädig bewahren).

Der Architekt J. D. Herholdt (1818–1902), gemalt von August Jerndorff. Herholdt gehörte zu den führenden Architekten des Klassizismus.

Sorø und Umgebung

Die **Gegend von Sorø**, im Herzen des alten Landes der Hvide gelegen, ist voll von Kulturdenkmälern. Nur wenige Meilen östlich von Sorø findet man Asser Rigs Hofkirche in Fjenneslev, und nordwestlich der Stadt, unmittelbar vor ihren Grenzen, erhebt sich die Kirche *Pedersborg*. Sie steht auf der Höhe, wo Asser Rigs Schwager Peder Thorstensøn im 12. Jahrhundert eine Burg baute.

So war wohl nichts natürlicher, als daß sich die Hvide auch ein Kloster in diesem hügeligen Teil von Mittel-Seeland bauten. Die Geschichte berichtet, Skjalm Hvides drei Söhne hätten in den 1140er Jahren ein Benediktinerkloster gestiftet. Bei der Gründung wählte man eine Stelle, die etwas abseits der großen Wege lag, und zwar die Halbinsel zwischen Sorø- und Tuel-See. Hier konnten die Mönche in Ruhe und Frieden wirken.

Sorø

Die Stadt entstand um die Reste des ehrwürdigen Klosters herum. Das geschah in den 1620er Jahren. Doch damit übernahm der neugebildete Ort auch die ungünstige Lage des Klosters, und die ersten Einwohner merkten bald, daß ein natürliches Umland mit einkunftsträchtiger Landwirtschaft fehlte.

Der erste Schritt zur Gründung Sorøs wurde getan, als Christian IV. 1623 die „Ritterliche Akademie“ im früheren Kloster gründete. Der König zeigte von Anfang an großes Interesse für die neue Schule und schickte seine Söhne dorthin. Dies sollte ein Beispiel zur Nachahmung für den Adel sein. Kurz darauf, nämlich 1624, richtete man zur Freude müder und durstiger Seelen einen Krug am Ort ein. Die Initiative scheint angesteckt zu haben. Etwas zuviel sogar, denn die kleine Stadt bekam bald mehrere Gaststätten, die allerlei Diebespack und lose Vögel anzogen. Das gab leichtverdientes Geld, aber die Gastwirte mußten dafür mit dem Ruf leben, „zum Ärgernis und Schaden des Ortes Bier- und Branntweinverkauf zu betreiben“.

Um die übrige Wirtschaft der Stadt anzukurbeln, sorgte Christian IV. dafür, daß Sorø 1638 seine Stadtrechte erhielt. Die Einwohner waren von da an von Steuern und anderen drückenden Abgaben befreit. Den Privilegien folgte 1641 eine Verordnung, die die Bauern der Umgebung verpflichtete, ihre Produkte zweimal pro Woche in die Stadt zu bringen. Es half natürlich auch dem Ansehen der Stadt, daß Christian IV. fremde Lehrer an die Akademie zog.

Das 18. Jahrhundert brachte keinen größeren Fortschritt. Einige Handwerker waren allmählich nach Sorø gekommen, vor allem Schuhmacher, doch ein größerer Handel kam immer noch nicht zustande, weil die Stadt so ungünstig zu den großen Hauptstraßen lag. Noch 1735 war Sorø fast ohne Erwerbsmöglichkeit. Natürlich half es etwas, daß die Behörden 1799 die kleine Stadt zum Verwaltungsmittelpunkt für das Amt machten. Als der erste Amtmann Poul Chr. Stemann sein Amt antrat, zählte Sorø nur 600 Einwohner! Er muß sich vorgekommen sein wie ein König im Exil.

Erst 1808 begann eine neue Entwicklung. Zu dieser Zeit hatte man einen Weg quer über die sumpfige Niederung östlich der Stadt angelegt, der den nötigen Zugang zu großen Waldgebieten und reicher Landwirtschaft im Osten schuf. Die Verbindung mit der Umwelt wurde noch weiter verbessert durch den Anschluß an die seeländische Eisenbahn 1856.

Klosterporten (Klostertor) bildet den Auftakt zu unserem Rundgang. Das rote Backsteingebäude in zwei Etagen hat mit seinen vier Gewölben eine ansehnliche Tiefe. Der Kern des Torhauses muß aus den Jahren 1160–1170 stammen, als auch gerade die nahe gelegene Klosterkirche entstand. Es folgten mehrere Umbauten, der erste schon um 1200. Aber darüber weiß man nur wenig. Wenn wir uns auf Resens Atlas von etwa 1600 verlassen dürfen, so hatte der Bau damals keine Stufengiebel.

In den 1880er Jahren wurde das Torhaus durch Herholdt gründlich restauriert. Er gab ihm ein gotisches Gepräge, indem er die Giebel mit Stufen versah, was etwas zu „historisch“ wirkt. Dafür ist vom ursprünglichen Gebäude nicht viel übriggeblieben. Ein Teil der alten Backsteine sind aber noch innen im Torraum erhalten, wo sie in einem Niveau zwischen Sockel und Brusthöhe erscheinen. Sie sind leicht an ihrer ungleichmäßigen Oberfläche zu erkennen, im Gegensatz zu den modernen glattgestrichenen Steinen. Die anstoßende Torwohnung wurde bei der Restaurierung so gut wie neu gebaut und enthält nur wenige Reste eines mittelalterlichen Steinhauses. In alten Tagen nannte man das Gebäude „Skolens Borgerstue“ (Bürgerstube der Schule), doch jetzt heißt es „Saxos Zelle“. Daneben sieht man die alte Klostermauer.

Am Anfang der **Storegade** öffnet sich ein großer Platz (Torvet) nach Westen zu. Er wird von einer Reihe alter Gebäude eingerahmt, und von da aus verläuft auch die idyllische *Søgade* (Seestraße) geradewegs nach Westen, hinunter zum Sorø-See.

Torvet 7 gehört zu Sorøs stattlichen Häusern und wird „Regensen“ genannt. Das ziegelgedeckte Fachwerkhaus stammt aus dem

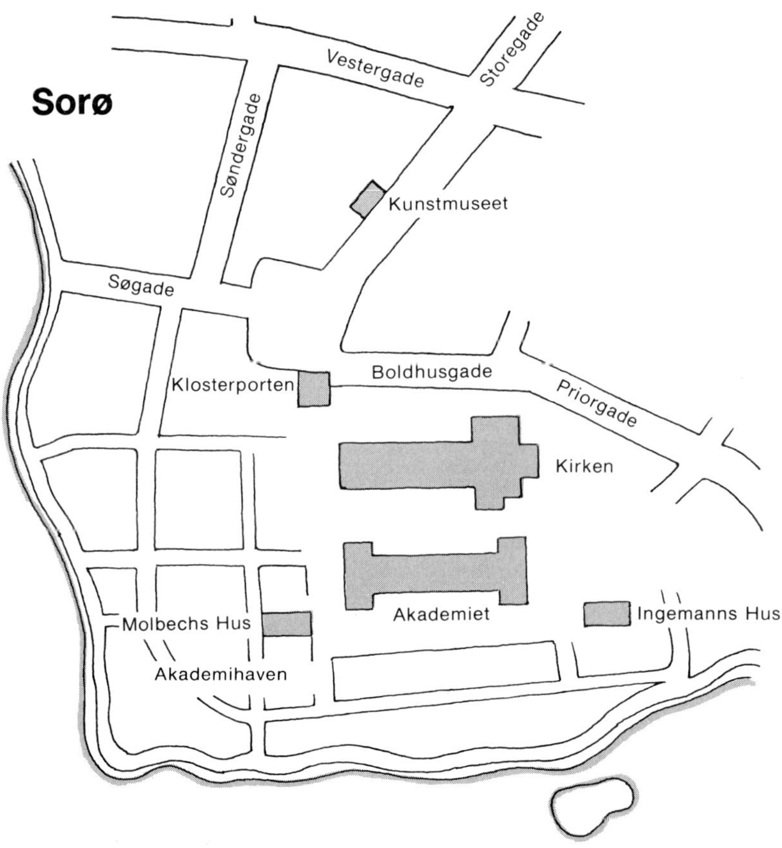

18. Jahrhundert. Hinter der gelb gekalkten Fassade waren von 1626 bis 1847 Wohnungen für Studenten eingerichtet, die an der Akademie ihr zweites Examen ablegten. Der besondere Name führt natürlich die Gedanken zu dem entsprechenden, *Regensen* genannten Gebäude, das Christian IV. in Kopenhagen dicht beim Runden Turm errichtete. Beide Studentenkollegien bekamen ihren Namen von dem lateinischen Verb *regere* (regieren, leiten). Man kennt den Begriff auch aus dem Mittelalter in der Zusammensetzung *magister regens.* Dies war ein Lehrer, den die Universität zur Leitung von Disputierübungen an den mittelalterlichen Kollegien einsetzte.
Nördlich der Einmündung der Søgade liegt das Haus **Torvet 5**, „Scavenius Stiftelse". Dies Gebäude kann auf etwa 1700 datiert werden. Wieder nördlich davon erhebt sich das Rathaus des Architekten F. V. Tvede von 1881. Das zweistöckige Haus besteht aus rotem Backstein und wird von einem hohen, schiefergedeckten Dach gekrönt. Die Verehrung der Neugotik läßt sich in Tvedes Werk nicht verleugnen. Sehen Sie nur die Stufengiebel und die Spitzbögen der Fenster! Und nicht zu vergessen: die hohen Blenden in der Giebelpartie über dem Haupteingang und die zierlichen Dachgaupen mit spitzen Aufsätzen.

Mitten auf dem Platz steht Friedrich VII. breit und mächtig und vollendet das Bild einer typisch dänischen Stadt. Keiner soll daran zweifeln, daß er im Juni 1849 das Grundgesetz gab. Lesen Sie selbst auf dem Granitsockel!

Wir gehen schnell weiter zu **Storegade 7**, zum „Hof der jungen Herren". Das Gebäude entstand, als Christian IV. 1623 die Akademie stiftete. Damit seine Söhne standesgemäß wohnen konnten, während sie ihren geistigen und körperlichen Übungen nachgingen, wurde ein 35 Gefache langes Fachwerkhaus für sie gebaut. Es wurde in zwei vollen Stockwerken errichtet, und die Fassaden bekamen – nach der Buchführung zu urteilen – die zierlichsten Dekorationen. Die Felder wurden „mit braunrot und Leim außen angestrichen", und die Fenster wurden grün gemalt. Doch das beste von allem war das geschnitzte Balkenwerk. Das vornehme Haus erfuhr später größere Veränderungen. So wurde es um einige Gefache verkürzt, und 1750 wurde die Fassade zur Straße hin vermauert. Die Hofseite erscheint heute mit roten Feldern und schwarzen Balken und zeigt an mehreren Stellen schönes Schnitzwerk.

Das **Kunstmuseum** liegt in der *Storegade 9* und enthält eine glänzende Gemäldesammlung, in der Maler wie N. A. Abildgaard (1743–1809), C. F. Eckersberg (1783–1853) und Johannes Larsen (1867–1961) repräsentiert sind. Dazu kommt eine Reihe interessanter Porträtskulpturen in Gips, die zeigen, wie sich diese Kunstart seit dem Ende des 18. Jahrhunderts entwickelt hat.

Zwei der Porträtbüsten sollen hier die große Entwicklung um 1800 demonstrieren. Aus Andreas Weidenhaupts Werkstatt stammt eine bronzierte Gipsbüste des Rechtshistorikers J. S. Sneedorff, der Lehrer an der Akademie von Sorø war. Die Arbeit vom Beginn der 1790er Jahre zeigt den Gelehrten in einem pompösen Arrangement, wie es zum Rokoko gehört. Es liegt ein Zug der Selbstbehauptung und Unbesonnenheit über dem Gesicht, das gleichzeitig ziemlich grob modelliert ist. Ganz entgegengesetzt ist Bertel Thorvaldsens Porträt von Tyge Rothe, das 1796/97 entstand. Das Gesicht hat einen fast cäsarischen Ausdruck und zeigt zusammen mit der Frisur, daß wir uns weit im Klassizismus befinden. Während Weidenhaupt ein mittelmäßiger Bildhauer blieb, zeigt das Rotheporträt Thorvaldsens Fähigkeiten.

Storegade 17, auch „Alter Krug" genannt, geht auf die Jahre 1624/25 zurück und ist also so alt wie Sorø. Das Fachwerkhaus hat zwei Stockwerke, von denen das obere überkragt. Beachten Sie die geschnitzten Knaggen und die unterschiedliche Musterung des Mauerwerks in den Feldern! Die Mauerung in Mustern ist ein typischer Zug der Renaissance-Bauweise. Das Gebäude ist heute zum Museum eingerichtet, unter anderem mit einer Ingemann-Stube.

Eine ungewöhnlich reiche und friedvolle Welt verbirgt sich hinter den niedrigen Bauten auf der *Südseite der Søgade.* Hier gibt es große Küchengärten und grüne Plätze zwischen den alten Häusern.

Der **Akademiegarten** westlich der Klosterkirche und der Schule hat im Laufe der Zeit verschiedene Verwandlungen durchgemacht. Schon auf Resens Karte von 1660 ist dort eine Gartenanlage markiert, die aus Gängen bestand, welche sich in rechten Winkeln schnitten und Karrees bildeten. Hier kann man auch Gehölze mit Sackgassen sehen. Als der Hofbaumeister Laurits de Thurah 1736 kam, schuf er einen richtigen Barockgarten nach französischem Muster.Zum Wichtigsten gehörte die Anpflanzung der drei Hauptalleen und der Seitenalleen zur *Parnaßbrücke*. Jetzt hatte die Anlage endlich die großen Perspektiven.

Abgesehen von Thurahs Lindenalleen besteht leider nichts mehr von diesem Garten. Die übrigen Spuren wurden bei der Umlegung in den Jahren 1864/65 verwischt. Rudolf Rothe war für das neue Projekt verantwortlich, und er wählte – nach dem Geschmack der Zeit – den englischen Gartenstil. Danach sollten es die freien, „natürlichen“ Formen der Natur sein, die die Landschaft eroberten.

1898 stellte man eine Statue von Ludvig Holberg auf, der soviel für die gelehrte Schule getan hatte. Sie besteht aus Bronze und stammt von dem Bildhauer V. Bissen.

Die **Kirche von Sorø** wurde im Zeitraum 1160–1170 auf Initiative von Bischof Absalon begonnen. Absalon war einer der einflußreichsten Männer der Zeit. 1157 hatte er das wichtige Bischofsamt in Roskilde übernommen, und gleichzeitig sollte er das große väterliche Erbe verwalten, zu dem das Kloster Sorø gehörte. Es hatte nie richtig Wurzeln geschlagen, und die Mönche hatten die Stätte wieder verlassen. Die Quellen erwähnen auch klar und deutlich, daß zum Kloster eine kleine Steinkirche gehörte. Leider ist es bisher aber nicht gelungen, Fundamentreste davon zu finden.

Als Bischof Absalon von neuem begann, rief er Mönche des Zisterzienserordens herbei – „von der Pflanzung des heiligen Bernhard“, wie es in einem Dokument ausgedrückt wird. Der Orden war 1098 in *Citeaux* in der Nähe von Dijon gegründet worden und hatte schnell eine ungeheure Verbreitung gefunden. Nicht zuletzt bekam er in den kommenden Generationen Bedeutung für den Kirchenbau in Frankreich und großen Teilen Europas.

In Sorø baute man eine dreischiffige Kreuzkirche, deren jeder Kreuzarm mit zwei Kapellen an der Ostseite versehen war. In Übereinstimmung mit den Architekturregeln des Ordens bekamen diese Kapellen einen geraden Abschluß, keinen halbrunden. Die Benediktinerkirche (St. Bendt) in Ringsted ist ein gutes Beispiel für das entgegengesetzte Prinzip. Hier sind die Kapellen im Osten mit Apsiden versehen. Ebenso bewußt hat man in Sorø Türme weggelassen. Statt dessen setzte man auf die Vierung einen Dachreiter. Die Mönche konnten aber doch stolz auf ihr Werk sein, als es um 1200 fertig war, denn die Kirche wurde die drittlängste in Dänemark, nur übertroffen durch die Dome in Århus und Roskilde.

Als wichtigstes Baumaterial wurden gebrannte Ziegelsteine verwendet, die größte bautechnische Neuheit in diesen Jahrzehnten. Die Öfen für die Produktion der Backsteine wurden nahe beim Bauplatz angelegt, und ein solcher Ofen von etwa 1200 tauchte 1960 wieder auf, als man auf dem „Großen Platz“ grub.

Bevor wir hineingehen, muß daran erinnert werden, daß die Kirche ursprünglich

Grabstein Bischof Absalons in der Kirche von Sorø. Das Grabmal wurde vermutlich von Morten Bussert geschaffen, dem Baumeister Christians III.

den Nordflügel einer vierflügeligen Klosteranlage bildete, die später verlorenging. Nur Spuren an ihrer Südseite zeugen davon. Als letzter Rest vom Ostflügel des mittelalterlichen Klosters stehen noch die beiden gewölbten Räume, die sich an den südlichen Kreuzarm der Kirche anschließen. Hier wurden später Grabkapellen für die Familien Høg und Ramel-Sehested eingerichtet, die im 17. Jahrhundert bekannt waren.

Das *Innere der Kirche* enthält eine Menge architektonischer Details und ein reiches Inventar. Gehen Sie nur einmal in die Seitenschiffe und beachten Sie die reiche Profilierung an den Basen und Pfeilern! Sehen Sie auch, wie die Gewölbe geformt sind! Sie repräsentieren eine frühe Phase in der Geschichte des Rippengewölbes in Dänemark. Wir wollen ihre Konstruktion näher betrachten. Die schweren Steinbögen, die die Seitenschiffe queren und die Gewölbejoche trennen, nennt man *Jochbögen.* Wohl haben die Jochbögen in Sorø eine gewisse Zuspitzung, aber es sind noch keine rein gotischen Bögen. Auch die Form der Gewölbekappen ist leicht zugespitzt, ohne daß ihre Herkunft verleugnet wird. Wir haben es nämlich mit einer Weiterentwicklung des romanischen *Gratgewölbes* zu tun, das aus zwei Tonnengewölben besteht, die sich rechtwinklig schneiden.

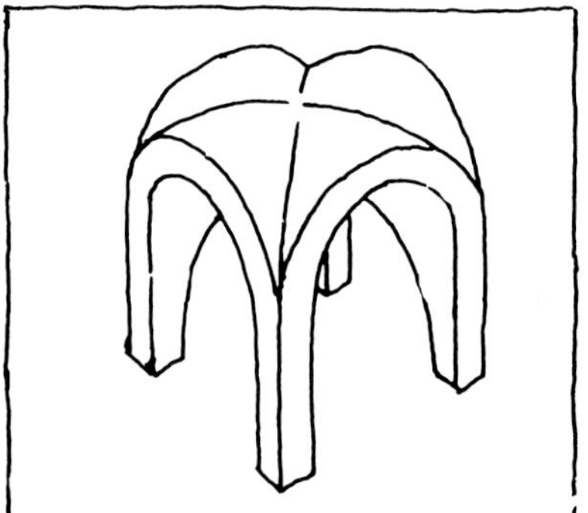

Skizze eines Gratgewölbes, die zeigt, wie es aus zwei sich rechtwinklig schneidenden Tonnengewölben entstand. Diese Konstruktion bildete die Grundlage für die Entwicklung der Rippengewölbe.

Die Gewölbe des Hauptschiffs lassen eine etwas andere Problematik erkennen. Sie waren ursprünglich nicht geplant, vielmehr hatte man zuerst nur eine Holzdecke. Die Kirche wurde jedoch von einem schrecklichen Brand heimgesucht, was auch von den geschmolzenen Bleistücken bestätigt wird, die man auf den Dachböden über den Gewölben der Seitenschiffe fand. Sie stammen von dem bleigedeckten Dach, das bei dem Brand schmolz.

Das Hvidegeschlecht ließ seine alte Klosterkirche nicht im Stich, als sie in den Jahren darauf wieder instand gesetzt werden sollte. Ein Dokument bezeugt, daß Ingeborg von Kalundborg, Esbern Snares Tochter, 1250 Schenkungen machte „zur Errichtung der Gewölbe". Das Ergebnis wurden nicht nur die schönen Gewölbe, die wir heute sehen können, sondern der Brand gab uns zugleich einige der wenigen sicher datierten Rippengewölbe in Dänemark.

Der Fries von Schilden, der oben um die Kirche herum verläuft, gehört zu den Hauptstücken der dänischen Heraldik. Er besteht aus ungefähr 150 Wappen- und Inschriftschilden, und die Ausschmückung wurde bereits am Ende des 13. Jahrhunderts begonnen. Eine ganz imponierende Arbeit. Es ist dokumentiert, daß der Fries 1515 auf Veranlassung des letzten katholischen Abtes Henrik Tornekrans umgemalt wurde. Es folgten weitere Übermalungen, was nicht gerade die Verläßlichkeit der Bilder vergrößert; Heraldik und Dichtkunst passen schlecht zusammen. Kornerup versuchte zwar, sie auf ihre ursprüngliche Gestalt zurückzuführen, aber ohne größeren Erfolg. So muß heute der Fries in mancherlei Hinsicht mit Vorbehalt gelesen werden.

Die Kirche ist mindestens ebenso berühmt wegen ihrer Bestattungen, und hier muß der Besucher sich gut Zeit lassen bei Absalons Prachtgrab. Man findet es am Boden hinter dem jetzigen Hochaltar, ausgezeichnet durch den reich behauenen Grabstein. Die Arbeit stammt von Morten Bussert, dem Baumeister Christians III. Er bekam den Auftrag zu diesem Werk, als man 1536 einer der größten Figuren in der dänischen Kirchengeschichte gedenken wollte.

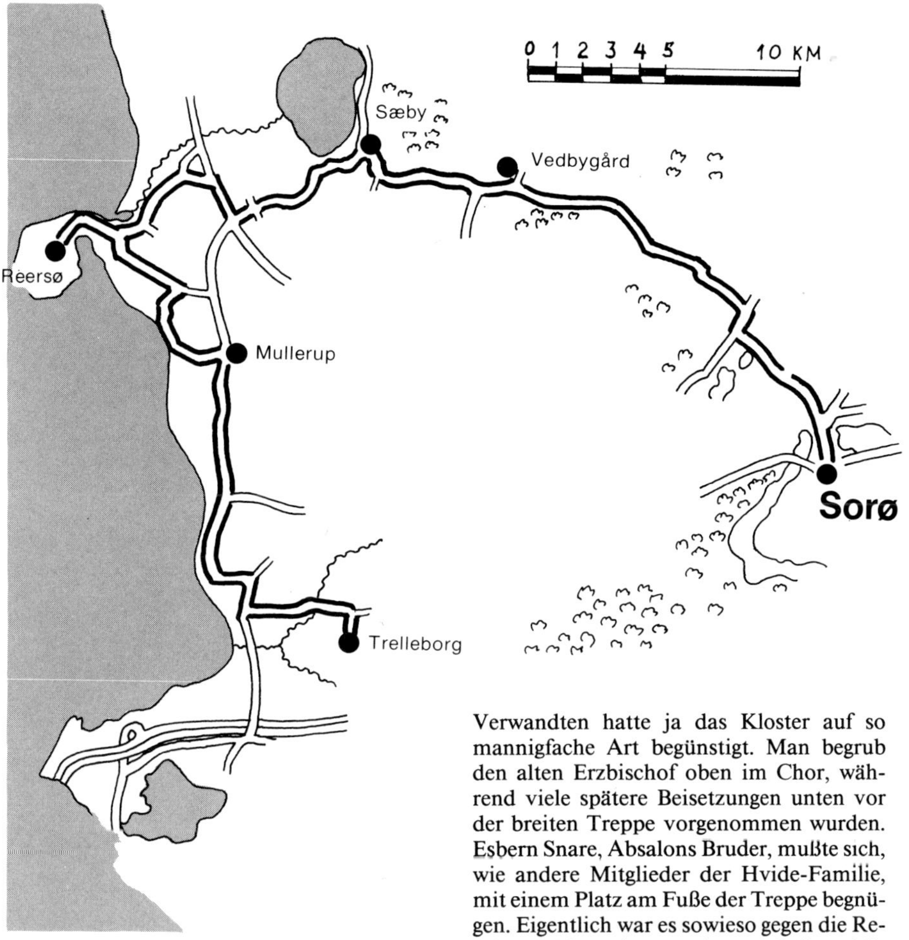

Der Stein hat eine wunderbare Ausstrahlung, denn hier bricht die Ornamentik der Renaissance mit voller Kraft durch. Nicht nur die Reformation hatte gesiegt, auch ein neuer Stil in der Kunst. Man findet *Akanthusranken* und die beliebten *Putten* der Antike. Das Rankenwerk ganz oben zeigt, daß die Gotik nicht ganz vergessen war. Auch die Majuskeln in der lateinischen Inschrift sind gotisch. Aber das ändert nichts am Gesamteindruck eines Stilumbruchs.

Es kann kaum erstaunen, daß Absalon seinen Platz in der Kirche von Sorø bekam, als er seine Augen 1201 schloß. Er und seine Verwandten hatte ja das Kloster auf so mannigfache Art begünstigt. Man begrub den alten Erzbischof oben im Chor, während viele spätere Beisetzungen unten vor der breiten Treppe vorgenommen wurden. Esbern Snare, Absalons Bruder, mußte sich, wie andere Mitglieder der Hvide-Familie, mit einem Platz am Fuße der Treppe begnügen. Eigentlich war es sowieso gegen die Regeln des Zisterzienserordens, daß die weltlichen Mitglieder des Hvide-Geschlechts unter dem Dach der Kirche ruhen durften. Der Orden ließ nämlich nur Beisetzungen von Königen, Königinnen und Bischöfen innerhalb der Kirchenmauern zu.

Absalons vornehme Beisetzung bot im übrigen die besten Chancen, in der Erinnerung späterer Geschlechter zu bleiben. Denn schon im Mittelalter verfaßte eine fleißige Hand eine Art Grabkatalog über die Plazierung der Grabstätten. Dieser Katalog wurde später, wohl um 1550, abgeschrieben und ins Dänische übersetzt.

Dreimal öffnete man Absalons Grab, das, wie sich erwies, einen Bleisarg enthielt:

erstmals 1537, dann 1827 und schließlich 1947. Und die Neugierigen wurden wirklich nicht enttäuscht, denn man fand das 179 Zentimeter große Skelett des alten Bischofs. Außerdem waren da Reste seines Bischofsornats einschließlich der Mitra, ein Silberkelch, ein Fingerring mit eingesetztem Saphir und sein Bischofsstab, der aus Walroßzahn geschnitzt war. Dazu kam eine ziemlich zerstörte Bleiplatte, die aber zum Glück den Namen Absalon zeigte.

Von den anderen Grabmälern der Kirche muß das Kenotaph (symbolisches Grab) Christophs II. erwähnt werden. Man sieht die Bronzefigur des Königs und der Königin Eufemia. Eine kleine Prinzessin liegt zwischen ihnen. Außerdem kann man Holbergs Sarkophag studieren, der in der südlichen Kapelle des Nordarms aufgestellt ist. Er wurde 1780 von Wiedewelt geschaffen. Das Porträtmedaillon ist aber nicht besonders ähnlich geraten. Der gelehrte Komödiendichter hätte es besser verdient.

Molbechs Haus bei der Akademie in Sorø, wo der Vater des Historikers Chr. Molbech residierte.

Das jetzige **Akademiegebäude** ist das Ergebnis der späteren, sehr wechselvollen Klosterentwicklung. Nach der Reformation konnte das Kloster sein stilles Leben zunächst eine Zeitlang fortsetzen. Die Behörden bedingten sich aber aus, daß Gottes Wort künftig „pur und rein“ gepredigt werde. Als Abt Henrik Tornekrans 1538 starb, folgten ihm noch zwei Äbte im Amt. Sie waren aber beide schon protestantisch. Der sanfte Übergang zeigt, eine wie wichtige Rolle das Kloster in Sorø gespielt hatte.

In den folgenden Jahrzehnten bekamen seine Gebäude alle möglichen, sonderbaren Funktionen. Einmal faßte man Mönche dort zusammen, die aus anderen, aufgehobenen Klöstern vertrieben worden waren. Dann richtete man ein Altersheim ein. Eine Zeitlang war dort ein Hospital für Geisteskranke, dann ein Gefängnis. 1586 stellte Friedrich II. einen Stiftungsbrief aus, der diese Verwirrung beendete. Von nun an sollte in den alten Gebäuden eine gelehrte Schule sein, aus Mitteln der alten Klostergüter betrieben. Es hatte im Laufe des 16. Jahrhunderts schon mehrmals Anstöße zur Errichtung einer Schule gegeben, aber erst jetzt stellte sich der Erfolg ein. Friedrich II. hatte wohl gehofft, seine Schule werde wachsen und von den Söhnen des Adels besucht werden. Darin irrte er sich. Zwar kamen viele Schüler, die meisten aber aus bürgerlichen Familien.

Wie früher erwähnt, war es Christian IV., der 1623 die „königliche und adelige Ritterakademie“ gründete. Auf ihre Geschichte näher einzugehen, würde hier zu weit führen. Doch die großen Bauperioden vom 18. Jahrhundert an sollen erläutert werden. 1738 bekam der Hofbaumeister Laurits de Thurah nämlich die Aufgabe, die alte, verbaute Klosteranlage zu regulieren. Er errichtete ein prächtiges Hauptgebäude mit zugehörigen Pavillons, die sogenannten Professorenresidenzen.

Schade, daß Thurahs Bau schon in dem in jeder Hinsicht unglücklichen Jahr 1823 eine Beute der Flammen wurde. Nicht nur das Gebäude, auch unersetzliche Kulturgüter gingen verloren, etwa eine kostbare Buchsammlung, die unter anderem Holbergs Bücher umfaßte, außerdem die Archive der Klöster Sorø und Maribo samt einer Menge „Antiquitäten“ aus der Klosterzeit. Nach dem Brand wurde das jetzige Hauptgebäude errichtet, das Malling entwarf. Der Grundriß ist H-förmig, da der Bau vorspringende Seitenflügel hat, ein Motiv, das von Thurahs altem Gebäude übernommen wurde. Das neue Akademiehaus wirkte fast wie eine klassizistische Programmerklärung, als es 1827 eingeweiht wurde. Zugleich bekamen die Schüler Uniformen!

Mallings Architektur ist überwältigend und militärisch, gleichzeitig etwas trocken, um nicht zu sagen: langweilig. Zwar hat der Architekt eine Auflockerung versucht, indem er den Eingang der Gartenseite wie eine italienische Loggia geformt hat. Das kann an Palladios Villen in Norditalien erinnern, und das Dreiecksmotiv über den Fenstern zeigt in dieselbe Richtung. Aber die gräulichen, glattgeputzen Fassaden stehen in einem merkwürdigen Kontrast zu den beiden erhaltenen Professorenresidenzen aus Thurahs Zeit. Hier sind die Formen reich. Sehen Sie nur auf das linke Haus, wo der Vater des Historikers Chr. Molbech wohnte! Das Mauerwerk ist in einer warmen, gelben Farbe gekalkt, und das Hauptgesims hat die üppigen Formen des Barock. In dem östlichen Gebäude hat B. S. Ingemann gewohnt.

Die Geschichte von **Vedbygård** beginnt um 1300, als der Hof Peder Tygesen gehörte. Mitte des 14. Jahrhunderts besaß das Gut Jacob Beger, der den Titel eines königlichen Famulus (Mundschenk) hatte. Er nahm jedoch unglücklicherweise an einem Aufstand gegen Waldemar Atterdag teil, und da dieser mißglückte, wurde der Hof konfisziert.

Im 15. Jahrhundert kam Vedbygård aber wieder in private Hände, nämlich in den Besitz der Familie Rud. Es war vermutlich ein Mitglied dieser Familie, Jørgen Rud, das um 1500 den ältesten Teil des jetzigen Vedbygård baute. Damals wurde ein spätgotisches Einzelhaus in Backstein errichtet. Das freiliegende Gebäude hatte nur zwei volle Stockwerke und nach dem Geschmack der Zeit Treppengiebel mit Blenden.

Jørgen Ruds Bau ging es schlecht, als die Grafenfehde losbrach. Die Bürger von Slagelse zogen schreiend hinaus nach Vedbygård, plünderten das Innere und zerstörten das Mauerwerk. Das Steinhaus wurde aber nicht allzu stark zerstört, so daß der Eigentümer Knud Rud es ohne große Schwierigkeiten instand setzen konnte. Bei dieser Gelegenheit wurde das Gebäude um eine halbe Etage erhöht. Das oberste Stockwerk bekam Schießscharten. Der Besitzer wollte von nun an besser gegen Feinde gesichert sein. So erging es auch anderen Herrenhöfen überall im Lande. Sie wurden von da an bis an die Zähne ausgerüstet mit Schießlöchern, Gußlöchern und anderen Einrichtungen, die es Angreifern ungemütlich machen konnten. Um dieselbe Zeit (etwa 1540) baute man ein Steinhaus nördlich und parallel zum ursprünglichen Steinhaus.

Die Entwicklung vom kurzen, freiliegenden Haus zu der mehrflügeligen Anlage ist charakteristisch für die Periode, und der Herrenhaustyp, mit dem wir heute so vertraut sind, entsteht jetzt. Was Vedbygård betrifft, so ließ man vermutlich die beiden Häuser durch eine Sperrmauer im Osten verbinden. Aber es kann ebensogut sein, daß Knud Rud von Anfang an eine niedrige Verbindungsmauer zwischen den Steinhäusern errichten ließ, so daß eine zusammenhängende Bebauung entstand.

Es besteht guter Grund dazu, ein drittes Mitglied der Familie Rud zu erwähnen, nämlich den berüchtigten Otte Rud. Er wirkte zu Beginn des 16. Jahrhunderts und diente unter anderem König Hans als Lehnsmann auf Öland. Er verteidigte nicht nur die Insel mit großem Glück gegen die Schweden, sondern hatte auch Zeit, eine Rolle als Seeräuber in Südfinnland zu spie-

Vedbygård, gesehen von Osten. Der Hof wurde nach der Grafenfehde in gotischem Stil wieder aufgebaut.

len. Hier plünderte er Åbo und erlaubte sich sogar, den Domschatz mitzunehmen. Eines von dessen Kleinodien, ein ganz vergoldeter Kelch aus den 1480er Jahren, kam mit Otte Rud nach Dänemark, wo es später in die Kirche von *Ejby* gelangte. Die schöne Arbeit wurde jedoch 1925 wieder dem Dom von Åbo zurückgegeben, während man in Ejby eine von dankbaren Finnen gestiftete Kopie sehen kann.

Die **Kirche von Sæby** liegt schwer und wetterumtost hinter einer mittelalterlichen Backsteinmauer. Sie besteht aus Schiff, Chor und Apsis aus romanischer Zeit; dazu kommen fünf gotische Anbauten.

Das ursprüngliche Gotteshaus hat offenbar als Hofkirche gedient, selbst wenn es keine Spuren der zugehörigen Hofanlage gibt. Nur eine unsichere Quelle – nämlich Arild Huitfeldts *Chronik des Dänischen Reiches* – will wissen, daß Esbern Snare den Hof im 12. Jahrhundert besaß. Huitfeldts Chronik wurde aber um 1600 geschrieben, also lange nach Esbern Snares Zeit. Daher muß die Nachricht mit Vorbehalt aufgenommen werden. Huitfeldt erzählt im übrigen, Esbern Snare sei auf demselben Hof auf unglückliche Weise zu Tode gekommen: Weihnachten 1204 sei er eine Treppe hinuntergefallen und habe sich an einem Mühlstein den Hals gebrochen.

Die Vermutung einer Zusammengehörigkeit mit einem längst verschwundenen Adelshof wird bestärkt, wenn man die Kalkmalereien in der Apsis der Kirche betrachtet. Die Bilder sind vielleicht die ältesten von Seeland und lassen sich auf die Periode 1150–1175 datieren. In der Mitte thront der allmächtige Christus in einer mandelförmigen Glorie. Er sitzt auf einem Regenbogen, einem Symbol des Alten Bundes, und hält das Evangelienbuch. Die Mandorla wird von den vier Evangelistensymbolen sowie von Maria, Johannes dem Täufer und zwei weiteren Heiligen eingerahmt. Beachten Sie nun aber, wie fein der Maler den Faltenwurf an Christi Gewand geformt hat! Er ist so souverän gezeichnet, daß man an einen ausländischen Meister denken möchte, vielleicht einen, der in Verbindung mit der italienischen Malkunst stand. Eine solche Arbeit kann kaum ohne die Initiative eines hohen Adligen entstanden sein. Den endgültigen Beweis werden wir aber wohl niemals bekommen.

Auf dem Chorbogen sieht man eine Reihe von Medaillons, die in einen Fries von Prismenstäben eingesetzt sind. Beides ist mit starkem Formgefühl ausgeführt. Die Medaillons zeigen Brustbilder vornehm gekleideter, gekrönter Frauen. Sie sollen die christlichen Tugenden symbolisieren. Zwei der zugehörigen Inschriften lassen sich lesen: CHARITAS (Barmherzigkeit) und PACIENCIA (Geduld).

In der Nordkapelle sieht man mehrere ungewöhnliche Darstellungen. An der Südkappe hat der Maler Gottvater vor einem Tuch dargestellt, das von zwei Engeln gehalten wird. Mit etwas gutem Willen kann man das Bild eines Mondes auf dem Tuch ahnen. Vielleicht sollte die Erschaffung der Himmelskörper dargestellt werden. Das Interessante an der Darstellung ist die Idee, ein Bild auf einem Tuch zu zeigen. Hat man sich eine Art lebenden Bildteppich vorgestellt? Die Ausschmückung der Westkappe zeigt Christus und Gottvater in einer Himmelsburg. In den Sälen und Fenstern der Burg kann man die Seligen sehen, und für die, die lesen konnten, steht da *paradisus* geschrieben. Die Nordkappe wird von einer Dreieinigkeitsdarstellung ausgefüllt, bei der Gottvater die Taube des Heiligen Geistes an seiner Brust hat, während Christus auf seinem Schoß ruht.

Reersø liegt wunderbar, weitab von den stark befahrenen Wegen, und man fühlt hier besser als anderswo, was alte Dorfkultur bedeutet.

Die Halbinsel wird schon in *König Waldemars II. Erdbuch* von 1231 erwähnt, wo die Rede von einer Insel mit „Haus, Damhirschen und Rehen“ ist. Eine Landenge scheint vom 17. Jahrhundert an eine feste Verbindung zwischen Insel und Land hergestellt zu haben. Die Einwohner genossen möglicherweise seit dem 14. Jahrhundert königliche Privilegien, doch die ältesten, die uns schriftlich überliefert sind, gehen nur auf 1454 zurück. Diese Privilegien befreiten die Bauern von verschiedenen Steuern und anderer Last. In diesem Zusammenhang ist es besonders bemerkenswert, daß hier der

Reersøs Anhäufung alter Höfe präsentiert eines der besterhaltenen dänischen Dorfbilder. Einige der Anwesen stehen bereits unter Denkmalschutz, und man kann nur hoffen, daß weitere folgen.

Zehnte erst in unserem Jahrhundert eingeführt wurde. Den Rekord schlägt bestimmt keine andere Gemeinde.

Die guten Leute auf Reersø nannten sich 1686 schlecht und recht „arme Fischerbauern". Die Bebauung bestand zu dieser Zeit aus 16 Höfen, und diese Zahl hat sich bis in unsere Tage erhalten. Von den 16 Höfen liegen sechs auf dem nördlichen, die restlichen zehn auf dem südlichen Höhenzug. Die Fischerbauern von Reersø kämpften in diesen Jahrhunderten eine zähen Kampf zur Bewahrung ihrer Privilegien, bis sie schließlich 1801 die Halbinsel vom Herrn auf *Helsingegård* erwarben. Dieser Landkauf prägte auch die Flurbereinigung, die ja im übrigen zu dieser Zeit überall in Dänemark schnell voranschritt. Doch auf Reersø beschloß man 1822, daß nur die Hälfte der Höfe an der Umlegung teilnehmen sollte, und erst 1862 gab man die Feldgemeinschaft auch für die andere Hälfte auf.

Die Höfe liegen in kleinen Gruppen, nur durch schmale Gassen getrennt. In einigen Wohnhäusern sitzen noch die Füllungstüren aus dem Beginn des 19. Jahrhunderts. Stilgeschichtlich sind sie ein interessantes Beispiel dafür, wie sich eine internationale Mode ändert, je weiter sie sich von der Hauptstadt entfernt. Wie wunderlich es einem auch vorkommen mag, so zeigen diese Reersø-Türen doch eine freie Behandlung des Louis-Seize-Stils.

Ein Museum ist heute in einem Landarbeiterhaus eingerichtet, das in das 18. Jahrhundert datiert wird. Der Gründer des Museums war der Schriftsteller Thorkild Gravlund. Er wohnte in Reersø und starb 1939.

Mullerup ist ein Meilenstein in der Geschichte der dänischen Archäologie. Der berühmte steinzeitliche Wohnplatz wurde 1900 von Mathias Jens Mathiassen entdeckt, der Lehrer in Mullerup und zugleich ein eifriger Amateurarchäologe war.

Als man die Untersuchungen begann, tauchte eine Menge von Flintstücken auf. Dazu kam eine Masse Knochen. Das Nationalmuseum war schnell zugezogen worden, und die Museumsleute gruben den ganzen Sommer über. Man war sich klar darüber, daß man es mit einer steinzeitlichen Kultur zu tun hatte, aber von einem ganz unbekannten Charakter. Die Funde zeigten deutlich eine Gesellschaft, deren Mitglieder völlig von ihren Fähigkeiten als Jäger und Fischer abhängig waren. Die Archäologen konnten genau die vielen Fischhaken, Keulen, Dolche, Nadeln und Beile verschiedenen Typs studieren.

Der Mullerup-Fund fügte sich später in ein größeres Mosaik ein, als man andere Wohnplätze in der Nähe ausgrub. Der ganze Abschnitt wurde als *Maglemosekultur* beschrieben. 1935 und 1936 errichtete man in Mullerup zwei Gedenksteine.

Trelleborg liegt in der Gabel zwischen *Tudeå* und *Varbyå*, nur vier Kilometer westlich von Slagelse. 1934 begann das Nationalmuseum, die ringförmige Wallanlage auszugraben, und sie sollte sich bald als eines der spannendsten Bauwerke der Wikingerzeit erweisen.

Hinter dem starken Wall der Anlage stieß man auf nicht weniger als 16 Hausstellen, die nach einem genau durchdachten Plan geordnet waren. Das Prinzip dieses Plans waren zwei schnurgerade Hauptstraßen, die sich rechtwinklig schnitten und das Rund in Viertel einteilten. In jedem Viertel fand

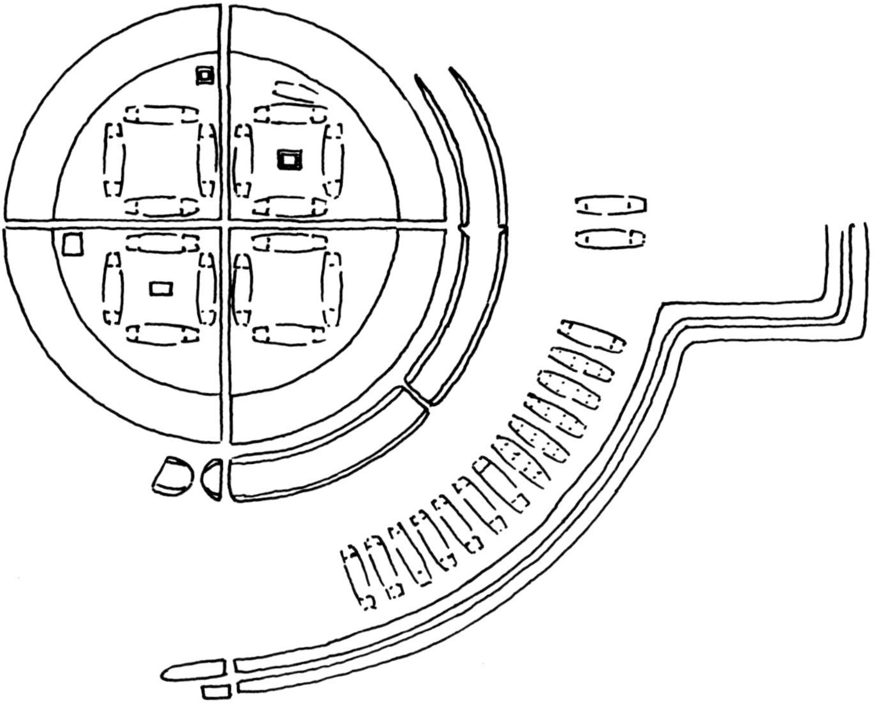

Der Grundriß von Trelleborg zeigt die charakteristische Einteilung in Viertel. Bei den Grabungen konnte man gepflasterte Feuerstellen in mehreren Häusern nachweisen (nach einer Zeichnung von Holger Schmidt).

man die Spuren von Pfostenlöchern von insgesamt vier Häusern, die gemeinsam ein Karree ergaben. Und alle Häuser waren mit einer erstaunlichen Genauigkeit zueinander angeordnet. Aber es gab noch einen interessanten Zug. Innen, zur Mitte des Militärlagers hin, bildeten die vier Häuserblöcke mit ihren acht paarweise zusammenstoßenden Giebeln das schönste Quadrat, dessen Seiten 20 Meter maßen.

Der Ringwall selbst bestand aus Erde und Steinen, und man hat festgestellt, daß zur Blütezeit der Burg auf der Außen- und Innenseite Planken oder Palisaden waren. Außerdem gelang es, eine Art Vorburg zu lokalisieren, wo man nicht weniger als 15 weitere Häuser ausgrub.

Durch den Abschluß der Grabungen 1939 wurde eine neue Phase in Trelleborgs Geschichte eingeletet, denn Architekten, Archäologen undd Historiker warfen siich jetzt auf die Resultate der vielen Untersuchungen. Mit ungewöhnlichem Eifer diskutierte man, wie die Wikingerhäuser wohl ausgesehen hätten und wann die Anlage entstanden sei. Was die letzte Frage betraf, so war man sich bald darüber einig, daß die Burg aus dem 10. Jahrhundert stammen müsse. Eine genauere Bestimmung war nicht möglich. Die modernen Datierungsmethoden wie etwa die Radiokarbonmethode waren noch nicht entwickelt.

Kniffliger war die Debatte über das Aussehen der Häuser. Was durfte man eigentlich aus den vielen Pfostenlöchern schließen? Das Nationalmuseum war mutig genug, schon 1942 ein Haus im Originalmaßstab nach dem Vorschlag von C. G. Schultz zu errichten. Man kann es noch heute sehen, und es ist ein prachtvolles Bauwerk aus schwerem Holz, dessen schindelgedecktes, breites Satteldach besonders imponiert. Charakteristisch ist außerdem der pfostengetragene Laufgang, der um das ganze Haus herumgeht.

Es dauerte jedoch nicht lange, und die ersten Kritiker meldeten sich, unter ihnen der Schriftsteller Palle Lauring. Ihre Einwendungen bezogen sich hauptsächlich auf die Form des Laufgangs. Man wies richtig darauf hin, daß dieser Bauteil mindestens keine Eckpfosten haben könne, da die meisten Hausstellen in der äußeren Reihe der Pfostenlöcher keine entsprechenden Spuren hätten. Einer der interessantesten Vorschläge zu einer neuen Konstruktion kam 1957 von dem Forstbeamten Johan Larsen. Er behauptete, die Pfosten in der äußeren Reihe seien niedriger gewesen und hätten allein der Stützung der Dachkonstruktion gedient. Die Debatte bekam weitere Nahrung, als die Archäologen drei ähnliche Ringwallanlagen ausgruben, nämlich die Wikingerburgen von *Aggersborg*, *Fyrkat* und *Nonnebakken*. Jetzt stand Trelleborg und damit auch die Hausrekonstruktion in einem viel größeren Zusammenhang.

Es ist das Verdienst des Architekten Holger Schmidt und des Professors Olaf Olsen, daß man heute ein verläßlicheres Modell der Häuser liefern kann, die die Wikinger in Trelleborg und den anderen Militärlagern in Dänemark gebaut haben. Den Laufgang gibt es nun nicht mehr. Die äußeren Pfosten sollen statt dessen, leicht gebogen, auf den krummen Dachfirst gerichtet gewesen sein und die Verlängerung der Dachsparren gebildet haben. Man muß außerdem damit rechnen, daß es vor den Eingängen an den Langseiten Vorbauten gab.

Trelleborg sollte aber noch einmal die wissenschaftliche Diskussion zum Kochen bringen im Zusammenhang mit dem Problem der Datierung und der Funktion der vier Wikingerburgen. Olaf Olsen konnte auf Grund seiner Grabungen die Bauzeit auf 970–1020 einschränken. Doch im Herbst 1979 kam der Historiker Tage E. Christensen vom Nationalmuseum mit einer sensationellen Mitteilung. Es war dem Museum gelungen, durch das Auszählen der Baumringe in einem Stück Holz aus Trelleborg die Anlage ganz genau zu datieren. Die Untersuchung ergab, daß der Baum im Winter 980/981 gefällt worden sein muß!

Die Datierung brachte zugleich eine der verbreitesten Theorien über die Funktion Trelleborgs zum Einsturz, wonach Trelleborg und die entsprechenden Anlagen als Winterlager zur Sammlung und Ausbildung der Soldaten gedient hätten, die im Sommer auf Plünderungsfahrt nach England fahren sollten. Was Trelleborg betrifft, so ist das nicht wahrscheinlich, denn die altenglische Chronik berichtet für 980 nur von einem Angriff mit sieben Schiffen. Erst in den 990er Jahren bekommen diese Angriffe Schlagkraft. So führte der Norweger Olav Tryggveson 991 eine Flotte von 93 Schiffen an. Dieser Plünderungszug war so erfolgreich, daß man von den Engländern für den Abzug 10 000 Pfund Silber erpressen konnte.

Aber wozu wurde Trelleborg sonst angelegt? Wir wissen, daß das Lager bei voller Belegung bis zu 1000 Krieger fassen konnte. Einige Forscher glauben, es habe als Zwingburg zur Ausübung der Königsmacht in einem kleineren Bereich gedient. Auch diese Theorie scheint aber nicht ausreichend bewiesen zu sein.

Karte von Dänemark mit den vier ergrabenen Wikingerburgen: Aggersborg am Limfjord, Fyrkat westlich von Hobro, Nonnebakken in Odense und Trelleborg.

Von Ringsted zum Tystrup-See

Die **Kirche von Høm** gehört zu den Bauwerken in der Gegend von Ringsted, die es verdient hätten, bekannter zu werden. Schiff und Chor mit Apsis bilden die ältesten Teile. Dazu wurden drei verschiedene Baumaterialien verwendet: Kreide, Kalktuff und gespaltene Feldsteine. Das romanische Gepräge wird von einem Fries mit doppelten Rundbögen unterstrichen, der in der Höhe des Rundfensters um die Apsis verläuft. Um 1450 wurden zwei spätgotische Bauten angefügt, im Süden eine Vorhalle und im Westen ein Turm aus Backstein, dessen Ostgiebel mit Blenden versehen ist.

Vetterslev ist eins der kleinen Dörfer in der Nähe von Ringsted. Es wird erstmals in einem mittelalterlichen Dokument von 1367 als *Wætærsløf* erwähnt.

Bekanntlich gibt es unzählige dänische Ortsnamen, die auf -lev enden. So findet man in Süd- und West-Seeland Orte wie *Allerslev*, *Bendslev*, *Dyrlev*, *Fjenneslev*, *Forlev*, *Frøslev*, *Gørlev*, *Hårlev*, *Jerslev*, *Markeslev*, *Terslev*. Es wimmelt von diesen Namen mit -lev, und das hat die Ortsnamenforscher veranlaßt, nach der Bedeutung dieser gemeinsamen Nachsilbe zu suchen. Heute besteht weitgehend Einigkeit darüber, daß ihre Grundbedeutung etwas ist, was *hinterlassen* oder *überlassen* wurde, also ein Erbe oder ein Erbgut. Die Forscher haben im Falle von Vetterslev versucht, die älteste Schreibweise zu deuten. Ein Sprachgelehrter hat vorgeschlagen, in *Wætæ* einen Männernamen zu sehen, so daß Vetterslev „Wætærs Erbe“ bedeutet.

Die **Kirche von Vetterslev** hat ein besonders gutes Inventar, aus dem vor allem die Altartafel hervorragt. Sie wurde in der Werkstatt Abel Schrøders des Jüngeren in Næstved in den Jahren 1670/71 geschnitzt. Der Stil ist spätes Knorpelbarock. Die Tafel zeigt drei zentrale Motive aus dem Neuen Testament: das Abendmahl, das Leiden Christi und die Auferstehung.

Das Taufbecken unterscheidet sich sehr von den Typen, die man gewöhnlicherweise in den dänischen Dorfkirchen findet. Die achtkantige Kuppa aus Marmor, die auf einem Balusterfuß aus Sandstein ruht, kann ins 18. Jahrhundert datiert werden. Aus derselben Periode stammt auch die zugehörige kupferne Taufschüssel. Sie trägt ein Motiv mit drei sich überkreuzenden Fischen, deren Symbolik Wurzeln in dem altchristlichen Brauch hat, Christus durch einen Fisch darzustellen.

In der Nordkapelle befindet sich ein sehr schöner Renaissancegrabstein. Er wurde für den Gutsbesitzer Peder Basse angefertigt, der auf dem *Fronhof Sørup* in der Nähe von Vetterslev saß. Nach dem Geschmack der Zeit ist Basse in voller Rüstung wiedergegeben. Das Relief wurde um 1590 gehauen, und das war sehr früh, denn Peder Basse schloß erst 1639 seine Augen.

Man konnte das **Hospital Sørup** bis zum Herbst 1969 als verfallenes, aber doch ganz malerisches Gebäude in der Nachbarschaft der Vetterslever Kirche erleben. Das bescheidene Landhaus lag verborgen hinter Bäumen und Büschen, und im Sommer wucherte der Ampfer überall. Das Haus wurde abgerissen, und heute liegt das Gebiet brach für eine künftige Friedhofserweiterung. Selbst wenn das Gebäude verschwunden ist, so ist es doch der Erinnerung wert, denn es hat ein interessantes Stück Sozialgeschichte repräsentiert, welches im Jahr 1721 begann.

Das Hospital geht auf Graf Adam Christoffer Knuth zurück, der früh seine Frau verloren hatte. An ihrem Sterbebett hatte er gelobt, ein Armenhaus in der Gemeinde zu stiften. Das Haus wurde massiv gebaut und für sechs Bewohner eingerichtet. Die Armen sollten sich drei kleine Räume teilen, während der vierte als erste Schulstube des Dorfs verwendet wurde.

Über der Haustür wurde eine Marmorplatte mit einem biblischen Zitat eingesetzt:

Das Hospital Sørup, wie es in seinen letzten Jahren aussah. Man muß bedauern, daß dies Kulturdenkmal abgerissen wurde.

„Herr, womit soll ich all Deine Wohltaten vergelten?“ Hinter diesen Worten wird die besondere christliche Grundhaltung der Zeit sichtbar, der aus Deutschland stammende *Pietismus*. Schon 1708 hatte diese religiöse Strömung bewirkt, daß Dänemark seine erste Sozialreform bekam, die einerseits Bettelei verbot, andererseits versuchte, durch die Einführung verschiedener Steuern Geld für die Armen zu beschaffen. Es wurden Armenbüchsen in Schankstätten und in den so populären Kaffeehäusern aufgestellt. Wer fluchte oder im Kartenspiel gewann, der mußte Geld für die Armen bezahlen.

Graf Knuth schrieb im übrigen einen Stiftungsbrief mit folgenden Regeln für das Hospital in Vetterslev: „Zwei Einwohner sollen in jeder Kammer sein, aber es soll darauf geachtet werden, daß Männer in eine Kammer für sich und Frauen für sich gelegt werden ... Sollte einer oder mehrere der Armen sich unziemlich verhalten mit Trunkenheit, Zänkerei, Schimpfen und Fluchen und ähnlichen Lastern, so sollen sie sofort – unwürdig dort Almosen zu genießen – aus dem Hospital gewiesen werden.“

Die **Suså** kreuzt unseren Weg gleich südlich von Vetterslev, und es wird nicht das letzte Mal sein. Der Fluß prägt mit seinem 80 Kilometer langen, gewundenen Lauf eine Reihe von Dörfern und Landschaften in Mittel- und Süd-Seeland, bevor er schließlich in den *Karrebæk-Fjord* mündet. Eine alte Überlieferung behauptet, die Suså sei bis ins Herz von Seeland schiffbar gewesen. Aber diese Vorstellung muß zurückgewiesen werden, so reich an Perspektiven sie auch sein mag. Der Wasserlauf ist allzu seicht. Der Gedanke ist auch deshalb unwahrscheinlich, weil der Wasserlauf unterwegs – mit passenden Zwischenräumen – von Wassermühlen „gezähmt“ wurde. Schon 1135 wird die *Magle Mølle* bei Næstved erwähnt, 1451 die *Holløse Mølle.* Selbst an der Mündung lag im Mittelalter eine Wassermühle, die *Pine Mølle.*

Die **Kirche von Vrangstrup** liegt dicht an der Suså und ist von alten, schweren Feldsteinwällen umgeben. Das Bauwerk ist nicht sonderlich groß, dafür erweist es sich als ziemlich unverdorben. Das kann wohl daher kommen, daß man nie die Mittel für Umbauten hatte. Chor und Schiff stammen beide aus romanischer Zeit, während die nachfolgenden Erweiterungen – ein verlängerter Chor und eine Vorhalle mit Dachreiter – im 15. Jahrhundert hinzukamen. Beide Erweiterungen bestehen aus Backstein.

Beachten Sie einmal, wie schief der Grundriß ist, und betrachten Sie bei dieser Gelegenheit die wohlerhaltene Südtür mit ihrem schönen, rundbogigen Rahmen, die noch in Gebrauch ist! Das Nordportal ist ebenso intakt; es wurde aber nach der Reformation zugemauert.

Im Chor sieht man eine große Altartafel aus der sehr produktiven und berühmten Schrøder-Werkstatt in Næstved. Sie wird auf etwa 1640 datiert, und ihr Stil ist das Knorpelbarock. Will man Altäre betrachten und zeitlich einordnen, so ist es zweckmäßig, nach Wappenschilden und königlichen Monogrammen zu sehen. Im vorliegenden Fall trägt das Oberteil den Namenszug Christians IV. mit Krone, und das bedeutet, daß der Altar nicht später als 1648 entstanden sein kann, als der König starb. Mit Hilfe solcher Fingerzeige kann man ohne sonstiges Vorwissen weit kommen. – Die Tafel verbirgt teilweise eine Kalkmalerei aus spätgotischer Zeit: einen richtenden Christus auf einem Regenbogen, Maria und Johannes der Täufer ihm zur Seite.

Im östlichen Schiffsjoch findet man an der Nordseite eine Darstellung der Heiligen Drei Könige. Sie kommen zu Pferde und bringen Gaben für das Jesuskind. Die Ostkappe desselben Jochs zeigt St. Martin, der die Hälfte seines Mantels einem armen Krüppel schenkt.

Martin war einer der populärsten Heiligen des Mittelalters. Er wurde zu Beginn des 4. Jahrhunderts im Gebiet des heutigen Ungarn geboren, doch wuchs er im italienischen Pavia auf, bis er als junger Offizier in der römischen Armee in Nordgallien stationiert wurde. Zu dieser Zeit war Martin noch Heide, doch dann geschah das Wunder: Als er einmal einen nackten Bettler traf, meinte er Christus in ihm zu sehen und teilte seinen Mantel mit dem Notleidenden. Getrieben von seiner Offenbarung wurde Martin bekehrt, und er empfing die Taufe. Dann trat er aus der Armee aus, um nur seinem neuen Glauben zu dienen. Ein wechselvolles Leben als Missionar schien sein Los zu werden, bis er wieder nach Gallien kam. Hier gründete er das erste Kloster und wurde später Bischof von Tours. Nach seinem Tod wurde er heiliggesprochen. Tours war natürlich stolz auf seinen Bischof, dessen Ruf sich weit verbreitete. Die Stadt wurde im Laufe des Mittelalters ein immer wichtigeres Ziel für die Pilger, die sein Grab im Dom sehen wollten. Auch viele dänische Wallfahrer gingen diesen Weg.

Hagbards Høj liegt am Hang des Susåtals, gerade südlich vom Dorf *Sigersted*. Der Hügel erhebt sich mehr als sechs Meter über das umliegende Gelände. Von alters her war er ein beliebtes Ziel von Schatzjägern und abenteuerlustigen Archäologen. Kennt man die Geschichte des Ortes, so versteht man, daß die Leute gerade hier graben wollten: Man erzählte aus sehr alter Zeit, in dem nahegelegenen Sigersted habe einmal ein Königshof gelegen, der Sitz eines mittelseeländischen Königsgeschlechts, des *Geschlechts der Siger*, gewesen sei. Diese Überlieferung wurde auch in Saxos Chronik übernommen, wo er im 7. Buch von König Sigers Geschlecht erzählt. Der markanteste Zug an dieser Sage ist die Geschichte von der unglücklichen Liebe zwischen Hagbard und Signe. Die Handlung ist wirklich tragisch und hat die Phantasie späterer Dichter beflügelt.

Saxo erzählt, Hagbard habe König Sigers Tochter Signe besucht. Doch damit niemand Verdacht schöpfen sollte, hatte er

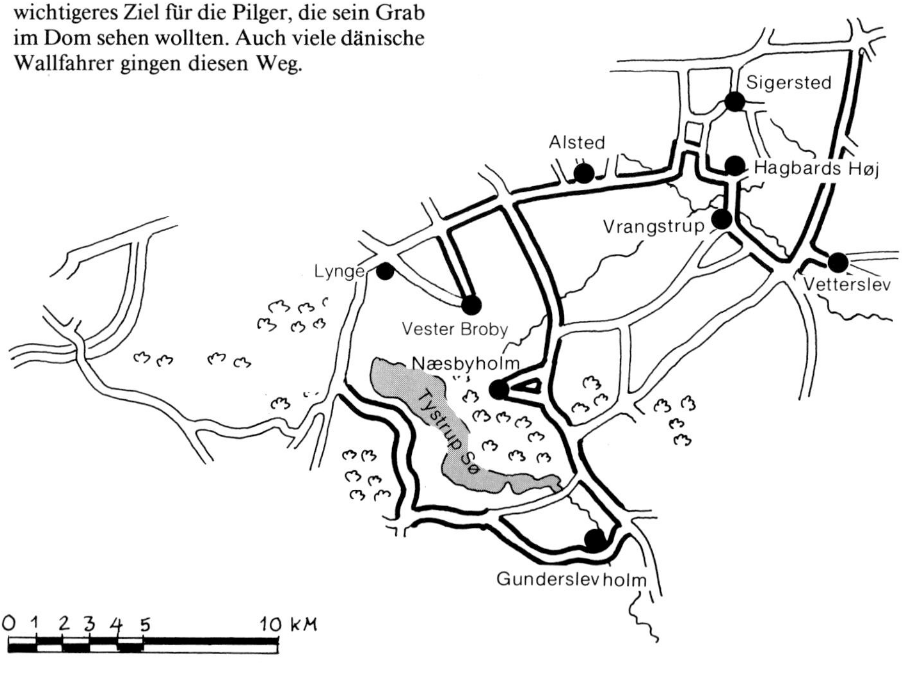

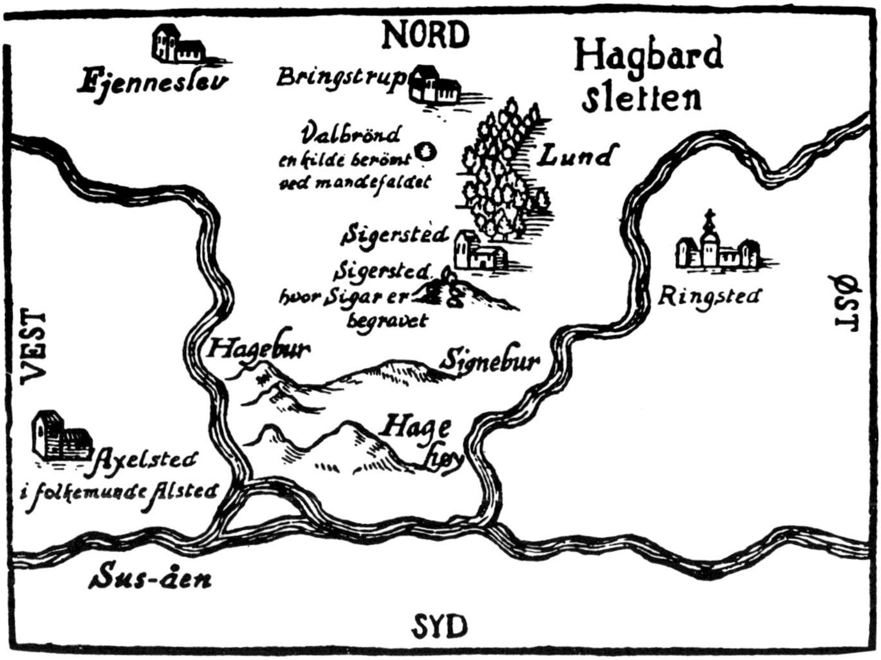

Ole Worms Karte der Gegend von Sigersted. 1854 schrieb Professor R. M. Petersen: „Den Hügel, wo Hagbard gehenkt wurde, konnte man noch zu Saxos Zeit in der Nähe von Sigersted in Seeland sehen; und es wurde Bischof Absalon als eine Merkwürdigkeit erzählt, daß ein Bauer dort einmal einen Balken herauspflügte.“

sich als Frau verkleidet. Hagbards schlauer Plan wurde aber entdeckt und der arme Verehrer gefangengenommen und auf Befehl des Königs gehenkt. Nach der Hinrichtung ging Signe zum Galgenhügel und fand zu ihrer Verzweiflung Hagbards Umhang am Galgen hängen. Da sie ihm in den Tod zu folgen gelobt hatte, ließ sie sich darauf zusammen mit ihren Zofen verbrennen.

Auf dem Hintergrund dieses Dramas kann man sich leicht vorstellen, wie die Volksphantasie den Hügel an der Suså als Hagbards Galgenhügel bezeichnen konnte. Später begann die Wissenschaft, sich für das sagenumwobene Sigersted zu interessieren. Schon Ole Worm zeichnete in den 1640er Jahren eine Karte der Gegend, worauf er genau die verschiedenen historischen Stätten angab. Die Sage lebte weiter bei Adam Oehlenschläger, der 1813 die Tragödie „Hagbarth und Signe“ schrieb.

Das Interessante ist, daß diese Sage nicht nur mit Sigersted verknüpft ist, sondern zugleich in isländischen Sagas vorkommt und verbreitet in norwegischen Quellen aus dem Mittelalter auftritt. Es handelt sich also, mit anderen Worten, um eine Wandersage von ungewöhnlicher Kraft. Erstaunlich ist aber, daß die Pastorenfamilie Blicher in Jütland ein ganz besonderes Verhältnis zu dieser Wandersage bekam.

Es begann damit, daß Jørgen G. Blicher, Pastor der Gemeinden Vorning, Kvorning und Hammershøj, 1809 der „Kommission für die Aufbewahrung von Altertümern“ folgendes berichtete: „An Grabhügeln, großen und kleinen, sowohl mit einer wie mehreren Steinreihen, gibt es eine ungewöhnliche Menge in diesen Gemeinden. Merkwürdig scheint besonders *Habors Høj* zu sein, der in der Heide südöstlich von Hviding liegt . . .“

1847 schickte St. St. Blicher einige Notizen an die Altertumsforscher nach Kopenhagen, in denen er den gemeinnordischen Charakter der Sage aufzeigte. Er erwähnte die Existenz in Schweden, ihre Verbindung mit Sigersted auf Seeland und ihre Verknüpfung mit Kvorning und Hammershøj. Über die örtliche Galgenstätte schrieb Blicher, Habor sei hier gehenkt worden, nachdem er zum Zeichen für seine Geliebte zuerst seinen Mantel habe aufhängen lassen ... Der Bericht erwähnt leider nicht, wieweit St. St. Blicher Kenntnis von den Beobachtungen seines Verwandten hatte, doch es ist nicht unwahrscheinlich, daß er als Junge davon gehört hatte.

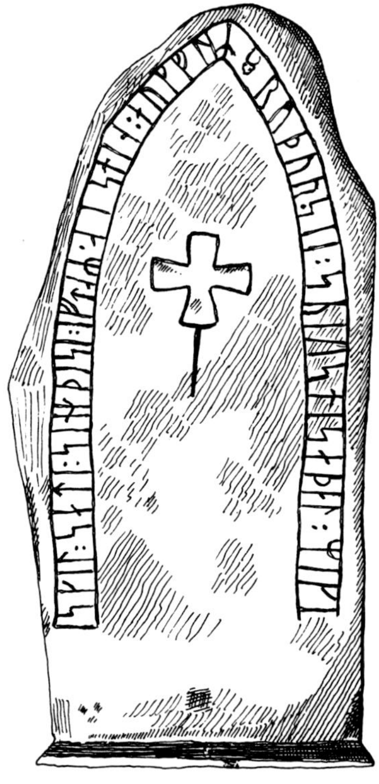

Der Runenstein in der Kirche von Alsted, ein typisches Beispiel für die Übergangszeit zwischen Heidentum und Christentum.

Die **Kirche von Alsted** stammt aus romanischer Zeit und bestand ursprünglich aus Apsis, Chor und Schiff. Sie wurde aus kleinen Quadern gebaut, welche von einem Kalkbruch bei Fakse geholt wurden.

In der Kirche ist eine sehr schöne Darstellung des thronenden Christus erhalten. Er wird hier als junger Mann geschildert, und das Zubehör ist eines Königs würdig. Christus sitzt nämlich auf einem Thronstuhl mit Rückenlehne und Kissen, genau wie wir es aus der byzantinischen Kunst kennen. Dem Bibeleinband sind kostbare Steine eingelegt. Um die Mandorla gruppieren sich die vier Evangelistensymbole, wie es in der Johannesoffenbarung (4, 7) beschrieben wird: „Das erste Wesen glich einem Löwen, das zweite einem jungen Stier, das dritte hatte ein Gesicht wie ein Mensch, das vierte glich einem fliegenden Adler.“ Zwei Figuren sind ganz rechts in der Chorrundung angeordnet. Es kann fast mit Sicherheit angenommen werden, daß sie Johannes den Täufer und den Erzengel Michael darstellen. Letzterer ist mit Flügeln ausgestattet. Er trägt in seiner Rechten eine Kugel, die den Erdball symbolisieren soll (den „Reichsapfel“), und in seiner Linken ein Zepter.

Gerade diese Michaelsdarstellung, die als Typ von der byzantinischen Kunst übernommen worden war, war in romanischer Zeit in Westeuropa weiter verbreitet. Und

Die Kirche in Alsted.

die Byzantiner, Erben des Römerreiches, hatten die Machtsymbole Michaels dem großartigen Kult entlehnt, mit dem die römischen Kaiser erhöht wurden. Michael sollte nämlich – ebenfalls nach der Johannesoffenbarung – am Tag des Jüngsten Gerichts das Heer der Engel anführen. War es dann nicht natürlich, daß man ihm die irdischen Machtsymbole verlieh, die das Volk leicht wiedererkennen konnte?

Bevor wir diese interessante Apsisausschmückung verlassen, sollten wir einen Blick auf die schöne Borte unter dem Bild werfen. Der Fries besteht aus kleinen Männern mit Glorien und reiherartigen Vögeln, zwischen denen Prismenstäbe eingefügt sind. Man hat das Ornamentband wegen der eleganten Vögel „Reiherfries" genannt. Entsprechende Friese kann man in den Kirchen von *Hagested* und *Jørlunde* sehen, deren Kalkmalereien fast genauso alt wie die Alsteder sind.

Auch für den Runeninteressierten gibt es in Alsted etwas zu studieren, denn man hat in der Kirche an der Westmauer einen Runenstein aus der Wikingerzeit aufgestellt. Die Runen sind die Kante der Vorderseite entlang eingehauen, und innerhalb des Schriftbandes wurde ein Kreuz eingesetzt. Die Inschrift lautet: „Eskil setzte diese Steine nach Østen und seinem Bruder Flir, Østens Sohn, Adelmærke."

Die Kalkmalereien der **Kirche von Vester Broby** gehören wohl zu den besten Beispielen der vorreformatorischen Kunst. Die älteste Ausschmückung stammt aus dem letzten Viertel des 12. Jahrhunderts und befindet sich in der Apsis, teilweise hinter dem Altar verborgen. Hier thront Christus in einer Mandorla und hat wie in Alsted einen vornehmen Thronstuhl mit Kissen. Die vergoldete Stuckglorie ist auch ein typisch romanischer Zug und ein Kennzeichen, das erstaunlicherweise nur in einer kleinen Gruppe seeländischer Kirchen verbreitet ist. Unter diesen können die in *Måløv* und *Jørlunde* hervorgehoben werden.

An der Ostkappe des Chors sieht man Marias Himmelskrönung. Das Bild kann auf die zweite Hälfte des 14. Jahrhunderts datiert werden. Die Südkappe zeigt Christi Himmelfahrt. Die Darstellung verrät einen wunderbaren Sinn für Details. Sehen Sie nur, wie der Maler Christi Fußabdrücke auf dem Felsen mit einer solchen Deutlichkeit wiedergegeben hat, daß selbst die Löcher vom Nagel aufs Bild gekommen sind. Die Westkappe trägt eine Schilderung des Sündenfalls, wo Adam und Eva nackt dargestellt sind. Darauf folgt auf der Nordkappe ihre Vertreibung aus dem Paradies. Auf diesem Bild erkennt man ihre Scham über die Nacktheit, und sie haben sich daher bedeckt.

In einem der Schiffsjoche sehen wir die Schöpfungsgeschichte, wiedergegeben in vier Medaillons. Das erste (an der Südkappe) zeigt, wie Gott Sonne und Mond, Erde und Wasser erschafft. Darauf folgt (an der Ostkappe) die Entstehung der Pflanzen. Gottes Werk wird von Engeln beobachtet. Der Maler hat im dritten Medaillon (an der Westkappe) die Erschaffung der Tiere dar-

In Vester Broby gibt es eine Kalkmalerei, die einen Baum mit einem Mann im Astwerk zeigt, welcher von einem Einhorn und einem Drachen flankiert wird. Das Bild soll von den Gefahren berichten, von denen der Mensch bedroht ist. Die Freuden des Lebens werden dadurch symbolisiert, daß der Mann von den Früchten des Baumes ißt. Doch sein Glück wird von zwei Mäusen bedroht, die an den Wurzeln des Baumes nagen, und das Ungeheuer (die Hölle) erwartet ihn.

gestellt, sowohl der Meerestiere wie der Vögel und Landtiere.

Beachten Sie, welche besonderen Arten Eingang ins Tierreich gefunden haben. Das unterste Tier links ähnelt einem kleinen Nashorn. Rechts sieht man ein vierbeiniges Wesen mit langem Rüssel, Stoßzähnen und einem kleinen, auf den Rücken gebundenen Turm. Es kann nur ein Elefant sein. Der Maler hatte natürlich nie Gelegenheit, ein so exotisches Tier in Wirklichkeit zu sehen, aber durch Reisebeschreibungen und Skizzen von ausländischen Bildern konnte er einen Eindruck bekommen. Über dem Elefanten sieht man ein Fabeltier mit Flügeln wie Flammenzungen, einem grimmigen Adlerkopf und einem Löwenkörper mit schön geschwungenem Schwanz. Es ist ein Greif, und über dies merkwürdige Tier hatte das Mittelalter viele Vorstellungen. Man glaubte, es sei imstande, auf der Erde und in der Luft zu leben. Dadurch symbolisierte es Christi beide Naturen, die menschliche und die göttliche. Dies runde Bild ist so hervorragend komponiert, wie es nur ein großer Maler vermochte. Das Bildprogramm wird von einer Szene abgeschlossen, in der Eva aus der Seite Adams geschaffen wird.

Der **Herrenhof Næsbyholm** liegt auf der Halbinsel, die von der Suså im Norden und dem *Tystrup-See* im Südwesten abgegrenzt wird. Er kann die Liste seiner Eigentümer bis zum Ende des 14. Jahrhunderts zurückführen, als der Ritter Anders Olufsen hier saß. Damals war er sicher nicht mehr als ein großer Bauernhof. Ähnlich ist der Ursprung vieler Herrenhöfe in Dänemark. Der Großbauer wurde mit der Zeit zum Herrn und Gutsbesitzer.

Das Gut erlebte ab 1575 eine Blütezeit unter Sten Brahe. Er stammte aus einem sehr bedeutenden Adelsgeschlecht, dessen Stammbaum sich später aufs verwunderlichste im Norden verzweigte. Am berühmtesten war und wird für immer der Astronom Tycho Brahe bleiben, ein Bruder von Sten Brahe auf Næsbyholm. Die beiden Brüder waren wie Tag und Nacht. War Tycho ein Wissenschaftler mit feurigem Temperament – er verlor die Nase bei einem Duell –, aber zugleich voll von genialen Ideen, so war Sten der nützliche und solide Hofbeamte. Sten Brahe war immer zu schwierigen diplomatischen Geschäften im Ausland bereit, und er saß außerdem volle 42 Jahre lang im Reichsrat. Das kann man Stabilität nennen!

Was Næsbyholm betrifft, so bekam das Gut unter Sten Brahe ein ganz neues Hauptgebäude. Es wurde 1585 vermutlich nach Entwürfen von Hans Steenwinckel dem Älteren errichtet, dem Baumeister des Königs als auch Tycho Brahes. So ist es naheliegend, seine Mitwirkung beim Bau des neuen Næsbyholm zu vermuten.

Das Gebäude hatte zwei massive Etagen und war im niederländischen Renaissancestil gehalten mit geschwungenen Giebeln, schönen Sandsteindetails und einem hohen Dach. Sten Brahe, ein durch und durch kultivierter Mensch, ließ einen Springbrunnen im Garten errichten, und das Interieur des Hauses wurde auch von seinem Geschmack geprägt. Im nördlichsten Zimmer der ersten Etage richtete er nach der Sitte der Zeit die allgemeine Wohnstube ein. Der Raum nahm die ganze Breite des Hauses ein. Die Decke war mit vier runden Bildern ausgeschmückt, die direkt auf das Holz gemalt waren und die vier Jahreszeiten darstellten. Um es besonders festlich zu machen, waren in den Rahmen Früchte gemalt sowie Porträtmedaillons und Genien mit Musikinstrumenten. Zwei dieser Bilder kann man heute im Nationalmuseum sehen, dem sie 1892 geschenkt wurden.

1861 gab es eine Vorwarnung im Hinblick auf späteres Unglück: Da nahm man kleinere Veränderungen vor. Aber diese kleinen Angriffe waren nichts gegen das, was im Schicksalsjahr 1932 geschah, als ein Brand ausbrach, der in kurzer Zeit das Haus völlig in Ruinen legte. Unersetzliche Werte gingen damit verloren. Doch wie unglaublich es auch lauten mag, so wurde auch das instand gesetzte Hauptgebäude 1947 von einem Brand verheert, der die Stätte der letzten Spur von Renaissanceatmosphäre beraubte.

Gunderslevholm bekam sein jetziges Hauptgebäude mit Vorwerk 1729. Der Eigentümer war zu dieser Zeit Graf C. A. von Plessen. Er ließ seinen neuen Wohnsitz als freistehendes, massives Haus in zwei Voll-

Gunderslevholm.

etagen bauen. Die Mauern waren von Anfang an verputzt und weiß gekalkt, und das hohe Dach hatte abgewalmte Giebel.

Quellen verraten nichts über den Architekten des neuen Bauwerks vom Typ eines Barockpalais, aber er muß wohl unter den meistbeschäftigten Baumeistern der Zeit gesucht werden. Vielleicht war es J. C. Ernst. Wir wissen nämlich, daß Ernst in diesen Jahren für einen besonderen Kreis baute, den Kreis, der die ehelichen Verhältnisse Friedrichs IV. mißbilligte. Der König hatte sich nicht nur zweimal zur linken Hand verheiratet, sondern beim Tode der Königin Louise 1721 hatte er es sogar gewagt, Anna Sophie Reventlow, seine letzte Frau linker Hand, zu seiner neuen Königin zu erheben. So etwas war in Dänemark niemals zuvor geschehen. Leute wie C. A. von Plessen waren rasend und fielen natürlich beim König in Ungnade.

Und hier kommt die Pointe, denn aus diesem verstoßenen Kreis bekam J. A. Ernst zwei Aufträge, die beide den Umbau von Häusern betrafen. Er sollte Regulierungen auf Schloß Jægerspris und auf dem Herrenhof Vemmetofte vornehmen. So ist es verlockend, Ernst auch als mitverantwortlich für die Gestaltung von Gunderslevholm zu vermuten.

Plessen verbrachte im übrigen sein Leben mit der Verwaltung seines Vermögens und seiner anderen Güter, denn er erwarb auch *Kastrupgård* und *Fuglebjerggård.* Außerdem interessierte er sich lebhaft für die Bildung der Bauern und ließ auf seinen Gütern Schulen einrichten.

Das **Pastorat von Lynge** hat eine sehr schöne Lage in der Landschaft mitten zwischen Sorø und dem Tystrup-See. Der stattliche Fachwerkbau wurde 1742 für den Propst Fridericus Qvist und Sophia Westermann errichtet. Das Haus umfaßte damals 22 Gefache und war mit einer durchgehenden Giebelgaupe über den mittleren Gefachen versehen. All dies zeugte von einem wohlhabenden Bauherrn, aber Fridericus Qvist gehörte auch zu den Pastoren, die Geld in der Tasche hatten.

Auch die Blütezeit der *Akademie Sorø* im vorigen Jahrhundert sollte Glanz über das Pastorat in Lynge bringen. Das Jahr 1808 wurde der festliche Auftakt zu der später so engen Verbindung. Im August dieses Jahres unternahmen der junge Grundtvig und sein Freund Chr. Molbech eine Art kulturhistorische Expedition vom Pastorat in Lynge zum Tiergarten in Gunderslevholm. Ihr Ziel war ein steinzeitliches Langbett. Die Expedition wurde auf mancherlei Weise ein kleiner Meilenstein in der Geschichte der dänischen Archäologie. Nicht so sehr aus wissenschaftlichen Gründen, denn Grabungen am Orte fanden nicht statt; man wollte sich nur inspirieren lassen. Aber die Begeisterung über das alte Grab veranlaßte Grundtvig, zur Feder zu greifen und eines der begeisterndsten Gedichte der dänischen Literatur zu schreiben:

Was ragt dort empor?
Ist's nicht der Altar
aus moosigen Steinen,
von eichenen Zweigen
so schattig umgeben?
Er ist's! Ich muß beben,
ich zittre vor Lust,
und heilige Andacht erfüllt mir die Brust.
Laßt uns die Schritte beflügeln und eilen,
uns am Altar der Asen zu neigen
und die entschlafenen Götter zu preisen!

Diese Art von Poesie – vergleichbar mit Oehlenschlägers Gedicht von den Goldhörnern – mußte natürlich in weiten Kreisen Widerhall finden und zur Erforschung der stolzen Vergangenheit anregen.

Von Bregentved nach Næstved

Die **Kirche in Tune** hat in ihrem Inventar eine Altartafel, die 1616 geschnitzt wurde. Die Ornamente und der ganze Aufbau sind von der Stilsprache der Spätrenaissance geprägt. Der Meister war Brix Snedker, der einige Helfer hatte, deren Namen man nicht mehr kennt.

Von diesem Brix Snedker, dessen richtiger Nachname Michgell war, wissen wir heute, daß er als Zunftmeister in Roskilde eine Werkstatt hatte, deren Tätigkeit für die Zeit 1609–1627 bekannt ist. Seine vornehmste Aufgabe wurden die Schnitzarbeiten in der *Frauenkirche* von Roskilde. Dorthin hat er in den Jahren 1620–1623 eine Altartafel und eine Kanzel geliefert. Kanzeln scheinen seine besondere Spezialität gewesen zu sein, denn seine Werkstatt bekam dazu Bestellungen von vielen Gemeinden zwischen Køge und Roskilde. Heute kann man Kanzeln von Brix Snedker in den Kirchen von *Karlslunde*, *Karlstrup*, *Gershøj* und *Ørsted* sehen. Dazu kommt eine Altartafel in *Gudstrup*. Vom Stil her ist es wahrscheinlich, daß er seine Kunst in einer der Øresundstädte gelernt hat.

Der **Snoldelevstein** befindet sich heute im Nationalmuseum, doch an der Fundstelle wurde ein Erinnerungsstein gesetzt, den man an der Landstraße westlich von Snoldelev sehen kann. Der Originalstein wurde 1770 am Fuße eines Hügels gefunden und ausgegraben. Leider wurde bei dieser Gelegenheit nichts über die näheren Fundumstände notiert. Es ist aber denkbar, daß der Stein Teil einer größeren Steinsetzung war. Besonders bekannt wurde er durch seine Runeninschrift aus der früheren Wikingerzeit. Sie lautet übersetzt: „Gunvalds Stein, Sohn von Roald, thul in Salløv". „Thul" war die Bezeichnung für einen Adligen, der zugleich eine besondere Stellung in der heidnischen Priesterschaft hatte.

Die **Kirche von Højelse** aus romanischer Zeit ist dem Erzengel Michael geweiht. Ist es denkbar, daß ein Zusammenhang zwischen der Wahl gerade dieses Heiligen und der hohen Lage der Kirche besteht? Die Frage stellt sich wegen einer sehr interessanten Tradition, die sich im Laufe des Mittelalters in Europa entwickelte: Es gibt überall in Europa Berge und Höhen, auf denen christliche, dem Erzengel Michael geweihte Heiligtümer liegen. Nehmen wir einige bekannte Beispiele: Das berühmte Kloster auf dem *Mont St. Michel* an der französischen Kanalküste ist ein beliebtes Touristenziel. Gegenüber, an der Südküste Cornwalls, liegt auch ein Michaels-Berg mit einer Kirche, *St. Michael's Mount*. Die Kapelle San Michele auf der Insel *Capri* wurde unsterblich, als der schwedische Arzt Axel Munthe darüber in seinem berühmten, gleichnamigen Buch schrieb. Diese Sitte, christliche Gotteshäuser auf Bergen zu bauen, hatte ihren Ausgangspunkt in einer Legende, die mit dem *Monte Sant'Angelo* an der italienischen Adriaküste verbunden ist. Hier hatten die Leute am Ende des 5. Jahrhunderts eine Michaelsvision. Die Nachricht darüber wurde schnell zu einer Wanderlegende, die sich über das christliche Europa verbreitete. Jedes Land bekam allmählich seinen Michaelsberg mit zugehörigem Kult, und die bekanntesten Stätten wurden ein Pilgerziel. Auf diesem Hintergrund ist es denkbar, daß man in Højelse der internationalen Praxis folgen wollte, als man die Kirche in romanischer Zeit gründete.

Die sehenswerten Kalkmalereien der Kirche können auf etwa 1465 datiert werden. Sie werden derselben Werkstatt zugeschrieben, die in den Kirchen von *Tybjerg* und *Holtug* auf Stevns gearbeitet hat. Im Chor sieht man einen thronenden Gottvater mit seinem gekreuzigten Sohn auf dem Schoß. Dieser Bildtyp wird *Gnadenstuhl* genannt. Das Motiv ist schon aus der westeuropäischen Buchmalerei des beginnenden 12. Jahrhunderts bekannt. Es soll ein Gebet in der katholischen Messe ausdrücken, in dem Gott gebeten wird, das Meßopfer durch seinen Sohn anzunehmen. Es ist natürlich nicht zufällig, daß der Gnadenstuhl im Chor gleich über dem Altar angeordnet ist, denn er soll zugleich auf den Zusammenhang zwischen dem Abendmahl und Christi Opfertod weisen.

Doch hatte die Gemeinde die vielen Aspekte des Meßopfers nicht erfaßt, so wurde sie in jedem Fall durch eine Weltgerichtsdarstellung an der Ostkappe des ersten Jochs angesprochen. Von Christi Mund gehen das Schwert der Strafe und die Lilie der Gnade aus; man sieht auch die Wunden von der Kreuzigung. Links im Bild kniet Christi Mutter Maria, und die Person auf der anderen Seite ist Johannes der Täufer. Er ist durch seine grobe Kleidung immer leicht kenntlich, doch ist nicht zu sehen, ob sie grob gewebt oder aus Fell gemacht ist. Nach der Bibel soll sie ja aus Kamelwolle bestanden haben.

Ganz unten befindet sich in jeder Ecke ein Medaillon mit einem Engel auf sternenübersätem Hintergrund. Die Sterne sollen natürlich Gottes ewigen Himmel symbolisieren. Die Engel stoßen in Weltgerichtsposaunen, und aus den Trichtern kommen die Worte: „Surgite mortui venite ad judicium" (Steht auf, ihr Toten, kommt zum Gericht).

Schließlich hat der Maler geschildert, wie die Toten sich aus ihren Gräbern erheben. Es handelt sich hier nicht um Skelette, nein, die Darstellung ist stärker. Die Toten haben noch die Haut über den Knochen, so daß man die menschlichen Züge ahnen kann. An der Südkappe desselben Jochs bekommt man zu sehen, wie die Sündigen und Verlorenen in die Hölle getrieben werden. Nach üblichem Brauch ist der Eingang zur Unterwelt wie ein Ungeheuer geformt, das seinen scharfzähnigen Rachen öffnet und Feuer und Rauch speit.

Die Westkappe zeigt ein sehr beliebtes Thema, nämlich St. Jørgen (Georg) mit dem Drachen. Es gibt gute und schlechte Drachenmaler – der Meister von Højelse gehört eindeutig zu den besseren. Er hat wirklich versucht, sich mit der schwierigen Anatomie dieses Phantasietieres auseinanderzusetzen: So hat es gefährliche Hörner an der Stirn und Schuppengürtel bis zur Schwanzspitze bekommen. Auf dem Bild sehen wir, wie es dem tapferen Heiligen gelungen ist,

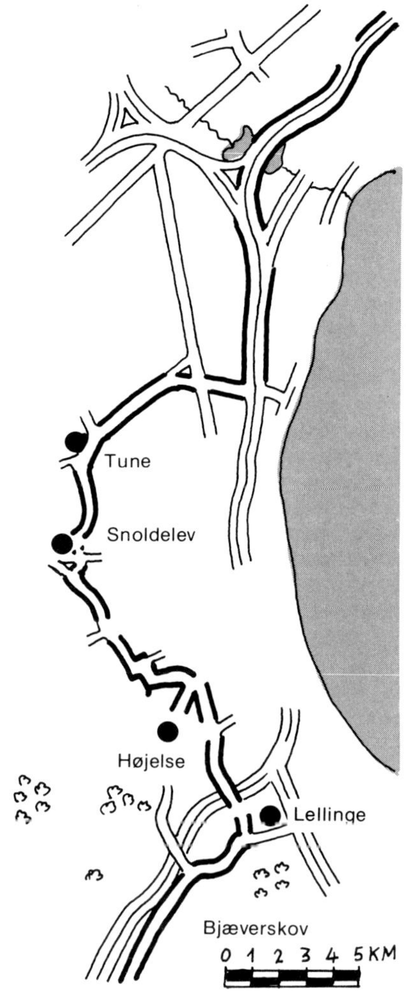

seine Lanze durch den Hals des Drachen zu jagen. Aber das Ungeheuer hat noch so viel Kraft, daß es selbst versucht, sie wieder herauszuziehen. Beachten Sie auch die schöne, zeittypische Rüstung, in die St. Jørgen gekleidet ist! Er hat sogar einen Turnierschild bei sich. Links im Bild hat der Maler die Prinzessin Kleodolinde wiedergegeben, die der Drache gefangenhielt.

Im nächsten Joch sieht man die Schöpfungsgeschichte und den Sündenfall.

Die Kirche von Lellinge hat eine starke Verwandtschaft mit der bescheideneren Kirche in Kirke-Skensved. Der Turm ist mit schönen Blenden versehen.

Die **Kirche von Lellinge** ist ein Backsteinbau, dessen ältesten Teil das Langhaus (Schiff und Chor) darstellt. Dieser Abschnitt muß zu Beginn des 15. Jahrhunderts gebaut worden sein, während Turm und Vorhalle um 1500 hinzukamen. Der ursprüngliche Chorabschluß war dreiseitig und der noch bestehenden Chorpartie in dem nahe gelegenen *Kirke-Skensved* sehr ähnlich. Der Chortyp mit dreikantigem Abschluß ist in der Gotik weit verbreitet. An südseeländischen Beispielen können die Kirchen in *Kongsted, Roholte* und *Holmstrup* genannt werden. Noch schöner sind aber die gotischen Stadtkirchen mit fünfkantigen Chören, zum Beispiel in *Præstø*.

In den 1690er Jahren bekam der Chor seinen jetzigen kleinen Anbau in geflammtem Backstein, und aus derselben Periode stammt das reiche Inventar der Lellinger Kirche. Der Altar und das Chorgitter wurden damals vom Besitzer der Kirche, dem Justitiarius am Obersten Gericht Caspar Schøller gestiftet, der auf Lellingegård saß. Die Schnitzarbeiten sind nicht bemalt und wirken allein durch ihre üppigen Formen, die vom Stil des Akanthusbarock geprägt sind.

Das **Dorf Bjæverskov** war, wie so viele andere Gemeinden in Süd-Seeland, nach den Schwedenkriegen in großer Not. Daran denkt man nicht, wenn man jetzt durch die Landschaft mit ihren gepflegten Höfen und Feldern fährt. Doch wir wollen einmal für einen Augenblick in diese dunklen Zeiten in der zweiten Hälfte des 17. Jahrhunderts zurückgehen.

Die Kriegsschulden lasteten natürlich, und zusätzlich folgten Jahre mit Mißernten. 1690 war ein besonders schlimmes Jahr. Der Pastor Christen Christensen gab den Behörden einen niederschmetternden Bericht: „In summa gab es in diesen beiden Gemeinden überall eine große Mißernte, weshalb die meisten Scheunen und Häuser jetzt leer sind; viele Bauern haben weder etwas zu säen noch zu essen und verlassen die Höfe."

Der düstere Eindruck von den Verhältnissen in Bjæverskov bleibt unverändert, wenn man liest, was dem Großknecht Steffen aus *Spanager* passierte, als er im Februar 1745 den Bauern Hans Adamsen in dem kleinen Dorf besuchte. Er sollte Abgaben eintreiben, die in Hafer bezahlt werden sollten. Doch ach, welcher Anblick erwartete den strengen Mann! Die Hofgebäude waren in so schlechtem Zustand, daß Pferde und Kühe fast unter freiem Himmel standen. Das Dach fehlte nämlich, und die armen Tiere standen da und kauten ein Gemisch von Futter und Schnee. Als Steffen dem Bauern den schlechten Zustand der Wirtschaftsgebäude vorwarf, antwortete der bloß, ihm sei alles gleichgültig.

Der Name **Bregentved** kommt schon 1319 vor, genannt in König Erik Menveds Testament. Das Gut tritt hier in einer Reihe von Höfen auf, die der König an das Kloster in Ringsted fallen ließ. Aber die große Zeit begann für Bregentved erst im 18. Jahrhundert, als es auch eine Hauptrolle in der Geschichte der dänischen Herrenhöfe übernahm.

Von 1718 bis 1730 war Bregentved ein „Ryttergods", das heißt ein Krongut, das zur Unterhaltung der Kavallerie diente. Als es diesen Status verlor, wurde es 1731 an den dänischen General Poul Vendelbo Løvenørn verkauft. Zu dieser Zeit bestand Bregentved aus einer vierflügeligen Hofanlage und einigen Baracken in der Nähe, die unter anderem auch für die Reiter und ihre Familien gedacht waren. Die wesentliche Änderung zu Løvenørns Zeit war die Einrichtung der prachtvollen Kapelle im Nordflügel.

Die wesentliche Änderung zu Løvenørns Zeit war die Einrichtung der prachtvollen Kapelle im Nordflügel.

Als der General 1740 starb, wurde das Gut von Christian VI. zurückgekauft. Der König verfolgte ein ganz bestimmtes Ziel mit dieser Erwerbung, denn hier sollte seine Schwägerin, die verwitwete Fürstin von Ostfriesland, nach der Instandsetzung einziehen. Um das Projekt in Gang zu bringen, befahl Christian VI., Nicolai Eigtved solle hinfahren, die Gebäude vermessen und Vorschläge zu ihrer Verbesserung machen. Eigtved war zu dieser Zeit gerade von einer großen Auslandsreise zurückgekehrt, bei der er das Rokoko in all seinen Details kennengelernt hatte, und war für die Aufgabe besonders geeignet. Doch die umfassenden Pläne blieben vorerst unverwirklicht, da die Fürstin im Spätsommer 1740 nach *Fredensborg* zog. Später wohnte sie lieber auf *Sorgenfri* und in Kopenhagen.

Die Umbauten hatten daher geringeren Umfang, doch wissen wir, daß Eigtved neue Wohnungen für die Bediensteten entwarf und ihren Bau leitete. Er hatte auch die Verantwortung für die Einrichtung des Herrenhofs mit Möbeln sowie für die Ausmalung und Dekoration der Räume. Die großen Änderungen mußten bis zum Tode Christians VI. warten, denn der Monarch kümmerte sich in seinen letzten Lebensjahren

Die Møllesø-Brücke auf Bregentved.

überhaupt nicht um Bregentved. Beim Thronwechsel 1746 wurde es jedoch anders, denn Friedrich V. schenkte das Gut freigebig seinem engsten Freund, dem Oberhofmarschall Adam Gottlob Moltke.

Eine energischere und geistvollere Seele hätten die Häuser und ausgedehnten Ländereien von Bregentved kaum bekommen können. Da Moltke zugleich einen hervorragenden Platz im Rat des Königs hatte, besaß er auch alle Möglichkeiten, die richtigen Leute hinzuzuziehen, die aus der alten, grauen Kasernenanlage ein Prachtgut machen sollten. Natürlich kam auch Eigtved wieder ins Bild, denn er war inzwischen weiter aufgestiegen und gehörte jetzt zu den allerbesten Architekten des Landes. Er schloß mit Moltke 1747 einen Vertrag über die Renovierung der Gebäude von Bregentved sowie der beiden anderen Güter *Turebyholm* und *Eskildstrup* und der vier Kirchen, die dazugehörten.

Die markante Linie der **Lindenallee**, die über das wellige Gelände führt, ist das erste, was einen willkommen heißt, wenn man sich von *Dalby* aus dem Park nähert. Die Allee macht einen Teil des großartigen Gartens aus, den Eigtved am Ende der 1740er Jahre anzulegen begann. Sie sollte durch den *Tiergarten* östlich vom Hauptgebäude gehen und gerade auf die Eingangspartie im Ostflügel zielen. Eine solche schnurgerade Führung gehörte zu den Idealen der französischen Gartenkunst. Es galt ja, für die Ankunft von Gästen einen würdigen Auftakt zu schaffen. Die Linden wurden von dem Gärtner Andreas Bährend aus Holland importiert, der bei Kopenhagen wohnte. Von dort wurden sie mit Pferdewagen nach Bregentved gebracht. Im November 1747 war die Lindenallee fertig; von den 290 gelieferten Bäumen waren 268 gepflanzt worden.

Nun fehlten Eigtved Leute für den anschließenden Teil des Projektes, der wohl mehr eine Ingenieursarbeit war. Quer über den *Møllesø* (Mühlensee), der zwischen dem Tiergarten und dem Hauptgebäude lag, sollte ein Damm mit einer Brücke über die mittlere Partie gebaut werden. Bei seiner hohen gesellschaftlichen Position war es aber für Moltke nicht schwierig, Eigtved

Hilfe von seiten des Militärs zu verschaffen. Im Frühjahr 1748 kamen 20 Soldaten und ein Unteroffizier aufs Gut, um den Damm zu schaufeln.

Eigtved war auch mit dem Umbau des Hauptgebäudes beschäftigt, doch da dieses in den 1880er Jahren verändert wurde, wollen wir nicht weiter darauf eingehen.

In den folgenden Jahren setzte man die Ausschmückung des Gartens um den Ostflügel fort, denn hier sollten die Gäste empfangen werden, wenn sie in ihren Karossen über die Steinbrücke am Ende der Allee gerumpelt waren. Eine Prüfung der Buchführung von 1749 ergibt, daß der Bildhauer J. F. Hännel 24 Figuren für den Garten geliefert hat. Das Gutsarchiv berichtet auch, daß dort 1751 ein „türkisches Zelt" aufgestellt wurde.

Von dem bisher Beschriebenen haben nur die Lindenallee und die Steinbrücke überlebt. Doch sind an anderen Stellen im Park einige Denkmäler erhalten, die zu einer späteren Phase in der Entwicklung der Anlage gehören. Doch zuerst wollen wir zwei Denkmäler betrachten, die man antrifft, bevor man zur Steinbrücke beim *Mühlensee* kommt.

Der **Raub der Sabinerinnen** heißt eine Skulptur auf dem großen Rasen am Ende der Allee. Sie besteht aus Marmor, der sicher einmal schön weiß war, jetzt aber leicht bemoost ist. Man sieht einen Mann, der eine fast nackte Frau zu tragen versucht, während sie sich verzweifelt mit ihren Armen zur Wehr setzt. Hintergrund des Motivs ist die antike Sage vom Kampf zwischen den Römern und Sabinern. Dabei haben die Römer eines Tages die sabinischen Frauen geraubt.

Die Skulptur in Bregentved ist eine Kopie nach dem Original von Giambologna aus den 1580er Jahren, eine sehr berühmte Arbeit im manieristischen Stil, die in Florenz besichtigt werden kann.

Sicherlich wurde die Figur von Bregentved nach einem Katalog in Italien bestellt. Dort konnte man damals wie heute in Marmor arbeiten, so daß ein Werk nach etwas aussah. Solche Auftragsarbeiten fanden reißenden Absatz in ganz Europa und brachten Glanz über fürstliche Höfe. Das Motiv

Der „Raub der Sabinerinnen" im Garten von Bregentved, vermutlich in Italien bestellt.

selbst gehört zu den beliebtesten der Zeit. Vor allem im Barock wurde es mit viel Einfühlung behandelt. Man kann übrigens eine gemalte Darstellung desselben Themas auf dem Herrenhof *Selsø* sehen.

Die **Göttin Flora** befindet sich oben auf einer baumbewachsenen Höhe nördlich des großen Rasens. Die Figur besteht aus Sandstein und stammt von dem Bildhauer Johannes Wiedewelt. Die schöne Flora war bei den Römern die Göttin der Blumen und wurde meist mit Blumen im Haar wiedergegeben.

Mit dieser Arbeit – und einer Reihe anderer – begann Wiedewelt in den 1760er Jahren seine Tätigkeit auf Bregentved. So lieferte er verschiedene Blumenvasen zur Verschönerung des Gartens. Vor seiner Ankunft hatte das Gartenprojekt seit Eigtveds Tod 1754 stillgelegen. Doch um 1762 stellte Moltke einen Architekten als Leiter der weiteren Gartenplanung an, nämlich den Franzosen N. H. Jardin, und dieser ließ nun Wiedewelt seine Ideen über die Erweiterung der Anlage nach Südwesten ausführen.

Zur **Kaskade** kommt man, wenn man die Steinbrücke beim Mühlensee passiert hat.

Die Bezeichnung *Kaskade* geht vielleicht etwas zu weit, da längst kein Wasser mehr unter der kulissenartigen Steinbrücke hervorbraust, die zur Wasserkunst gehört. Dahinter liegt ein aufgedämmter See, aus dem das Wasser früher in ausreichenden Mengen kam. Beachten Sie die merkwürdigen Steinpfeiler, die die „Brückenpartie" flankieren! Es sieht fast so aus, als ob dort Moos in dicken, ausgefransten Ringen wüchse. Das Ganze ist aber nur ein Spiel des Steinmetzen mit dem Kalkstein und ist auch aus der französischen und italienischen Gartenkunst bekannt. Von der Kaskade verläuft ein schnurgerader Kanal in östlicher Richtung.

Der Obelisk erhebt sich auf einem Hügel ganz hinten im Garten, und auch diese Arbeit stammt von dem fleißigen Wiedewelt. Die Steinnadel wurde im Jahre 1772 zu Ehren von Moltkes großem Wohltäter Friedrich V. errichtet. Der König war zwar sechs Jahre zuvor gestorben, aber das machte nichts. Auf der östlichen Seite sieht man ein Oval in Marmor mit dem Porträt des Königs und einer Inschrift, die den Monarchen in offiziellen Wendungen preist. Die Westseite trägt eine Inschrift mehr privaten Charakters. Hier liest man übersetzt: „Auf dieser Sommerresidenz, einer kostbaren Gabe des allerhöchsten Königs, die durch seinen jährlichen Besuch ausgezeichnet wurde, ließ Adam Gottlob Graf von Moltke dieses Erinnerungsmal aus Liebe, Treue und Dankbarkeit errichten. Im Jahr nach Christi Geburt 1772."

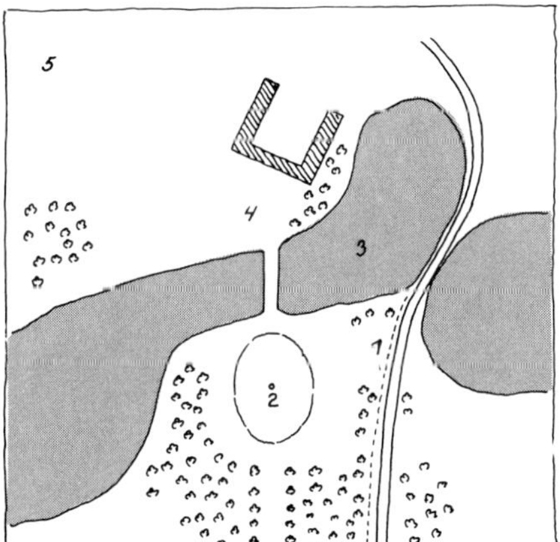

Zeichenerklärung zum Garten in Bregentved: 1 Die Göttin Flora. 2 Der Raub der Sabinerinnen. 3 Møllesø. 4 Ort der ersten Gartenanlage, die von Eigtved weiterentwickelt wurde. 5 N. H. Jardins Gartenanlage aus den 1760er Jahren.

Gisselfeld wurde nach der Reformation und unter dem Einfluß des Bürgerkriegs gebaut, der in denselben Jahren das Land verwüstete. Der alte Hof war von der Bevölkerung aus Næstved geplündert worden, eine Situation, die auch aus anderen Gegenden bekannt ist. Es waren besonders die jütischen Bauern von Schiffer Clement angestiftet worden, Herrenhöfe mit Mann und Maus niederzubrennen. Der Adel war natürlich entsetzt darüber, daß seine Höfe einer Kriegssituation nicht mehr gwachsen waren, und die Zeit war reif für neue und mehr zur Verteidigung geeignete Anlagen.

Gisselfelds Bauherr war kein Geringerer als der mächtigste Edelmann des Reiches, nämlich der Reichshofmeister Peder Oxe. Er mußte natürlich solide und gut wohnen. Sein Herrenhof wurde daher zwecks effektiver Verteidigung eine *Herrenburg*. Man weiß nicht genau, wann die Arbeiten begonnen und abgeschlossen wurden. Zwar erwähnt ein Stein im Torturm das Baujahr 1547, aber das kann nicht richtig sein. Der Hof war vermutlich erst fertig, als der Reichshofmeister schließlich diese bunte Welt 1575 verließ.

Die vierflügelige Anlage umfaßt zweieinhalb Etagen und besteht aus Backstein. Die obere halbe Etage hat militärischen Zweck, denn hinter ihrem Mauerwerk zum Wallgraben hin findet sich ein Wehrgang. Das Mauerwerk ist in dieser Etage mit Schießscharten und Gußlöchern versehen. Zum besseren Abfluß sind beide Seitenflügel überkragend. Die prachtvollen Blendengiebel tragen zu dem vornehmen Gepräge der Gebäude bei, und der Eindruck wird durch die Wallgräben um die Anlage herum vollendet.

Der Herrenhof Gisselfeld.

Einige dieser Züge kommen auch bei einer anderen berühmten Herrenburganlage aus der Mitte des 16. Jahrhunderts vor, nämlich bei *Hesselagergård* in Südfünen. Auch sie wurde für einen der mächtigsten Beamten des Reiches gebaut, den Kanzler Johan

Friis. Er errichtete auf gleiche Weise einen Herrenhof, beschützt durch Wassergräben und mit einem oberen, leicht überkragenden Stockwerk mit Wehrgang, Schießscharten und Pechnasen versehen.

Es zeigte sich aber bald, daß die Bestrebungen des Adels vergebens waren, denn die Kanonen wurden allmählich so kräftig, daß die stolzen Gebäude nur noch wunderbare Schießscheiben waren. Weniger als hundert Jahre später dachte man nicht mehr daran, sich zu verteidigen, jetzt galt es, mit Komfort zu leben, seinen vornehmen Gästen zu imponieren und gute Landwirtschaft zu betreiben.

Gisselfeld war übrigens nur der Auftakt zu den Ambitionen, die Peder Oxe beherrschten. Er war sehr eifrig darauf aus, weitere Güter zu bekommen. Das beste, das er erlangte, war wohl das nahe gelegene *Holmegård.* Aber Bauernhöfe konnte er auch gebrauchen. Schließlich konnte er folgende Zusammenstellung machen: 167 Bauernhöfe, 6 Wassermühlen, 40 Häuser in direkter Verbindung mit Gisselfeld; dazu kamen 80 andere Höfe, die an verschiedenen Orten im übrigen Seeland lagen.

Eine so ehrgeizige Person mußte sich unvermeidlich Feinde schaffen, und dabei erging es Oxe wirklich schlecht. Er entzweite sich mit der Königinwitwe Dorothea und mußte eine Zeitlang das Land verlassen. Das geschah 1558. Der König übernahm alle seine Güter, aber das Glück wendete sich wieder, als der nordische siebenjährige Krieg die dänischen Finanzen in schreckliche Unordnung brachte. Friedrich II. versöhnte sich mit Oxe, der wieder zurückkehrte und Ordnung in die Geldangelegenheiten brachte.

Holmegård ist nicht öffentlich zugänglich, und so muß man die großartige Fachwerkanlage aus gebührlichem Abstand betrachten. Sie wurde 1635 für Claus Daa gebaut, der Reichsrat und Reichsadmiral war. Es entstanden drei Flügel mit zwei Stockwer-

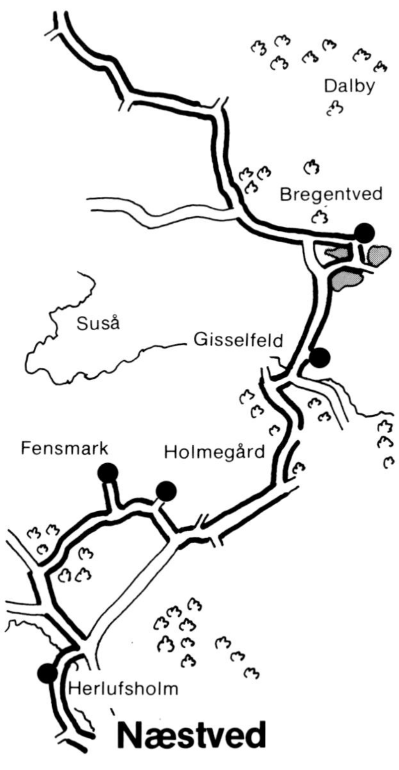

ken, alle auf einem Fundament aus Feldsteinen, das noch von einem Wassergraben umgeben ist. Der Hauptflügel war ursprünglich mit einem Treppenturm versehen, der von einer kupfergedeckten Spitze abgeschlossen wurde. Das Kupfer ging aber während des Schwedenkrieges 1657–1660 verloren, denn drei Jahre später erzählt eine Quelle, die Schweden hätten es heruntergeholt. Der Turm wurde danach wohl abgerissen.

Nachdem Claus Daa zur ewigen Ruhe gegangen war, fiel das Gut an einen seiner vielen Söhne, den noch bekannteren Oluf Daa. Er war ein Heißsporn. So schrieb ein Zeitgenosse über ihn, er sei immer etwas sonderbar im Kopf gewesen. Besser wurde es nicht, als er den Landesverräter Corfitz Ulfeldt kennenlernte, dem er eine Menge Geld geschuldet zu haben scheint. Aber dies Verhältnis wird von den zeitgenössischen Quellen sehr unklar beleuchtet. Oluf Daa tat nun das einzige, was er nicht hätte tun sollen. Er bezahlte seine Schulden an den Landesverräter, und das brachte ihn vor den Reichsrat. Er war sogar so frech, Friedrich III. zu schreiben: „Nimm Dich in acht, Perikles, Du herrschst über freie Leute und hast es mit Athenern zu tun." Kein Wunder, daß Oluf Daa aus dem Lande gejagt wurde.

Das **Glaswerk Holmegård** liegt in der Gemeinde *Fensmark*, gut vier Kilometer nordwestlich von Næstved. Es wurde 1825 von der Gräfinwitwe Johanne Henriette Valentine Danneskiold-Samsøe gegründet. Ihr Ehemann hatte aber schon vor seinem Tod 1823 Pläne für eine solche Industrie entworfen. Der Standort der Glashütten war natürlich bestimmt durch das nahe gelegene, etwa 550 Hektar große *Holmegård Moor*, von wo man Torf für die gefräßigen Öfen heranschaffte. Das Glaswerk war das erste in Dänemark. Früher hatte man nur vereinzelte Werkstätten im Lande, doch jetzt konnte man von einer richtigen Industrie sprechen.

Der Anfang war etwas bescheiden, denn man begnügte sich damit, zwei Leute zum Glasblasen anzustellen. Im Jahr darauf kamen vier Mann dazu, und jetzt ging es schnell voran. Einige der Arbeitskräfte stammten aus Böhmen, das ja immer für

Holmegård, von Süden gesehen.

seine Glaskunst bekannt war. 1826 war man imstande, 56 000 Teile aus grünem Glas zu produzieren, doch schon 1836 war die Produktion auf 600 000 gestiegen.

Neben dem Werk wuchs allmählich eine kleine Siedlung auf, in der man immer noch auf Familien böhmischer Herkunft stoßen kann. Interessanterweise war der Gründer der ältesten und noch existierenden Glashandlung der Welt, nämlich *C. F. Fritsche* in Kopenhagen (etabliert 1788), ebenfalls aus Böhmen.

Herlufsholm liegt bei Næstved, und seine frühe Geschichte war mit dieser südseeländischen Stadt eng verbunden. Es begann damit, daß der seeländische Adlige Peder Bodilsen in 1135 Næstved ein Benediktinerkloster stiftete. Wenige Jahre später empfing das Kloster eine Schenkungsurkunde von König Erik Lam, die seine Stellung weiter festigte und ihm reiche Einnahmen sicherte. Das Dokument wird noch in Herlufsholm aufbewahrt und ist die älteste originale Schenkungsurkunde in Dänemark.

Schon vor 1200 verließen die Mönche aber die Stadt. Einige Forscher glauben sogar, das Kloster habe von Beginn an vor der Stadt gelegen. Jedenfalls ist es eine Tatsache, daß in den folgenden Jahrzehnten an der Stelle des jetzigen Herlufsholm ein vierflügeliges Kloster gebaut wurde. Reste dieser Anlage, die vom 14. Jahrhundert an *Skovkloster* (Waldkloster) genannt wurde, sind noch erhalten, besonders gut die Klosterkirche.

Die **Kirche von Herlufsholm** macht den Nordflügel des Benediktinerklosters aus. Sie muß vor 1200 begonnen worden sein. Man verwandte Backsteine, aber auch Granitquader, die früher zu einer anderen Kirche gehört hatten. Diese prägen das Mauerwerk bis zu einer Höhe von drei Metern.

Der Kirchenflügel bildet heute eine Kreuzkirche: einschiffiges Langhaus, Querschiff und Chor. Betrachtet man das Mauerwerk genauer, so erkennt man einige ungewöhnliche Züge. Zunächst ist das Schiff mit 10,75 Metern das breiteste einschiffige Langhaus Dänemarks. Die Chorpartie ist der zweite besondere Zug. Grabungen von 1913 haben nämlich gezeigt, daß an den Ostseiten der Kreuzarme je zwei Apsiden angebaut waren. Es ist auch denkbar, daß der Chor eine östliche Rundung hatte. Aber warum wählten die Benediktiner diese Lösung?

Hier kommt wieder die internationale Perspektive ins Bild, wie so oft, wenn es um die Quellen des mittelalterlichen Kirchenbaus geht. Die Benediktiner bildeten eine Mönchsorganisation, die noch im 12. Jahrhundert Europas bedeutendste war. Für die

Die Kirche von Herlufsholm zeigt ihren gotischen Turm über dem alten Klostergebäude.

benediktinische Architektur war ein besonderer Kirchentyp entwickelt worden, nämlich die Kreuzkirche, die mit Apsiden an den Ostpartien versehen war. Die französischen Pilgerkirchen von etwa 1100 sind dafür ein gutes Beispiel. In Dänemark wurde das Motiv erstmals angewandt, als Mönche die *St.-Bendts-Kirche* in Ringsted bauten (genannt nach Benedikt von Nursia, der die erste Klosterregel schrieb). Das geschah um 1170, also war die Planlösung in seeländischen Bauherrenkreisen hochaktuell.

In spätromanischer Zeit wurden alle Apsiden und der Chor abgerissen, und ein neuer Chor ohne Apsis wurde gebaut; zugleich wurde die ganze Kirche eingewölbt. Ursache dazu war vermutlich ein ernsthafter Brand 1261. Eine Quelle aus dieser Zeit erzählt nämlich, Nicolaus Wærøsund habe den Chor „neu gegründet". Im Spätmittelalter kamen zwei Kapellen hinzu, die aber beide später wieder abgerissen wurden. Dafür ist der spätgotische Turm intakt; so etwas riß man nicht so schnell ab.

Das Kircheninventar ist sehr reich. Zwar ist der jetzige Altaraufsatz erst von 1863, doch enthält er zwei schöne Kunstwerke: unten ein spätgotisches Gemälde von etwa 1525, das die Kreuzabnahme Christi zeigt, darüber ein spitzbogiges Feld, in das ein Elfenbeinkruzifix eingesetzt ist. Die Kreuzarme sind jedoch aus Walroßzahn. Dies Kruzifix wird auf etwa 1200–1240 datiert und muß, nach dem Stil zu urteilen, aus einer nordfranzösischen Klosterwerkstatt stammen. Das leidende Antlitz hat eine ungewöhnliche Schönheit.

Die Gräber der Trolle und der Gøye sind aber noch berühmter und repräsentieren das Beste, was die Renaissancekunst in Dänemark vermochte. Als Herluf Trolle 1565 starb, bestimmte seine Witwe Birgitte Gøye, das östliche Joch des Chors solle zur Grabkapelle eingerichtet werden, aber so, daß die Särge selbst in einer Krypta darunter stehen sollten. So ist das, was man in der Kapelle sieht, nur ein Ausstattungsstück, ganz im selbstbewußten Geist der Renaissance. Frau Gøye beauftragte den flämischen Bildhauer Cornelis Floris, eine Tumba, einen symbolischen Sarkophag, anzufertigen. Er besteht überwiegend aus rötlichem

Kalk, die Deckplatte und die Fußstücke sind aus schwarzem Kalk. Die stilistischen Details basieren auf antiken Vorbildern, beispielsweise die ionischen Konsolen mit Löwenköpfen, die die gebogenen Seiten der Sarkophage schmücken.

Auf der Deckplatte liegen die Hauptpersonen dieser effektvollen Inszenierung: Herluf Trolle und seine Frau. Sie sind aus Alabaster gestaltet, einem feinkörnigen Gips, der sich für Bildhauerei besonders eignet. Herr Trolle trägt seine schönste Rüstung und Frau Gøye ein fußlanges Kleid mit zugehörigem Kopfleinen; in den Händen hat sie ein Gebetbuch. Zu ihren Füßen ruhen zwei Tiere, links ein Löwe, rechts ein Hund. Der Löwe ist ein altes Symbol der Stärke und soll natürlich auf Herluf Trolles Taten zur See hinweisen, denn er fiel in einer Seeschlacht gegen die Schweden vor der mecklenburgischen Küste. Der Hund ist ein altes, christliches Symbol der Treue.

Um die Tumba sieht man auf eigenen Sockeln die vier Evangelisten, ebenfalls in Alabaster gehauen.

Die **Schule von Herlufsholm** wurde 1565 gestiftet, als Herluf Trolle und Birgitte Gøye die Hoffnung auf eigene Kinder aufgegeben hatten und deshalb ihr reiches Vermögen dem Volk zugute kommen lassen wollten. Die Adelsleute hatten das Kloster 1560 erworben; ihre Verbindung mit dem Ort war also nur kurz.

Der Gedanke ist faszinierend, daß in den alten Gebäuden noch kurz vor der Übernahme ein Abt und einige Mönche gesessen hatten. Der letzte Abt hieß Christoffer Hansen und starb 1559. In der Stiftungsurkunde von 1665 wurde bestimmt, Herlufsholm solle eine „Schule für die Kinder Adeliger und anderer ehrlicher Leute" sein. Man wünschte außerdem, die Schule solle von „einem gottesfürchtigen und bescheidenen Adeligen" geleitet werden. Er hatte die Pflicht, über den Zustand der Schule einmal jährlich dem Reichsrat zu berichten.

Næstved

Die Geschichte der Stadt beginnt im frühen Mittelalter, als ein kleines Stück oberhalb der *Suså*-Mündung zwei Dörfer lagen, *Store* und *Lille Næstved (Groß- und Klein Næstved)*. Sie werden erstmals in der Schenkungsurkunde Erik Lams von 1135 erwähnt. Es war keine schlechte Stelle für eine Stadtbildung, weil die Suså schiffbar war, jedenfalls ein Stück landeinwärts. Außerdem kreuzten sich gleich in der Nähe, die Wege aus Ringsted und Slagelse. Doch war es nur Groß Næstved – am östlichen Flußufer gelegen – das sich zur Stadt entwickelte, während Klein Næstved sein stilles Leben fortsetzte.

Handel und Fischerei gehörten zu den wichtigsten Erwerbszweigen Næstveds, wogegen die Landwirtschaft keine Rolle spielte. Doch hat es das Gewicht der kleinen Stadt vergrößert, daß das *Skovkloster* in der Nähe lag und ihr Wohl völlig beherrschte. So bekam das Kloster Marktabgaben und die Strafgelder, die sonst an den König gezahlt wurden. Von diesem dauernden Aderlaß wurde Næstvedt erst mit der Einführung der Reformation befreit.

Die mittelalterliche Praxis, Märkte abzuhalten, setzte sich fast ungeschwächt bis ins 17. Jahrhundert fort, als man noch vier Märkte im Jahr hatte. So gab es einen St.-Michaels-Markt im Frühjahr und einen St.-Mortens-Markt im Herbst.

Die Schwedenkriege knickten die Wirtschaft der Stadt vollständig, und danach fiel Næstved in Winterschlaf. Zu Beginn des 19. Jahrhunderts hatte die Stadt noch niedrige Ziegeldächer und Grünflächen mit Bäumen. Ein Besucher hat sie deshalb mit „einer Schüssel Krebse, bestreut mit Petersilie" verglichen.

Die **St.-Peders-Kirche** gehört zu den besten Beispielen dänischer Hochgotik. Zwei Kirchen gingen der jetzigen voraus, nämlich die Kirche des Benediktinerklosters und danach ein spätromanischer Backsteinbau. Vom letzteren sind nur Reste im jetzigen Gebäude erhalten, das um die Mitte des 14. Jahrhunderts begonnen worden sein muß. Die polygonale Chorpartie kann auf etwa 1375 datiert werden und ist von der norddeutschen Gotik geprägt. Die Datierung geschah auch mit Hilfe einer erhaltenen Kalkmalerei, die König Waldemar Atterdag und Königin Helvig zeigt. Sie knien anbetend

In der Peterskirche ist eine Darstellung von König Waldemar Atterdag, der zusammen mit seiner Frau Helvig die Dreieinigkeit anbetet. Beachten Sie, wie elegant sich das Rankenwerk um den Kopf des Königs und das Schriftband krümmt. Das Bild wurde um 1375 gemalt.

vor der Dreieinigkeit. Eine begleitende Inschrift berichtet, der König sei 1375 gestorben. Dies ist eines der vielen Beispiele, wie Kalkmalereien zur Datierung eines Gebäudes beitragen. Als der Chor fertig war, errichtete man ein dreischiffiges Langhaus mit Turm, und diese Bauteile waren um 1450 vollendet.

Das **Apostelhaus** in der Riddergade 5 entstand um 1520. Das Fachwerkgebäude hatte ursprünglich zwei Stockwerke, doch wurde das obere Stockwerk später abgetragen. Möglicherweise wurde das Haus als Gildehaus gebaut. Den Namen hat es nach den schönen Knaggen bekommen, die als Apostelfiguren geschnitzt sind.

Alle Apostel stehen mit den Füßen auf sonderbaren Tiermasken. Petrus und Jakobus der Ältere sind besonders leicht zu erkennen. Der erstere trägt den Schlüssel zum Himmelreich, der letztere hat auf seinem breiten Hutdeckel eine Muschel und trägt einen Wanderstab. Er war nämlich der Schutzheilige der Pilger; besonders kümmerte er sich um die frommen Leute, die zu seinem Grab in Santiago im nordwestlichen Spanien wanderten. Aber warum hatte das Grab des Heiligen eine so große Anziehungskraft?

Nach kirchlicher Überlieferung wurde das Grab des heiligen Jakobus im Jahre 813 unter wunderbaren Umständen gefunden. Der örtliche Bischof Theodomiro war selbst bei der Entdeckung dabei, und er ließ über dem Grab eine Kapelle errichten. Einige Jahre später, nämlich 844, geschah dort ein neues Wunder. In diesem Jahr schlug der spanische Edelmann Don Ramiro eine Schlacht gegen die Mauren, die sich noch als Herren über den größten Teil Spaniens fühlten. St. Jakobus zeigte sich in einer Vision während der Schlacht: Auf einem weißen Pferd feuerte er die Christen zum Kampf an, und plötzlich bekamen die Spanier die Kraft zum Sieg.

Dies wurde der Beginn jahrhundertelanger Kämpfe, in denen die maurischen Heere eine Niederlage nach der anderen erlitten. St. Jakobus wurde natürlich das tragende Symbol dieser Entwicklung, und seine irdischen Reste wurden aus der kleinen Kapelle, die außerhalb Santiagos gelegen hatte, in den Dom der Stadt überführt. Hier zog sein neues und prächtigeres Grab immer größere Pilgerscharen an, so daß Santiago am Ende des Mittelalters ein ebenso wichtiges Pilgerzentrum war wie Rom. Und waren die Pilger angekommen, so bekamen sie eine Muschelschale als Beweis dafür, daß sie dort gewesen waren. Darum trägt Jacobus der Ältere dasselbe Zeichen an seinem Hut.

Der heilige Jakobus mit der Muschelschale an seinem Hut. Apostelhaus in Næstved.

Die **St. Mortens-Kirche** ist besonders bekannt durch ihre prachtvolle Altartafel, die von Abel Schrøder dem Jüngeren 1664 geschnitzt wurde. Die ungewöhnlich hohe Tafel zeigt unten das Abendmahl. Es folgen Fußwaschung, Kreuzigung und Auferstehung. Beachten Sie die gedrehten Säulen, ein beliebtes Motiv im Dekorationskanon des Barock!

Abel Schrøder der Jüngere führte nicht nur die berühmte Werkstatt des Vaters in Næstved weiter, er war zugleich 42 Jahre lang Organist in St. Morten! Man möchte ihn fast in die Reihe der großen europäischen Künstler stellen, die auf mehreren Gebieten begabt waren.

Vom übrigen Inventar der Kirche sei kurz das spätgotische Chorbogenkruzifix erwähnt, das an der Südwand des Schiffes hängt. Es handelt sich hier um hervorragende Holzschnitzkunst, in der großes Gewicht auf das leidende Antlitz Christi und seinen gequälten Körper gelegt wurde. Auch die Dornenkrone macht die Darstellung stark und eindringlich. Die Arbeit wurde um 1520 geschaffen, vielleicht in einer Werkstatt in Næstved.

Schließlich sollte man einen Augenblick vor der sehr bescheidenen Gedenktafel für Abel Schrøder den Jüngeren verweilen, die sich im nördlichen Seitenschiff befindet. Der Text steht in seiner Einfachheit im Kontrast zu seinem reichen Leben und seiner großen Leistung.

Zwischen Køge Å und Suså

Køge

Der Name hat jahrzehntelang die Ortsnamenforscher gefoppt, und wenn auch eine endgültige Lösung des Problems seiner Herkunft noch aussteht, so wurden doch interessante Theorien aufgestellt. Ausgangspunkt waren die alten Schreibweisen für Køge. 1248 wird der Ort als „Køke" bezeichnet, und später, um 1350 schrieb man ihn „Køghe". Einige Namenforscher haben diese Formen mit dem Wort „Kog" (Kogge) in Verbindung gebracht, also der Bezeichnung für das bekannte mittelalterliche Handelsschiff. Da Køge gerade im Zeitalter der Koggen eine wichtige Handelsstadt war, leuchtet die Theorie unmittelbar ein. Trotzdem haben andere Sprachgelehrte vermutet, Køge sei mit dem Wort „Køje" (vgl. Koje) verwandt und der Name solle daher einen beschützenden Platz für Schiffe bedeuten.

Heute neigt die Wissenschaft zu der Auffassung, der Stadtname komme vom altdänischen „køk", was Erhöhung bedeutet. Dies sonderbare Wort ist wiederum verwandt mit dem schwedischen Dialektwort „kjuk" (Klumpen, Kloß). Køge wäre demnach der älteste Name für den langen Höhenzug, der heutzutage *Køge Ås* heißt.

Die erste städtische Siedlung entwickelte sich um das Dorf *Gammel Køge* (Alt-Køge), das an einer Furt durch die Køge Å etwas landeinwärts lag. Furten waren im Mittelalter wichtige Verkehrsknotenpunkte und daher eine natürliche Grundlage für Stadtbildungen. Das Dorf ist längst verschwunden, doch die Archäologen sind auf die Fundamentreste der Kirche und die Spuren einiger Gräber gestoßen. Sowohl die Grabstätten wie die Kirche bestanden aus Kreidestein, und es war möglich, die Funde ins 12. Jahrhundert zu datieren. Die Grabung fand etwa 200 Meter nördlich des Hauptgebäudes von *Gammel Køgård* statt.

Gut hundert Jahre später, im 13. Jahrhundert also, zeigte es sich, daß Gammel Køge zu weit von der Küste entfernt lag und sich deshalb nicht zu einer Handelsstadt entwickeln konnte. Die Situation war der von Præstø sehr ähnlich, dessen beide Keimzentren – die Dörfer Kopager und Tudebølle – ebenfalls etwas landeinwärts lagen und deshalb nicht zu Häfen werden konnten.

Unternehmerische Leute gründeten daher an der Mündung der Køge Å eine neue Stadt. Alt-Køge nahm von da an immer mehr ab, während der Hafenort aufblühte, bis das Mutterdorf schließlich starb. Niemand weiß mit Sicherheit, wann die Häuser in Alt-Køge verschwanden. Es steht aber fest, daß seine Kirche in den 1570er Jahren abgerissen wurde, weil man ihr Baumaterial für das Rathaus und die Gemeindekirche in Køge brauchte.

Die Hafenstadt bekam ihre ersten Privilegien 1288 von König Erik Menved, und in den folgenden Jahrhunderten kamen weitere Rechte dazu, die die wachsende Bedeutung der Seehandelsstadt unterstrichen. Eine der Triebkräfte hinter der wirtschaftlichen Entwicklung war der Handel mit der Deutschen Hanse. Mitte des 15. Jahrhunderts waren die deutschen Kaufleute in Køge so stark vertreten, daß sie eine Kaufmannsgilde bilden konnten, die „Deutsche Kompanie".

Auch die katholische Kirche sollte die unternehmungslustige Handelsstadt prägen. Die ansehnliche Gemeindekirche St. Nikolai und eine St.-Gertruds-Kapelle entstanden. Am vornehmsten war aber das Graubrüderkloster. Es wurde von König Hans 1484 gestiftet, der zu diesem Zweck einen Hof in der Vestergade zur Verfügung stellte. Das Kloster genoß großes Ansehen, bis die Reformation seine Mönche vertrieb. Bald darauf begann man, Teile des Klosters abzubrechen. Der Kirchhof existierte am längsten und wurde bis in unsere Zeit zu Armenbegräbnissen benutzt.

Die Zeit nach der Reformation bedeutete weiteren Aufschwung für den Handel der

Stadt. Jetzt wurden die Verbindungen mit Holland ausgebaut, während die Hanse ihre Bedeutung verloren hatte. Die guten Zeiten endeten erst, als Køge 1633 von einem Brand heimgesucht wurde, der fast alles zerstörte.

Noch schlimmer kam es, als die Schweden in den Jahren 1658–1660 die Stadt besetzten. Erhaltene Dokumente berichten, zu welchen Leistungen an die Besatzungsmacht man verpflichtet war. Die Bürger von Køge mußten zum Beispiel Flachs, Werg, Schuhe, Strümpfe, Hemden, Laken, Zinnteller, Eisentöpfe und Proviant liefern. Dazu kamen verschiedene Arten von Baumaterial. Die Schweden begannen im übrigen mit einer größeren Befestigungsanlage um die Stadt herum, die Teil eines großen Planes zur endgültigen Eroberung Dänemarks war. Das Militär legte elf starke Bastionen an, doch dann kam 1660 der Frieden, und das Projekt stockte. Wenige Jahrzehnte später war das meiste geschleift, und die Stadt begann wieder, die alte zu sein.

Køges neuere Geschichte wird durch die große Hafenerweiterung um 1850 und den Anschluß an das schnell wachsende Eisenbahnnetz 1870 bestimmt.

Die **Kirkestræde** ist der Ausgangspunkt für unseren Rundgang. Hier scheint das Beste versammelt zu sein, was eine Stadt in ihren alten Tagen bieten konnte: eine Straße mit holperigem Pflaster, gepflegten Fachwerkfassaden, Bäumen und einem krummen Verlauf. Sie wurde übrigens vor Jahrhunderten besonders fleißig benutzt, als man das Vieh auf diesem Weg hinaustrieb.

Die **Kirche von Køge** wurde im späten Mittelalter gebaut und dem heiligen Nikolaus von Myra, dem Schutzheiligen der Seefahrer, geweiht. Dies bestätigt, daß die Stadt damals von Handel und Seefahrt lebte. Das Maritime wird auch auf andere Weise unterstrichen: Der markante Westturm diente früher als Seezeichen. An seinem Ostgiebel kann man noch einen kleinen Erkervorsprung sehen, der den Namen „Lygten“

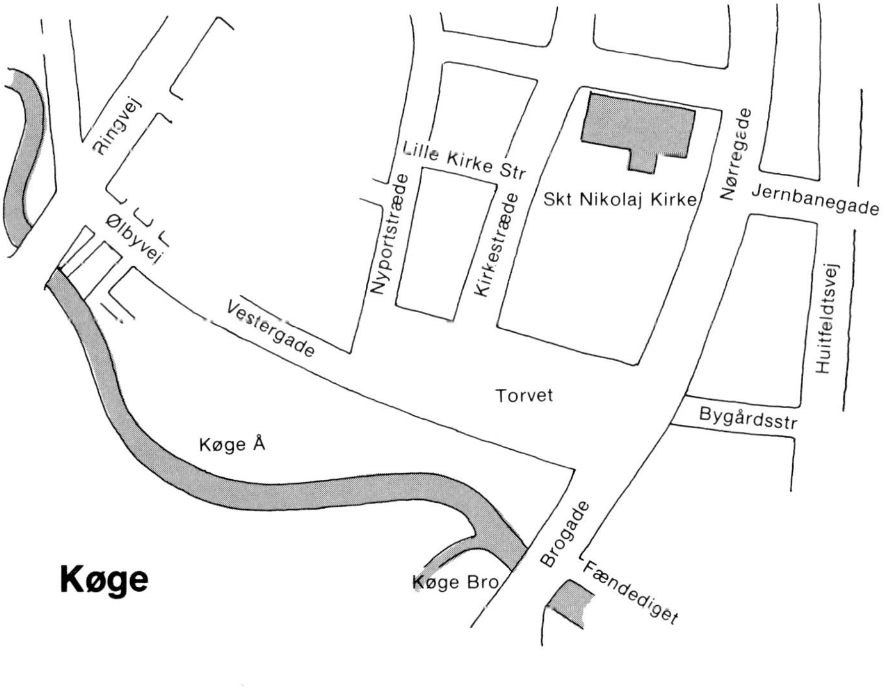

(Lampe, Laterne) trägt. Dort war ein Leuchtfeuer für die Seefahrt eingerichtet.

Eigentümlicherweise ist der Turm der älteste Teil des Gebäudes. Er kann, was die unteren Stockwerke betrifft, in den Beginn des 14. Jahrhunderts datiert werden. Normalerweise ist es der Chor, der zuerst errichtet wird, darauf folgt das Schiff, und erst zum Schluß werden Turm und Vorhalle gebaut. Die Erklärung für die Abweichung in Køge liegt darin, daß hier der Turm der letzte Rest einer älteren Kirche am selben Ort ist.

Vermutlich wurde die erste Kirche in der zweiten Hälfte des 13. Jahrhunderts begonnen, in der Regierungszeit Erik Klippings. Dieser Bau war nur einschiffig, und die Spuren seines Westgiebels sind im Turm noch erhalten. Man kann sich vorstellen, daß die wachsende Heringsfischerei im Øresund Køges Wirtschaft so in Schwung brachte, daß ein Bevölkerungszustrom erfolgte. Die steigende Einwohnerzahl verlangte natürlich eine größere Kirche, aber auch das Ansehen der Stadt wuchs durch einen großzügigeren Kirchenbau. Das Resultat war, daß man eine neue und größere Kirche um die alte herum zu bauen begann. Man muß hier daran erinnern, daß man im Mittelalter immer dafür sorgte, daß der Gottesdienst so ungestört wie möglich weitergehen konnte, wenn man ein altes Gotteshaus durch ein neues ersetzte.

Diese neue St.-Nikolaus-Kirche wurde also im letzten Viertel des 14. Jahrhunderts gebaut, ein dreischiffiges, basilikales Langhaus. Im Gegensatz zur romanischen Tradition einer östlichen Abrundung des Chors bekam der neue Chor einen geraden Abschluß. Betrachtet man die äußere Chorpartie, so erhält man den Eindruck des Basilikatyps, der sich dadurch auszeichnet, daß sich das Hauptschiff über die Seitenschiffe erhebt.

Auch der Turm wurde in gotischer Zeit verbessert, nachdem man den unteren Teil mit Hilfe nischenartiger Kapellen zu einer Kreuzform erweitert hatte. Im untersten Stockwerk bekamen sowohl die „Vierung“ als auch die Kapellen Kreuzgewölbe. Noch ungewöhnlicher war, daß auch das zweite Stockwerk des Turms mit einem Kreuzgewölbe versehen wurde; hier bekamen die Nischen aber nur Tonnengewölbe. Insgesamt läßt der Bau erkennen, daß er seine Grundlage in einer reichen Kaufmannsgesellschaft hatte und durch die Verbindungen zur norddeutschen Backsteinarchitektur angeregt wurde.

Auch die Ausstattung der Kirche läßt nichts zu wünschen übrig. Die Altartafel stammt von dem tüchtigen und fleißigen Bildschnitzer Lorentz Jørgensen, der seine Werkstatt um die Mitte des 17. Jahrhunderts in Holbæk hatte. Von seinen übrigen Werken seien die Altäre in der Frauenkirche von Kalundborg (1650) und in der St.-Olai-Kirche in Helsingør (1664) genannt. Die Altartafel in Køge wurde 1652 in dem reichen Stil geschnitzt, der das Knorpelbarock kennzeichnet. Die ganze Arbeit strebt etagenweise empor und bildet einen starken Kontrast zu den hellen gotischen Fenstern. Das Mittelfeld zeigt eine Abendmahlsdarstellung. In der Etage darüber sieht man die Auferstehung, während das linke Seitenfeld die Kreuzigung wiedergibt. Die entgegengesetzte Seite wird von Christi Grablegung ausgefüllt. Das Oberteil trägt eine Schilderung der Himmelfahrt, und als traditionellen Abschluß sieht man ganz oben ein Oval mit dem Monogramm Friedrichs III. Die himmlischen und die irdischen Mächte waren somit geehrt.

Aus der Buchführung der Kirche geht übrigens hervor, wie der Altar geliefert wurde. Unter den Posten steht eine Reihe von Ausgaben, „um die neue Altartafel von Holbæk und hierher zur Kirche zu führen“. Die kostbare Schnitzarbeit hat ziemlich viel Transportraum eingenommen, denn erwähnt sind „zehn Wagen, die dieselbe Altartafel hierher brachten“.

Auch das Taufbecken kann eine Geschichte erzählen. Das jetzige besteht aus schwarzem Marmor und rotem Porphyr und wurde der Kirche 1613 vom Bürger-

Abb. rechts: Die Kirkestræde in Køge. Rechts der Turm der Nikolaikirche.

meister Claus Bagger, einem der wohlhabendsten Männer der Stadt, geschenkt. Die lange, lateinische Inschrift teilt mit, es sei zur Erinnerung an den Abschluß des Kalmarkriegs gestiftet worden. Es gab aber noch einen anderen Grund für dies kostbare Geschenk. Die Kirche hatte nämlich vorher eine Taufe aus gotländischem Kalkstein aus dem 13. Jahrhundert. Doch diese war von einer jungen Frau namens Kirsten Lauritsdatter geschändet worden, die im Jahr zuvor damit „eine schlimme, ungehörige Tat" vollbracht hatte, um von einer Krankheit befreit zu werden.

Die Angelegenheit, für sich selbst schrecklich genug, war nur ein kleiner Zwischenakt in dem ungeheuren Aberglauben, der in Køge zu Beginn des 17. Jahrhunderts herrschte. Die Begebenheiten wurden später aufgeschrieben und von Magister Johannes Brunsmann 1674 unter dem Titel „Kjøge Huus-Kaars" herausgegeben. Will man seine romantischen Vorstellungen von den damaligen Menschen revidieren, so bietet dies Buch reichlich Gelegenheit.

Die Bühne für die schrecklichen Ereignisse war Hans Kræmmers Hof an der Ecke Markt/Nørregade. Hier geschahen die schauerlichsten Teufeleien. Eines der Dienstmädchen konnte erzählen, es habe „eine schreckliche Kröte" getroffen, „die auf zwei langen, dünnen Beinen wie ein Huhn aus unserem Tor ging". Mehrere Personen wurden allmählich vom Bösen ergriffen und erzählten darüber später auf dem Landesthing in Ringsted. Das Mädchen, das die Taufe in St. Nikolaus besudelt hatte, wurde im Herbst 1612 verbrannt, die Taufe entfernt. Sie kann jetzt im Museum, einem unserer nächsten Ziele, besichtigt werden.

Das Haus **Kirkestræde 20** wurde hart restauriert. Trotzdem kann das kleine, dreigefachige Haus viel über die frühere Bauweise in den Städten mitteilen, und es kann sich auch rühmen, Dänemarks ältestes sicher datiertes Fachwerkhaus zu sein. Auf dem Balken über der Tür liest man: „Anna Anno Dni MDXXVII". Der Text gewinnt jedoch

Kirkestræde 20 in Køge.

erst Bedeutung, wenn man weiß, daß er den Abschluß einer Inschrift bildet, deren erster Teil über der Tür eines jetzt abgerissenen Nachbarhauses stand. Sie lautete in vollem Wortlaut übersetzt: „Jesus – Maria – Anna – im Jahre des Herrn 1527". Damit sollten der Erlöser, die Jungfrau Maria und ihre Mutter, die heilige Anna, angerufen werden. Das zeigte die Frömmigkeit des Eigentümers und wurde zugleich als guter Schutz gegen Unglück aufgefaßt.

Kirkestræde 20 ist aber ebenso interessant wegen seines ungewöhnlich hohen Dachs. Man ist ja sonst auf Häusern in dänischen Städten weit niedrigere Dächer zu sehen gewohnt. Doch diese Dachkonstruktion stammt aus dem Ausland, nämlich aus den Hansestädten an der Ostsee, die mit Køge noch zu dieser Zeit gute Handelsverbindungen hatten.

Das Haus war ursprünglich nur mit einer Stube eingerichtet, zu der direkter Zugang von der Straße her bestand. Die Felder (die Zwischenräume zwischen den Hölzern) ent-

Abb. links: Die frühere Bischofsburg Gjorslev, hauptsächlich aus Kalkstein bestehend. Einstmals hatte der Bau als oberen Abschluß wohl eine Brustwehr und Staffelgiebel.

halten ein amüsantes Detail: Der Bauherr hat nur für die Felder zur Straße hin Backsteine verwendet, während die Giebel und die Rückseite lehmverstrichene Felder bekamen. Backsteine waren so teuer, daß der Bauherr sie sich nicht nach allen Seiten leisten konnte. Doch mindestens die Fassade sollte imponieren. Die menschliche Eitelkeit war immer groß.

Smedegården (der Schmiedenhof) liegt in der Kirkestræde 13. Das Gebäude wurde vermutlich in der zweiten Hälfte des 16. Jahrhunderts errichtet, es könnte aber auch noch älter sein. Das gelb gekalkte Vorderhaus hat zwei Fachwerketagen und ist so gebaut, daß das obere Stockwerk überkragt. Stellt man sich eine schmale Straße vor 400 Jahren vor, wo die Fachwerkhäuser alle mehrere Stockwerke hatten und wo die oberen Stockwerke jeweils über die unteren vorkragten, so versteht man leicht, wie dunkel es dort werden konnte. Einige deutsche Provinzstädte weisen noch solche Straßenräume auf. In Dänemark wurden die Straßenhäuser aber selten mehr als zwei Etagen hoch gebaut, so daß die Gassen nicht gar zu drückend wirkten.

Die Fassade des Schmiedenhofs würde nicht einen so starken Eindruck machen, wenn es nicht die beiden großen Linden, die alten Haustüren und die Beischlagsteine gäbe. Sie zeigen uns, wie ganz anders sich die damaligen Menschen zur Straße hin orientierten. Beginnen wir mit dem Brauch, vor einem Haus Bäume zu pflanzen. Er diente mehreren Zwecken: Das Laub der Bäume bot im Sommer angenehmen Schatten; ihr Wurzelnetz hielt die Erde um die Fundamente herum trocken. Im Winter standen die Bäume dafür kahl, so daß das bescheidenere Licht den Weg in die niedrigen Stuben finden konnte. Die Natur sorgte so für ein geniales Jalousiensystem.

Die heutigen Umweltexperten hoffen übrigens, daß die dänischen Städte einmal wieder von vielen Straßenbäumen belebt werden. Sie sind nicht nur malerisch, sie reinigen auch die Luft. In dieser Hinsicht sollte man *Møgeltønder* hervorheben, denn hier hat man in den letzten Jahren in der *Slotsgade* neue Baumreihen vor die alten Häuser gepflanzt.

Die dekorativen Beischlagsteine vor dem Schmiedenhof und seine Haustür mit quadratischem Muster.

Die beiden Steine mit dekorativen Abschlüssen wurden schon erwähnt, aber jetzt folgt ihre Geschichte. Sie wurden im Spätmittelalter in einem Kalksteinbruch auf Gotland gehauen, bevor sie zum Schmuck der Kirkestræde in Køge landeten. Beischlagsteine gehörten in der Gotik und Renaissance zum festen Straßeninventar. Sie traten immer paarweise vor der Eingangspartie vornehmer Häuser auf, wo sie als besondere Visitenkarten der Bewohner dienten. Darum sieht man oft Beischlagsteine, deren Vorderseiten mit schön ausgehauenen Adelswappen versehen sind. Auch religiöse Inschriften konnten vorkommen. So kann man auf den Steinen vor dem Haus *Torvet 2 in Tondern* lesen: „Ick moch sterven“ – “evich te tanck“.

Es bestand außerdem der Brauch, in den Fällen, wo es vor dem Eingang keine Treppe gab, Sitzbänke zwischen den Steinen und der Hausfassade aufzustellen. Die Bewohner konnten so in Frieden und Ruhe dasitzen und das Straßenleben genießen, wenn das Wetter es zuließ. Das verstärkt das Gefühl, daß die Leute damals ein viel reicheres Leben auf den Straßen hatten, das an südländische Verhältnisse erinnern konnte.

Im 18. Jahrhundert verschwand leider die schöne Sitte, Beischlagsteine vor die Türen zu setzen. Die damaligen Technokraten wiesen – sicher mit Recht – darauf hin, daß sie den Straßenverkehr behinderten. Die Probleme wuchsen ernsthaft, als man vom Ende des 16. Jahrhunderts an begann, sich mit Pferdewagen transportieren zu lassen. Die Vornehmsten des Reiches wünschten sich auf Reisen mehr Komfort. Zu diesem Zweck wurden die sogenannten *kuskvogne* und *fruevogne* (Kutschen und Frauenwagen) benutzt. Kutschen waren in Dänemark schon seit etwa 1550 bekannt. So war es kein Wunder, daß die alten, verzierten Beischlagsteine hinderlich wurden und schließlich gesetzlich verboten wurden.

Heute sind wir im großen und ganzen auf die Museen angewiesen, wenn wir den Anblick der schönen Steine genießen wollen. Die mittelalterliche Sammlung des Nationalmuseums kann hier zwei prachtvolle Exemplare vorweisen. Es dreht sich um ein Steinpaar, das ursprünglich den Fuß der Treppe flankierte, die in den Rittersaalflügel des damaligen Kopenhagener Schlosses hinaufführte. Die Steine stammen aus dem Anfang des 16. Jahrhunderts und zeigen Reliefporträts von König Hans beziehungsweise von Elisabeth, der Frau Christians II. Überschreitet man den Øresund und besucht das Museum im alten Schloß Malmöhus in Malmö, so kann man dort auch Beischlagsteine ausgestellt sehen.

Bevor wir den Schmiedenhof verlassen, sei noch vermerkt, daß die alte Haustür die Jahreszahl 1696 trägt. Das soll aber nicht zu der Annahme verleiten, das Haus sei in diesem Jahr gebaut worden. Es ist, wie schon erwähnt, nach seiner Konstruktion wesentlich älter, nämlich aus dem 16. Jahrhundert.

Der Rundgang geht über den großen Markt, dessen westlicher Teil früher „Skomagertorvet" (Schuhmachermarkt) hieß. Dort hatten demnach die Schuhmacher ihre Buden, nicht nur an den lebhaften Markttagen, sondern das ganze Jahr hindurch.

Nørregade 4 enthält heute das Museum von Køge, und einen besseren Rahmen für ein städtisches Museum kann man sich kaum vorstellen. Der ansehnliche Fachwerkhof besteht aus zwei Stockwerken, deren oberes vorkragt. Zählt man die Gefache der Fassade, so kommt man auf nicht weniger als 17. Das wirkt imponierend. Aber damals konnte man sogar noch länger bauen. Kopenhagen hatte am Ende des 16. Jahrhunderts ein Zeughaus mit 40 Gefachen, und Christian IV. baute 1623 in Sorø den „Hof der jungen Herren" in der Storegade 7 mit 35 Gefachen.

Der Hof in der Nørregade wurde in zwei Bauperioden für den Krämer Søren Jensen errichtet. Man kann den Unterschied zwischen den beiden Phasen gut sehen. Die neun südlichen Gefache sind die älteren und können auf etwa 1610 datiert werden. Die Felder sind von großen, roten Steinen geprägt, die in schönen Mustern gelegt sind. 1619 kamen die übrigen Gefache dazu, aber

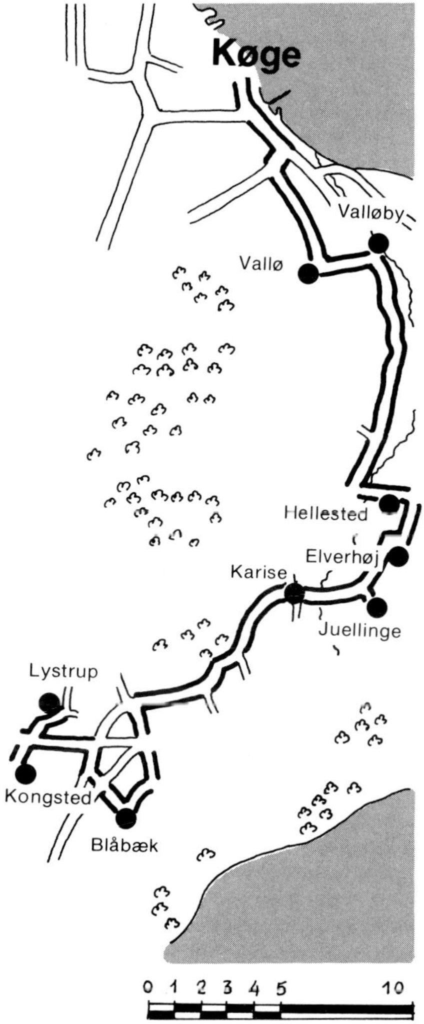

hier wurden gelbe und rote Steine in geringerer Ordnung verwendet. Die Seitenflügel des Hofs sind etwas jünger, nämlich von etwa 1650. Schließlich sei vermerkt, daß man auf dem Museumsgrundstück ein Fachwerkhaus wieder errichtet hat, das auf etwa 1500 datiert werden kann. Es ist der alte „Schlachterhof", der bis 1914 am Markt lag.

Das Museum enthält eine große Sammlung von Textilien und Volkstrachten sowie sehr schöne Silbergeräte, die im Laufe von über 300 Jahren von den Silberschmieden der Stadt hergestellt wurden. Auch sollte man nicht versäumen, den berüchtigten Taufstein von St. Nikolaus zu betrachten.

Das **Rathaus** liegt zum großen Markt hin. Es war seit dem 16. Jahrhundert Zeuge des bunten Lebens auf dem Platz. Heute erscheint es als ein etwas trockenes, klassizistisches Gebäude. Das jetzige „Stilgewand" wurde 1803 vorgehängt, doch darunter verbirgt sich Mauerwerk von etwa 1555. An der Fassade zur Straße hin sieht man zwei Terrakottaplatten, die unter den Fenstern der zweiten Etage symmetrisch angeordnet sind. Diese Platten stammen aus der Bauzeit des Hauses und tragen zwei Porträtmedaillons.

Will man mehr davon sehen, was hinter der klassizistischen Maskierung steckt, so muß man auf die Hofseite gehen. Hier gibt es noch drei der ursprünglichen Fensteröffnungen, zwar teilweise vermauert, aber alle mit den originalen Korbbögen versehen. Diese Bögen über den Fenstern sind charakteristisch für die Baukunst der Renaissance.

Das Rathaus hatte im übrigen im Laufe der Jahrhunderte viele Funktionen. Beim Bau in den 1550er Jahren wurde es mit soliden Dachböden versehen, wo man das königliche Getreide speichern konnte. Aus der Buchführung des 17. Jahrhunderts geht hervor, daß der in der Nähe wohnende Adel das Rathaus fleißig für Hochzeiten gemietet hat. 1635 war es der Rahmen für eine etwas ungewöhnlichere Unterhaltung. Der Stadtkämmerer mußte nämlich in diesem Jahr einen kleineren Betrag an einen Gaukler bezahlen, der „in zwei Tagen auf dem Rathaus die Geschichte von Christi Auferstehung agierte".

Die **Brogade** (Brückenstraße) gehört wie die Kirkestræde zu den besten Straßen der Stadt. Hinter vielen der jetzigen Fassaden verbergen sich weit ältere Fachwerkhäuser. Das gilt zum Beispiel für die Häuser *Brogade 14* und *15*, deren Vorderhäuser in der Zeit um 1625–1635 gebaut worden sein müssen. Doch das ist ihren Fassaden nicht anzusehen, die im vorigen Jahrhundert gemauert wurden.

Brogade 16 ist das prächtigste Gebäude der Straße. Es kann sich mit ganzen 18 Gefachen in zwei soliden Stockwerken hervortun, von denen das obere vorkragt. Der Bau wurde 1636 für den Bürgermeister Hans Christensen Humle errichtet und machte ursprünglich zwei Häuser aus. Sehen Sie, wie schön man die konsolenartigen Knaggen ausgeschmückt hat, die unter den Balkenköpfen zwischen den Etagen sitzen. Der Handwerker hat die Knaggen wie Voluten geschwungen und mit Akanthusblättern versehen.

Das adelige **Damenstift Vallø** kann seine Geschichte auf die Zeit Christians II. zurückführen. Der König hat in einem Brief bestätigt, er habe das Gut Herrn Eskild Krage geschenkt. Man weiß aber nicht, wie die Gebäude zu dieser Zeit aussahen; die einzigen Reste aus dem Mittelalter sind einige spätgotische Mauerpartien im Nord- und Westflügel.

Die zweite und entscheidende Bauperiode fällt ins 16. Jahrhundert und ist Mette Rosenkrantz zu danken. Sie war mit dem steinreichen Peder Oxe verheiratet, so daß es an Geld kaum gemangelt hat. Nach einer Inschrift auf der Sandsteintafel überm Tor war ihr Hof „wnder Sper och Tag 1586" (unter Sparren und Dach 1586). Dieser Bau bestand aus dem nach Süden gerichteten Torflügel, den beiden markanten Türmen an den Ecken desselben Flügels und einem Teil des Westflügels. Es gab aber einen wesentlichen Unterschied zwischen der ursprünglichen Form der Anlage und ihrer heutigen Erscheinung, denn beide Türme waren zwei Etagen, die Flügel eine Etage niedriger.

Das schöne Sandsteinportal, das die Jahreszahl 1581 trägt, wird nach der Brücke zu

Das adelige Damenstift von Vallø hat eine der schönsten Gartenanlagen des Landes.

von zwei toskanischen Säulenpaaren eingerahmt. Dieser Renaissancezug wird durch die rundbogige Toröffnung weiter verstärkt, deren Schlußstein mit einem Löwenkopf geschmückt ist. Schlußsteine mit Löwenköpfen gehörten zum festen Repertoire der Renaissance-Baukunst und kamen – wie so vieles andere – aus Italien. Die vollendete Behandlung des Sandsteins zeigt einige Züge, die im Hauptportal des Herrenhofs *Lystrup* in der Fakse-Harde wiederkehren (vgl. Seite 185).

Zur Zeit Christians IV. wurde die Anlage auf die jetzige Anzahl Stockwerke erhöht. Die Umbauten im 18. Jahrhundert waren noch umfassender und sind dem Aufenthalt zweier Königinnen auf Vallø zu danken. Zuerst hielt Anna Sophie Reventlow ihren Einzug. Sie war Friedrichs IV. Frau zur linken Hand, die einzige dänische Königin von nicht fürstlichem Blut. Zu ihrer Zeit wurde der Nordflügel gebaut. Der sehr gefragte Architekt J. C. Krieger war für diese Arbeit verantwortlich. Später folgte Sophie Magdalene, die Frau Christians VI. Sie ließ 1735–1738 im östlichen Teil des Hofplatzes das „Weiße Stift“ errichten und machte Vallø so zu einer geschlossenen Anlage. Diese Bautätigkeit stand unter der Leitung von Laurits de Thurah.

Thurahs Hauptflügel ist dadurch gekennzeichnet, daß seine Mittelpartie als achtkantiger Pavillon geformt ist. Dieses Motiv wurde in der europäischen Baukunst des 18. Jahrhunderts häufig verwendet, vor allem in Frankreich und Deutschland, wo Thurah es bei Studienaufenthalten um 1730 sehr wohl gesehen haben kann.

Unter Sophie Magdalene wurde Vallø 1737 in ein adeliges Damenstift verwandelt, und diesen Status hat es bis heute behalten. Es erlitt leider sehr großen Schaden durch einen Brand 1893, der nur die nackten Mauern übrigließ. Der Architekt Hans J. Holm besorgte den Wiederaufbau in den anschließenden Jahren, aber völlig wiederhergestellt wurde der alte Herrenhof niemals.

Valløby ist genauso alt wie der Herrenhof. Aus dem 18. Jahrhundert stammt eine merkwürdige Geschichte über den Bauernschinder Ahasverus Becker, der Bevollmächtigter auf Vallø war. Er verlangte unter anderem, daß die Bauern des Gutes ihre Höfe so gut unterhalten sollten, daß nicht das Geringste zu kritisieren sei. Unablässig plagte er die Hörigen, und geschah es beispielsweise, daß Becker die Felder in einem Fachwerkhaus zu schwach fand, so schlug er sie einfach heraus. Kein Wunder, daß Bekker schließlich von den Bauern, die er so hart verfolgt hatte, getötet wurde.

Die Architektur der **Kirche von Valløby** spiegelt ihre Verbindung mit dem alten Gut. Birgitte Rosenkrantz zu Vallø ließ 1590 die alte Chorpartie durch eine neue und prächtigere ersetzen. Sie ist – nach der Sitte der Hochrenaissance – mit üppigen Voluten, geschwungenen Sandsteinbändern und kräftigen Gesimsen versehen. Aber die Ausstattung der Kirche zeugt ebenso stark von der Anknüpfung an Vallø. Sehen Sie nur zur Nordwand des Chores, wo zur Erinnerung an Karen Rosenkrantz († 1531) ein Epitaph hängt.

An der Nordwand des Schiffes sieht man eine spätgotische Flügelaltartafel. Sie kann auf etwa 1450 datiert werden und zeigt im Hauptfeld die Heilige Dreieinigkeit. Gottvater thront mit dem gekreuzigten Christus vor sich, während in der unteren linken Ecke eine männliche Person kniet. Es ist das Porträt des mächtigen Adeligen Oluf Axelsen Thott. Er war Marschall und Lehnsmann auf Gotland und besaß außerdem von 1419 bis zu seinem Tod 1464 Vallø.

Die Kirche von Valløby mit ihrem Renaissancegiebel.

Um seine Frömmigkeit zu beweisen, schenkte er die Tafel der Kirche und sorgte natürlich dafür, darauf abgebildet zu sein. Das Werk selbst wurde vielleicht außerhalb der Grenzen Dänemarks ausgeführt, während die Wiedergabe von Axelsen Thott später zugefügt worden sein muß.

Die **Tryggevælde Å** bildet die alte Grenze zwischen den Harden *Bjæverskov* und *Stevns.* Sie war aber mehr als nur eine administrative Grenze, es handelte sich vielmehr um eine Kulturgrenze zwischen den Leuten von Stevns Klint und den Waldbewohnern. Dies spiegelt sich auch in der Sage vom „Klintkönig", der sich als Alleinherrscher östlich des gewundenen Wasserlaufs fühlte.

Hellested liegt nahe bei einer der alten Übergangsstellen an der Tryggevælde Å. In diesem Dorf wirkte Peder Syv 1664–1702 als Pastor. Er wurde aber mehr als Sprachforscher und Dichter bekannt. Ein besonderes Ereignis in seiner langen Amtszeit war der Besuch Christians V. in Stevns nach einer Norwegenreise. Die Majestät überschritt nämlich die Tryggevælde Å bei Hellested, und Peder Syv mußte natürlich aus diesem Anlaß ein passendes Gedicht fabrizieren, das uns heute schwülstig erscheint, das aber zeittypisch war. Zugleich muß hier betont werden, daß nicht Christian IV. den Fluß überschritten hat, wie es J. L. Heiberg in seinem nationalen Singspiel „Elverhøj" 1828 darstellte, sondern sein Enkel Christian V.

Elverhøj (der Elfenhügel) liegt am Weg zwischen Hellested und dem Herrenhof Juellinge. Wenige prähistorische Hügel sind wohl berühmter als dieser von Dornengestrüpp bedeckte Buckel, der an einer Wegbiegung auftaucht; es müßten schon die königlichen Gräber in Jelling sein.

Man hat behauptet, der Grabhügel sei Inspirationsquelle von Volksliedern gewesen, doch nichts ist sicher. Eine andere Überlieferung meint, „Elverhøj" habe J. L. Heiberg die Idee zu seinem berühmten Schauspiel gleichen Namens gegeben; das trifft aber nicht zu. Wir wissen dagegen mit Sicherheit, daß H. C. Andersen „Elverhøj" besuchte und sein Märchen „Elfenhügel" danach schrieb.

Der Herrenhof **Juellinge** ist ein schweres, zweietagiges Barockgebäude, das von einem „geknickten" Dach abgeschlossen wird, ähnlich schwedischen Dächern, die wir aus dem späteren 17. Jahrhundert kennen. Bauherr war der Diplomat Jens Juel. Er hatte zu Beginn der 1670er Jahre seinen Dienst in Stockholm und es besteht guter Grund zu der Annahme, er habe an die schwedischen Dächer gedacht, als er 1675 den Herrenhof bauen ließ. Auch die Verwendung von Granitquadern zur Fassadenbekleidung ist ein fremdartiger Zug an einem dänischen Herrenhof und macht ihn zu einem ungewöhnlichen Erlebnis.

Die **Kirche von Karise** gehört zu den wenigen dänischen Kirchen des Mittelalters, die man ganz genau datieren kann. Nach einem erhaltenen Testament vom 22. März 1261 wünschte der Erblasser Peter Olufsøn, in der „Kalwaris" (Karise) Kirche beigesetzt zu werden. Peter Olufsøn stiftete zugleich 12 Mark Silber zur Einweihung des Gebäudes. Die Kirche von Karise war also im Jahre 1261 fast fertig gebaut.

Aus dieser ersten Bauperiode stammen Chor, Schiff und Westturm. Sie sind im großen und ganzen alle intakt und ermöglichen uns einen glänzenden Einblick in die seeländische Backsteinarchitektur des mittleren 13. Jahrhunderts. Der Bau hat aber noch andere bemerkenswerte Züge. Zunächst sollte man die ursprünglichen Kreuzgewölbe im Schiff mit den zugehörigen Zwergsäulen und feinen Rippen beachten. Diese Konstruktionsform wurde direkt von der damaligen Baustelle des *Roskilder Doms* inspiriert.

Die Kirche hat außerdem in unruhigen Zeiten zur Verteidigung gedient. Davon zeugt die zweistöckige Chorpartie. Das Verteidigungswerk war aber noch mehr ausgebaut, denn das Satteldach des Schiffs lag ursprünglich innerhalb der Mauerkronen, fast vier Meter niedriger als heute. Die Mauerkronen waren durch eine Brustwehr abgeschlossen, die den Bau zu einer idealen Festung machte. Der Zugang zum Dach war von zwei Seiten gesichert. Man konnte durch eine Tür im Zwischengeschoß des Turms, aber auch von der Oberetage des Chors aus hinaufkommen. Letztere wurde in alten Tagen „Frau Merthes Kammer" genannt.

Hinter diesem merkwürdigen Namen verbirgt sich eine Überlieferung. Danach lag einmal eine Burg an der Stelle des heutigen *Karisegård*. Diese Burg wurde von der frommen und wohltätigen Frau Merthe bewohnt. Aber eines Tages kamen preußische Seeräuber die Tryggevælde Å herauf, die damals ein gutes Stück landeinwärts schiffbar war. Sie brannten die Burg nieder, doch Frau Merthe konnte sich in den Raum über dem Chor der Kirche retten. Hier wohnte die Tapfere, bis ihre Burg wieder aufgebaut war.

Es ist schade, daß man im 18. Jahrhundert die Kirche durch die große Kapelle für Adam Gottlob Moltke und seine Frauen erweiterte. Das Gebäude für sich ist eines der schönsten Beispiele für den beginnenden Klassizismus in Dänemark. Aber es harmoniert überhaupt nicht mit der frühgotischen Backsteinkirche. Jacob Fortling hatte die Kapelle projektiert, doch war es der vielversprechende C. F. Harsdorff, der sich um die Vollendung des Werkes und die vielen Details der Ausschmückung kümmerte. Das Gebäude war 1769 fertig. Die Sarkophage wurden von Johannes Wiedewelt geschaffen. Leider ist die Kapelle durch ein Gitter verschlossen, so daß man nur einen schwachen Eindruck von den Herrlichkeiten des Raums bekommt.

A. G. Moltke hatte eigentlich vor, die alte Kirche von Karise abzureißen und an ihrer Stelle eine Rotunde zu errichten. Das hätte sicher zusammen mit der Grabkapelle prächtig gewirkt. Aber welchen Verlust hätte doch das Verschwinden der alten Kirche bedeutet!

Die **Wassermühle von Blåbæk** ist eines der wenigen Mühlengebäude auf Seeland, die noch in Funktion sind. Tatsächlich wäre sie leicht zugrunde gegangen, hätten nicht besonnene Leute eine Restaurierung durchgeführt, so daß die Mühle im November 1963 wieder eingeweiht werden konnte.

Der alte Mühlenbetrieb kann seine Geschichte mit Sicherheit auf 1664 zurückführen. In diesem Jahr wird eine „Blaabechsz Mølle" erwähnt. Es besteht aber kein Zweifel, daß der Betrieb weit älter ist. Die schöne Anlage besteht aus einer Scheune, Ställen und einem Wohnhaus neben dem eigentlichen Mühlenhaus von etwa 1800, wo man die einmalige Maschinerie mit Mühlenrädern und eichenen Zahnrädern studieren kann. Es gibt zwei Überfallräder. Darunter versteht man, daß das Wasser von oben herabströmt und die Räder antreibt.

Die Windmühle von Blåbæk kann man restauriert wieder in Funktion sehen.

In der Nähe liegt eine Windmühle aus dem Jahre 1828. Auch sie ist restauriert, so daß die beiden Gebäudekomplexe eine schöne Ganzheit bilden.

Die **Kirche in Kongsted** enthält eine Reihe Kalkmalereien von hoher Qualität, die alle fünf Gewölbe ausfüllen. Sie entstanden in zwei Perioden: Die Bilder in den beiden östlichen Jochen können auf die 1430er Jahre, die übrigen Ausschmückungen auf die Zeit um 1500 datiert werden. Die ältere Bildergruppe hat sogar einer ganzen Werkstatt den Namen gegeben, deren Meister man den „Kongstedmaler" genannt hat. Seine Werkstatt hat auch in *Ballerup*, *Nordrup*, *Sludstrup*, *Kvislemark* und im Chor der Kirche von *Ottestrup* gearbeitet, also hauptsächlich in der Gegend von Slagelse.

Es ist charakteristisch für den Stil des Kongstedmalers, daß er viele gelbe und dunkelbraune Töne verwendete. Die Figuren haben ihre kleinen Eigenheiten, von denen man angetan ist, je mehr man sie kennenlernt. Mannspersonen sind immer mit breiten Stirnrundungen versehen; dafür ist ihr Kinn klein. Engel und weibliche Figuren dagegen haben die herrlichsten runden Wangen bekommen, ja es besteht hier fast eine Tendenz zum Doppelkinn. Auch die Wolken haben im gotischen Universum des Kongstedmalers ihre besonderen Konturen erhalten; sie wirken wunderlich hobelspanartig gewunden, wie es Niels M. Saxtorph ausgedrückt hat.

Im Chor der Kirche von *Kongsted* treffen wir den Meister und seine Gehilfen zuerst. Die Mittelkappe wird von einer Darstellung des dreieinigen Gottes mit Sonne und Mond auf den beiden Seiten ausgefüllt. Die rechte Gewölbekappe zeigt uns Johannes den Täufer in seiner typischen Kleidung, dem etwas zerzausten Kamelhaargewand. Es ist gemalt, wie es im Matthäusevangelium beschrieben wird. Dort lesen wir im dritten Kapitel, Johannes habe eine Kleidung aus Kamelhaar und einen Ledergürtel um den Leib gehabt; seine Nahrung seien Heuschrecken und der Honig wilder Bienen gewesen. Letzteres war natürlich, im

Christi Kreuzgang in der Kirche von Kongsted.

Gegensatz zur Kleidung, immer schwer zu malen gewesen.

Es folgt das erste Joch im Schiff, wo man an der Südkappe dem bösen König Herodes begegnet. Sein Gesicht trägt einen üppigen und wohlgeschnittenen zweispitzigen Bart. Die Westkappe zeigt die Geißelung und die Dornenkrönung. Die Gesichtszüge der Büttel sind hier so unsympathisch, wie es sich nur die Phantasie eines Malers vorstellen kann. In der Szene mit der Dornenkrönung hat der linke Büttel eine Kartoffelnase, während der auf der anderen Seite eine Nase so krumm wie ein Adlerschnabel hat.

An der Nordkappe ist die Kreuztragung gemalt. Beachten Sie hier, wie der Maler die Mauerfläche bis zum äußersten ausgenutzt hat. Wo es keine Figuren gibt, windet sich das Rankenwerk herein oder heraus und bildet kleine Spiralen, die in einer Blume enden. Außerdem sind Sterne gestreut, und die berühmte *Via Dolorosa* ist mit dekorativen Fliesen belegt wie die damaligen Fußböden in den Kirchen. Der in einen Harnisch gekleidete Soldat ist frech genug, der Jungfrau Maria einen Seitenblick zu schikken, während Simon von Kyrene Christus das schwere Kreuz tragen hilft.

Das Gewölbe wird von der Kreuzigungsszene abgeschlossen. Nach der europäischen Bildtradition hätte sie gut eine viel größere Anzahl Personen enthalten können, aber der Maler wollte lieber zwei Ereignisse mit den zugehörigen Personen hervorheben als ein dramatisches Theater mit einem Gewimmel von Figuren schildern. Links vom Kreuz sinkt gerade Maria zu Boden, doch Johannes hilft ihr. Auf der anderen Seite sehen wir den Hauptmann der römischen Soldaten. Er wendet sich einem jungen Mann zu, vielleicht um zu sagen: „Wahrlich, dieser war Gottes Sohn."

Die Wände und die Chorrundung sind mit einer Reihe von Heiligen geschmückt, unter denen man St. Barbara an ihrem Turm erkennt. St. Andreas ist mit seinem Schrägkreuz gezeigt, St. Peter sieht man mit den Schlüsseln des Himmelreichs, und Paulus hat das Schwert, womit er den Märtyrertod erlitt.

Nach dieser Wiederholung prominenter Figuren des Heiligenkalenders folgen im zweiten Joch Szenen aus der Kindheit Jesu.

Das vornehme Portal von Lystrup.

Der **Herrenhof Lystrup** wurde 1579 für den Reichskanzler (etwa Justizminister) Ejler Grubbe gebaut, einen der vorzüglichsten Vertreter des gelehrten Adels. Das Gebäude wurde durch einen E-förmigen Grundriß klar gegliedert. Als Baumaterial nahm man rote Backsteine und Sandsteine, die in regelmäßigen Intervallen in Form von Bändern gelegt wurden. Der dekorative Turm ist dagegen eine Zufügung von 1857, als das Bauwerk eine kräftige, aber nicht besonders glückliche Restaurierung erfuhr.

Die Bauhistoriker haben bisher mit allen Mitteln nach dem Namen des Baumeisters geforscht, leider ohne Glück. Er war jedoch ein hervorragender Architekt, und sein Wirken hinterließ auch auf Vallø und Kronborg Spuren. Seine Fähigkeiten treten wohl am deutlichsten am großen Sandsteinportal hervor, das den Eingang zum Treppenturm einrahmt. Hier sieht man einige der typischsten Motive in der Ausschmückungskunst der Renaissance: Hermen, welche die Türpartie flankieren, den Schlußstein mit dem Löwenkopf über der Tür, das profilierte Gesims und den Dreieckfronton, der die ganze Partie krönt. Die künstlerische Ausführung dieser und anderer Details lassen keinen Zweifel daran, daß wir es mit demselben Meister zu tun haben, der auch von den Sandsteinausschmückungen in Vallø bekannt ist.

Stevns

Die **Bucht von Køge** war im Laufe der Zeit Zeuge mehrerer Seeschlachten. Man soll aber nicht glauben, daß sie weit innerhalb der Bucht stattfanden; dafür war sie zu seicht. Die wichtigste dieser Seeschlachten spielte sich am 1. Juni 1677 ab. Gegner war, wie so oft zuvor, die schwedische Flotte, die damals unter dem Befehl von Admiral Sjöblad stand. Die dänischen Linienschiffe standen unter dem Kommando von Admiral Niels Juel. Die beiden Flotten hatten sich schon am 30. Mai auf Schußweite einander genähert, so daß die Nacht spannend wurde. Das Wetter war am nächsten Tag ungemütlich ruhig, und alle waren sich klar darüber, daß es im Kampf auf die Feuerkraft ankommen würde. Die Dänen siegten.

Strøby ähnelt vielleicht vielen anderen kleinen Dörfern in Ost-Seeland. Und trotzdem wird es künftig einmal einen besonderen Platz im dänischen Kulturleben einnehmen, denn hier wurde der Schriftsteller Martin A. Hansen 1909 geboren. Ein Gedenkstein steht bei der Kirche, und das Elternhaus liegt ganz in der Nähe.

Die ostseeländische Landschaft bildet den starken Hintergrund für Martin A. Hansens Einsicht in Leben und Wirken der Vorfahren, ja, sie durchdrang seine ganze kulturphilosophische Auffassung, wie sie in den Büchern *Glücklicher Kristoffer* (1945), *Gedanken in einem Schornstein* (1948) und dem großen Werk *Orm og Tyr* (Schlange und Stier, 1952) zum Ausdruck kam. Er stand besonders im Banne von Stevns und seinen tiefen geschichtlichen Wurzeln. In der Erzählung *Tirad*, auf die wir später noch zurückkommen werden, beschreibt er das Kliff folgendermaßen: „Das Kliff schützt, und wo es keines gibt, haben die Leute Strandwälle aufgeworfen, und die Küste ist wild und steinig. Im Süden von Stevns hat man Kirchen gebaut, die schwer wie Burgtürme sind, und dort hatten die Wenden nicht viel Glück.“

Stevns ist in seinem ganzen Charakter von Ablagerungen geprägt. Das Gebiet erscheint als flache, fruchtbare Ebene, die zum Meer hin ihre wertvollen Kreideschichten auf einer Strecke von etwa zwölf Kilometern zur Schau stellt. Die obere Schicht wird von einem Kalkstein gebildet, den die Geologen *Bryozoenkalk* nennen. Gerade dieser Typ hat sich als ideales Baumaterial erwiesen. Die Spuren des gelblich-weißen Gesteins sind fächerartig über Ost-Seeland verbreitet. Am stärksten hat es die Baukultur auf Stevns geprägt, wo Kirchen wie die von Holtug, Lille Heddinge, Højerup, Havnelev und Spjellerup sowie die Bischofsburg Gjorslev in ihren ältesten Teilen aus Kalkquadern bestehen. Auch das Baumaterial für die Ringmauer um Bischof Absalons Burg in Kopenhagen holte man von den Steinbrüchen bei Stevns Klint. Erst in unserem Jahrhundert wurden sie stillgelegt.

Das Hauptgebäude von **Gjorslev** ist leider nicht öffentlich zugänglich, so daß der Besucher das prächtige Bauwerk nur auf Abstand genießen kann. Man kann aber einen kleinen Eindruck von der Auffahrt aus bekommen, die von zwei Reihen schöner Fachwerkbauten des 18. Jahrhunderts gebildet wird. Diese Zufahrt wird „Bredgade“ genannt, und an ihrem Ende ragt die alte Burg über die Baumwipfel.

Sie gehört in die Reihe von Burgen, die Dänemarks katholische Bischöfe als Zufluchtsstätten in Unruhezeiten errichten ließen. Der Historiker Arild Huitfeldt (1546–1609) meinte, das Gut habe ursprünglich Rane Jonsen (Rani) gehört, einem von König Erik Klippings Gefolgsleuten. Etwas spricht für die Richtigkeit dieser Auffassung, denn das Geschlecht der Rani hatte eine enge Verbindung mit Stevns. So liegen mehrere Mitglieder der Familie in der Kirche von *Varpelev* begraben. Die erste sichere Quelle ist jedoch das Erdbuch des Roskilder Bischofs von etwa 1370. Darin erscheint der Fronhof „Giordslef“ sogar auf der aller-

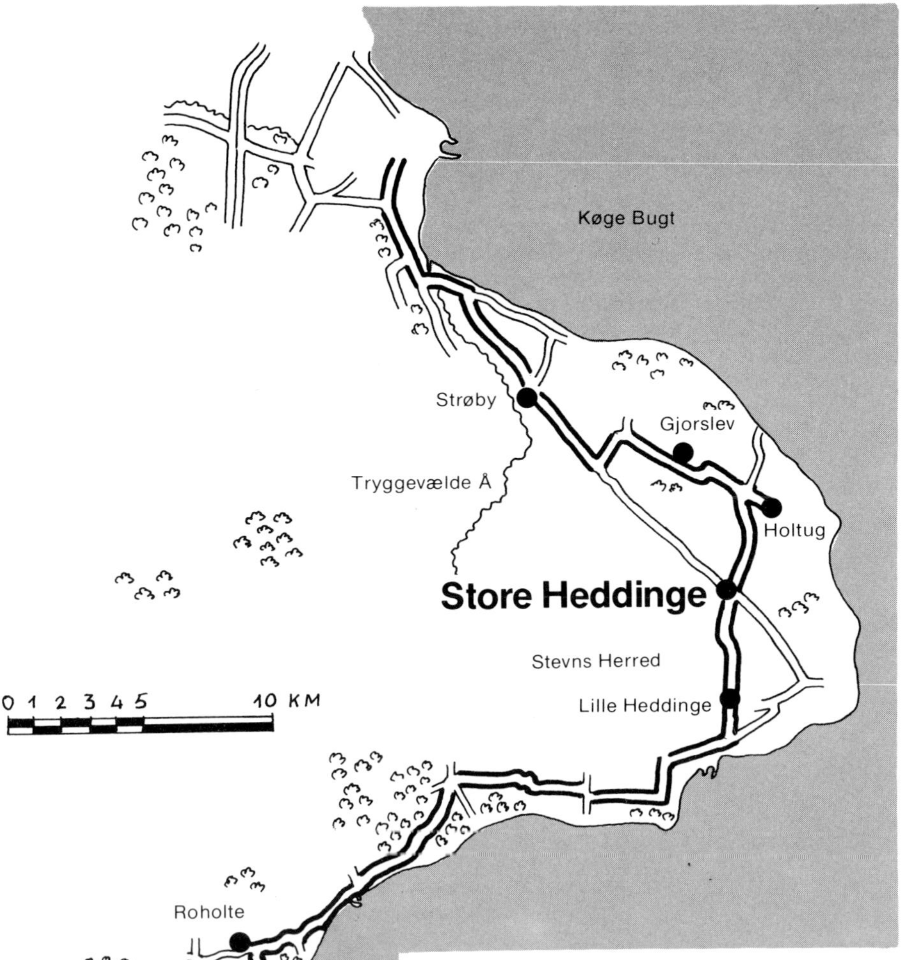

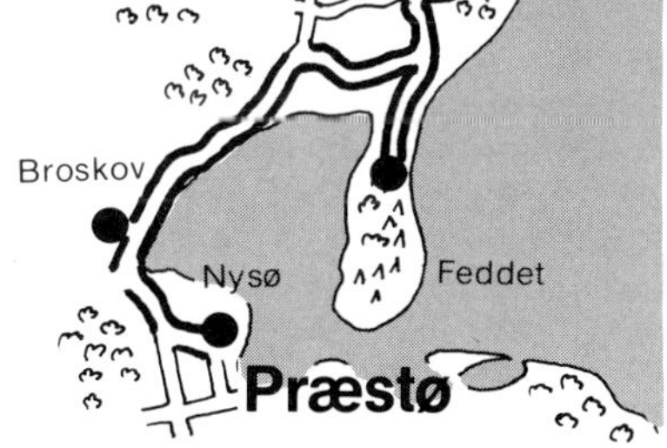

ersten Seite und wird als bischöfliches Eigentum bezeichnet. Der Hof muß also schon zu dieser Zeit eine wichtige Rolle gespielt haben. Wie er damals aussah, wissen wir aber nicht.

Die große Zeit der Burg begann mit Bischof Peder Jensen Lodehat, der um 1400 eine aufwendige Bautätigkeit begann. Trotz späterer Umbauten ist es immer noch möglich, die ursprüngliche gotische Anlage, die aus Kalkstein vom Kliff gebaut wurde, zu rekonstruieren. Dem Grundriß legte man das lateinische Kreuz zugrunde, in dessen Mitte sich ein gut 15 Meter hoher, vierecki-

Die alte Bischofsburg Gjorslev.

ger Turm erhob. Dieser war am Anfang mit einer Brustwehr versehen, während die Giebel der vier Flügel gestaffelt waren wie bei gotischen Kirchtürmen.

Man versteht eine so machtvolle Bautätigkeit vielleicht besser, wenn man bedenkt, welche Position Lodehat in der damaligen Gesellschaft einnahm. Neben seinem Bischofsamt hatte er die Stellung des obersten Kanzlers des Reiches inne, und dazu gehörte auch die Verantwortung für das große Reichssiegel. Außerdem war er der Beichtvater der Königin Margrethe und schließlich ihr wirtschaftlicher Ratgeber. Nun blieb es nicht nur bei der Beratung, denn reich, wie der Bischof war, konnte er sich 1401 erlauben, der Königin die imponierende Summe von 40 000 lübischen Mark zu leihen. Es ist schwierig, diesen Betrag in heutiges Geld umzurechnen; hinzu kommt, daß im Mittelalter weniger Münzen im Umlauf waren, wodurch das Geld größeren Wert als heute bekam. Andererseits wissen die Historiker, was man um 1400 für lübsche Mark im Ostseegebiet kaufen konnte. Ein Händler mußte beispielsweise für etwa 150 Liter Rheinwein 10 lübsche Mark bezahlen.

Gjorslevs späteres Geschick wurde von verschiedenen Um- und Anbauten geprägt, die immer mehr Lodehats Originalbau verdeckten. Dem nördlichen Kreuzarm wurde 1638 ein Magazin fürs Zehntkorn angefügt. Ein südlicher Seitenflügel wurde 1843 für Peder Brønnum Scavenius gebaut. Heute enthält das Hauptgebäude drei Wohnungen und das Gutskontor.

Die **Kirche von Holtug** liegt zwischen Gjorslev und dem Kliff in einsamer Majestät so hoch, daß sie als Seezeichen dient. Den ältesten Teil des Baus bildet das romanische Schiff aus Kalkquadern, von dem aber nur die Längsmauern erhalten sind. Aus spätgotischer Zeit stammen der jetzige Chor, die Sakristei und der Turm. Die Vorhalle ist noch später hinzugekommen.

Das Interessanteste an dem Bau ist wohl die kurze Runeninschrift, die sich an einem Quader eingeritzt findet. Der Stein hat vermutlich in dem ursprünglichen Chor aus romanischer Zeit gesessen, kann aber jetzt an der Südseite des gotischen Chors betrachtet werden. Die Inschrift lautet übersetzt: „Tirad ritzte“. Die knappe Mitteilung inspirierte den Schriftsteller Martin A. Hansen zu der Novelle „Tirad“, die 1953 in der Sammlung *Paradisæblerne og andre Historier* (Paradiesäpfel und andere Geschichten) herauskam.

Hier sei eine kleine Probe davon gegeben, wie der Autor die Vergangenheit lebendig machte und den Leser ins Zentrum der Ereignisse rückte. Er schreibt: „Und Tirad ritzt jetzt eine Mannsseele ins Haus, während die Jugend zuguckt. Hinten sitzen die Alten Asser und Niels, dunkel, alleine und verlassen wie Steine am Strand. Sie zittern

Die Kirche in Holtug.

wie Welpen. Nun frieren sie vor sich hin, und keiner denkt an sie. Aber wenn einer von ihnen stirbt, wird es anders. Dann werden die Leute aus der ganzen Gemeinde kommen und dem Toten aufwarten und ihn beim Gesang des Priesters unter der Dachtraufe begraben."

Als man 1968 die Kirche restaurierte, tauchten Reste spätgotischer Kalkmalereien auf. Der Konservator ließ das Beste stehen, eine Darstellung der Schöpfung an einem der Schiffsgewölbe. Die Ostkappe zeigt Gottvater, von den erschaffenen Tieren umgeben. Links sieht man die Geschöpfe des Meeres und des Himmels, während die Landtiere rechts dargestellt sind. Der Maler hat außerdem links im Bild eine Teufelsfigur wiedergegeben. Es ist Luzifer selbst, der Erzengel, der sich gegen Gott erhob und später in den Abgrund gestürzt wurde. Der Name Luzifer ist lateinisch und bedeutet „Lichtbringer", was die ursprüngliche Rolle des Teufels im göttlichen Universum unterstreicht.

Store Heddinge geht mit Sicherheit auf die erste Hälfte des 13. Jahrhunderts zurück. Der Ort gehörte damals zu den Krongütern. Der Name Store Heddinge wurde erst einige Jahrzehnte nach der Reformation allgemein üblich. Bis dahin schwankte die Bezeichnung zwischen zwei verwandten Formen, nämlich *Heddingemagle* und *Magleheddinge*. Das in beiden Namen enthaltene „magle" kommt vom altdänischen „makli" „groß". Hinter diesem jahrhundertealten Gebrauch des Wortes *groß* in seinen verschiedenen Formen lag natürlich der Wunsch, die Stellung des Ortes im Verhältnis zu dem nahe gelegenen Dorf Lille Heddinge (Klein Heddinge) zu unterstreichen.

Man weiß nicht, wann der Ort seine Privilegien und Stadtrechte bekam, aber sie wurden jedenfalls 1441 von König Christoph I. von Bayern bestätigt. Wenn auch die Privilegien Handelsvorteile brachten, so erlebte die Stadt doch nie eine wirtschaftliche Blüte. Dafür war die Lage zu schlecht. Es war damals von vitalem Interesse für eine Stadt, wegen des Warentransports an einem Fluß oder am Meer zu liegen. Store Heddinge lag aber mehrere Meilen landeinwärts.

Die Stadt mußte sich damit zufrieden geben, in einer fruchtbaren Gegend zu liegen, und so konnten die Jahrhunderte fast unmerkbar über die niedrigen Häuser dahingleiten. Außer von der Landwirtschaft ernährte man sich im 17. und 18. Jahrhundert vom Weinbrennen, ein Zug, der auch von anderen kleinen Städten, etwa Nykøbing/Seeland bekannt ist. Dieses bescheidene Gepräge hatte die Stadt auf dem Kliff noch 1811, als ein Reisender notierte, der größte Teil der Häuser sei strohgedeckt und gleiche äußerlich Bauernhäusern.

Die **Kirche von Store Heddinge** ragt hoch über ihre Stadt, und zwar auch im übertragenen Sinne. Das Kirchengebäude ist wegen seines besonderen Grundrisses so ungewöhnlich in der dänischen Architektur, daß man sich allein schon deshalb wundern muß.

Der ursprüngliche Bau bestand aus einem achteckigen Schiff aus Kalkquadern samt einem Chor aus demselben Material, beide aus dem späten 12. Jahrhundert. Der Chor hat die Eigentümlichkeit, daß die halbrunde Apsis in einen geraden Außenabschluß eingebaut wurde. Diese Lösung schafft zugleich Platz für eine Reihe kleinerer Räume zwischen der Rundung und der Außenmauer. Der Chor hat außerdem in seinem zweiten Stockwerk eine umlaufende äußere Galerie, die an jeder Seite mit zwei säulengeteilten Bogenöffnungen versehen ist. Die Säulen sind aus einem Block gehauen und machen das Bauwerk sehr charaktervoll.

All die hier skizzierten Züge kommen in Dänemark sonst nicht vor, so daß wir den Blick über die Grenzen richten müssen. Was das achteckige Schiff betrifft, so hat es seine Ahnen in den achteckigen Baptisterien und Kapellen, die sich bis auf den altchristlichen Kirchenbau zurückführen lassen. Hier seien nur einige wenige Beispiele erwähnt, nämlich die *Himmelfahrtskirche* auf dem Ölberg in Jerusalem aus dem 4. Jahrhundert, *San Vitale* in Ravenna aus den 540er Jahren und die *Pfalzkapelle* Karls des Großen in Aachen vom Ende des 8. Jahrhunderts. Die Aachener Kapelle spielte eine entscheidende Rolle. Sie inspirierte in den folgenden Jahrhunderten zur Errichtung kaiserlicher Kapellen desselben Typs

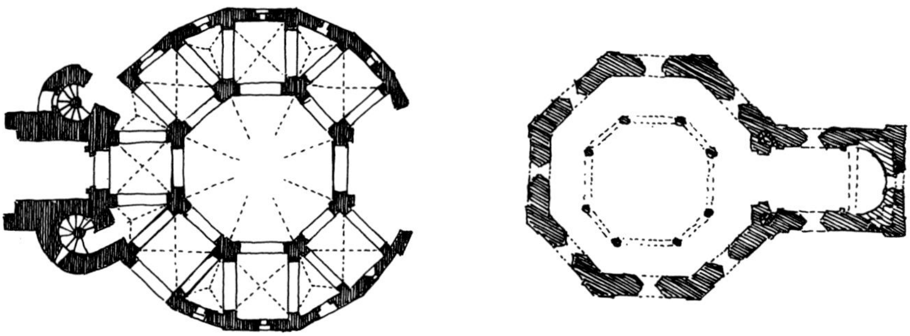

Grundrisse der Aachener Palastkapelle und der Kirche in Store Heddinge.

in Deutschland, und man muß annehmen, daß der Baumeister von Store Heddinge das eine oder andere dieser Bauwerke kannte.

Die umlaufende Galerie mit den zweigeteilten Bogenöffnungen kann auf die Lombardei zurückgeführt werden. Bisweilen wurden diese Galerien nur zur Zier verwendet, doch unabhängig vom Gebrauch setzte sich diese Bauform durch und breitete sich im übrigen Europa aus. Manchmal wurden die Bogenöffnungen erweitert, so daß sie ganz offene Galerien bildeten. Beispiele dafür gibt es an der Chorpartie in San Donato bei Venedig und an der Apsis des Lunder Domes (beide 12. Jahrhundert).

Das spätere Schicksal der Kirche ist eigentlich etwas traurig, denn sie wurde allmählich immer mehr verstümmelt. Nicht genug, daß man vor der Reformation spätgotische Giebel mit Staffeln und Blenden dem Chor aufsetzte und einen Turm im Westen anfügte. Die große Katastrophe geschah in den 1670er Jahren, als das Schiff von einem Blitz getroffen wurde, der die oberen Teile des Baus völlig zerstörte. Noch von 1680 liegt eine Nachricht vor, wonach der Oberbau „heruntergefallen und ruiniert“ gewesen sei.

Als man sich schließlich daranmachte, die Schäden zu reparieren, wurden die acht Pfeiler entfernt, die bisher den Oberbau getragen hatten. Damit ging die ursprüngliche Raumwirkung verloren. Es folgten einige recht umfassende Restaurierungen im 19. Jahrhundert, die natürlich wohlmeinend, aber doch ziemlich mißverstanden waren.

So war der Architekt N. S. Nebelong dafür verantwortlich, daß man um die Mitte des vorigen Jahrhunderts Stufengiebel auf die sechs freien Seiten des Oktogons setzte. Sie erscheinen heute als weißgekalkte Partien auf dem Schiff. Nebelongs Restauration war eine typische Folge des starken Drangs zur Pflege historischer Stile, vor allem der Gotik. Es war ja die Zeit, in der auch die Herrenhöfe Basnæs und Holsteinborg, beide in West-Seeland, eine gotische Überformung bekamen. Nebelong drückte auch dem Inneren seinen Stempel auf, indem er das Schiff mit einem geradezu phantastischen Holzgewölbe ausstattete. Es gleicht am ehesten einem Regenschirm.

Bevor wir die Kirche verlassen, soll noch eine Frage berührt werden, nämlich die nach dem Bauherrn. Man kann von vornherein ausschließen, daß die Bauern des Kirchspiels hinter dem ungewöhnlichen Bau standen. Doch wer sonst?

Im 18. Jahrhundert wollte eine Überlieferung wissen, ein „König Waldemar“ sei der Gründer der Kirche gewesen. Bedenkt man, daß Store Heddinge einige Jahrzehnte nach dem Baubeginn als Königsgut bezeichnet wurde, so erscheint diese Überlieferung vielleicht nicht unbegründet. Ein weiterer Umstand stützt die Vermutung, daß wir es mit einem Werk Waldemars des Großen zu tun haben: Die Kirche liegt nämlich außerhalb des alten Stadtkerns und in enger Verbindung mit einer Stelle, wo im Mittelalter ein Herrenhof war. Dieser Hof hatte den Namen „Kongens Gård“ (Königshof).

Die **Kirche von Lille Heddinge** ist mit ihren Ausmaßen eine sehr bescheidene Kalksteinkirche, doch dafür ist das Schiff weitaus höher als üblich. Schon zu Beginn unseres Jahrhunderts wurde man sich klar darüber, daß dieser Bauabschnitt einmal in drei Etagen unterteilt war. Diese Vermutung konnte aber erst richtig bestätigt werden, als das Nationalmuseum in den Jahren 1975/76 eine sorgfältige Restaurierung der Kirche vornahm. Dabei wurden auch die lockeren Putzschichten der Wände heruntergehauen, so daß ihre Kalkquader wieder hervorkamen, wie nach der Fertigstellung der Kirche in romanischer Zeit. Für die Museumsleute war es, als ob ein Film rückwärts liefe. Jedes Detail trat deutlich zutage, zum Beispiel einige Löcher in den Längsmauern, die zeigten, daß im Schiff zwei Balkenlagen waren. Diese Decken waren später (um 1500) beseitigt worden, als man das Schiff einwölbte.

Doch welchen Zweck hatten die beiden Balkendecken in der Kirche von Lille Heddinge? Das Erdgeschoß konnte sofort von jeder Spekulation ausgeschlossen werden, denn es hatte immer als Kirchenraum für die Gottesdienste gedient. In diesem Zusammenhang sei erwähnt, daß man bei der Restaurierungsarbeit auch zwei vermauerte Nebenaltarnischen fand. Sie saßen traditionsgemäß an jeder Seite des Chorbogens und bestätigten die rein liturgische Funktion der Unterkirche. Der Sinn der beiden oberen Etagen war dagegen schwer zu erkennen. Keine der Mauern dort zeigte Spuren von Türöffnungen, und das Mauerwerk enthielt auch keine Details, die auf eine äußere Treppe deuteten. Die Bauarchäologen schlossen daher auf einen Zugang mit Hilfe einer inneren Holztreppe.

Zu Beginn unseres Jahrhunderts glaubte man, die oberen Stockwerke hätten einem militärischen Zweck gedient. Aber nichts an der Mauerkrone stützt diese Auffassung unmittelbar. Die Bauarchäologen fanden nicht die geringste Spur einer Brustwehr, von der aus man den Feind beschießen konnte. Dagegen konnte man sich vorstellen, daß der oberste Boden ein Kornmagazin war. Eine solche Verwendung kannte man von mehreren mittelalterlichen dänischen Kirchen. Die Gegend war ja von einer guten Landwirtschaft geprägt, und die Bauern konnten so ihr Korn trocken und beschützt unter dem Kirchendach aufbewahren.

Dies schloß jedoch nicht aus, daß die Kirche in Kriegszeiten einen idealen Schutz bieten konnte. Wieweit man an die wendischen Seeräuber dachte, als man die Kirche baute, läßt sich nicht entscheiden. Die wendischen Angriffe auf die dänische Küste hörten in den 1170er Jahren auf, und die Kirche kann ebensogut zu dieser Zeit wie einige Jahrzehnte später errichtet worden sein. Unabhängig davon haben die Bauern wohl gefühlt, daß eine solide Kirche etwas Gutes war, und die Kombination von Gotteshaus, Kornmagazin und Zufluchtsburg bietet jedenfalls eine interessante Perspektive.

Selbst wenn das Rätsel von Lille Heddinge nicht endgültig gelöst ist, so sind die modernen Untersuchungen doch ein wertvoller Beitrag zu einer der brennendsten Fragen der dänischen Mittelalterforschung: die Rolle dänischer Kirchen als Wehrbauten. Der Ausgangspunkt dieser Diskussion waren die wendischen Plünderungen, die die Küsten unsicher machten, und deshalb hat man sich auf die Kirchen an den Küsten mit ihrem Hinterland konzentriert. Einige wenige dieser Wehrkirchen, über die Einigkeit herrscht, seien zum Schluß erwähnt: die Kirche im nahe gelegenen *Karise* (vgl. S. 182), die Rundkirche in *Horne* bei Fåborg

Kirche von Lille Heddinge.

und die Bornholmer Rundkirchen, von denen die von *Østerlars* die bekannteste ist. Dazu kommen die Kirche von *Valleberga* in Schonen sowie einige gotländische Kirchen, bei denen freistehende Türme, sogenannte Kastale, errichtet sind. Sie haben vermutlich in Unruhezeiten zur Verteidigung gedient. Einer der besterhaltenen „Kastale“ ist der Turm bei der Kirche von *Lärbro* im nördlichen Gotland.

Die Halbinsel **Feddet** ragt wie ein schwerer Tropfen in die Bucht von Præstø hinein. Sie ist nur durch eine schmale Landenge mit Seeland verbunden. Die Gegend gehört zu den schönsten in Süd-Seeland. Sie ähnelt heute etwas einer Sandwüste, war aber in der Waldemarzeit von großen Eichen- und Buchenwäldern bedeckt. Der Ort wird schon 1231 als „Fith“ (einer Ableitung des altnordischen „fit“) erwähnt, was „anschwellend“ bedeutete. Das Land gehörte zu dieser Zeit der Krone.

Der Dichter Christian Winther. Lithographie um 1870.

Nach den Schwedenkriegen 1657–1660 waren die Wälder so zerstört, daß Feddet teilweise zur Weide bestimmt wurde. 1662 kam die Halbinsel unter den nahe gelegenen *Strandgård*, und einer der späteren Eigentümer dieses Hofs, der Generalmajor Christian Juel, betrieb dort zu Beginn des 18. Jahrhunderts eine Schafzucht mit über 1000 Schafen.

Im vorigen Jahrhundert bekam Feddet eine ganz unerwartete Rolle in der dänischen Lyrik, als der Dichter Christian Winther sich von der besonderen Landschaft inspirieren ließ. Sie sollte in seine historische Dichtung *Hjortens Flugt* (Die Flucht des Hirsches) eingehen, ein im Mittelalter spielendes Versdrama, in dem Themen wie Liebe, Zauber, Religion und Rittertum verwoben sind. *Hjortens Flugt* erschien 1855 mit großem Erfolg: die zweite und dritte Auflage wurde noch im selben Jahr gedruckt.

Die **Kirche von Roholte** gehört zu den sicher datierten Dorfkirchen des dänischen Mittelalters. Man konnte früher eine Inschrift auf einem Paneelstück lesen, das zum Tragebalken des Chorbogenkruzifixes gehörte. Es befindet sich jetzt im Nationalmuseum, und die Inschrift lautet: „Dieser Tempel wurde im Jahr 1441 zur Zeit König Christophs von Dänemark gegründet. Bernt Nielsen.“

Das spätgotische Gebäude aus Langhaus, Westturm und Sakristei an der Nordostfront des Chores trägt auf mancherlei Weise das Gepräge lokaler Bausitten. So sind die wechselnden Bänder von Backsteinen und Kalkquadern typisch für die Gegend. Im Gegensatz zu den Kirchen dicht an *Stevns Klint*, die ausschließlich aus dem dortigen Kalkstein bestehen, findet man etwas weiter weg eine Reihe von Kirchenbauten, wo man sowohl Backstein wie Kalk verwandte. Die große Vorhalle in *Karise*, die Kirche von *Fakse* und der Turm der *Nikolaikirche in Køge* sind gute Beispiele dafür. Der Turm in Køge hat neun Kalkschichten. Ein anderer lokaler Zug sind die schönen Blenden der Giebeldreiecke, die wohl von den Prachtgiebeln der *Frauenkirche in Præstø* beeinflußt sind.

Broskov wurde durch seine historischen Weganlagen bekannt. Die Gegend bietet sowohl Proben eines prähistorischen Wegstücks als auch einer Wegstrecke aus dem Mittelalter.

Der prähistorische Weg gilt als schönster und besterhaltener Steinweg der dänischen Vorgeschichte. Er wurde ganz zufällig entdeckt, als man 1949 Dränagearbeiten vornahm, doch erst in den Jahren 1953–1961 wurde die Anlage gründlich untersucht. Während der Freilegungsarbeiten fanden die Archäologen einige Speerspitzen, die eine Datierung des Weges auf etwa 400 n. Chr. erlaubten, also auf die Zeit des Übergangs zwischen römischer und germanischer Eisenzeit. Es ist imponierend zu sehen, wie man die großen, unregelmäßigen Steine aneinanderzufügen vermochte, so daß sie eine zusammenhängende Oberfläche bilden.

Der eisenzeitliche Weg von Broskov ist aber keine einsame Schwalbe in den südseeländischen Landschaften. Zu Beginn der 1970er Jahre nahm man eine größere Untersuchung der Niederung um *Stevns Å* und *Tryggevælde Å* vor. Dabei lokalisierte man nicht weniger als neun Wegabschnitte und legte sie frei. Ihre Länge variiert zwischen 100 und 250 Metern. Der älteste der Wege wurde bei *Karise* gefunden und konnte auf etwa 130 n. Chr. datiert werden. Wenn es möglich war, ihn so genau zu datieren, so ist das der Anwendung der C14-Methode auf die Reisiglagen und andere Holzreste an der Fundstelle zu verdanken.

Das ganze Wegenetz in Süd- und Ost-Seeland zeigt, daß man in den ersten Jahrhunderten unserer Zeitrechnung versuchte, die verschiedenen Gebiete und örtlichen Gesellschaften zu größeren Einheiten zusammenzubinden.

Nysø wurde 1671–1673 für den wohlhabenden Kaufmann Jens Lauridsen gebaut, der ein großes Geschäft in Præstø betrieben hatte. Das schöne Hauptgebäude gehört zu den frühesten dänischen Barockbauten und außerdem zu den besterhaltenen Herrenhofanlagen.

Detail vom Frontispiz des Herrenhofs Nysø.

Von dem öffentlich zugänglichen Park aus kann man den Anblick der schönen Gartenfront genießen. Ihre Mittelpartie wird durch vier Pilaster mit ionischen Kapitellen aufgeteilt und von einem niedrigen Dreieckfronton abgeschlossen. Die Seitenpartien sind völlig symmetrisch und unterstreichen so die Ordnungsideale des Barock. Natürlich hat man versucht, den Architekten dieses Prachtwerks herauszubekommen, doch bisher vergebens. Es ist aber naheliegend, ihn in dem Kreis von Baumeistern zu suchen, die das Barock in Dänemark eingeführt haben.

Der Sinn des Barock für das Symmetrische und Axiale sollte auch den Garten von Nysø prägen. Er bekam eine breite Hauptachse, die auf die Mittelpartie des Hauptflügels gerichtet ist, doch zugleich wurden Diagonalgänge angelegt, die von Hecken begrenzt sind. Im Garten liegt noch das kleine, sechseckige Atelier, das man 1838 zur Ehre und Freude des Bildhauers Bertel Thorvaldsen baute. Er hatte die Frau des Gutsbesitzers Henrik Stampe kennengelernt, als er sich in Italien aufhielt.

Die Gegend von Præstø

Præstø

Die Stadt liegt heute auf einer langgestreckten Halbinsel, die sich in den *Præstø Fjord* hinausschiebt. Doch schon der Stadtname zeigt, daß Præstø einmal auf einer Insel lag. Dies wird außerdem durch Karten aus dem 18. und 19. Jahrhundert bestätigt. Jahrhundertelang stand Præstø nur durch eine Reihe von Trittsteinen im Osten und eine Holzbrücke im Westen mit Seeland in Verbindung. Die Erinnerung daran wurde in den jetzigen Straßennamen *Østerbro* und *Vesterbro* bewahrt.

Nachdem die Stadt Jahrhunderte hindurch mit dem engen Raum auf der Insel Schwierigkeiten hatte, begann man 1842, die seichte Wasserfläche bei Vesterbro aufzufüllen. Danach hatte die Stadt etwas bessere Expansionsmöglichkeiten auf der seeländischen Seite. Die kleine Stadt bekam aber erst richtig Wachstumsschmerzen, als man 1873 von Nysø die Ländereien erwarb, die Vesterbro am nächsten lagen. Jetzt war der Weg für eine Westausdehnung frei.

Vieles deutet darauf hin, daß Præstø in der zweiten Hälfte des 13. Jahrhunderts gegründet wurde. Es entstand vermutlich als Ersatz für zwei Dörfer – *Kopager* und *Tudebølle* –, die auf der seeländischen Seite nahe der Insel lagen. Beide Dörfer wurden nämlich vor dem Ende des Mittelalters aufgegeben.

Die Gründung einer Stadt auf der Insel war durch den ansteigenden Ostseehandel zu dieser Zeit bedingt, eine Entwicklung, die durch die betriebsamen Hansestädte mit Lübeck an der Spitze gelenkt wurde. War auch der größte Teil des dänischen Handels mit dem Ausland auf die Heringsmärkte von Schonen konzentriert, so hatten die kleineren Städte doch auch direkten Handel mit den norddeutschen Städten, die besonders an landwirtschaftlichen Waren interessiert waren. Hier konnte Süd-Seeland gut liefern, und so war eine natürliche Grundlage für eine Stadt geschaffen, die ein seeländisches Hinterland und gute Verschiffungsmöglichkeiten hatte.

Das Jahr 1403 wurde zu einem Wendepunkt in der Geschichte von Præstø, denn da bekam der Ort seine ersten Stadtprivilegien von König Erik von Pommern. Die Gewährung von Privilegien war ein Glied in der königlichen Wirtschaftspolitik, die die dänischen Städte gegenüber den norddeutschen stärken sollte. Die Stadt genoß noch einmal die Gunst der Königsmacht, als Christian I. 1470 die damalige Gemeindekirche dem Antoniterorden schenkte. Dieser richtete dort alsbald ein Kloster ein, ein Tochterkloster des Antoniterklosters in Mohrkirch/Angeln, auf das wir in Verbindung mit der Beschreibung der Kirche nochmals zurückkommen werden.

Im 17. Jahrhundert trafen Unglücksfälle die Stadt. Sie begannen mit einer Sturmflut 1625. Darauf folgten vier Stadtbrände noch im selben Jahrhundert. Das größte Unglück aber war der Schwedenkrieg 1657–1660, als der Feind mehrere Male die Stadt brandschatzte und Soldaten einquartierte, die fürchterlich hausten.

Nur eine Familie ging glücklich aus all diesen Widerwärtigkeiten hervor. Es waren die drei Söhne des Bürgermeisters und Großkaufmanns Laurids Nielsen. Zwei davon, Søren und Jens Lauridsen, bekamen große Bedeutung für das weitere Geschick der Stadt. Søren erhielt nämlich 1659 einen Teil von Præstøs Ländereien auf der seeländischen Seite, darunter 19 Gärten der Stadt. Zu dieser Erwerbung kam es, als König Friedrich III. ihm ein Kriegsdarlehen zurückzahlen mußte.

Der ältere Bruder, Jens Lauridsen, übernahm das ergiebige Geschäft des Vaters 1656 und führte es mit großem Geschick durch die schwierigen Zeiten. Er konnte schließlich das dem Bruder verpfändete Gemeindeland kaufen. Aber nicht genug damit: Er erwarb auch einen Teil der Gemeindeweide mit dem *Holländerwald*, 16 Höfe in *Skippinge* und die *Mühle von Tubæk*. Das

Die Frauenkirche in Præstø tritt im Stadtbild stark hervor.

Ganze wurde 1670 zum *Herrenhof Nysø* zusammengelegt (vgl. S. 193). Die Familie Lauridsen konnte goldenen Zeiten entgegensehen, aber für Præstø war es eine traurige Angelegenheit, denn die Stadt hatte ihre Entwicklungsmöglichkeiten jenseits von Vesterbro verloren.

Die **Frauenkirche** (Vor Frue Kirke) liegt am äußersten Rand der Halbinsel, da wo die Algade endet. Die jetzige Kirche muß um die Mitte des 15. Jahrhunderts begonnen worden sein. Sie löste ein älteres Gebäude ab, von dem man nur sehr wenig weiß. So ist es unklar, wann der Vorgänger der Frauenkirche gegründet wurde. Es steht aber fest, daß sein Turm um 1400 gebaut wurde. Ein Rest davon ist im unteren Teil des jetzigen Westturms enthalten, und zwar in Gestalt der Mauerpartien aus Backsteinen, die von Kalksteinbändern unterbrochen sind.

Die Chorpartie repräsentiert die erste Phase in der Baugeschichte der Frauenkirche. Sie ist wegen ihrer ungewöhnlichen Form sehenswert. Der Bauherr hat für einen fünfseitigen Abschluß gesorgt, und zu jeder Kante gehört ein äußerer Strebepfeiler. Der mehrseitige Abschluß des Chores ist ziemlich selten in der dänischen Gotik. Nur ein entsprechendes Beispiel ist bekannt, nämlich das Chorpolygon von St. Peder in Næstved. Dagegen kommen dreiseitige Ostabschlüsse an den gotischen Kirchen häufig vor. Die Kirche von *Roholte* nördlich vom Præstø Fjord ist dafür ein gutes Beispiel.

Das fünfjochige Schiff muß unmittelbar nach der Vollendung des Chores entstanden sein, jedoch ohne die drei prächtigen Kapellen, die erst in das nächste Kapitel der Baugeschichte gehören. Dies Kapitel wurde mit dem Jahr 1470 eingeleitet, als, wie schon erwähnt, die Mönche aus dem Antoniterkloster in *Mohrkirch*/Angeln die Frauenkirche übernahmen. Der Orden muß wenige Jahre darauf mit dem Bau eines Tochterklosters im Anschluß an die Kirche begonnen haben, denn eine Quelle berichtet, der Adelige Jørgen Gøje habe 1474 dem Kloster in Præstø die beträchtliche Summe von zehn Mark Silber geschenkt. Das Kloster lag an der Nordseite der Kirche. Die Totengräber sind im Laufe der Zeit auf Fundamentreste gestoßen, aber ihre Tätigkeit hat zugleich die archäologischen Spuren so sehr zerstört, daß der Grundriß ziemlich verwischt ist.

Was hatten die Antoniter eigentlich in Præstø vor? Der Orden nahm sich, kurz gesagt, einer besonderen Gruppe kranker Menschen an. Es waren Leute, die von „ignis sancti Antonii", dem „Antoniusfeuer", geplagt waren. Die Krankheit glich dem kalten Brand und gehörte zu den schlimmsten Geißeln des Mittelalters. Eine ihrer Hauptquellen ist bekannt. Man weiß nämlich, daß sie entstand, wenn die Leute Getreideprodukte aßen, die von Mutterkorn vergiftet waren. In einer späten Phase konnte die

Die Altartafel in der Frauenkirche gehört zu den Hauptwerken des jüngeren Schrøder.

Das Haus Grønnegade 12 hat Fenster mit schönen Holzschnitzereien. Im vorigen Jahrhundert dienten sie als Reklame für einen Tischlermeister!

Krankheit zum Verlust der Hände und Füße, ja im schlimmsten Fall ganzer Gliedmaßen führen. Die Häuser des Antoniterordens waren daher von großer Bedeutung, ebenso wie die St.-Jørgens-Höfe für die Aussätzigen.

Der Orden bekam im übrigen seinen Namen nach einem Einsiedler des 4. Jahrhunderts, dem heiligen Antonius, der seine jüngeren Tage in den Wüsten Unterägyptens verbracht hatte. Eine Überlieferung erzählt auch, er habe in seiner Eremitenzeit mit einem Schwein zusammengewohnt. Das Schwein galt daher als Tier der Antoniter, und die Hospitalsbrüder in Præstø genossen das ungewöhnliche Privileg, überall in Dänemark um „Schweine und Vieh" betteln zu dürfen.

Die wirtschaftlichen Verhältnisse des Klosters entwickelten sich jedoch schlecht, denn die Krankheit verschwand allmählich, und die Hospitalsbrüder sahen sich nun nach einer zusätzlichen Einnahme um. Sie begannen, Pilgerzeichen zu fabrizieren, die an die Klosterbesucher verkauft werden konnten. Bei einer Kirchhofgrabung um 1920 fand man nämlich eine Gußform aus Schiefer. Man konnte darin T-förmige Antoniterkreuze herstellen, die die Inschrift „Sti Antonii de Prestoe" (von St. Antonius in Præstø) trugen.

In der Zeit um 1510–1520 ließen die Hospitalsbrüder die drei prachtvollen Kapellen an der Südseite der Kirche errichten. Sie wurden aufs beste ausgestattet. Ihre Fassaden bekamen Treppengiebel, große, spitzbogige Fenster sowie stab- und kreisförmige Blenden. Dies war eine Maurerkunst, die man in Præstø nicht zu sehen gewohnt war, und die guten Bürger haben sicher gestaunt.

Vielleicht war der eigentliche Zweck des Kapellenbaus reine Spekulation. Man kann sich nämlich vorstellen, daß die Anbauten als Grabkapellen an reiche Leute verkauft werden sollten. Anscheinend machte sich auch diese Investition nicht bezahlt. Die Hospitalsbrüder mußten schließlich aus purer Not einen Hof verkaufen, den sie in Kopenhagen besaßen. Das war 1531, nur wenige Jahre vor dem Durchbruch der Reformation. Der Hof in der Hauptstadt ist längst verschwunden, aber die Erinnerung daran lebt noch weiter in dem Straßennamen *Antonigade*. Das Anwesen hatte im Mittelalter zu dieser Straße hin gelegen.

Von der reichen Ausstattung der Kirche sei die große Altartafel erwähnt, die aus der Werkstatt Abel Schrøders des Jüngeren in Næstved stammt. Bürgermeister Laurids Nielsen und seine Frau waren die großzügigen Stifter, und deren Namen samt der Jahreszahl 1657 sieht man auf dem Holzwerk aufgemalt. Das war 13 Jahre, bevor die Söhne Nysø bauten. Man kann ruhig sagen, daß die Familie der Geschichte von Præstø ihren Stempel aufgedrückt hat. Die vornehme Arbeit ist in Knorpelbarock gehalten, dessen Ornamente sich über Rahmen und Gesims ausbreiten. Die souverän geschnitzten Ornamente scheinen das klare, konstruktive System aufzulösen, das zu den Altären der Renaissance gehörte.

Diese Schnitzarbeit gehört unbedingt zu den besten Werken des jüngeren Schrøder. Die Tafel erhebt sich in drei Etagen, die alle bis in den letzten Winkel ausgefüllt sind. Im Mittelfeld sieht man das Abendmahl, die Kreuzigung und die Auferstehung. Das obere Feld wird von einer Himmelfahrtsszene ausgefüllt.

Jomfrustræde 4. Der Rundgang geht weiter zur Jomfrustræde, wo man 1891 auf dem Grundstück Nr. 4 die „Technische Schule“ errichtete. Ihr Initiator war der Handwerkerverband von Præstø. Der Bau wurde in mehrerlei Hinsicht zeittypisch. Die Architektur der Schule sollte natürlich ein Muster guten Handwerks sein, zur Inspiration von Lehrern und Schülern. Man gab daher dem Bau einen soliden Granitsockel; die Außenmauern in rotem Backstein erhielten tiefe Fenster mit rundbogigen Stichen und ein reich profiliertes Hauptgesims. Das halb gewalmte Dach wurde mit Schiefer gedeckt. Von solcher Architektur aus der Zeit um die Jahrhundertwende gibt es viele Beispiele in Kopenhagen sowie in den anderen Städten.

Torvet 20. Dies Fachwerkhaus wurde 1744 für den Schuhmacher Michael Salomon Larsen gebaut. Beachten Sie, daß die Pfosten oben die durchgesteckten Balkenenden mit den Zapfen bewahrt haben! Ein gutes Beispiel dafür, wie die Fachwerkhäuser der Stadt im 18. Jahrhundert ausgesehen haben. Doch seit dem Bau des Hauses geschah eine wesentliche Veränderung. Das Gebäude war von 1744 bis 1832 reetgedeckt. Erst danach wurde das Reet gegen rote Dachziegel ausgetauscht.

Unser Rundgang endet bei dem kleinen, aber sehr malerischen **Hafen**, wo man sich über zwei so zierliche Häuser wie die frühere *Zollkammer* und *H. C. Grønvolds Packhaus* freuen kann. Letzteres wurde 1842 gebaut und diente als Kornmagazin. Das Dach ist, wie bei der Zollkammer, mit roten Ziegeln gedeckt. Diese Gebäude zeugen von lebhaftem Handel im vorigen Jahrhundert.

Die **Kirche von Jungshoved** liegt in einsamer Majestät nahe der Küste. In ihrer Nähe gibt es nicht die geringste Andeutung eines Dorfes, und als das Pastorat 1718 abbrannte, wurde es nicht wieder aufgebaut.

Etwa 60 Meter südlich der Kirche tritt *Jungshoved Voldsted* als ungefähr 47 Meter breites und fünf Meter hohes Plateau hervor. Unter der welligen Oberfläche des Höhenzuges verbergen sich die Fundamente eines Schlosses, dessen Geschichte um 1200 begann und im 18. Jahrhundert endete. Die topographischen Verhältnisse sowie eine Reihe historischer Anhaltspunkte haben einer spannenden Theorie Nahrung gegeben, die vor einigen Jahren von Archäologen aufgestellt wurde. Sie läuft darauf hinaus, daß es im Mittelalter bei der Kirche von Jungshoved einen betriebsamen Handelsort gegeben haben soll. Man wußte, daß der

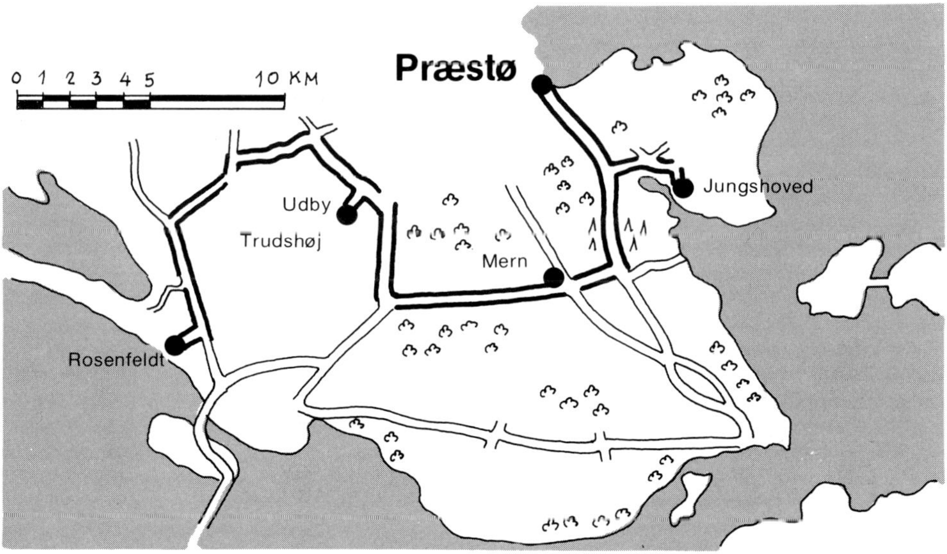

Der Narrenkopf mit der Schelle an der Kappe. Die Kalkmalerei in der Kirche von Jungshoved befindet sich in der Ecke des ersten Schiffsjochs.

Name Jungshoved in den mittelalterlichen Dokumenten vorkam, die die berühmten Heringsmärkte in *Falsterbo*/Schonen betrafen. Nach diesen Quellen hatte Jungshoved seinen Platz auf den Märkten, und das wäre kaum möglich gewesen ohne eine entsprechende Siedlung. Auch eine örtliche Sage berichtet von einer längst verschwundenen Stadt. Vielleicht wurde es schwieriger, sie anzusegeln, so daß man sie aufgab. 1980 nahmen Archäologen des Nationalmuseums einige Probegrabungen vor, die unter anderem Reste einer Bebauung ergaben. So können wir gespannt darauf sein, was die kommenden Jahre an Neuem bringen werden.

Doch zurück zur Kirche! Der Bau stammt mit Chor und Schiff aus der ersten Hälfte des 13. Jahrhunderts. Als man diesen Teil errichtete, dachte man nicht daran, ihn so weit von der Küste entfernt zu plazieren, daß man später eine Erweiterung nach Westen vornehmen konnte. Man baute daher in spätgotischer Zeit den Turm nördlich vom Schiff. Es gelang aber zunächst nur, den unteren Teil des Turms samt einem zugehörigen Treppenhaus zu errichten. Die Arbeit wurde erst zur Zeit Christians IV. wiederaufgenommen, als die beiden oberen Stockwerke hinzukamen. Die Kirche von Jungshoved kann sich also rühmen, eine der wenigen Kirchen in Dänemark zu sein, deren Turm sich nicht im Westen befindet.

Die rundbogigen Fenster sind nicht echt, sondern reine Nachahmungen des romanischen Stils. Sie bekamen ihre Form 1882, als der Stil sehr modern war.

Die Kirche hat im Inneren einige Fragmente von Kalkmalereien von etwa 1500. Sie sind zwar nicht von hoher künstlerischer Qualität, enthalten aber ein interessantes Motiv, nämlich einen Totentanz. Er ist an der Westwand des Schiffs dargestellt und zeigt braune und schwarze Teufel, die eine Kette bilden. In die Kette einbezogen haben sie einen Junker, eine fürstliche Person und eine junge Frau mit offenem Haar. Die Szene soll in symbolischer Form beschreiben, wie der Tod die Menschen gleich behandelt. Neben dem Fries in Jungshoved gibt es nur noch zwei weitere erhaltene Totentänze in Dänemark. Sie befinden sich in den Kirchen in *Egtved*/Ostjütland und *Nørre Alslev*/Falster.

Auch der „Gøngehäuptling“ (ein Freischärler aus der Gönge-Harde in Schonen) gehört zur Geschichte von Jungshoved. Während des Schwedenkrieges hauste er 1657–1660 mit seinen Leuten in der Gegend und machte den schwedischen Soldaten das Leben unsicher (vgl. Seite 208). Im Kielwasser des Krieges folgten mehrere Jahre der Gesetzlosigkeit im damaligen Amt Præstø. Die Behörden mußten daher 1665 eine Verordnung für das Amt erlassen, worin stand, es gäbe „viele Außenseiter, die sich an verschiedenen Orten im Wald, in Mooren und in der Wildnis aufhalten und in Kneipen Zuflucht finden, sowie Räuber und Mörder und anderes Pack, so daß Reisende und fahrendes Volk, Bauern, Landbewohner und andere sich auf ihren friedlichen Reisen nicht dorthin wagen, wo sie ihrem Erwerb und Geschäft nachgehen wollen.“

Wir wollen die **Kirche in Mern** nicht übergehen, weil man hier sieht, wie eine Stadtkirche – in diesem Fall die Frauenkirche in Præstø – die Baukunst des Hinterlandes prägen kann. Der Kern ist ein romanischer Backsteinbau, der aber in spätgotischer Zeit völlig verändert wurde. Zu Beginn des 16. Jahrhunderts bekam das Schiff drei Kreuzgewölbe, einen neuen Chor und schließlich nicht weniger als vier Kapellen an der Südseite! Beachten Sie, wie Chor und Kapellen mit schönen Giebelblenden nach dem Vorbild von Præstø versehen sind.

Die Kirche besaß früher eine reiche mittelalterliche Ausstattung, aber ein Teil davon wurde an das Museum in Vordingborg abgeliefert. Das gilt für einige mittelalterliche Holzskulpturen. Die sechsteilige Altartafel an der Westwand des Schiffes stammt aus der Renaissance.

Udby ist als Dorf schon aus dem 12. Jahrhundert bekannt, und seine Kirche stammt sicher aus demselben Jahrhundert. Aber erst im 14. Jahrhundert erfahren wir mehr über die Geschichte des Dorfes. Für 1351 haben wir Nachricht von einem Niels Pedersen aus Udby, und 1364 erzählen die schriftlichen Quellen von einem Tyge Esbernsen. Sie deuten darauf hin, daß in Udby einmal ein Fronhof lag. Archäologische Spuren seiner Gebäude konnten bisher aber nicht nachgewiesen werden.

Der **Pastorenhof** hat ein hohes Alter, doch kann man nicht genau sagen, wann er gebaut wurde. Die ältesten Teile der Fachwerkanlage gehen auf das 18. Jahrhundert zurück, wenn sie nicht noch älter sind. Die weißgekalkten Gebäude und der gepflasterte Hofplatz mit dem großen Baum bilden ein harmonisches Ganzes, wohl eines der besterhaltenen Ensembles dieser Art in Dänemark. Die Sitte, das Fachwerk zu weißen, ist übrigens typisch seeländisch.

Die Geschichte des Pastorats wurde vor allem durch die Verbindung mit der Familie Grundtvig geprägt. N. S. F. Grundtvigs Vater Johan Grundtvig übernahm Amt und Hof 1776. Leider hatte der Amtsvorgänger die alten Gebäude nicht gut gepflegt. Johan Grundtvig schrieb nach seiner Ankunft nicht ohne Bitterkeit folgendes Urteil über die Gebäude: „... Anno 1776 im August fand ich den Hof so außerordentlich verfallen und baufällig, daß ich außer der Schlafkammer und der Ammenstube nichts reparieren konnte, auch nicht die Ställe und die halbe Scheune, sondern diese Teile von Grund an aufbauen mußte, was mich viel kostete." Kein Wunder, daß es mit der Wirtschaft schlechtging, so daß Johan Grundtvig schließlich seinen Hausrat zum Verkauf anbieten mußte. Glücklicherweise war der Propst ein hilfreicher Mann, der die Lage seines Untergebenen verstand, und so blieb es beim Schrecken.

Hier war also das Elternhaus des später so berühmten Kirchenmannes N. S. F. Grundtvig. Später, als er das Theologiestudium in Kopenhagen abgeschlossen hatte, kam er wieder zurück nach Udby. In den Jahren 1811–1813 wirkte er in der kleinen Gemeinde als Hilfspastor. Er war jetzt in einer starken religiösen und geistigen Entwicklung, oft voller Spannungen, aber immer auf der Suche. All dies schlug sich auch in leidenschaftlichen Predigten nieder, die sehr wohl die Gemüter in Udby in Bewegung gebracht haben können. Zur Erinnerung an dieses wichtige Kapitel der Kirchengeschichte des 19. Jahrhunderts sind jetzt einige Gedenkräume in einem Flügel des Pastorats eingerichtet.

Die **Kirche von Udby** geht auf die romanische Zeit zurück. Damals errichtete man ein Feldsteingebäude, das Schiff, Chor und Apsis umfaßte, also die typischen Abschnitte einer romanischen Dorfkirche. In spätromanischer Zeit fügte man eine Verlängerung im Westen an, die aber etwas schmaler war als das alte Schiff. Von etwa 1400 an begann – in Übereinstimmung mit dem neuen gotischen Baustil – die Einwölbung des

Kirche von Udby und das alte Pastorat. Die Gebäude enthalten ein einmaliges Stück alter dänischer Kirchengeschichte.

Langhauses. Dabei bekam zuerst der Chor ein schönes Sterngewölbe, während die Gewölbe des Schiffes etwas später hinzukamen. In der letzten Bauphase kurz vor der Reformation, nämlich in den Jahren 1500–1525, errichtete man den Westturm sowie die Vorhalle und die Sakristei.

Die Kalkmalereien der Kirche gehören mehreren mittelalterlichen Perioden an und befinden sich hauptsächlich im Schiff. Die Seitenwände wurden 1885 sehr hart restauriert, so daß wir die meisten der dortigen Bilder übergehen können. Doch sieht man an der Südwand eine herrliche Darstellung von St. Michael und dem Drachen. Der Erzengel befindet sich in einem Medaillon, von wo aus er seine Lanze gegen das Ungeheuer richtet. Der Drache stürzt in den Abgrund, gefolgt von Teufeln. Das Gute hat nochmals gesiegt. An der Nordwand ist ganz oben Isaaks Opferung wiedergegeben, während ein anderes Thema, das Glücksrad, unten zu sehen ist. Diese Kalkmalereien können alle auf die Zeit um 1400 datiert werden. Gut 200 Jahre jünger ist das lebendige Rankenwerk auf dem Chorbogen.

Vom *Inventar* der Kirche sei die schöne Altartafel aus den 1580er Jahren erwähnt, eine typische Renaissancearbeit, die aus sechs Teilen klar aufgebaut ist. Möglicherweise kann man sie Bertel Snedker zuschreiben, der in Vordingborg wirkte. Die Kanzel ist aus demselben Jahrzehnt und kommt vielleicht aus einer Werkstatt in Næstved. Schließlich muß erwähnt werden, daß die Kirche fünf Grabsteine enthält, von denen der älteste aus romanischer Zeit stammt. Er trägt die Inschrift „Absalon" und ist mit einem Radkreuz geschmückt.

Trudshøj liegt etwas südwestlich von Udby und gehört zu den vielen bronzezeitlichen Grabhügeln Dänemarks. Wenn gerade dieser Hügel hervorgehoben werden soll, so geschieht das wegen eines ganz einzigartigen Fundes aus dem Jahre 1895. Bei der Ausgrabung fand man mitten im Hügel eine vier Meter lange Steinkiste, die ein Bronzeschwert, einen Goldring, ein Rasiermesser und die Reste einer Schachtel aus Horn enthielt. Das wichtigste war jedoch ein kesselförmiges Gefäß, das auf Rädern angebracht war. Vom Untergestell ragten gebogene Stangen hervor, die von Vögeln abgeschlossen wurden.

Der Fund von Trudshøj (Kesselwagen von Skallerup) rekonstruiert. Das eigentümliche Bronzegefäß ist jetzt im Nationalmuseum.

Man hat keine Vorstellung davon, wie das Gerät nach Dänemark kam, denn nach seinem Typ und seiner Ausschmückung muß es weit weg, nämlich in Mitteleuropa oder Norditalien, hergestellt worden sein. Vielleicht diente es einst als Weingefäß und wurde zuletzt als Urne in dänischer Erde verwandt.

Rosenfeldt gehört zu den „Jungen" dänischen Herrenhöfen, denn die Anlage mit Hauptgebäude, Wirtschaftsgebäuden, Garten und Alleen wurde erst in den 1770er Jahren begonnen. Der Hintergrund für die Errichtung von Rosenfeldt war folgender: 1774 erwarb der spätere Baron Reinhard Iselin das Gut Vordingborg, das *Schloß und Vorwerk Vordingborg*, *Avnø* und *Snertinge* umfaßte. Aus dieser bunten Menge sonderte er das Vorwerk zum Schloß Vordingborg aus, das später *Rosenfeldt* genannt wurde. Der Name war durch das Wappen des Barons angeregt, das drei Rosen auf grünem Feld enthielt.

In den folgenden Jahren realisierte Reinhard Iselin einen größeren Plan für sein neues Gut. An der Stelle, wo noch die letzten Häuser des dahinsiechenden Dorfes Stenbjerg lagen, wünschte der Bauherr seinen neuen Wirtschaftshof zu errichten. Verantwortlicher Architekt wurde Chr. J. Zuber. Er entwarf die achteckige Anlage, deren wichtigste Glieder zwei markante Scheunen und vier bescheidenere Pavillons waren.

Der Herrenhof Rosenfeldt.

Die Gebäude entstanden in rotem Backstein, und um sie besonders dekorativ zu machen, gab Zuber ihren Fassaden Pilaster, die mit einem kräftigen Gelb bemalt wurden. Der eingerahmte Hofplatz sollte etwa einen halben Hektar umfassen, was auch eine Vorstellung von der Größe Rosenfeldts gibt.

Zuber hatte sich ursprünglich ein Hauptgebäude im südwestlichen Teil der Anlage gedacht, aber daraus wurde zu seiner Zeit nichts. Man verwandte statt dessen einen der Pavillons als Hauptgebäude, bis 1869 der jetzige Hauptbau im Südwesten vollendet war. Der Architekt H. Sibbern machte die Entwürfe zu dieser abschließenden Bauphase, die endlich die Anlage „schloß“.

Zubers achteckiger Plan hat seine unmittelbaren Voraussetzungen innerhalb Dänemarks. Hier ist es am naheliegendsten, auf *Schloß Fredensborg* zu verweisen, dessen achteckige Anlage im Laufe des 18. Jahrhunderts langsam Form annahm. Aber der *Amalienborger Schloßplatz* hat sicher auch eine Rolle gespielt. Er wurde in den Jahren nach 1749, nach der Gründung des Kopenhagener Stadtteils Frederiksstaden, nach dem Entwurf Nikolai Eigtveds realisiert.

Die Idee, einen viereckigen Platz achteckig zu machen, war für die europäische Gartenkunst und Stadtplanung typisch, und Architekten haben mit dem Problem seit dem 16. Jahrhundert gespielt. Der ovale Platz – mit dem Petersplatz in Rom an der Spitze – war eines der Resultate, die achteckige *Place Vendôme* in Paris ein anderes. Letztere wurde 1683 begonnen, bekam aber ihre konsequente, achteckige Form erst um 1700, als der Architekt J. H. Mansart die Arbeiten übernahm. Der ursprüngliche Name des Platzes war *Place Louis le Grand*; in seiner Mitte wurde eine Reiterfigur Ludwigs XIV. errichtet.

Schade, daß Baron Iselin nicht mehr selbst Freude an seinem königlichen Hofplatz haben konnte. Er starb schon 1781. In den folgenden Jahrzehnten wechselte das Gut oft den Besitzer, und erst mit Kapitän Oscar O'Neill Oxholm, der Rosenfeldt 1845 übernahm, begann eine neue Zeit des Aufstiegs. Er sorgte für die Erweiterung des schönen Parks, für die Pflege der alten Alleen und für die Errichtung des jetzigen Hauptgebäudes.

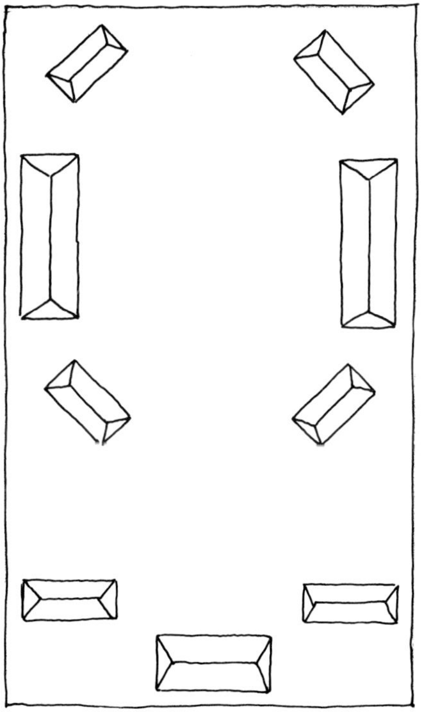

Grundriß der großzügigen Anlage von Rosenfeldt.

Von Vordingborg nach Gavnø

Vordingborg

Der Ort geht auf etwa 1170 zurück und ist somit ebenso alt wie Kopenhagen und Kalundborg. Die älteste Bebauung entstand bei der tief einschneidenden Bucht hinter der Halbinsel *Oringe*, wo von Natur aus ideale Möglichkeiten für einen Hafen gegeben waren. Etwa gleichzeitig wurde am Ende der Bucht eine Burg gebaut. Als Saxo um 1200 seine Chronik schrieb, nannte er die Stelle nur „Orthunga urbs", also „Oringe Stadt". Man muß aber vermuten, daß diese Siedlung im Schutz der Burg lag. Die Bedeutung des Verteidigungswerkes wird schon im 13. Jahrhundert bestätigt, wo die Quellen von „Worthingburgh" – „Oringes Burg" – sprechen.

Zur Zeit Waldemars des Großen war Vordingborg Zeuge einer Reihe dramatischer Ereignisse, die draußen in der Bucht stattfanden. Hier wurden einige Kriegsflotten zu Fahrten gegen die wendischen Küsten auf der anderen Seite der Ostsee gesammelt. Der König führte 19 Kriegsfahrten durch, bevor ihm im Mai 1182 eine heftige Fiebererkrankung das Leben nahm. Er starb auf der Burg Vordingborg, gerade, als er die 20. Fahrt beginnen wollte. Damit war eine Epoche vorüber. Das nächste große Ereignis in der Geschichte der Burg und damit auch der Stadt fand statt, als Waldemar der Sieger im März 1241 in Vordingborg „die besten Männer des Reiches" sammelte. Hier gab er sein berühmtes „Jyske Lov" (Jütisches Recht).

1415 wurden die Stadtprivilegien von Erich von Pommern bestätigt. Das sagt uns aber leider nichts darüber, wie lange die Stadt damals schon im Besitz der Stadtrechte war. Von den späteren Privilegien soll ein Beschluß von 1466 erwähnt werden, der der Stadt erlaubte, jedes Jahr um den 22. Juli Markt abzuhalten. An diesem Tag feierte man nämlich den Geburtstag der Maria Magdalena, und solche Festtage waren im Mittelalter der Anlaß für Märkte. Die Maria-Magdalena-Märkte wurden bis 1608 aufrechterhalten, dann schaffte der Stadtrat diesen alten Brauch ab. Vordingborg hatte nämlich zu Beginn des 17. Jahrhunderts insgesamt fünf Märkte, und das hielten die weisen Stadtväter für zuviel.

Einige Jahrzehnte vor der Reformation bekam Vordingborg eine Lateinschule, die in der Kirchenscheune der Stadtkirche eingerichtet wurde. Der Pastor Anders Arrebo war 1625–1637 an dieser Schule tätig, er wurde aber vor allem als Dichter bekannt. Während seiner Amtszeit in Vordingborg schrieb er ein großangelegtes Epos über die Schöpfung unter dem Titel „Hexaëmeron".

Der Schwedenkrieg 1657–1660 ging nicht sanft an der kleinen Hafenstadt vorüber. Der Feind nahm die Stadt und die altertümliche Burg leicht ein. Die Schweden jagten auch mehrere Bürger davon und zerstörten 61 Höfe und Wohnhäuser.

Die **Burgruine von Vordingborg** tritt durch zwei Bauwerke im heutigen Stadtbild hervor: durch ein Teilstück der Ringmauer und den so berühmten *Gåsetårn* (Gänseturm). Beide sind Reste einer Burganlage, die trotz zahlreicher Umbauten um die Mitte des 18. Jahrhunderts aufgegeben wurde.

Man sollte die Ringmauer vom Park an der Havnegade aus betrachten. Hier bekommt man einen guten Eindruck davon, wie solide sie gebaut war. Sehr viele mittelalterliche Burgen hatten Ringmauern wie Vordingborg, in deren Schutz man Häuser für Proviant und Mannschaft bauen konnte. In der Regel gab es auch Platz für eine kleine Kapelle. Ähnlich große Ringmauern kommen beispielsweise in *Hammershus*/Bornholm vor und in *Kalundborg*. In Wirklichkeit bildeten diese großen Burganlagen kleine Städte.

Ginge man in der Phantasie zum Anfang des 19. Jahrhunderts zurück, um auf der Havnegade einen Spaziergang zu machen, so würde alles ganz anders aussehen, denn damals galt die Ruine als bedeutungsloses

Überbleibsel der Vergangenheit. Es ist eigentlich grotesk, sich vorzustellen, daß der Gänseturm wohl dasselbe Schicksal wie die übrige Burg erlitten hätte, wenn die Witwe des Amtsverwalters Reiersen ihn nicht 1808 Friedrich VI. geschenkt hätte. Eine Schenkungsurkunde ist erhalten und erinnert uns an diesen günstigen Umstand. Man muß sich in Erinnerung rufen, daß Dänemark erst 1918 ein Gesetz bekam, das den Schutz historischer Bauten gebot. Bis dahin war es sehr gefühlsbedingt, was man für bewahrenswert hielt. Zweifellos wurden mehrere Bauwerke und Ruinen wegen ihres romantischen oder nationalhistorischen Gehaltes gerettet. So wurde *Hammershus* 1822 durch einen königlichen Beschluß unter Schutz gestellt.

Selbst wenn die Burgruine von Vordingborg einige Jahre später, nämlich 1834, ebenfalls unter Schutz gestellt wurde, dauerte es doch lange, bis die Archäologen Lust bekamen, den Spaten anzusetzen. Das geschah erst 1889 auf Initiative des Nationalmuseums.

Der **Gänseturm** ist der einzige intakte Teil der Burg und im übrigen der besterhaltene Festungsturm des dänischen Mittelalters. Der zylindrische Backsteinbau gehört zu der erweiterten Verteidigungsanlage, die auf Befehl Waldemar Atterdags errichtet wurde. Sehen Sie nur, wie solide man vorging! Die Mauer ist gut drei Meter dick, es wurde also nicht an Backsteinen gespart. Der Durchmesser beträgt unten 10,5 Meter, die Höhe bis zur Mauerkrone etwa 26 Meter. Das Gebäude besteht aus einem Keller – einst ein finsteres Gefangenenloch – und sieben Etagen. Die jetzige Spitze, die den Turm abschließt, ist ziemlich neu, denn sie wurde erst 1871 bei einer Restaurierung aufgesetzt.

Auch die vergoldete Kupfergans stammt von dieser Instandsetzung. Sie gleicht nicht der ursprünglichen aus purem Gold. Walde-

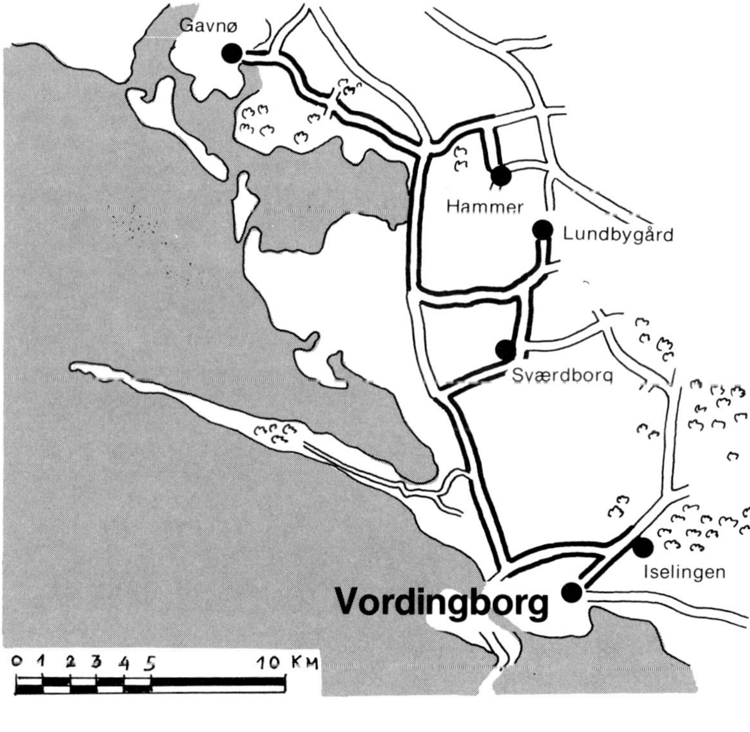

Die Reste der imponierenden Ringmauer, die die mittelalterliche Burg Vordingborg umgab. Der Gänseturm war ein Glied in der Verstärkung der Mauer.

mar Atterdag ließ den berühmten Goldvogel auf einer der elf Zinnen anbringen, um seine Feinde im Süden, die Hansestädte, zu verhöhnen. Er wollte sie so mit einer Herde schnatternder Gänse vergleichen. Jeder vorbeisegelnde Hansekaufmann sollte sich ärgern. So lautet jedenfalls die Überlieferung. Das eigenartige Spottzeichen konnte aber nicht lange dort oben sitzen, denn Erich von Pommern nahm es mit, als er 1438 aus Dänemark floh.

Die größte Sehenswürdigkeit verbirgt sich im Turm: Im dritten Stockwerk kommt man an einer Wand aus schweren Eichenplanken vorbei. Sie ist eigentümlich konstruiert, denn sie scheint aus übereinandergelegten Rundhölzern zu bestehen. An der Außenseite erweisen sie sich aber als zugehauen. Bauarchäologen haben nachgewiesen, daß die Wand von einem Bohlenhaus stammt. Dieser Gebäudetyp war im Mittelalter verbreitet und gerade dadurch gekennzeichnet, daß die Wandplanken waagerecht lagen, im Gegensatz zu den Wänden der Stabkirchen, deren Planken senkrecht standen.

Nach einer Überlieferung soll in dem Raum hinter der Bohlenwand eine Folterkammer eingerichtet gewesen sein. Einige Brandzeichen auf der Innenseite stammen demnach von den Brandeisen, die der Folterknecht ausprobierte, bevor er seine Opfer verunstaltete.

Bevor wir den Turm verlassen, sei bemerkt, daß Dänemarks erstes Reichsarchiv einmal in dem historischen Bau untergebracht war. Es war Waldemar Atterdag, der es begann, und hier häuften sich unter den folgenden Königen die Dokumente. Die Akten vom Stralsunder Frieden 1370 kamen zum Beispiel in die Regale des Gänseturms. Diese Praxis setzt sich fort bis in die Zeit Margrethes I. Dann wurde für aktuelle Angelegenheiten ein Archiv auf der Burg in Kalundborg eingerichtet. Die alten Pergamente durften aber bleiben, wo sie nun einmal waren, gut gegen Feuer geschützt. Der Gänseturm verlor aber schließlich die Funktion eines Archivs, als König Hans alle Archive des Reiches im Kopenhagener Schloß sammeln ließ.

Die **Frauenkirche** (Vor Frue Kirke) wurde in gotischer Zeit gebaut, vermutlich in mehreren Perioden, wie man es an dem sehr unharmonischen Übergang vom Chor zum Schiff ablesen kann. Der Chor ist auffallend niedrig und schmal im Verhältnis zum hohen Schiff, dessen Gewölbe von zwei Pfeilerreihen getragen wird.

Die früheste Auskunft über die Kirche stammt von 1432, als der Papst einen Ablaßverkauf zur Finanzierung ihrer Ausbesserung genehmigte; sie war nämlich im Begriff einzustürzen. Aus dieser Nachricht muß man schließen, daß der Bau jedenfalls etwas älter ist. Ursprünglich stand an der Stelle sicher eine einschiffige Kirche, von der der niedrige Chor mit dem dreiseitigen Abschluß den letzten Rest darstellt. Man hat darauf das Schiff abgerissen und durch das jetzige, dreiteilige Langhaus ersetzt, dessen Schiffe durch achtkantige Pfeiler voneinander getrennt sind.

Es gab natürlich auch Pläne zum Bau eines Chores, der zu dem neuen Langhaus besser passen sollte. Aber wie es in der Architekturgeschichte so oft geschieht, ging das Geld aus, oder eine andere Krise stoppte die Bauarbeiten. Die nachfolgenden Generationen haben sich mit der Lage abgefunden. Dagegen ist der Südgiebel der Sakristei von hoher Qualität, eine richtig gotische Arbeit. Der Architekt hat hier die vielen Stabblenden mit schräggestellten Schilden kombiniert. Der Kirchenraum wird von hervorragender Kunst aus verschiedenen Stilperioden geprägt, aber in erster Linie ist er wegen seiner Kalkmalereien berühmt.

Die Ausschmückung beginnt in der Chorpartie hinter dem Altar und kann auf etwa 1465 datiert werden. Der Meister dieser Arbeit sowie der anderen Malereien im Chor ist kein Geringerer als der „Dreikönigsmeister". Auf der Nordkappe sieht man Mariä Verkündigung, dargestellt mit viel Sinn für Details. Maria steht vor einem Lesepult, das mit Regalböden versehen ist. Man sieht auch eine Vase mit Lilien. Sie sind das Symbol für Marias Reinheit und gehören zum festen Zubehör einer Verkündigungsszene. Der Erzengel Gabriel, Gottes Bote, wendet sich der Jungfrau zu mit den Worten: „Ave gratia plena, dominus . . ." (Gegrüßet seist du voll der Gnade, der Herr . . .) Maria antwortet darauf: „Ecce ancilla domini fiat mihi secundum verbum tuum" (siehe, ich bin die Magd des Herrn, mir geschehe nach deinem Wort).

Es folgt die Besuchsszene an der Nordkappe. Die Begegnung zwischen den beiden Frauen – Maria und Elisabeth – ist mit großer Zartheit geschildert, die an Kunst von internationalem Niveau erinnert. Sehen Sie nur, wie fein die Gesichter der Figuren gezeichnet sind! Auf der Ostkappe ist die Geburt Jesu wiedergegeben; Maria und Joseph knien in tiefer Anbetung vor dem Kinde. Geht man weiter zur Südostkappe, so erkennt man die Darstellung im Tempel.

Auf der Südkappe ist die Anbetung des Kindes durch die Heiligen Drei Könige gemalt. Der älteste, Balthasar, kniet nieder und reicht seine kostbare Gabe dar. Im Matthäusevangelium wird erzählt, die Weisen aus dem Morgenlande hätten Gold, Weihrauch und Myrrhe mitgebracht. So soll es wohl ein Goldgeschenk sein, was Balthasar dem Jesuskind schenkt. Neben ihm steht der junge König Melchior. Unter seiner Krone schaut ein Turban hervor. Diesen Zug kennt man auch von der Dreikönigs-Kapelle in Roskilde, wo man das Wirken desselben Meisters vermutet. Man fühlt sich von der Ausschmückung des Chors noch direkter angesprochen, wenn man im linken Zwickel seiner Westkappe folgende Inschrift liest: „Anders der Schmied, er ließ diese Gewölbe malen und wölben; bittet für ihn zu Gott."

Die Heiligen Drei Könige, gemalt um 1465 in der Frauenkirche von Vordingborg.

Von der reichen *Ausstattung* der Kirche sei die Altartafel hervorgehoben. Die Arbeit kommt aus der Werkstatt Abel Schrøders des Jüngeren in Næstved. In ihrem Aufbau ist sie von der Spätrenaissance geprägt, dagegen gehören die Ornamente zum Knorpelbarock. In der Prädella kann man eine Abendmahlsdarstellung sehen, während die Kreuzigung traditionsgemäß das Hauptfeld schmückt. Die Tafel wurde in jüngerer Zeit restauriert. Oben sieht man das Monogramm Christians IV., was eine grobe Datierung erlaubt: Die Tafel muß demnach zwischen 1588 und 1648 geschnitzt worden sein. Die Entstehungszeit kann noch weiter eingeengt werden, denn Abel Schrøder der Jüngere wirkte etwa in der Zeit von 1630 bis 1670. Der Altar muß also nach 1630, aber vor 1648 geschaffen worden sein.

Abel Schrøders bekannteste Werke befinden sich jedoch anderswo auf Seeland. Es sind vor allem die Schnitzarbeiten von St. Morten in Næstved und der prunkvolle Altar in der Holmenskirche in Kopenhagen. Letzterer stammt aus den 1660er Jahren

Das alte Rathaus von Vordingborg, gebaut 1843–1845, als die Neugotik dabei war, eine richtige Landplage zu werden. Der Bau wurde vom Architekten und königlichen Bauinspektor Peter Kornerup (1794–1875) entworfen, der sich wohl auch von der glorreichen Vergangenheit der Stadt inspirieren ließ.

und gehört zum Besten, was das dänische Barock hervorgebracht hat. Abel Schrøder sagte selbst über seine Tätigkeit im Dienste der kirchlichen Kunst folgendes: „Mein ehrliches Handwerk danke ich Gott und denen, die es mich in meiner Jugend lernen ließen ... So hoffe ich, daß niemand Grund hat, sich über mich zu beklagen."

Das **Rathaus** wurde nach Entwürfen von Peter Kornerup 1843 gebaut. Ganz im Geiste der Zeit ließ er ein Bauwerk mit gotischen Zügen entstehen, die vor allem durch die spitzbogigen Fenster und die in der Mitte der Fassade angeordnete Eingangspartie zum Ausdruck kommen.

Vor Kornerup, war einer der bekanntesten und eifrigsten Bannerführer der Neugotik, nämlich G. F. Hetsch, mit der Planung eines neuen Rathauses befaßt. Aber Hetsch schlug ein Projekt vor, das man für „viel zu kostspielig, wenn auch schön im Stil" hielt. So erhielt den Auftrag Kornerup. Er ging in seinem ersten Entwurf vorsichtig zu Werke, denn da sah er nur in der oberen Etage gotische Fenster vor. Aber damit war der Stadtrat sicher nicht zufrieden. Man meinte, einem Bau dieses Charakters müßten gotische Fenster in beiden Etagen zukommen. Beachten Sie im übrigen, daß die Fenster in den beiden Etagen nicht senkrecht übereinander sitzen, sondern gegeneinander verschoben sind. Das bedeutete tatsächlich eine kleine Revolution in der Geschichte der dänischen Baukunst.

Der **Herrenhof Iselingen** soll aus zwei Gründen besprochen werden, einmal wegen seines merkwürdigen Namens, zum anderen wegen der Baumaterialien, die sich hinter dem weißen Putz verbergen. Der Name stammt von dem außerordentlich betriebsamen Geschäftsmann Reinhard Iselin (vgl. Seite 200), der das Gut 1776 erwarb. Er war in der Schweiz geboren, hatte aber seine Karriere als Kaufmann in Dänemark gemacht und beendete sie als Mitglied der Direktion der Asiatischen Kompanie. In dem Jahr, da er das Gut kaufte, wurde er zum Freiherrn ernannt.

Das Hauptgebäude wurde 1802 im italienischen Villenstil errichtet. Man vermutet, daß dabei auch Backsteine von der Vordingborger Burgruine verwendet wurden, eines der vielen Beispiele dafür, wie Baumaterialien von einem Gebäude zum anderen wandern.

Die **Kirche von Sværdborg** hat einen romanischen Chor und ein romanisches Schiff,

Der Herrenhof Iselingen wurde 1802 gebaut und bekam seinen Namen nach Reinhard Iselin, der das Gut 1776 gekauft hatte.

denen drei spätgotische Aufbauten zugefügt wurden, nämlich eine Doppelkapelle an der Nordseite des Schiffs, eine Sakristei am Chor und ein Westturm. Die Gewölbe sind so sehr mit Kalkmalereien aus der Zeit um 1400 bedeckt, daß die Kirche zu den am reichsten bemalten aus dieser Periode gezählt werden muß. Hier kann man mit Recht von einem *horror vacui* (Angst vor dem Leeren) sprechen.

Die Ostkappe des Chores zeigt den Weltenrichter, der von zwei Heiligen flankiert wird. Sie legen für die sündige Menschheit Fürbitte ein. An den übrigen drei Kappen sieht man die Kindheitsgeschichte Christi beschrieben. Wir gehen weiter zum Schiff, wo das östliche Joch Jesu Leidensgeschichte zeigt. Hier kann man unter anderem Christi Gefangennahme sehen, und sieht man genau hin, so kann man einen roten Fleck links von ihm erkennen. Das ist sicher Blut von dem Ohr, das der römische Soldat Malchus verlor, als Petrus es ihm abschlug.

Das interessanteste Bildprogramm entfaltet sich aber im folgenden Joch, denn hier erlebt man die Vorstellungen des mittelalterlichen Menschen über den Auftakt zum Weltende. Diese Bildsequenz war weit verbreitet. Man nannte sie „die fünfzehn Anzeichen des Weltuntergangs". Sie beginnt auf der Ostkappe damit, daß das Meer seine Wassermassen zu einer gewaltigen Mauer ansteigen läßt. Alle Meerestiere öffnen zugleich ihre Mäuler zu einem schrecklichen Gebrüll. Außerdem sieht man unten links, wie alle lebenden Wesen sterben.

Die Bilder der Nordkappe schildern darauf, wie die Wasser in ein Feuermeer um eine grüne Insel mit Menschen verwandelt werden. Beachten Sie auch, wie Blut aus den Bäumen hervorrieselt, während Himmel und Erde vom Feuer verschlungen werden. Auf der Westkappe folgt der nächste schreckliche Anblick. Hier fallen die Sterne vom Himmel, es regnet Blutstropfen, und die Gräber öffnen sich. Die Stunde ist nahe! Links auf der Südkappe wird deutlich, wie die Hungersnot die Tiere heimgesucht hat. Wolf und Schaf suchen jetzt zusammen Nahrung, aber es gibt keine. Und schließlich sieht man zusammenstürzende Häuser und von der Erde verschlungene Menschen.

Im Laufe des Mittelalters haben die Menschen natürlich alle möglichen Naturphä-

Aquarell der Kirche von Sværdborg um 1800. Der Urheber des naiven, aber besonders vielsagenden Bildes war der Sohn des damaligen Propstes der Hammer-Harde, Jens Westengaard, der im Sværdborger Pastorat residierte.

nomene als Zeichen eines unmittelbar bevorstehenden Weltgerichts genommen. Das war eine Realität in ihrem Weltbild. Als Beispiel dafür sei zum Schluß eine berühmte Predigtsammlung erwähnt, die von dem katholischen Kanoniker Christiern Pedersen aus Lund aufgeschrieben wurde. Sie erschien erstmals 1515 in Paris, doch drei Jahre später kam schon eine neue Ausgabe in Leipzig heraus. Christiern Pedersen benutzte eine fast taufrische Geschichte aus dem Ausland, um die Weltgerichtszeichen zu illustrieren. Er schreibt, man habe 1514 in Rom drei blutrote Sonnen und drei blutrote Monde gesehen, und zwischen den drei Sonnen hätten ein Kreuz und drei Regenbogen gestanden.

Lundbygård kann in seiner jetzigen Gestalt im wesentlichen auf das Jahr 1815 zurückgeführt werden. Damals ließ der Generalkriegskommissar U. C. von Schmidten ein massives Hauptgebäude in zwei Etagen und zwei freistehende Seitenflügel errichten. Die drei Gebäude wurden später zusammengebaut.

Früher lag hier ein alter Hof, dessen Flügel alle aus Fachwerk bestanden. Eine Zeitlang wohnte dort einer der populärsten Volkshelden, nämlich der „Gøngehäuptling“. Sein richtiger Name war Svend Poulsen, seinen Ruf bekam er während des Schwedenkrieges 1657–1660. Merkwürdigerweise wissen wir sehr wenig von dieser farbenreichen Persönlichkeit. So sind sein Geburts- und Todesjahr immer noch unbekannt. Es steht aber fest, daß er vor Kriegsausbruch 1657 einen Hof in Halland hatte. Dies Anwesen ging beim Friedensschluß von Roskilde im Februar desselben Jahres verloren. Die Niederlage brachte also Svend Poulsen einen ganz persönlichen Verlust.

Als der Krieg weiterging, bekam er am 22. August 1658 den Befehl, Freiwillige für einen Widerstandskampf auf Seeland zu sammeln. Wieviel Unruhe und Verwirrung er in den Reihen der Schweden zu stiften vermochte, weiß man nicht mit Sicherheit. Es besteht aber kein Zweifel daran, daß der Schriftsteller Carit Etlar den historischen Stoff sehr großzügig verwendete, als er sein berühmtes Jugendbuch über die Taten Svend Gønges schrieb.

Beim Frieden 1660 konnte Svend Poulsen eine erkleckliche Belohnung für seinen Einsatz während des Krieges erwarten. Er hatte für den Kampf große Summen aufgewendet, die ihm der König jetzt erstatten sollte. Doch Friedrich III. war in einer großen wirtschaftlichen Bedrängnis, und so bekam Svend Poulsen 1661 Lundgygård, das er nach einem königlichen Brief schuldenfrei auf Lebzeiten nutzen konnte.

Doch man hätte dem alten Freiheitskämpfer eine bessere Belohnung gegönnt. Der Hof wird nämlich bei der Übernahme als „wüst und baufällig“ bezeichnet, und sein Land soll „weitläufig, aber sehr wenig fruchtbar und voller Steine und Sand“ gewesen sein. Es wurde auch eine jämmerliche Zeit auf Lundbygård für den alten Kriegshelden. Er geriet unweigerlich in Schwierigkeiten mit den Abgaben und mußte schließlich 1669 den Hof mit Schulden und Prozessen am Hals verlassen. Während des schonischen Krieges meldete er sich wieder zu den Fahnen und hatte das Glück, zusammen mit seinen Freischärlern den Schweden einige Faß Silbermünzen in Søshult abzulisten.

Heute ist im Ostflügel von Lundbygård ein kleines Museum eingerichtet, wo man archäologische Funde aus den Mooren bei *Køng* und *Sværdborg* zeigt.

Der **Pastorenhof von Hammer** besteht aus drei Flügeln, die um 1750 errichtet wurden, aber mehrere Umbauten erlebt haben. Nach einigen Verbesserungen aus der Zeit des Propsten Jørgen Hjort Lautrup konnte Bischof Mynster 1841 notieren, der Hof sei wie „neugebacken, brillant“. Heute bildet er eine sehr harmonische Anlage mit weißgekalkten Mauern und reetgedeckten Dächern. Die durchgesteckten Balkenenden über den Fenstern zeugen von dem Fachwerk, das sich hinter dem weißen Kalk verbirgt. Schöne Füllungstüren und sanft geschwungene Dachgaupen sind auch erhalten, und man kann sich darüber freuen, daß das Pastorat heute zu den geschützten Kulturdenkmälern gehört.

Eine ganz interessante Geschichte ist mit dem Pastoratsgarten verbunden. Bischof Mynster hat bei seiner erwähnten Visitation 1841 auch vermerkt, der Garten sei nicht fertig, aber schön. Dies Kompliment galt dem Pastor Peter Rosenstand Wøldike, der hier 1827–1839 wirkte. Sein Sohn Jeremias Wøldike soll sich in dem Garten als erst Zwölfjähriger mit dem Veredeln von Apfelbäumen versucht haben. Er muß für diese edle Kunst Talent gehabt haben, denn später schuf er sich als Pastor in Øster Hornum/Himmerland einen Garten, der weit über das Übliche hinausging. Er umfaßte nämlich am Ende seiner Amtszeit 1879 folgendes Sortiment: 278 Apfelbäume verschiedener Sorten, dazu kamen 38 verschiedene Pflaumenbaumtypen, 40 Kirschsorten und nicht weniger als 243 Birnenarten!

Die **Kirche von Hammer** ist recht ansehnlich und weist einige interessante Züge auf; die ältesten Teile, Apsis, Chor und Schiff, müssen am Ende des 11. Jahrhunderts gebaut worden sein. Sie gehört somit zu den ältesten steinernen Dorfkirchen Dänemarks. Man verwandte ein Gemisch aus Feldsteinen, Kalksteinen aus Fakse und Kreidequadern. Der Feldsteinturm wurde schon um die Mitte des 12. Jahrhunderts angefügt. Beachten Sie, wie schön die Apsisrundung durch sieben Lisenen gegliedert ist. Die rundbogigen Blenden haben oben jeweils drei runde, scheibenförmige Vorsprünge.

Gavnø gehört zu den reichsten Bauwerken des Landes. Schon im *Erdbuch* Waldemars des Siegers von 1231 wird das Gut erwähnt. Es wird berichtet, der König habe „Haus" und Rehwild auf der Insel gehabt, die damals offenbar bestand; der Damm ist modern.

Um 1400 beschloß Königin Margrethe I., dort ein Nonnenkloster zu gründen. Sie hatte ursprünglich erwogen, es in *Gladsaxe/* Schonen zu bauen, wo Ide Falk sein Vermögen testamentarisch für einen solchen Zweck zur Verfügung gestellt und den Wunsch geäußert hatte, das Kloster solle der heiligen Agnes geweiht werden. Doch bei der Ausführung wich die Königin davon ab, weil gerade auf Gavnø großer Grundbesitz erworben werden konnte. Päpstliche Briefe bestätigten die Gründung. Es gab auch einen Landtausch mit dem Skovkloster bei Næstved, welches seinen Landanteil auf Gavnø an das neue Kloster abgeben sollte.

Als dieses Kloster in den folgenden Jahren errichtet wurde, wurde es vermutlich mit vier Flügeln voll ausgebaut. Den einen dieser Flügel bildete die Kirche, die 1408 geweiht wurde und ihre Reliquien aus Köln bekam. Die Schloßkapelle im Westflügel ist der am besten erhaltene Rest des Klosters, denn hier kann man den gotischen Chorabschluß mit fünf Seiten sehen. Sicher sind aber auch Reste der anderen Flügel in dem jetzigen Bau enthalten.

Nach der Reformation kam das Kloster in verschiedene Hände, bis schließlich Hans Lindenow 1584 das Gut übernahm. Er veranlaßte in den folgenden Jahren große Umbauten, von denen beispielsweise die sehr schön geschnitzten Portale im Rittersaal des Hauptgebäudes stammen. 1663 kaufte Niels Trolle das Gut, und es war seine Frau Helle Rosenkrantz, die die Schloßkapelle mit schönen Schnitzarbeiten ausschmücken ließ.

Das Schloß bekam sein jetziges Aussehen, als Otto Thott 1755–1758 drei der Flügel um eine Etage erhöhte und den Fassaden die glatten Lisenen gab. Otto Thott gehörte zu den hervorragendsten Männern des dänischen Adels und war ein würdiger Vertreter der Aufklärungszeit. An wissenschaftlichen Problemen war er tief interessiert. Er legte sich eine fürstliche Büchersammlung zu und war kunstverständig. Große Teile der Gemäldesammlung von Gavnø gehen auf seine Ankäufe zurück.

Die **Schloßkapelle** ist einer der schönsten Räume des Schlosses, und hier wollen wir enden. Der Raum wird heute von den fünf hohen Fenstern geprägt, die bei der Restaurierung 1913 auf ihre ursprüngliche gotische Form zurückgeführt wurden. Das Gestühl und die umlaufende Galerie nehmen den hinteren Teil der Kapelle ein, und von da aus kann man die prachtvolle Altartafel bewundern, die Abel Schrøder 1670 schnitzte. Sie dient zugleich zur Präsentation der Familienwappen, denn das Hauptfeld ist von 44 Ahnenwappen eingefaßt, das obere Feld von 16. Die ganze Arbeit ist hervorragende Schnitzkunst, und das kann man auch von der Kanzel sagen, die aus derselben Werkstatt stammt.

Chorpartie der Schloßkapelle in Gavnø.

Südwest-Seeland

Karrebæksminde wird schon 1447 erwähnt und war jahrhundertelang ein Fischerdorf mit bescheidenem Landeplatz. Man benutzte den *Karrebæk* als Transportweg und verschaffte so der Siedlung einen gewissen Erwerb. Ein Aktenstück von 1575 verrät, daß im März dieses Jahres Backsteine aus Karrebæksminde verschifft wurden. Sie waren für Krogen (das spätere Schloß Kronborg) bestimmt, und da der Hafen keinen richtigen Kai hatte, mußten die Steine zuerst mit Booten zu den Schiffen gefahren werden, die draußen im offenen Wasser lagen. Der kleine Ort bekam erst größere Bedeutung, als man in den Jahren 1801–1807 den Hafen verbesserte und durch die Landenge einen Kanal grub.

Früher war das nahe gelegene *Enø* von Seeland durch das Fahrwasser *Gammelløb* (alter Lauf) getrennt, das etwas südöstlich von Karrebæksminde lag, doch dieses wuchs im Laufe des vorigen Jahrhunderts zu. L. Both schreibt 1871 in seinem historisch-topographischen Werk über Dänemark, der Wasserlauf sei nicht tiefer, „als daß man hinüberwaten kann, wie man auch vom Südende Enøs nach Viløgård im Kirchspiel Veilø waten kann." Die Erinnerung daran zeichnet sich auf modernen Karten als Einschnitt ab, der *Gammel Sund* heißt.

Der bekannte Maler L. A. Ring, Schilderer der kleinen Leute, war ein guter Freund von Karrebæksminde. Er ließ sich in den 1890er Jahren in dem idyllischen Ort nieder. Zu seiner Zeit spannte sich eine malerische Holzbrücke über den Kanal und verband die beiden Ortsteile. Die Holzbrücke war mit zwei Klappen versehen, die sich öffneten, wenn ein Schiff passieren sollte. Sie ist jetzt durch eine moderne Klappbrükke ersetzt, deren sonderbarer Hebeapparat nicht gerade zu den Häusern am Kanal paßt.

Der **Berg Menstrup** liegt am Weg nach *Spjellerup* und ist einen Besuch wert, wenn auch der Ausdruck „Berg" reichlich übertrieben ist. Denn der Gipfel des Höhenzuges liegt in Wirklichkeit nicht mehr als 43 Meter über dem Meer.

Eine Reihe von merkwürdigen Sagen ist mit diesem „Berg" verknüpft. Nach einer von ihnen soll einmal ein Steingrab auf der Höhe gelegen haben, unter dem ein goldener Tisch verborgen war. Da geschah es, daß der Bauer, dem das Feld mit dem Hügel gehörte, beim Pflügen auf den Goldtisch stieß. Zwar ging seine Pflugschar entzwei, aber dafür wurde er ein reicher Mann.

Auch der *Dänische Atlas* von 1767 kann eine gute Geschichte über den Hügel erzählen. Der Autor des Artikels schreibt: „Der Meenstrup Bierg beim Dorfe gleichen Namens enthält dauernd Wasser, auch in den allertrockensten Sommern, wo man das Vieh zum Trinken hinaufjagt, wenn es im Tal an Wasser mangelt. Meenstrup Bierg ist von einer solchen Höhe, daß man von dort einen Umkreis von 20 Meilen sehen kann."

Holsteinborg liegt im südlichen Teil der *Vester-Flakkebjerg-Harde.* Es liegt etwas abseits, was zu bedauern ist, denn dieses adelige Gut gehört zu den schönsten Dänemarks. Ein früherer Eigentümer, Großkanzler Ulrich Adolf von Holstein, sorgte für den rechten Zugang, als er 1725 die axiale Lindenalle anlegte, die auf das Hauptgebäude zielt. Im Barock liebte man solche Anordnungen. Sie schufen großzügige Linien in der Landschaft und imponierten. Wenn man heute die Allee entlangfährt, so tritt das Gut plötzlich hervor, gut hinter den großen Wallgräben geschützt. Die Steinbrücke, die über den Wassergraben führt, ist die richtige Stelle, mehr über den historischen Hintergrund von Holsteinborg zu erzählen.

Der Ort war die Zeiten hindurch als Bauplatz interessant. Etwa da, wo Holsteinborg heute liegt, fand man Backsteine einer mittelalterlichen Burganlage. Vielleicht handelt es sich dabei um ein Verteidigungswerk gegen wendische Seeräuber aus der Waldemarszeit.

Die alte Holzbrücke in Karrebæksminde gab dem Kanal eine fast holländische Stimmung. Das Foto wurde 1918 von dem Telegraphisten Johannsen aufgenommen.

Im 14. Jahrhundert lag hier ein Fronhof namens „Braade", der den Roskilder Bischöfen gehörte. Es war ja eine Zeit, in der das Bistum bedeutende Teile Seelands besaß. Nach der Reformation kam das Gut unter die Krone, und 1562 gelangte es durch Tausch an den Adeligen Niels Trolle. Dieser hatte aber nicht viel Vergnügen an seiner neuen Erwerbung, da er drei Jahre später schon diese Welt verließ. Niels war im übrigen der Bruder des noch bekannteren Herluf Trolle, des Gründers der gelehrten Schule von *Herlufsholm.* Ein Sohn von Niels Trolle wurde der erste große Bauherr für das neue Holsteinborg, und dessen Sohn schloß die Bauarbeiten ab.

Von der großen Wallgrabenanlage ist der nördliche Wassergraben noch intakt, und darüber führt eine Steinbrücke, auf deren entgegengesetzter Seite ein kleiner Torturm mit seiner lichten Öffnung steht. Das ganze Arrangement ist, vom militärischen Standpunkt gesehen, außerordentlich interessant. Man muß durch ein Nadelöhr – den Torturm –, um auf den äußeren Hofplatz auf der Insel zu gelangen. Wir haben es hier wohl mit einem der letzten Beispiele verteidigungsorientierter Herrenhofarchitektur in der dänischen Baukunst zu tun. Es erinnert uns an die Zeiten, wo der Adel sich noch an den Gedanken klammerte, daß seine Burgen uneinnehmbar sein sollten. Doch diese Auffassung war in Wirklichkeit schon in der Grafenfehde (1534–1536) überholt worden, als die Bauern so manche Herrenburg mit Mann und Maus abbrannten.

Brücke und Torflügel können auf etwa 1651 datiert werden, während der Südflügel des Wirtschaftshofs etwas jünger ist. Der ganze Wirtschaftshof wurde durch einen schrecklichen Brand im Frühjahr 1980 praktisch zerstört, und bisher sind noch keine Pläne über die Zukunft der Ruinen bekannt. Die Katastrophe traf glücklicherweise nicht das Hauptgebäude, das als harmonische, vierflügelige Anlage hervortritt. Vom großen Hofplatz des Wirtschaftshofs aus sieht man den Westflügel des Wohnsitzes, der durch einen achtkantigen Turm an jedem Ende abgeschlossen wird. Dieser Teil der Anlage war 1649 vollendet. Der nördliche Flügel, dessen Giebel sich am linken Eckturm zeigt, ist der älteste Abschnitt und wurde 1598 begonnen. Die ganze Bauarbeit erstreckte sich so über die Regierungszeit Christians IV.

Der scharfsinnige Besucher wird den Westflügel vielleicht ziemlich frisch restauriert finden. Das hat seine natürliche Erklärung, denn dieser Flügel bot, wie der übrige Teil des Komplexes, bis zur Mitte unseres Jahrhunderts eine ganz andere Erscheinung. Es war einfach so, daß ein Eigentümer im vorigen Jahrhundert den Drang spürte, seinen Herrenhof in einer romantischeren Gestalt zu sehen. Klug wandte er sich an einen der besten Kenner historischer Stilarten, den Architekten G. F. Hetsch. Dieser hatte sich längst Ansehen erworben, indem er etwa in Kopenhagen 1830–1833 die Synagoge in der Krystalgade und 1842 die St.-Ansgar-Kirche in der Bredgade baute. Holsteinborg verlangte aber keine sakrale Stilgymnastik, sondern Maurerkunst, die nach mittelalterlicher Burg aussah. Hetsch warf sich in den Jahren 1848–1850 mit Eifer auf die Aufgabe und versah das Gut mit prächtigen Stufengiebeln, dreien allein über der Fassade zum äußeren Hofplatz hin. Sie wurden aber bei einer Restaurierung durch Hans Henrik Engqvist in den Jahren nach 1949 wieder schonend entfernt.

Vor dem Verlassen des Hofplatzes, sollte man den schönen Korbbogen über dem Tor und die Sandsteintafel darüber beachten. Die Tafel trägt die Wappen der Rude, der Trolle und der Rosenkrantz.

Unter den vielen Besitzern des Guts soll Graf F. A. Holstein besonders hervorgehoben werden. Er übernahm es 1809 und be-

Graf F. A. Holstein (1784–1836). Lithographie nach einem Porträt von C. A. Jensen. Sein religiöses Wirken veranlaßte Grundtvig dazu, ihm als „Anführer des wiederauflebenden Christentums" zu huldigen.

gann sofort, große Reformen durchzuführen. Holstein sorgte zunächst für die Aufhebung des Frondienstes. Das geschah in den Jahren 1809–1811, aber es genügte ihm nicht. Er gründete Handarbeitsschulen zur

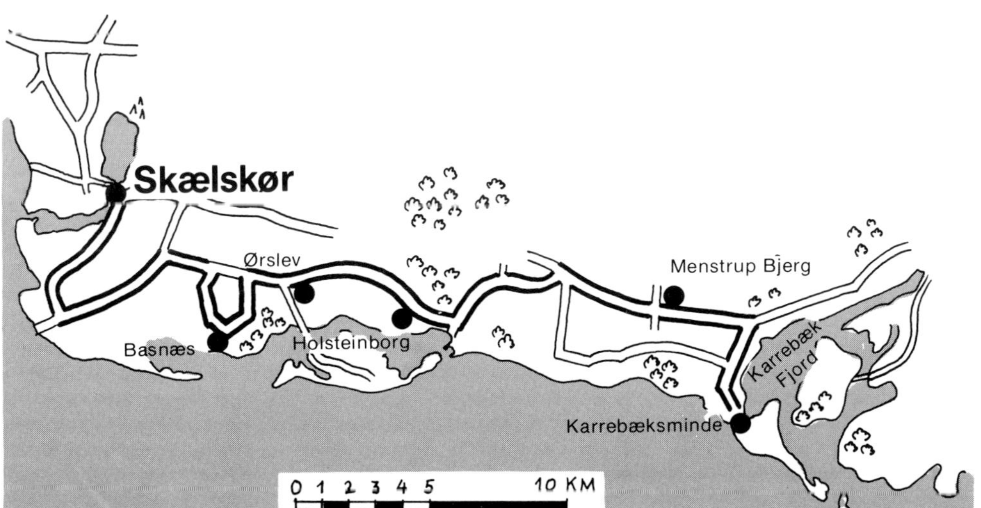

Förderung von Heimarbeit und stiftete zugleich 1811 die „Gesellschaft zur Förderung des Bauernwohlstandes in der Øster-Flakkebjerg-Harde“. Der Graf saß bestimmt nicht zurückgezogen in seinen feinen Gemächern, während er seine philanthropischen Projekte entwickelte, im Gegenteil. Es war ihm eine liebe Pflicht, Fleißprämien zu verteilen, und da er zugleich tief religiös war, ließ er das an Feiertagen in den Kirchen der Gegend vor sich gehen.

Kirchen zu diesem Zweck hatte er genug, denn er hatte das Ernennungsrecht für etwa ein Dutzend Gotteshäuser im südwestlichen Amt Sorø. Seine Tätigkeit steckte auch die örtlichen Pastoren an. Der Graf verlangte Leute mit starkem Glauben und guter Amtsauffassung. In dieser Gegend entstand auch im vorigen Jahrhundert eine Laienbewegung, deren religiöse Aktivität schließlich den Bischof Mynster dazu veranlaßte, diesen Teil Seelands etwas ironisch das „heilige Land“ zu nennen.

Es besteht freier Zugang zu dem schönen Park um die Gutsgebäude. Hier genoß es der Dichter H. C. Andersen spazierenzugehen, und man kann im Hauptgebäude auch zeigen, wo er wohnte. Er hatte gute Erinnerungen an seine Tage auf Holsteinborg. Davon zeugt ein Briefwechsel, den er mit der damaligen Gräfin Bodil Joachimine (Mimi) Holstein führte. Die Umgebung gab ihm die Anregung zu seinem Märchen „Die Glokkentiefe“. Andersen liebte es, Buketts und Kränze zu binden, wohin er auch auf seinen Reisen zu den dänischen Herrenhöfen kam. Eine Erinnerung an Holsteinborg finden wir in seinem Tagebuch unter dem 10. August 1867: „. . . ein Bukett für die alte Gräfin, in einem Champagnerglas . . . ein Kreuz aus Kiefer, hinten Blutbuche, eine weiße Lilie und Christi Blutstropfen, weiße Rosen rundum, und im Kreuz eine schöne, rote Rose.“

Die **Kirche von Ørslev** sollte nach einer Sage gar nicht dort stehen, wo wir sie heute finden. Man hatte nämlich beschlossen, den Bau gut einen Kilometer südlich von Ørslev zu errichten, an der Stelle, wo ein steinzeitliches Langbett liegt. Die örtlichen Geister sorgten jedoch jede Nacht dafür, daß abgerissen wurde, was am Tage gebaut worden

Ausschnitt aus dem Tanzfries in der Kirche von Ørslev.

war. So mußte man sich nach einer besseren Stelle umsehen, und das Langbett wurde im Volksmund „Rynkebjergs Kirchhof“ genannt. Die Geschichte ist eine typische Wandersage, eine Parallele etwa zu der Sage von den Trollen, die jede Nacht die Kirche von Fårevejle abrissen (vgl. S. 111). Man kann übrigens das Langbett noch besichtigen, wenn auch seine Randsteine nicht mehr ganz intakt und seine drei Kammern völlig zerstört sind. Nicht weit entfernt liegt ein bescheidenes Ganggrab, dessen Hügel ganz abgetragen ist.

Die jetzige Kirche von Ørslev ist Johannes dem Täufer geweiht. Nördlich davon war einmal eine Johannisquelle. Nach alten Überlieferungen feierte man den Johannisabend mit eine Prozession zur Kirche. Von diesem Johanniskult stammt möglicherweise eine Schale mit einem Johannishaupt, zu der außerdem drei menschliche Knochen gehörten. Sie wurde 1824 dem Nationalmuseum übergeben. Es ist vorstellbar, daß wir hier vor einem Überrest aus katholischer Zeit stehen, der trotz der Versuche der Lutheraner, die Heiligenkulte aus den Kirche zu entfernen, überleben konnte. Die Johannisprozession in Ørslev spiegelt vielleicht die prächtigen mittelalterlichen Kirchenspiele, die die katholische Kirche zur Stärkung des Glaubens veranstaltete.

Die *Baugeschichte der Kirche* verteilt sich über mehrere Perioden, denn Chor und Schiff stammen aus romanischer Zeit, während die vier Anbauten erst in der Gotik hinzukamen. Der romanische Abschnitt ist von solider Handwerkskunst geprägt. Beachten Sie nur die zu Quadern gehauenen Feldsteine, die in regelmäßigen Schichten gelegt sind, ein Zug, der in der seeländischen Bauweise recht ungewöhnlich ist, ganz im Gegensatz zu den Verhältnissen in Jütland, wo die Steinmetze den unbequemen Granit beherrschten.

Die Schiffsmauern sind am besten erhalten und weisen interessante Details auf. So zeigen beide Langseiten Spuren zweier Fenster, eine aufgegebene Männertür im Süden und eine ähnliche Vermauerung der Frauentür im Norden. Dazu kommt, daß man innen, gut zwei Meter unter der Mauerkrone, Balkenlöcher sehen kann. In einigen davon erkennt man Balkenstümpfe, die von der ursprünglichen, flachen Holzdecke stammen. Die niedrige Anordnung der Löcher bedeutet zugleich, daß die Kirche einen Dachboden von beträchtlicher Höhe gehabt haben muß. Ist es denkbar, daß er als Speicher für das Zehntkorn gedient hat? Eine solche Verwendung wäre recht ungewöhnlich, denn normalerweise baute man besondere Zehntscheunen, um den Kirchzehnten der Bauern aufzunehmen.

Der „Tanzfries“ hat Ørslev mit Recht berühmt gemacht, denn diese Kalkmalerei gehört zu den besten Zeugnissen der dänischen Bildkunst des Mittelalters. Man findet sie an der Ostwand der Südkapelle, wo sie zu einem größeren Programm gehört. Die ganze Ausschmückung der Kapelle wurde gleichzeitig gemalt, und zwar in der ersten Hälfte des 14. Jahrhunderts. Wir befinden uns damit in der Hochgotik.

Die Szene zeigt Männer und Frauen von höchster Herkunft, die einen eleganten Kettentanz aufführen. Die Figuren sind außerordentlich fein gezeichnet, und ihr Meister – die Bezeichnung ist hier nicht übertrieben – hat sie in verschiedenen, sehr lebendigen Bewegungen wiedergegeben. Einige sind S-förmig geschwungen, andere fast im Lauf. Die Frauen tragen alle eine Krone und ein Kopfleinen, während die Männer barhäuptig oder mit einer „Zipfelmütze“ geschmückt sind. Die spitze Haube war damals in der Oberklasse die höchste Männermode.

Das Motiv des Tanzfrieses ist wohl die Brautwerbung. Der Ritter und seine Begleiter nähern sich einem Burgtor, wo zwei Frauen sie mit Trinkgefäßen willkommen heißen. Die vordere ist besonders schön gekleidet und trägt außerdem einen prächtigen, fast knöchellangen Zopf. Sie stellt wahrscheinlich die Braut dar. Beide Damen tragen ein ärmelloses Obergewand, das an den Seiten einen gewagten Ausschnitt bis zu den Hüften hat. Solche Raffinements nannte man in Frankreich „Höllenfenster“, denn sie konnten das männliche Geschlecht in Versuchung führen.

An derselben Wand ist links vom Fenster ein Stifterbild, das einen Herrn in fein gestreifter Tracht zeigt. Er überreicht ein Modell der Ørslever Kirche ihrem Schutzheiligen. Ein Krieger steht neben dem Bauherrn. Unter dem Stifterbild findet sich eine amüsante Schilderung aus dem geistlichen Leben: Zwei kleine Teufel werfen Schmutz in das Getränk des Mönchs. Ist das eine spitzfindige Kritik an dem um sich greifenden Wohlleben in den Klöstern?

Die Südwand zeigt links vom Fenster Christi Geburt. Joseph ist in seiner traditionellen Stellung wiedergegeben, nämlich mit der Hand unter der Wange. Unter der Geburtsszene sieht man einen Baum, der von zwei höchst merkwürdigen Tieren flankiert wird. Beide Phantasietiere haben eine spitze Zunge und scheinen im Begriff zu sein, den Baum anzugreifen. Vielleicht soll der Baum den „Baum des Lebens“ darstellen, und die

Die Flucht nach Ägypten. Kirche von Ørslev.

Tiere können dann das Böse oder den Tod symbolisieren.

Diese Phantasietiere gehörten zu den liebsten Motiven der Maler, denn dahinter lauerte eine Welt unbekannter Schrecken oder überirdischer Schönheit. Denken Sie nur an Geschöpfe wie Seejungfrauen, Zentauren, Einhörner, Drachen und Greife. Diese Fabelwesen haben in mancher Hinsicht Wurzeln in der orientalischen Mythologie und wurden im Laufe des Mittelalters in den sogenannten Bestiarien gesammelt. Geschichten darüber fanden auch ihren Weg in die Predigten des Mittelalters. In einem Handbuch für Prediger, das im 14. Jahrhundert in Løgumkloster verfaßt wurde, steht folgendes: „Der Teufel . . . ist wild und grausam wie der Wolf Mariconorion, über den Aristoteles schreibt: Er hat den Leib eines Löwen und das Gesicht eines Menschen, in jedem Kiefer drei Reihen Zähne, den Schwanz eines Skorpions und eine Stimme wie eine Trompete. Die drei Reihen Zähne zeigen die Habsucht, der Löwenkörper die Grausamkeit, die Löwenfüße die Wildheit, das Menschengesicht die Scheinheiligkeit, der Skorpionsschwanz die Ungerechtigkeit gegenüber denen, die ihm dienen, und die Trompetenstimme zeigt die verwirrende Gabe, einen zu beschwatzen."

Schließlich muß man noch die Szene rechts vom Fenster betrachten, die Flucht nach Ägypten, und im Hintergrund erhebt sich Bethlehem mit Türmen und Zinnen. Hier hat der Maler auch einen Storch mit zugehörigem Nest auf einen der Türme dargesetzt, ein schöner Alltagseindruck aus dem damaligen Dänemark, als der Storch ein häufigerer Sommergast als heute war.

Der **Herrenhof Basnæs** sieht schon von weitem nach Burgromantik aus, und sein jetziges „Gewand" stammt auch aus der großen Renaissance der Burgenarchitektur, die im vorigen Jahrhundert stattfand. Hinter dem Kulissenartigen verbirgt sich aber ein Stück Gutsgeschichte von bedeutendem Alter.

Die ellenlange Liste von Basnæs' Eigentümern kann bis etwa 1400 zurückverfolgt werden, und der bekannteste war König Christian IV., der das Gut in den 1620er Jahren eine Zeitlang besaß. Er verkaufte es weiter an den Generalkriegskommissar

Basnæs, nachdem der Architekt G. F. Hetsch dem Bau in den 1840er Jahren ein gotisch-romantisches Gepräge gegeben hatte.

Axel Arenfeldt, und dadurch kam das Gut in eine seiner Blüteperioden. Arenfeldt vergrößerte das Gutsland, und – das wichtigste – er ließ ein massives, zweietagiges Hauptgebäude errichten, das mit prächtigen Türmen und Spitzen versehen war. Diese Bautätigkeit war 1631 beendet, und das stattliche Haus konnte darauf die nächsten hundert Jahre ungeniert leben. Um die Mitte des 18. Jahrhunderts war das Gebäude aber im Verfall. Der Historiker Langebek stattete ihm 1746 einen Besuch ab und schrieb, Burg und Wirtschaftshof seien in schlechtem Stand gewesen und hätten verödet gewirkt.

1758 wütete ein gewaltiger Brand und ruinierte das alte Haus. Es fehlte nicht viel, und auch der Besitzer, Graf Wedel-Jarlsberg, wäre in den Flammen umgekommen. Der arme Mann war so sehr von der Gicht geplagt, daß er nicht gehen konnte. Ein entschlossenes Dienstmädchen trug ihn ins Freie. Auf die Ruine ließ der Graf ein Fachwerkhaus setzen, das bis 1842 existierte.

Dann begann der Architekt G. F. Hetsch mit dem Bau eines ganz neuen Herrenhofs! Hetsch sind wir ja schon in Holsteinborg begegnet. Es besteht kein Zweifel, daß die Bauarbeit in Basnæs den Besitzer des nahe gelegenen Holsteinborg dazu anregte, sein eigenes Haus aufzuputzen. Die Macht der Mode ist nun einmal groß. Hetsch entwarf das große Hauptgebäude als zweietagiges Langhaus, dessen Westfassade von zwei Ecktürmen abgeschlossen wurde. Was das betrifft, so folgte er dem Grundriß des Arenfeldtschen Herrenhofs, dessen Fundamente den schlimmen Brand von 1758 überstanden hatten. So sind Mauerpartien dieser Anlage in den beiden Westtürmen enthalten. Doch Hetsch fügte etwas Neues hinzu, nämlich den höheren Turm an der Südostecke. Die beiden Hausgiebel wurden mit gotischen Staffeln versehen, während der südöstliche Turm eine prächtige Brustwehr bekam.

In stilistischer Hinsicht schielte Hetsch nach der englischen Neugotik, die um diese Zeit Gegenstand einer geradezu phantastischen Verehrung bei den britischen Architekten war. Die Engländer hatten eigentlich mit der Neugotik im 18. Jahrhundert einen Frühstart, als der höchst exzentrische, reiche Amateurpoet Horace Walpole um 1750 sein berühmtes „Strawberry Hill“ baute. Er nannte sein Traumschloß selbst einen „gotischen Vatikan aus Griechenland und Rom“. Wirrwarr war es in jedem Fall, denn Walpole hatte seine Vorlagen von allerlei Kirchen, Klöstern und Burgen im gotischen Stil übernommen.

1767 kam ein Buch heraus, dessen Titelseite mit folgendem Katalog warb: „Groteske Architektur zum ländlichen Vergnügen, bestehend aus Plänen, Aufrissen, Schnitten für Landhäuser, Sommer- und Wintereremitagen, Ruhesitze, Thermen, chinesische, gotische und natürliche Grotten ... Moscheen, maurische Pavillons ... viele davon können aus Flint, unbehauenen Steinen, groben Ästen und Baumwurzeln erstellt werden.“

Es wird einem ganz schwindelig bei dem Gedanken an all diese romantischen Herrlichkeiten, mit denen die Engländer ihr Dasein versüßen konnten. Und der Wahnwitz tobte weiter im 19. Jahrhundert, vorgeführt von Leuten wie dem Dichter Sir Walter Scott. Er begann den Bau seines eigenen Märchenschlosses 1816, und das wurde ihm später ein teures Vergnügen, denn so sonderbare Architektur kostet in der Regel unheimlich viel Geld.

In der ausländischen Perspektive betrachtet, wurde Basnæs eigentlich eine bescheidene dänische Version, und man kann Palle Rosenkrantz nicht ganz recht geben, wenn er schreibt, der Herrenhof sei „in dem verzweifelten Normannenstil gehalten, den dieser Architekt liebte“.

Skælskør

„Skelfiskør“ wird in Waldemars Erdbuch von 1231 erwähnt, und der Name ist wohl aus dem altdänischen *skel*fisk (Muschel) und *ør* (Kiesstrand) zusammengesetzt. Die Stadt bekam ihre Privilegien 1414 von Erich von Pommern. Um diese Zeit lagen die Bürger im Streit mit der Nachbarstadt Korsør um das Recht der Fährschiffahrt über den Belt. Korsør siegte. Skælskør hatte nach der Reformation bedeutende Einnahmen aus dem Viehexport, der in das Ostseegebiet, nach Flensburg und Norwegen ging. Wie so viele andere seeländische Städte erlitt Skælskør im Schwedenkrieg 1657–1660 großen Schaden, und die folgenden 150 Jahre waren von Niedergang geprägt. Ein neuer Aufschwung folgte im vorigen Jahrhundert, als der Hafen erweitert, der Getreideexport vergrößert und die Zufahrtswege verbessert wurden.

Stadtsiegel von Skælskør von 1608.

Die **Kirche von Skælskør** ist dem heiligen Nikolaus von Myra geweiht, dem Schutzheiligen der Seefahrer. Das entspricht der Tradition vieler anderer Hafenstädte, deren Kirchen demselben Heiligen geweiht wurden, man denke an Køge und Svendborg.

Die Kirche in Skælskør muß kurz nach 1200 mit der Fundamentierung von Chor und Schiff begonnen worden sein. Der Grundriß wich jedoch vom üblichen Brauch ab, denn der Chor bekam dieselbe Breite wie das Schiff, so daß sie ein einheitliches Langhaus bildeten. Die Apsis wurde mit einem halbkuppeligen Gewölbe versehen und eine Triumphwand zwischen Chor und Schiff eingezogen. Sie wurde aber schon zu einer frühen Zeit beseitigt.

Um 1300 bekam die Kirche Kreuzgewölbe. Der bescheidene Westturm wurde um 1500 gebaut. Aus der *Ausstattung* der Kirche sei der gotische Flügelaltar von etwa 1475 erwähnt. Die Tafel wurde 1849 in einen neugotischen Rahmen eingefügt. Die Kombination wirkt eher eigenartig als gerade schön.

Das **Hospital in der Gammelgade** gehört zu den Sehenswürdigkeiten der Stadt. Es stammt aus der Zeit um 1525–1550. Nach dem Geschmack der Spätgotik erhielt der Treppengiebel eine reiche Auswahl von Blenden, so daß das Haus sich im Straßenbild sehen lassen konnte. Ursprünglich diente es als Zehntscheune oder Pastorenwohnung, doch später wurde darin die Lateinschule für Skælskør eingerichtet. Es gab sicher großen Platzmangel, und das änderte sich auch nicht, als die Stadt 1748 beschloß,

Das alte „Hotel Skælskør", 1913 fotografiert von Hugo Mathiesen, der Inspekteur am Nationalmuseum war. Mathiesen war einer der stärksten Vorkämpfer für die Erhaltung der alten Häuser in den Städten und hat eine einmalige Sammlung von Architekturfotos aus den Provinzstädten hinterlassen.

Das Hospital in der Gammelgade liegt an der Südwestecke des Kirchhofs.

daß das Haus als „Hospital" mit freier Wohnung für zwei Alleinstehende dienen sollte.

In der **Vestergade 10** liegt ein zweistöckiges Fachwerkhaus. Die zehn östlichen Gefache wurden vielleicht schon vor 1600 errichtet, doch ist das geräumige Tor an der Ostfassade jünger. Die fünf westlichen Gefache können auf etwa 1670 datiert werden. Die Grenze zwischen den beiden Bauabschnitten läßt sich unter anderem an der Formung der Knaggen ablesen. Beachten Sie, wie sich die östlichen von den westlichen, konsolenartigen unterscheiden.

Weitaus reicher ausgeschmückte Konsolen sind noch in der **Adelgade 2** erhalten, wo das Vorderhaus um 1600 gebaut wurde, gerade zu der Zeit, da der Fachwerkbau in den dänischen Städten auf der Höhe war und das Land einen wirtschaftlichen Aufschwung erlebte. Das zwölffachsige Vorderhaus hat zwei Stockwerke, und sein Fachwerk ist rot gemalt. Man verwandte schwere Eichenbalken, und das ist ein zeittypischer Zug, der davon zeugt, daß es um 1600 noch genug Eichen gab. Noch im selben Jahrhundert wurde Eichenholz Mangelware, und Kiefernholz mußte an seine Stelle treten.

An der Fassade zur Straße hin sieht man einen Stockwerksvorsprung, der von volutengeformten Konsolen gestützt wird; denselben Typ sieht man unter der Dachtraufe. Außerdem gibt es geschnitzte Engelsköpfe auf den Füllhölzern, den waagerechten Hölzern zwischen den Stockwerken. Den Brauch, Engelsköpfe in die Füllhölzer zu schnitzen, kennt man aus Seeland wie aus den Städten der ostjütischen Förden.

Von Birkerød nach Fredensborg

Birkerød war noch zu Beginn des 19. Jahrhunderts ein Dorf mit nur wenigen Höfen um die mittelalterliche Kirche. Als die Eisenbahn nach Hillerød 1862–1864 gelegt wurde, entwickelte sich das Dorf zu einem typischen Bahnhofsort mit vielen Zuzüglern aus der Hauptstadt.

Die **Kirche** liegt auf einem Hügel. Mit dem ansehnlichen Bau ist eine der alten dänischen Wandersagen verknüpft. Danach sollte die Kirche zuerst an einer anderen Stelle errichtet werden, doch unterirdische Wesen rissen jede Nacht ab, was man tagsüber gebaut hatte. Schließlich band man zwei weiße Ochsen zusammen und trieb sie weg. Wo die Tiere sich müde zur Ruhe niederließen, wurde der Grundstein zur jetzigen Kirche gelegt. Das Kirchspiel Birkerød war übrigens im Mittelalter eines der größten auf Seeland. Es reichte vom Furesee bis zum Øresund.

Einige Mauerpartien aus Feldsteinen bilden den einzigen Rest des ältesten Bauabschnittes, des *Schiffs*, und können in romanische Zeit datiert werden. Betrachten Sie die Nordseite zwischen Turm und westlicher Kapelle! Der romanische Feldsteinbau wurde später nach Westen verlängert, und vor der Mitte des 14. Jahrhunderts wurde das erweiterte Schiff eingewölbt. Das gotische Rippengewölbe der Kirche gehört zu den ältesten des Landes. Kann man sich mit Hilfe des Küsters Zugang zum Turm verschaffen, so hat man das große Erlebnis, oben durch eine Maueröffnung auf die Gewölbe des Schiffs sehen zu können. Sie erscheinen hier als eine Landschaft aus flachen Kuppeln, die aus großen Backsteinen gemauert sind.

Aus dem 15. Jahrhundert stammt der markante Westturm mit den zierlichen Blenden. Gleichzeitig wurde als Ersatz für den ursprünglichen romanischen Chor ein zweijochiger Langhauschor errichtet. Das Bauwerk wurde vollendet, als man 1503 die große Doppelkapelle anfügte.

Die *Kalkmalereien* sind fast alle aus der Zeit der Einwölbung, der frühen Gotik, und gehören zu den interessantesten dieser Zeit in Dänemark. Um 1909 wurden sie von einem Maurerlehrling entdeckt, und die Konservierung durch Fachleute des Nationalmuseums fand einige Jahre darauf statt. An der Ostkappe des *dritten Jochs* ist Marias Himmelskrönung gemalt. Christus krönt Maria. Beide sitzen auf einem gelben Thron, und hinter ihnen halten Engel eine gemusterte Decke. Um Marias Erhebung zur Himmelskönigin zu verherrlichen, hat der Maler ganz oben eine Sonne angebracht, deren festliche Strahlen zwischen grün und gelb wechseln. Die Thronenden werden von Petrus (mit Schlüsseln) und Paulus (mit Schwert) flankiert. Zwei der bedeutendsten Ordensstifter der katholischen Kirche, Franz von Assissi und Dominicus, knien im nördlichen beziehungsweise südlichen Kappenzwickel. Franz ist durch die Stigmatisierungsmale an seinen Händen und Füßen leicht zu erkennen. Nach der Tradition bekam er die Wunden, als er sich zu tiefem Gebet auf dem Monte la Verna in den Apenninen aufhielt. Das geschah 1224, und die Wundmale verschwanden nicht wieder.

Die *Südkappe* desselben Jochs zeigt den Sündenfall und die Vertreibung aus dem Paradies. Beachten Sie, daß die Schlange, die ihren ockerfarbigen Leib um den Baum der Erkenntnis windet, einen gekrönten menschlichen Kopf trägt. Während Adam versucht, mit der einen Hand seine Nacktheit zu bedecken, zeigt er mit der anderen anklagend auf Eva. Auch den Engel mit dem Schwert sieht man.

An der *Westkappe* befindet sich eine Darstellung des Glücksrades, auch Lebensrad genannt. Ganz oben thront ein König mit Schwert. Er ist jung, sein Gesicht bartlos, und er repräsentiert die glücklichen, erfolgreichen Tage. Das entspricht dem Text des Schriftbandes: „regno" (ich herrsche). Rechts ist der König im Sturz begriffen, klammert sich aber noch verzweifelt ans Lebensrad. Er ist jetzt alt geworden (mit Bart), und das Schriftband lautet: „regnavi" (ich habe geherrscht). In der nächsten Phase liegt er tot unter dem Rad, und die Krone ist ihm vom Kopf gefallen. Auf dem Schriftband liest man: „sum sine regno" (ich bin ohne Königtum). Doch nun wendet sich das Glück, und ein junger König ist auf dem Weg nach oben. Die triumphierenden Worte auf dem Schriftband verkünden: „regnabo" (ich werde herrschen). Die Vergänglichkeit des Lebens wird auch durch das Bild in der Mitte des Rades symbolisiert: Ein König mit Krone, Hermelinumhang und Schwert steht einer Leiche gegenüber, aus der die Würmer kriechen.

Neben dem Lebensrad in Birkerød sind in dänischen Kirchen noch 14 weitere erhalten. Unter ihnen soll das Rad in der Kirche von Slaglille hervorgehoben werden, das sogar die Bezeichnung „ROTA FORT(UNAE)" trägt. Die Symbolik des Glücksrades geht auf die Antike zurück. Cicero spricht oft von Fortunas Rad. Fortuna war die römische Göttin des Glücks, eine Parallele zur Tyche der Griechen. Der altchristliche Schriftsteller Boethius (480–524) schrieb ein Werk mit dem Titel: „Über den Trost der Philosophie", einen Dialog in Prosa und Versen zwischen ihm und der personifizierten *Philosophie.* Als Boethius erzählt, Fortuna habe ihn im Stich gelassen, antwortet die Philosophie, Frau Fortuna sei immer dieselbe: „Launenhaftigkeit ist ihr übliches Benehmen, ihre wahre Natur." Boethius antwortet bedauernd: „Das unstetige Schicksal trifft jeden, und wie die Gezeiten schnell wechseln, so stürzt es ebensooft Könige von ihren Thronen, wie elende Gefangene zu Ehren und Würden erhöht werden. Es achtet nicht der Schreie und Tränen der Unglücklichen und hat nur Verachtung übrig gegenüber den Klagen, die es selbst verursacht hat. So ist sein Spiel, so zeigt es seine berüchtigte Macht. Mit dieser Macht trumpft es seinen Sklaven gegenüber auf, wenn sie den Menschen für einen kurzen Augenblick aus dem reinen Elend ins Glück führt." Diese Auffassung bekam große Bedeutung für das christliche Gedankengut im Mittelalter, wobei Fortuna, das Schicksal, als göttliche Vorsehung betrachtet wurde.

Im südlichen Zwickel der Westkappe erkennt man einen Lebensbaum, der von einem wohlgewachsenen Wildschwein mit borstigem Pelz angegriffen wird. Das merkwürdige Tier auf der anderen Seite des Stammes stellt einen Elefanten in der phantasievollen Auffassung eines örtlichen, nordischen Malers dar. Der Rüssel ist hier zu einem Trichter geworden, und der Hals gleicht dem eines Drachen. Die *Nordkappe* zeigt Kains und Abels Opfer. Die Brüder stehen rechts und links neben einem Opferhügel. Die beiden Vögel über dem Feuer, die sich streiten, sind ein Spiegelbild des Bruderstreites.

An der *Ostkappe* des vierten Gewölbes findet das Weltgericht statt. Christus thront, und die Lilie der Gnade geht von der rechten Seite seines Gesichts aus, das Schwert der Gerechtigkeit von der linken. Der Weltenrichter wird von zwei Engeln flankiert, die seine Leidenswerkzeuge zeigen. Ganz außen ist in jedem Zwickel ein Posaunenengel. Die *Westkappe* zeigt den Erzengel Michael, der die Seelen auf einer Schalenwaage wägt. Zwar versucht ein brauner Teufel die eine Schale herunterzuziehen, so daß die Seelen darin verloren wären, doch Maria steht auf der anderen Seite und hält das Gegengewicht. Sie ist hier als Schutzmantelmadonna geschildert: Zahlreiche nackte Seelen haben unter ihrem Umhang Schutz gefunden. Links werden die verlorenen Seelen von Teufeln geplagt, rechts kommen die Erlösten aus ihren Gräbern.

Von der *Ausstattung* der Kirche sei der spätgotische Flügelaltar erwähnt, der auf etwa 1475 datiert wird und vermutlich eine Lübecker Werkstattarbeit ist. Während das große Mittelfeld Christus auf Golgatha gewidmet ist, ein volkstümlicher und dramatischer Anblick, sieht man auf dem linken Flügel Christi Kreuztragung und Grablegung. Der rechte Flügel zeigt den Abstieg in das Reich des Todes und die Auferstehung.

Bemerkenswert ist auch das Porträt von Henrik Gerner (1627–1700), der während des Schwedenkrieges 1657/58 Pastor an der Kirche war. Gerner schrieb über die erste Begegnung mit den Schrecken des Krieges im Kirchenbuch: „Anno 1658 kamen am 17. Februar 60 schwedische Reiter auf meinen Hof und plünderten mich, sie plagten mich wegen Geld, sie zogen meine Frau aus dem Bett, wo sie nur eine Woche nach einer Geburt gelegen hatte . . .“ Noch am selben Tag kamen sieben Reiter derselben Kompanie und setzten die Plünderung des Pastorats fort.

Im September desselben Jahres gelang es den Schweden mit List, den Kommandanten auf Schloß Kronborg bei Helsingør zur Übergabe der Festung zu veranlassen. Das weckte natürlich in dänischen Kreisen große Wut, und eine Verschwörung entstand. Ihr Haupt war Hans Rostgaard, Vogt auf Kronborg. Unter den übrigen Teilnehmern war Henrik Gerner. Für den Gegenangriff auf Kronborg rechnete man mit der Unterstützung einer Abteilung britischer Soldaten. Leider wurde der Coup aufgedeckt, und Henrik Gerner wurde gefangengenommen. 18 Wochen lang mußte er auf Kronborg sitzen, an Händen und Füßen in dreifache Fesseln geschlagen, die von 36pfündigen Eisengewichten beschwert waren. Erst als ihn seine Frau loskaufte, konnte er nach Birkerød zurückkehren. Seine Ketten und Eisengewichte nahm er mit, und sie hängen jetzt in der Kirche.

Hillerød

Die Stadt mit dem berühmten Schloß kann ihren Namen auf das mittelalterliche Dorf *Hilderød* zurückführen, das später verschwand. 1275 wird auf einer der Inseln im Schloßsee ein Herrenhof namens *Hillerødsholm* erwähnt; ein Erdbuch von 1532 erwähnt weiter, daß es damals in dem Dorf sieben Hofplätze gab. Herrenhof und Dorf lebten still vor sich hin, bis sie am 1. Juli 1560 an Friedrich II. verkauft wurden. Der König erwarb Hillerødholm von dem Seehelden Herluf Trolle und seiner Frau Birgitte Gøye, und er ließ den Hof am selben Tag auf den Namen *Frederiksborg* umtaufen, den er bis heute trägt.

Mit diesem Handel begann Hillerøds eigentliche Geschichte. Ein kleinerer Schloßbau zog allmählich so viele Handwerker und fremde Gäste an, daß dem alten Dorf Hilderød auferlegt wurde, sie zu beherbergen. Auch ein Schloßkrug wurde eingerichtet, und Friedrich II. trug sich mit Plänen, eine Stadt bei seinem künftigen Schloß zu gründen. Man versuchte mit verschiedenen Mitteln, den Status des jungen Ortes zu heben; so wurde eine Zeitlang das Thing von Slangerup nach Frederiksborg verlegt. Sogar eine Lateinschule wurde auf königliche Initiative hin errichtet, doch sie mußte 1586 wieder aufgegeben werden. Erst als der Sohn Friedrichs II., Christian IV., von 1600 an einen neuen und weit umfangreicheren Schloßbau realisierte, strömte richtig Volk herbei. Jetzt war es nötig, mehr Häuser und Ställe in der Stadt zu bauen, und es half sicher auch, daß die neuen Einwohner königliche Privilegienbriefe empfingen.

Christian IV. schenkte der Stadt sogar eine Kirche, die aber so schlecht gebaut war, daß sie in einem heftigen Wintersturm 1624/25 zerstört wurde. Gut 20 Jahre später wurde Hillerøds Einwohnerzahl mit etwa 560 angegeben, und 1661 wurden die Stadtprivilegien bestätigt. Am Ende des Jahrhunderts bekam die Stadt das Recht, jährlich zwei Märkte abzuhalten. Wie so viele dänische Städte wurde Hillerød auch von Bränden heimgesucht: 1692, 1733 und 1834. Beim letztenmal zerstörte das Feuer das meiste der alten Lateinschule einschließlich einer Bibliothek von 4000 wertvollen Büchern. Hillerød bekam 1839 seine erste Zeitung und 1864 den Eisenbahnanschluß.

Das **Schulgebäude**, Sønder Jernbanevej 4, ist das besterhaltene von Hillerøds Häusern. Der Bau wurde 1834 errichtet, ursprünglich in 14 Achsen, doch er wurde 1848 um acht Achsen verlängert. Architekt war Jørgen Hansen Koch, der sich bei Dänemarks bedeutendstem Repräsentanten des Klassizismus, C. F. Hansen, hatte ausbilden lassen. Die rundbogigen Fenster in der zweiten Etage haben ihre nächsten Vorbilder in C. F. Hansens *Metropolitanschule* in der Fiolstræde in Kopenhagen.

Schloß Frederiksborg im Jahre 1615. Zeichnung von Pieter Isaacsz.

Schloß Frederiksborg. Als Friedrich II. den Herrenhof Hillerødsholm übernahm, gab es dort drei kleine Inseln. Zu seiner Regierungszeit wurde auf den Inseln bescheiden gebaut, und nur einige Vorbauten auf der Südinsel sind erhalten. Hier beginnt unsere Wanderung durch das Schloß bei dem alten *Haupteingang.*

Der Besucher passiert zuerst das karyatidengeschmückte *Tor*, das 1560–1562 entstand. Man erkennt, daß der Weg über die südliche Insel einen kleinen Knick bildet. Diese Unregelmäßigkeit ist ein Überrest mittelalterlicher Bebauung. Beim Knick liegt auf der rechten Seite ein kurzes, zweietagiges Backsteingebäude mit spitzen Giebeln, das ein gotisches Gepräge hat. Der Bau trägt seit alter Zeit den Namen *Herluf Trolles Turm* und wurde vermutlich kurz nach 1560 errichtet, als Herluf Trolle sein altes Gut noch in der Eigenschaft als königlicher Lehnsmann verwaltete. Die niedrigen Backsteinbauten zu beiden Seiten des Weges wurden auch gleich nach 1560 errichtet und sollten als Ställe und Bedienstetenwohnungen dienen. Am Ende der Insel erheben sich zwei runde Türme, deren Maueranker den Wahlspruch Friedrichs II. bilden: Mein Hoffnung zu Gott allein.

Friedrich II. und Königin Sophie hielten sich gern auf ihrem neuen Schloß auf, über das noch ein wenig erzählt werden soll. In dieser ländlichen und idyllischen Umgebung wurde am 12. April 1577 Christian IV. geboren. Königin Sophie soll sich an diesem Tage um die Mittagszeit wegen der Hitze unwohl gefühlt haben. Zusammen mit einer Zofe ruderte sie daher hinaus auf den See, wo beide auf einer kleinen Insel namens Lille Slotsø (Kleine Schloßinsel) an Land gingen. Hier schlief die Königin unter einem großen Rosenbusch ein, und die Zofe langweilte sich so sehr, daß sie zurück zum Schloß ruderte, um sich im Bierkeller zu erfrischen. Als sie wieder zurückkam, hatte Dänemark einen neuen Prinzen bekommen. Bis in die Mitte des 18. Jahrhunderts war die Kleine Schloßinsel auf den Karten wiedergegeben und der berühmte Rosenbusch deutlich markiert, doch dann verschwand die Insel.

Christian IV. fühlte sich natürlich seinem Geburtsort verbunden, und zu seiner Zeit wurde der große Schloßbau begonnen. Das *Portal* vor der S-förmig gebogenen Brücke, die zur mittleren Schloßinsel führt, stammt aber aus der Zeit Christians VI. Der Meister dieses Bauwerks war der Bildhauer Didrik

Gercken, der es gemäß der Inschrift über der Toröffnung 1736 vollendete. Der Stil ist Barock und zeichnet sich durch Säulen, Pilaster und das stark gebrochene und profilierte Dreieckgesims aus. Das Portal gehörte zu einer Modernisierung, die auf Initiative Christians VI. stattfand.

Der große *Torturm* mit der festlichen Spitze, der sich am Ende der S-förmigen Brücke erhebt, leitet zu den pompösen Bauten Christians IV. über. Der Turm stammt von Hans Steenwinckel dem Jüngeren und wurde 1618–1623 gebaut. 1599 hatte der junge König beschlossen, das meiste von dem abzureißen, was seinen Eltern als Wohnung gedient hatte. Der Baumeister des Reiches, Hans Steenwinckel der Ältere, stand möglicherweise hinter dem neuen Plan: der Errichtung niedriger Flügel auf der mittleren und der großen, dreiflügeligen Anlage auf der nördlichen Schloßinsel. Aber er kann dabei nicht weit gelangt sein, denn er starb 1601. Dagegen steht es fest, daß in den folgenden Jahren der Maurermeister Jørgen Friborg die Bauleitung hatte. 1602 begann man den Abbruch alter Gebäude. Kurz darauf bekam Jørgen Friborg 15 000 Taler für verschiedene Maurerarbeiten. Auf Friborg folgten zwei Söhne des alten Steenwinckel, die beide ihre Ausbildung in Holland bekommen hatten. Die Bauarbeiten wurden in den 1620er Jahren abgeschlossen.

Die mittlere Insel ist mit zwei parallelen Backsteinhäusern bebaut: Im Osten steht das *Kanzleigebäude* (mit Regierungskontoren Christians IV. für die Zeit seines Aufenthaltes auf dem Schloß), im Westen das *Haus des Schloßherrn*; hier hatte der Lehnsmann seinen Wohnsitz, über dessen Eingang der König eine Inschrifttafel vom alten Schloß seines Vaters einsetzen ließ.

Der *Neptunbrunnen* mitten auf dem Platz ist eine Kopie des ursprünglichen, der um 1620 entstanden war. Christian IV. wünschte, dies Kunstwerk solle von den besten

Detail des Neptunbrunnens von Schloß Frederiksborg: ein Triton. Arbeit von Adrian de Fries.

Künstlern geschaffen werden, und nach vielen Schwierigkeiten fiel die Wahl auf Adrian de Fries (1545–1626). Er war der berühmte Bildhauer des deutschen Kaisers und hatte seine Werkstatt in Prag. Adrian de Fries war selbst Schüler des bedeutendsten Bildhauers der italienischen Spätrenaissance, Giovanni Bologna. Die originalen Bronzefiguren wurden um 1616 gegossen.

Der Brunnen wird von einer Neptunfigur bekrönt, einem natürlichen Symbol für die dänischen Könige, die über die Meere herrschten, von der Ostsee bis zum Eis-

Abb. rechts oben: Marias Himmelskrönung aus der Kirche von Birkerød, flankiert von zwei Engeln sowie Petrus und Paulus. Zweite Hälfte des 14. Jahrhunderts.
Abb. rechts unten: Überblick über den Frederiksborger Schloßkomplex von Südwesten. Man erkennt die Steigerung von den niedrigen, älteren Bauten auf der Südinsel über das Lehnsmannenhaus und den großen Torturm auf der mittleren Insel zum Hauptschloß auf der Nordinsel.

meer. Die Figuren um Neptuns dreieckigen Sockel stellen Kinder mit Tieren und Frauen mit Trauben und Ähren dar. Sie sollen sicher die Früchte des Feldes symbolisieren, während die Delphine, auf denen sie sitzen, den königlichen Schutz bezeichnen. Außerdem sieht man drei Männer, die Wasser aus Krügen gießen, eine Allegorie des Øresunds und der beiden Belte. Auf dem Beckenrand sind drei Tritonen, Neptuns kluge Helfer, die mit Gehäusen von Seeschnecken seinen Ruhm hinaustrompeten. Zwischen den Tritonen sieht man Löwen, die von Männern begleitet sind. Die Figur, die Lorbeerkranz und Palmenzweig hält, ist ein Sinnbild des Friedens. Der Mann mit der Trompete symbolisiert den Ruhm des Königs. Die dritte Figur ist eine Merkurdarstellung und steht für die königliche Regierungskunst. Das ganze Monument kann als Huldigung an Christian IV. aufgefaßt werden, unter dem Dänemark ein starkes und blühendes Königreich in Frieden war. Von den Zeitgenossen wurden die Brunnenfiguren gerühmt. So schrieb Johan Adam Berg 1646, ihre Adern und Sehnen könnten „nicht nur gesehen, sondern auch gefühlt werden". So realistisch wirkten sie.

Im Schwedenkrieg 1657–1660 wurden die Bronzefiguren 1659 von schwedischen Soldaten geraubt, und die meisten von ihnen sieht man jetzt im Park von Drottningholm bei Stockholm. Später verschwand der Rest des Brunnens. Der jetzige wurde 1888 nach Entwürfen von Heinrich Hansen neu geschaffen und mit Abgüssen der Originalfiguren versehen. Die ganze Arbeit wurde von Brauer J. C. Jacobsen finanziert.

Die dreiflügelige Anlage auf der *Nordinsel* wurde 1602 begonnen, und zwar kam der nördliche Hauptflügel, der *Königsflügel*, zuerst unter Dach, schon 1604. Darauf wurde 1606 der westliche, der *Kirchenflügel*, abgeschlossen, wie die Jahreszahl auf dem Giebel es ausweist. Der gegenüber liegende *Prinzessinnenflügel* war 1608 fertig. Ursprünglich waren die Flügel drei freistehende Häuser; sie wurden aber später zusammengebaut. Stilhistorisch enthalten sie viele Elemente. So gibt es im Kirchenflügel gotische (!) Fenster, während die geschwungenen Giebel Beispiele für die niederländische Renaissance sind. Im übrigen wurde nicht an der Ausschmückung des Mauerwerks gespart. In den Sandsteinfeldern über den Fenstern waren die Köpfe hautfarbig gemalt, während die Haarbänder blau und rot waren. Andere Sandsteinpartien waren vergoldet. All diese farbenstrahlenden Details, die für die Renaissance so typisch waren, sind leider längst verlorengegangen.

Um eine Verbindung zwischen den freistehenden Flügeln herzustellen, so daß man trockenen Fußes von einem zum anderen kommen konnte, baute man 1619–1621 die große *Galerie* an der Hoffront des Königsflügels an. Obwohl der Zweck äußerst prosaisch war, wurde das Resultat ein Überschwang an Säulen, Reliefs, Figuren und Ornamenten, alles in Marmor oder Sandstein. Die Marmorgalerie, wie sie oft genannt wird, wurde nach Entwürfen von Hans Steenwinckel dem Jüngeren gebaut. Aus der Werkstatt Hendrick de Keysers in Amsterdam kamen die Figuren antiker Götter, die in den Nischen zwischen den Arkaden aufgestellt wurden. Mehrere der ursprünglichen Sandsteinfiguren wurden schon 1740 erneuert, und die ganze Figurenreihe wurde 1870 neu aufgestellt. Alle Figuren und Reliefs sind heute gegen Kopien vertauscht.

Die Sperrmauer zum Kanal hin wurde 1619–1621 ebenfalls mit Nischen ausgestattet, in die Figuren gestellt wurden. Schließlich sei erwähnt, daß der König 1613 ein kleines Verbindungsgebäude in der Verlängerung des Königsflügels errichten ließ, den *Løngang* (geheimer Gang, Brückenhaus). Er wurde auf Bögen über dem Wallgraben gebaut und durch einen skulpturengeschmückten Torbau, das *Münztor*, abgeschlossen. Dieser Teil des Gebäudekomplexes wurde im Gegensatz zu den Hauptflügeln ausschließlich in grauem Sandstein ausgeführt. Entlang der Straße, die von Hillerød durch das Münztor in Richtung Fre-

Abb. links: Schloß Fredensborg vom Marmorgarten aus. Man erkennt das quadratische Zentralgebäude von Krieger und zwei der Eckpavillons von Eigtved.

Altartafel der Frederiksborger Schloßkirche, von Christian IV. in Hamburg 1606 gekauft. Mehrere der Silberplatten stammen von dem Goldschmied Jacob Mores dem Jüngeren.

densborg verläuft, liegt der alte *Vorratsflügel* von etwa 1580.

In seiner heutigen Erscheinung läßt das Schloß kaum merken, daß es einmal von einem schrecklichen Brand heimgesucht wurde. Er brach in einer Winternacht aus, am 17. Dezember 1859, als sich Friedrich VII. mit seinem Hof dort aufhielt. Als das Feuer einmal in dem vielen Holz Nahrung gefunden hatte, verschlimmerte sich die Situation durch den starken Frost. Der Schloßsee war zugefroren, so daß die Pumpen kein Wasser fassen konnten. Die engen Wendeltreppen behinderten die Rettung von Bildern und Möbeln. Vieles mußte einfach aus den Fenstern geworfen werden.

Am Morgen konnte man den Rauch von den dachlosen Flügeln aufsteigen sehen, von denen zwei völlig ausgebrannt waren. Der Kirchenflügel hatte das Feuer am besten überstanden, denn nur der Rittersaal wurde zerstört. Der Kirchenraum selbst war in den ersten Tagen fast intakt, bis auf die Orgel und den Betstuhl, doch dann stürzten einige der Gewölbe ein. Die Katastrophe hinterließ einen tiefen Eindruck in der Bevölkerung, und spontan fand eine landesweite Sammlung statt, zu der auch König und Reichstag beitrugen; sogar aus Island und Holstein kam Unterstützung. Selbst wenn von mehreren Seiten geeifert wurde, die Ruine sei nicht mehr zu retten, und einige eine schlechte Nachahmung fürchteten, wurde der Wiederaufbau des Schlosses unter Verwendung der noch unbeschädigten Außenmauern beschlossen. Zuständig für die erste Instandsetzung war der Architekt Ferdinand Meldahl, erst 32 Jahre alt, aber durch einen dreijährigen Studienaufenthalt im Ausland mit ausländischer Baukunst vertraut. Was das Innere betrifft, so war es hauptsächlich Heinrich Hansen, der hierfür die Verantwortung bekam. 1864 konnte die Schloßkirche wieder eingeweiht werden.

Der *Kirchenraum* ist der am üppigsten ausgestattete Raum des Schlosses. Er ist als dreischiffige Kapelle geformt, hat aber keinen Chor. Dafür gibt es im Obergeschoß eine umlaufende Galerie. Am imponierendsten sind die sechs reich dekorierten Sterngewölbe des Hauptschiffs, deren Ornamente und Figuren vergoldet sind. Hat man ein Fernglas zur Hand, kann man leichter sehen, daß einige der Engel Kartuschen mit heraldischen Zeichen halten. Diese Zeichen stammen vom Wappen Christians IV. und weisen auf seine Länder und Reiche hin.

Am Südende der Kirche sieht man ein musikgeschichtliches Kleinod, eine *Holzorgel*, die 1610 in Braunschweig von dem berühmten deutschen Orgelbauer Esaias Compenius gebaut wurde. Er konstruierte sie für den Herzog von Braunschweig-Wolfenbüttel, der mit Christians Schwester Elisabeth verheiratet war. Man findet daher das dänische Reichswappen in dem einen Wappenfeld. Compenius reiste 1617 persönlich nach Frederiksborg, um das Instrument nach Vollendung der Kirche aufzustellen. Die Orgel hat 27 Stimmen, ausschließlich vierkantige Holzpfeifen, und die verschiedenen Registerzüge bestehen aus massivem Silber und sind mit Menschen- und Tierköpfen geschmückt. Die alte Mechanik mit dem handgetriebenen Blasewerk ist gut erhalten. Dies Meisterwerk entging dem Brand nur, weil es 1791 zum Schloß Frederiksberg bei Kopenhagen verlegt worden war.

Christian V. verfügte 1692, die Galerie der Kirche solle *Ritterkapelle* werden, und darum sind hier die Wappenschilde von Rittern des Elefantenordens und des Großkreuzordens aufgehängt, darunter auch der des dänischen Atomphysikers Niels Bohr; er trägt als Symbol das chinesische Yang-und-Yin-Zeichen.

Die große *Altartafel* kaufte der König 1606 bei der bekannten Goldschmiedfamilie Mores in Hamburg, und das Kunstwerk trägt Zeichen der Familie. Die *Kanzel* stammt vermutlich aus derselben Werkstatt.

Bei einem Brand in Løngang und Münztor 1665 blieben die Mauern unbeschädigt, während das Inventar zerstört wurde. Dafür ist die Ausstattung der 1680er Jahre, die von dem Generalbaumeister Lambert van Haven stammt, noch gut erhalten. Das gilt vor allem für den gekuppelten *Audienzsaal* über dem Tor und die helle Galerie. An der Decke des Audienzsaales sind allegorische Malereien eingesetzt, die vier Erdteile repräsentieren: Asien in Gestalt eines Asiaten, Afrika durch einen Neger, Amerika durch einen Indianer und Europa durch eine Königin. Ganz oben in der Kuppel sieht man den Wahlspruch Christians V.: „Pietate et Justitia“ (durch Frömmigkeit und Gerechtigkeit), gestaltet durch Peder Andersen. Das Interieur ahmt im Stil das Versailles Ludwigs XIV. nach.

Ein Teil von Schloß Frederiksborg bildet den Rahmen für eine chronologisch aufgestellte Sammlung von Gemälden und Möbeln nationalgeschichtlicher Bedeutung. Sie beginnt in *Raum 25* mit den ersten oldenburgischen Königen. Im folgenden Raum ist die Reformationszeit repräsentiert, unter anderem durch ein Porträt des dänischen Reformators Hans Tausen. Die Räume *29–31* decken die Epoche Christians IV. ab. Jacob van Doort hat eines der Bilder gemalt, ein Porträt der Kirstine Munk, die 1615 Christians zweite Frau und die Mutter mehrerer seiner Kinder wurde.

Zu Beginn des vorigen Jahrhunderts wurden Schloß Frederiksborg und seine Umgebung das Ziel mehrerer Maler des „goldenen Zeitalters". In „Kunstbladet", einer dänischen Zeitschrift, stand 1837 folgendes: „Da wir gerade von Frederiksborg sprechen, können wir nicht unsere Freude darüber zurückhalten, daß es in der Nähe der Hauptstadt ein Gebäude gibt, das unerschöpflichen Stoff für Zeichnungen und Gemälde in allen möglichen Jahreszeiten und allen erdenklichen Beleuchtungen bietet." Zu den bedeutendsten Verehrern von Frederiksborg-Motiven gehörten der norwegische Landschaftsmaler I. C. Dahl und der Kopenhagener Christen Købke.

Gribskov ist Nord-Seelands größtes zusammenhängendes Waldgebiet und umfaßt etwa 5000 Hektar. Im Erdbuch König Waldemars von 1231 wird es schon dem Krongut zugerechnet. Als man viel später, in der Mitte des 16. Jahrhunderts, auf dem Schloß Frederiksborg das königliche Gestüt einrichtete, ließ man die Pferde in den weitläufigen Wäldern grasen. Nach der Einführung des Absolutismus gab es hier bis etwa 1760 große Hetzjagden (ohne Schußwaffen). Nur mit Reitern und Hunden suchte man das Wild zu ermatten, das schließlich erlegt werden konnte. In dieser Umgebung hielt sich im 19. Jahrhundert auch der dänische Philosoph Søren Kierkegaard auf. „O freundlicher Geist, der du diese Stätte bewohnst, hab Dank dafür, daß du immer meine Ruhe behütet hast . . .", schrieb er einmal.

Fredensborg

Die Geschichte von **Fredensborg** geht auf die Gründung des Schlosses 1719 zurück. Erst um 1760 bekam die *Slotsgade* (Schloßstraße) die regelmäßige Formung, die mit einem kreisrunden Platz abgeschlossen wurde. Von dort verlaufen Landstraßen zu den drei bedeutendsten Schloßanlagen in Nord-Seeland: in Helsingør, Hillerød und Hørsholm. Dieser Plan stammt vermutlich von dem französischen Straßeningenieur Jean Marmillod.

Von den historischen Häusern der Stadt sei **Slotsgade 9** hervorgehoben, dessen erster Eigentümer der Amtsverwalter Jacob Lowson war. Er ließ das Haus vermutlich 1758/59 bauen. Unter der Bezeichnung „Sommerlyst" diente es eine Zeitlang als Gasthof, bis der berühmte dänische Ballettmeister August Bounonville es 1854 kaufte. Hier erlebte er ein glückliches Alter bis zu seinem Tod 1879, und seine Familie behielt das Haus als Sommerhaus bis 1890.

Schloß Fredensborg hat seit seiner Gründung als fürstlicher Wohnsitz gedient und eine bedeutende Rolle in der dänischen Geschichte gespielt. An seiner Stelle lag im 16. Jahrhundert ein königlicher Jagdhof namens *Østrup*.

Zur Zeit Friedrichs III. wurde das Anwesen auf Jacop Petersen übertragen, den sehr geschätzten Kammerdiener der Königin Sophie Amalie. Um 1664 ließ der Kammerdiener ein neues Wohnhaus „nach holländischer Façon" errichten, und er versuchte auch, die Landwirtschaft zu verbessern. Von alldem hatte Jacop Petersen aber nichts, als er später in Ungnade fiel und das Land verlassen mußte.

Christian V., der von 1670 an regierte, fand an dem Ort sicher Gefallen, wenn er ihn auf seinen häufigen Jagden in den Wäldern Nord-Seelands passierte. Der König erwarb ihn daher 1678 durch einen Landtausch und beschloß sofort, die Stätte zum königlichen Jagdhof einzurichten. Im Zusammenhang damit wurde ein kleiner Lustgarten angelegt, und Christian V. ließ in den großen Wäldern auch ein sternenförmiges System von Jagdwegen aushauen. An der

Stelle, wo die Wege zusammenliefen, seitdem „stjernen“ (der Stern) genannt, wurde Schloß Fredensborg gebaut.

Friedrich IV., der bei seinen Auslandsreisen nach Deutschland, Frankreich und Italien Lustschlösser studiert hatte, beschloß zunächst, das alte Østrup zu verbessern. Später wurde ein kleines Gartenhaus errichtet, wo der König ruhige Stunden verbringen konnte, eine Art Eremitage. 1719 beschloß Friedrich IV. jedoch, obwohl Dänemark noch in den Großen Nordischen Krieg verwickelt war, umfassendere Veränderungen. Zum einen baute man einen Kalkofen, zum anderen setzte man Soldaten für Rodungs- und Planierungsarbeiten ein. Örtliche Bauern mußten Steine, Bauholz und Kalk zum Bauplatz transportieren. Der Kern des Schlosses, ein fast quadratisches Zentralgebäude mit einer geräumigen, hohen Kuppel, wurde 1720–1722 gebaut. Ihm wurden sieben niedrige Flügel angesetzt, die zusammen mit dem Hauptbau einen achteckigen Schloßhof bildeten. Verantwortlich für die Arbeiten war J. C. Krieger, und norditalienische Landschlösser waren vermutlich die Inspirationsqelle, besonders der Kuppelsaal im Schloß zu Modena.

Als das Lustschloß 1722 eingeweiht wurde, bekam es zur Erinnerung an den Frieden nach dem Großen Nordischen Krieg den Namen Fredensborg. In der Regierungszeit des baulustigen Christian VI. wurde die obere Etage des Hauptgebäudes erhöht, wo durch das Dach noch flacher wurde und das Schloß ein noch deutlicheres italienisches Gepräge bekam. Auch Friedrich V. ließ Umbauten vornehmen. So fügte man an das Hauptgebäude vier zweistöckige Eckpavillons. Diese Lösung stammte von dem Architekten Nicolai Eigtved. Die Veränderungen waren in den 1750er Jahren abgeschlossen. Die Fassaden des Hauptgebäudes zum Hof und Park hin bekamen dadurch eine größere Längenerstreckung. Weitere Umbauten fanden 1774–1776 unter der Leitung des Architekten C. F. Harsdorff statt.

Die **Schloßkirche**, die 1725/26 gebaut wurde, stammt von dem Architekten J. C. Krieger. Der Stil ist holländisches Barock, charakteristisch durch die Pilaster und den markanten Dreieckgiebel. Im Dreieck ist eine Büste Friedrichs IV. angebracht, eine Arbeit von Didrik Gercken. Er war Hofbildhauer. Dutzendweise lieferte er beispielsweise Kamine für die königlichen Schlösser, außerdem monumentale Grabmäler und Altäre für Kirchen. Ein typischer Repräsentant für die produktiven Künstler des Barock!

Der *Kirchenraum* wurde in den 1970er Jahren untersucht und vom Nationalmuseum sorgfältig restauriert. Er erscheint jetzt in all seiner Farbenpracht des 18. Jahrhunderts. Beachten Sie die meisterhafte Marmorierung, die die Säulen und die Balustraden der Galerie bedeckt! Die Farbskala erstreckt sich von rötlichen, grünlichen und grauen Tönen bis hin zu schwarzen Partien. Die Wirkung ist phantastisch. An derselben Galerie sind die korinthischen Kapitelle mit Elefantenköpfen versehen, ein höchst unklassischer Zug, aber dafür sehr dänisch: eine Spezialität, die Krieger auf den von ihm entworfenen Bauten zu hinterlassen pflegte.

Ganz verschwenderisch ist die barocke *Altartafel,* deren Figuren von Fr. Ehbisch stammen, einem bekannten Kopenhagener Meister aus der ersten Hälfte des 18. Jahrhunderts. Säulenstellungen, Wolkenformation und Strahlen vermitteln die typische theatralische Wirkung und sind ein Spiegelbild von Tessins Altartafel in der Erlöserkirche zu Kopenhagen.

Den **Schloßgarten** legte Krieger in den 1720er Jahren als Lustgarten für Schloß Fredensborg an. Das Hauptmotiv war ein halbkreisförmiges Schmuckbeet, das vor der Gartenfassade des Schlosses lag. Das Parterre wurde durch Gartengänge in sechs Teile zerlegt, die radial von dem kleinen Platz vor dem Hauptgebäude ausgingen. Krieger hatte sich außerdem als harmonischen Übergang zum Wald Gehölze gedacht, die im Halbkreis um das Schmuckbeet herum angeordnet waren. Er ließ auch den Fächer der Gartenwege sich in Alleen fortsetzen, die den Wald durchschnitten. Dies Motiv kann Krieger vom Garten von Hampton Court in England übernommen haben, dessen Anlage 1717 in einem Kupferstichwerk publiziert worden war. Der parkähnliche Wald diente schlecht und recht als Tiergarten, doch kamen einzelne Partien unter die Schere und das Lineal des Gartenarchitekten. Im Westen richtete man zum Beispiel den *Ballonplatz* ein, wo Ballspiele gepflegt werden konnten. Außerdem gab es eine *Menagerie* für merkwürdige Tiere.

Diese ganze Anordnung war jedoch etwas veraltet, als Friedrich V. 1746 König wurde und Fredensborg übernahm. Doch erst 1759 beschloß er, sich für die Verbesserung und Modernisierung des Gartens zu interessieren, und im selben Jahr bekam der französische Architekt Nicolas-Henri Jardin den entsprechenden Auftrag. Im Jahr darauf, 1760, wurde der angesehene Kopenhagener Bildhauer Johannes Wiedewelt beauftragt, den Garten mit Skulpturen zu schmücken. Der Bildhauer begann nun die Planung und konnte am 31. März 1762 seinem Herrn und Fürsten ein ganzes Projekt vorlegen. Der Vorschlag enthielt 37 Zeichnungen für die neue Ausschmückung, und in einer Schrift, die Wiedewelt bei der Gelegenheit hatte drucken lassen, konnte der König im Vorwort folgendes lesen: „Ein Garten ist das Theater, in dem ich verschiedene Dekorationen aufzuführen gedenke ... Geschichte, Fabel, Allegorie und alles, was die Natur bieten kann ..." Pompöse Worte, die Friedrich V. sicher gerne gelesen hat.

Natürlich wurde nicht alles verwirklicht, was Wiedewelt erhofft hatte. Im *Marmorgarten* westlich vom Schloß sieht man zwei seiner monumentalsten Projekte, die Denkmäler für „Norwegen" und „Dänemark". In *Nordmandsdalen* (Norwegertal) kann man außerdem ein besonderes Panoptikum von Sandsteinfiguren erleben, die 1764–1768 von dem Bildhauer J. G. Grund geschaffen wurden. Sie stellen norwegische Fischer und Bauern dar.

In der Zeit von 1863 bis 1906, als Christian IX. König war, erlebte Fredensborg eine Renaissance. Der König, im Volk „Europas Schwiegervater" genannt, sammelte da seine große Familie. Es kamen seine Töchter Alexandra, verheiratet mit Edward VII. von England, und Dagmar, verheiratet mit Zar Alexander III. von Rußland, der Sohn Vilhelm, der König von Griechenland war, und viele andere. In einer zeitgenössischen Beschreibung heißt es: „Das Königspaar und die Prinzen wohnen in sehr einfachen Zimmern. Es gibt nur ein Schlafzimmer für jedes Königs- und Fürstenpaar, und darin steht nach deutscher Sitte ein Doppelbett ohne Vorhang ... Aber der Prinz von Wales übernachtet immer alleine auf seiner Jacht ... Man sieht, daß es jahrelang eine Lieblingszerstreuung für die Schloßbewohner war, mit ihren Ringen ihre Namen in die Fensterscheiben zu ritzen ... Die Familienmahlzeiten umfassen normalerweise 80 Personen und müssen daher immer im Kuppelsaal stattfinden ..."

Zeittafel

13 000 – 8000	Ende der letzten Eiszeit und Beginn mesolithischer Kulturen
5000 – 3000	Ertebølle-Kultur (Køkkenmøddinger)
3000 – 1500	Neolithikum (Großsteingräber, Ackerbau)
1800 – 500	Bronzezeit
500 – 0	Keltische Eisenzeit
0 – 400	Römische Eisenzeit
700 – 800	Bau des ältesten Danewerks. Anfänge Ripens und Haithabus
826	Der dänische Wikingerkönig Harald Klak wird in Ingelheim getauft
826 – 865	Ansgars Mission im Norden
um 965	Taufe Harald Blauzahns und Beginn der Christianisierung Dänemarks
981	Bau der Wikingerburg Trelleborg auf Seeland
1017 – 1035	Knut d. Gr. vereinigt Dänemark, Norwegen und England
1042	Mit dem Tod Hardeknuts geht England verloren
um 1060	Dänemarks Bistumseinteilung: Schleswig, Ripen, Århus, Vendsyssel, Fünen, Roskilde, Lund und Dalby
1086	Knut II. wird in Odense ermordet und später heiliggesprochen
1104	Einrichtung eines Erzbistums Lund und Trennung des Nordens vom Erzbistum Bremen
1117	Papst Paschalis II. verlangt die Einführung des Zölibats in Dänemark
1147 – 1157	Thronstreit, aus dem Waldemar d. Gr. als Sieger hervorgeht; unter ihm Anfänge des Ziegelbaus
1219	Waldemar II., der Sieger, erobert Estland
1227	Niederlage durch norddeutsche Fürsten bei Bornhöved; Ende der dänischen Großmachtstellung
1241	Das Jütische Recht wird kodifiziert
1257	Beginn des Kampfes zwischen Königtum und Kirche
1282	Beginn jährlicher Reichsversammlungen (Danehof) im Schloß zu Nyborg
1346	Abtretung Estlands an den Deutschen Ritterorden
1348	Die Pest erreicht Dänemark
1361	Die Dänen erobern Gotland
1370	Friede von Stralsund mit 37 Hansestädten
1397	Kalmarer Union: Dänemark, Norwegen und Schweden unter Königin Margrethe I. von Dänemark
1429	König Erik von Pommern führt den Öresundzoll ein
1479	Gründung der Kopenhagener Universität
1482	In Odense wird das erste dänische Buch gedruckt
1500	König Hans wird von den Dithmarschern geschlagen
1510 – 1512	Krieg mit Lübeck und Schweden
1534 – 1536	Bauernaufstand in Jütland (Schiffer Clement) und Bürgerkrieg (Grafenfehde), der mit dem Sieg Christians III. und der Einführung der Reformation endet
1541	Erste dänische Münze mit Wertangabe
1550	Erste vollständige Bibelübersetzung in Dänisch
1563 – 1570 und 1611 – 1613	Kriege mit Schweden
1588 – 1648	Der baufreudige König Christian IV.
1616	Gründung der Dänisch-Ostindischen Handelskompanie
1627 – 1629	Teilnahme am Dreißigjährigen Krieg; Einfall Wallensteins nach Jütland

1658	Im Frieden von Roskilde muß Dänemark Schonen, Halland und Blekinge an Schweden abtreten
1660	Einführung des Absolutismus in Dänemark
1671	Errichtung des Grafen- und Freiherrenstandes
1677	Sieg der dänischen Flotte über die Schweden in der Bucht von Køge
1711	Pest in Kopenhagen; ca. 23 000 Tote
1720	Ende des Nordischen Krieges
1722	Erstes dänischsprachiges Theater in Kopenhagen
1730	Christian VI. fördert den Pietismus
1754	Errichtung der Kunstakademie in Kopenhagen
1770 – 1772	Reformen Struensees
1788	Bauernreformen
1801	Nelson schlägt die dänische Flotte vor Kopenhagen
1805	Geburt H. C. Andersens in Odense
1807	Die Engländer bombardieren Kopenhagen
1813	Staatsbankrott; Geburt des Philosophen S. Kierkegaard
1814	Friede von Kiel; Verlust Norwegens
1820	H. C. Ørsted entdeckt den Elektromagnetismus
1847	Erste dänische Eisenbahn von Kopenhagen nach Roskilde
1849	5. Juni, Friedrich VII. unterschreibt das Grundgesetz
1848 – 1851	Krieg mit Schleswig-Holstein
1864	Krieg mit Preußen und Österreich; Verlust Schleswigs und Holsteins
1882	Gründung der ersten Genossenschaftsmeierei in Dänemark
1901	Erstes Linkskabinett auf parlamentarischer Grundlage
1906	Der Däne J. C. Ellehammer fliegt erstmals mit einer Propellermaschine
1917	Verkauf der dänischen westindischen Inseln an die USA
1920	Nordschleswig wird nach Volksabstimmung wieder mit Dänemark vereinigt

Orts- und Sachregister